敦煌与丝绸之路研究丛书

郑炳林 主编

西北出土契约文书所见习惯法比较研究

"十三五"国家重点图书出版规划项目
教育部人文社会科学重点研究基地兰州大学敦煌学研究所项目

韩树伟 著

甘肃文化出版社

甘肃·兰州

图书在版编目（CIP）数据

西北出土契约文书所见习惯法比较研究 / 韩树伟著. -- 兰州：甘肃文化出版社，2023.12
（敦煌与丝绸之路研究丛书 / 郑炳林主编）
ISBN 978-7-5490-2831-3

Ⅰ. ①西… Ⅱ. ①韩… Ⅲ. ①契约—文书—研究—西北地区 Ⅳ. ①D927.403.6

中国国家版本馆CIP数据核字(2023)第171770号

西北出土契约文书所见习惯法比较研究
XIBEI CHUTU QIYUE WENSHU SUOJIAN XIGUANFA BIJIAO YANJIU

韩树伟 | 著

策　　划	郧军涛
项目负责	甄惠娟
责任编辑	史春燕
封面设计	马吉庆

出版发行	甘肃文化出版社
网　　址	http://www.gswenhua.cn
投稿邮箱	gswenhuapress@163.com
地　　址	兰州市城关区曹家巷1号	730030（邮编）

| 营销中心 | 贾　莉　王　俊 |
| 电　　话 | 0931-2131306 |

印　　刷	甘肃发展印刷公司
开　　本	787毫米×1092毫米　1/16
字　　数	290千
印　　张	26　　插　页	2面
版　　次	2023年12月第1版
印　　次	2023年12月第1次
书　　号	ISBN 978-7-5490-2831-3
定　　价	98.00元

版权所有　违者必究（举报电话：0931-2131306）
（图书如出现印装质量问题，请与我们联系）

敦煌与丝绸之路研究丛书编委会

主　编
郑炳林

副主编
魏迎春　张善庆

编　委
（按姓氏笔画排序）
王晶波　白玉冬　吐送江·依明
朱丽双　刘全波　许建平　杜　海
李　军　吴炯炯　张丽香　张善庆
陈于柱　陈光文　郑炳林　赵青山
段玉泉　敖特根　黄维忠　敏春芳
　　　　黑维强　魏迎春

国家科技支撑计划国家文化科技创新工程项目"丝绸之路文化主题创意关键技术研究"
（项目编号：2013BAH40F01)

国家社会科学基金西部项目"佉卢文文献所见汉晋鄯善国史研究"
（项目编号：21XZS016）

兰州大学中央高校基本科研业务费专项资金重点研究基地建设项目"甘肃石窟与历史文化研究"
（项目编号：2022jbkyjd006）

总　序

　　丝绸之路是东西方文明之间碰撞、交融、接纳的通道，丝绸之路沿线产生了很多大大小小的文明，丝绸之路文明是这些文明的总汇。敦煌是丝绸之路上的一个明珠，它是丝绸之路文明最高水平的体现，敦煌的出现是丝绸之路开通的结果，而丝绸之路的发展结晶又在敦煌得到了充分的体现。

　　敦煌学，是一门以敦煌文献和敦煌石窟为研究对象的学科，由于敦煌学的外缘和内涵并不清楚，学术界至今仍然有相当一部分学者否认它的存在。有的学者根据敦煌学研究的进度和现状，将敦煌学分为狭义的敦煌学和广义的敦煌学。所谓狭义的敦煌学也称之为纯粹的敦煌学，即以敦煌藏经洞出土文献和敦煌石窟为研究对象的学术研究。而广义的敦煌学是以敦煌出土文献为主，包括敦煌汉简，及其相邻地区出土文献，如吐鲁番文书、黑水城出土文书为研究对象的文献研究；以敦煌石窟为主，包括河西石窟群、炳灵寺麦积山陇中石窟群、南北石窟为主的陇东石窟群等丝绸之路石窟群，以及关中石窟、龙门、云冈、大足等中原石窟，高昌石窟、龟兹石窟以及中亚印度石窟的石窟艺术与石窟考古研究；以敦煌历史地理为主，包括河西西域地区的历史地理研究，以及中古时期中外关系史研究等。严格意义上说，凡利用敦煌文献和敦煌石窟及其相关资料进行的一切学术研究，都可以称之为敦煌学研究的范畴。

　　敦煌学研究是随着敦煌文献的发现而兴起的一门学科，敦煌文献经斯坦因、伯希和、奥登堡、大谷探险队等先后劫掠，王道士及敦煌乡绅等人为流散，现分别收藏于英国、法国、俄罗斯、日本、瑞典、丹麦、印度、韩国、美国等国家博物馆和图书馆中，因此作为研究敦煌文献的敦煌学一开始兴起就是一门国际性的学术研究。留存中国的敦煌文献除了国家图书馆之外，还有十余省份的图书馆、博物馆、档案馆都收藏有敦煌文献，其次台北图书馆、台北"故宫博物院"、台湾"中央研究院"及香港也收藏有敦煌文献，敦煌文献的具体数量没有一个准确的数字，估计在五万卷号左右。敦煌学的研究随着敦煌文献的流散开始兴起，敦煌学一词随着敦煌学研究开始在学术界使用。

敦煌学的研究一般认为是从甘肃学政叶昌炽开始，这是中国学者的一般看法。而20世纪的敦煌学的发展，中国学者将其分为三个阶段：1949年前为敦煌学发展初期，主要是刊布敦煌文献资料；1979年中国敦煌吐鲁番学会成立之前，敦煌学研究停滞不前；1979年之后，由于中国敦煌吐鲁番学会的成立，中国学术界有计划地进行敦煌学研究，也是敦煌学发展最快、成绩最大的阶段。目前随着国家"一带一路"倡议的提出，作为丝路明珠的敦煌必将焕发出新的光彩。新时期的敦煌学在学术视野、研究内容拓展、学科交叉、研究方法和人才培养等诸多方面都面临一系列问题，我们将之归纳如下：

第一，敦煌文献资料的刊布和研究稳步进行。目前完成了俄藏、英藏、法藏以及甘肃藏、上博藏、天津艺博藏敦煌文献的刊布，展开了敦煌藏文文献的整理研究，再一次掀起了敦煌文献研究的热潮，推动了敦煌学研究的新进展。敦煌文献整理研究上，郝春文的英藏敦煌文献汉文非佛经部分辑录校勘工作已经出版了十五册，尽管敦煌学界对其录文格式提出不同看法，但不可否认这是敦煌学界水平最高的校勘，对敦煌学的研究起了很大的作用。其次有敦煌经部、史部、子部文献整理和俄藏敦煌文献的整理正在有序进行。专题文献整理研究工作也出现成果，如关于敦煌写本解梦书、相书的整理研究，郑炳林、王晶波在黄正建先生的研究基础上已经有了很大进展，即将整理完成的还有敦煌占卜文献合集、敦煌类书合集等。文献编目工作有了很大进展，编撰《海内外所藏敦煌文献联合总目》也有了初步的可能。施萍婷先生的《敦煌遗书总目索引新编》在王重民先生目录的基础上，增补了许多内容。荣新江先生的《海外敦煌吐鲁番文献知见录》《英国国家图书馆藏敦煌汉文非佛经文献残卷目录（6981—13624)》为进一步编撰联合总目做了基础性工作。在已有可能全面认识藏经洞所藏敦煌文献的基础上，学术界对藏经洞性质的讨论也趋于理性和全面，基本上认为它是三界寺的藏书库。特别应当引起我们注意的是，甘肃藏敦煌藏文文献的整理研究工作逐渐开展起来，甘肃藏敦煌藏文文献一万余卷，分别收藏于甘肃省图书馆、甘肃省博物馆、酒泉市博物馆、敦煌市博物馆、敦煌研究院等单位，对这些单位收藏的敦煌藏文文献的编目定名工作已经有了一些新的进展，刊布了敦煌市档案局、甘肃省博物馆藏品，即将刊布的有敦煌市博物馆、甘肃省博物馆藏品目录，这些成果会对敦煌学研究产生很大推动作用。在少数民族文献的整理研究上还有杨富学《回鹘文献与回鹘文化》，这一研究成果填补了回鹘历史文化研究的空白，推动了敦煌民族史研究的进展。在敦煌文献的整理研究中有很多新成果和新发现，如唐代著名佛经翻译家义净和尚的《西方记》残卷，就收藏在俄藏敦煌文献中，由此我们可以知道义净和尚在印度巡礼的情况和遗迹；其次对《张议潮处置凉州进表》拼接复原的研究，证实敦煌文献的残缺不但是在流散中形成的，而且在唐五代的收藏中为修补佛经就已经对其进行分割，这个研究引起了日本著名敦煌学家池田温先生的高度重视。应当说敦煌各类文献的整理研究都有类似的发现和研究成果。敦煌学论著的出版出现了一种新的动向，试图对敦煌学进行总结性的出版计划正在实施，如2000年甘肃文化出版社出版的《敦煌学百年文库》、甘肃教育出版社出版的"敦煌学研究"丛书，但都没有达到应有的目的，所以目前还没有一部研究丛书能够反映敦煌学研究的整个进展情况。随着敦煌文献的全部影印刊布和陆续进行的释录工作，将敦煌文献研究与西域出土文献、敦煌汉简、黑水城文献及丝绸之路石窟等有机结合起来，进一步拓展敦煌学研究的领域，才能促生标志性的研究成果。

第二，敦煌史地研究成果突出。敦煌文献主要是归义军时期的文献档案，反映当时敦煌政治经济文化宗教状况，因此研究敦煌学首先是对敦煌历史特别是归义军历史的研究。前辈学者围绕这一领域做了大量工作，20世纪的最后二十年间成果很多，如荣新江的《归义军史研究》等。近年来敦煌历史研究围绕归义军史研究推出了一批显著的研究成果。在政治关系方面有冯培红、荣新江同志关于曹氏归义军族属研究，以往认为曹氏归义军政权是汉族所建，经过他们的详细考证认为曹议金属于敦煌粟特人的后裔，这是目前归义军史研究的最大进展。在敦煌粟特人研究方面，池田温先生认为敦煌地区的粟特人从吐蕃占领之后大部分闯到粟特和回鹘地区，少部分成为寺院的寺户，经过兰州大学各位学者的研究，认为归义军时期敦煌地区的粟特人并没有外迁，还生活在敦煌地区，吐蕃时期属于丝棉部落和行人部落，归义军时期保留有粟特人建立的村庄聚落，祆教赛神非常流行并逐渐成为官府行为，由蕃部落使来集中管理，粟特人与敦煌地区汉族大姓结成婚姻联盟，联合推翻吐蕃统治并建立归义军政权，担任了归义军政权的各级官吏。这一研究成果得到学术界的普遍认同。归义军职官制度是唐代藩镇缩影，归义军职官制度的研究实际上是唐代藩镇个案研究范例，我们对归义军职官制度的探讨，有益于这个问题的解决。归义军的妇女和婚姻问题研究交织在一起，归义军政权是在四面六蕃围的情况下建立的一个区域性政权，因此从一开始建立就注意将敦煌各个民族及大姓团结起来，借助的方式就是婚姻关系，婚姻与归义军政治关系密切，处理好婚姻关系归义军政权发展就顺利，反之就衰落。所以，归义军政权不但通过联姻加强了与粟特人的关系，得到了敦煌粟特人的全力支持，而且用多妻制的方式建立了与各个大姓之间的血缘关系，得到他们的扶持。在敦煌区域经济与历史地理研究上，搞清楚了归义军疆域政区演变以及市场外来商品和交换中的等价物，探讨出晚唐五代敦煌是一个国际性的商业都会城市，商品来自内地及其中亚南亚和东罗马等地，商人以粟特人为主并有印度、波斯等世界各地的商人云集敦煌，货币以金银和丝绸为主，特别值得我们注意的是棉花种植问题，敦煌与高昌气候条件基本相同，民族成分相近，交往密切，高昌地区从汉代开始种植棉花，但是敦煌到五代时仍没有种植。经研究，晚唐五代敦煌地区已经开始种植棉花，并将棉花作为政府税收的对象加以征收，证实棉花北传路线进展虽然缓慢但并没有停止。归义军佛教史的研究逐渐展开，目前在归义军政权的佛教关系、晚唐五代敦煌佛教教团的清规戒律、科罚制度、藏经状况、发展特点、民间信仰等方面进行多方研究，出产了一批研究成果，得到学术界高度关注。这些研究成果主要体现在《敦煌归义军史专题研究续编》《敦煌归义军史专题研究三编》和《敦煌归义军史专题研究四编》中。如果今后归义军史的研究有新的突破，主要体现在佛教等研究点上。

第三，丝绸之路也可以称之为艺术之路，景教艺术因景教而传入，中世纪西方艺术风格随着中亚艺术风格一起传入中国，并影响了中古时期中国社会生活的方方面面。中国的汉文化和艺术也流传到西域地区，对西域地区产生巨大影响。如孝道思想和艺术、西王母和伏羲女娲传说和艺术等。通过这条道路，产生于印度的天竺乐和中亚的康国乐、安国乐和新疆地区龟兹乐、疏勒乐、高昌乐等音乐舞蹈也传入中国，迅速在中国传播开来。由外来音乐舞蹈和中国古代清乐融合而产生的西凉乐，成为中古中国乐舞的重要组成部分，推进了中国音乐舞蹈的发展。佛教艺术进入中原之后，形成自己的特色又回传到河西、敦煌及西域地区。丝绸之路上石窟众多，佛教艺术各有特色，著名的有麦积山石窟、北石窟、南石窟、大象山石窟、水帘洞石窟、炳灵寺石窟、天梯山石窟、马蹄寺石窟、金塔寺石窟、文殊山石窟、榆林窟、莫高窟、西千佛洞等。祆教艺术通过粟特人的墓葬石刻表现出来并保留下来，沿着丝绸之路和中原商业城市分布。所以将丝绸之路称之为艺术之路，一点也不为过，更能体现其特色。丝绸之路石窟艺术研究虽已经有近百年的历史，但是制约其发展的因素并没有多大改善，即石窟艺术资料刊布不足，除了敦煌石窟之外，其他石窟艺术资料没有完整系统地刊布，麦积山石窟、炳灵寺石窟、榆林窟等只有一册图版，北石窟、南石窟、拉梢寺石窟、马蹄寺石窟、文殊山石窟等几乎没有一个完整的介绍，所以刊布一个完整系统的图册是学术界迫切需要。敦煌是丝绸之路上的一颗明珠，敦煌石窟在中国石窟和世界石窟上也有着特殊的地位，敦煌石窟艺术是中外文化交融和碰撞的结果。在敦煌佛教艺术中有从西域传入的内容和风格，但更丰富的是从中原地区传入的佛教内容和风格。佛教进入中国之后，在中国化过程中产生很多新的内容，如报恩经经变和报父母恩重经变，以及十王经变图等，是佛教壁画的新增内容。对敦煌石窟进行深入的研究，必将对整个石窟佛教艺术的研究起到推动作用。20世纪敦煌石窟研究的专家特别是敦煌研究院的专家做了大量的工作，特别是在敦煌石窟基本资料的介绍、壁画内容的释读和分类研究等基本研究上，做出很大贡献，成果突出。佛教石窟是由彩塑、壁画和建筑三位一体构成的艺术组合整体，其内容和形式，深受当时、当地的佛教思想、佛教信仰、艺术传统和审美观的影响。过去对壁画内容释读研究较多，但对敦煌石窟整体进行综合研究以及石窟艺术同敦煌文献的结合研究还不够。关于这方面的研究工作，兰州大学敦煌学研究所编辑出版了一套"敦煌与丝绸之路石窟艺术"丛书，比较完整地刊布了这方面的研究成果，目前完成了第一辑20册。

第四，敦煌学研究领域的开拓。敦煌学是一门以地名命名的学科，研究对象以敦煌文献和敦煌壁画为主。随着敦煌学研究的不断深入，敦煌学与相邻研究领域的关系越来越密切，这就要求敦煌学将自身的研究领域不断扩大，以适应敦煌学发展的需要。从敦煌石窟艺术上看，敦煌学研究对象与中古丝绸之路石窟艺术密切相关，血肉相连。敦煌石窟艺术与中原地区石窟如云冈石窟、龙门石窟、大足石窟乃至中亚石窟等关系密切。因此敦煌学要取得新的突破性进展，就要和其他石窟艺术研究有机结合起来。敦煌石窟艺术与中古石窟艺术关系密切，但是研究显然很不平衡，如甘肃地区除了敦煌石窟外，其他石窟研究无论是深度还是广度都还不够，因此这些石窟的研究前景非常好，只要投入一定的人力物力就会取得很大的突破和成果。2000年以来敦煌学界召开了一系列学术会议，这些学术会议集中反映敦煌学界的未来发展趋势，一是石窟艺术研究与敦煌文献研究的有力结合，二是敦煌石窟艺术与其他石窟艺术研究的结合。敦煌学研究与西域史、中外关系史、中古民族关系史、唐史研究存在内在联系，因此敦煌学界在研究敦煌学时，在关注敦煌学新的突破性进展的同时，非常关注相邻学科研究的新进展和新发现。如考古学的新发现，近年来考古学界在西安、太原、固原等地发现很多粟特人墓葬，出土了很多珍贵的文物，对研究粟特人提供了新的资料，也提出了新问题。2004年、2014年两次"粟特人在中国"学术研讨会，反映了一个新的学术研究趋势，敦煌学已经形成多学科交叉研究的新局面。目前的丝绸之路研究，就是将敦煌学研究沿着丝绸之路推动到古代文明研究的各个领域，不仅仅是一个学术视野的拓展，而且是研究领域的拓展。

第五，敦煌学学科建设和人才培养得到新发展。敦煌学的发展关键是人才培养和学科建设，早在1983年中国敦煌吐鲁番学会成立初期，老一代敦煌学家季羡林、姜亮夫、唐长孺等就非常注意人才培养问题，在兰州大学和杭州大学举办两期敦煌学讲习班，并在兰州大学设立敦煌学硕士学位点。近年来，敦煌学学科建设得到了充分发展，1998年兰州大学与敦煌研究院联合共建敦煌学博士学位授予权点，1999年兰州大学与敦煌研究院共建成教育部敦煌学重点研究基地，2003年人事部博士后科研流动站设立，这些都是敦煌学人才建设中的突破性发展，特别是兰州大学将敦煌学重点研究列入国家985计划建设平台——敦煌学创新基地得到国家财政部、教育部和学校的1000万经费支持，将在资料建设和学术研究上以国际研究中心为目标进行重建，为敦煌学重点研究基地走向国际创造物质基础。同时国家也在敦煌研究院加大资金和人力投入，经过学术队伍的整合和科研项目带动，敦煌学研究呈现出一个新的发展态势。随着国家资助力度的加大，敦煌学发展的步伐也随之加大。甘肃敦煌学发展逐渐与东部地区研究拉平，部分领域超过东部地区，与国外交流合作不断加强，研究水平不断提高，研究领域逐渐得到拓展。研究生的培养由单一模式向复合型模式过渡，研究生从事领域也由以前的历史文献学逐渐向宗教学、文学、文字学、艺术史等研究领域拓展，特别是为国外培养的一批青年敦煌学家也崭露头角，成果显著。我们相信在国家和学校的支持下，敦煌学重点研究基地一定会成为敦煌学的人才培养、学术研究、信息资料和国际交流中心。在2008年兰州"中国敦煌吐鲁番学会"年会上，马世长、徐自强提出在兰州大学建立中国石窟研究基地，因各种原因没有实现，但是这个建议是非常有意义的，很有前瞻性。当然敦煌学在学科建设和人才培养中也存在问题，如教材建设就远远跟不上需要，综合培养中缺乏一定的协调。在国家新的"双一流"建设中，敦煌学和民族学牵头的敦煌丝路文明与西北民族社会学科群成功入选，是兰州大学敦煌学研究发展遇到的又一个契机，相信敦煌学在这个机遇中会得到巨大的发展。

第六，敦煌是丝绸之路上的一颗明珠，敦煌与吐鲁番、龟兹、于阗、黑水城一样出土了大量的文物资料，留下了很多文化遗迹，对于我们了解古代丝绸之路文明非常珍贵。在张骞出使西域之前，敦煌就是丝绸之路必经之地，它同河西、罗布泊、昆仑山等因中外交通而名留史籍。汉唐以来敦煌出土简牍、文书，保留下来的石窟和遗迹，是我们研究和揭示古代文明交往的珍贵资料，通过研究我们可以得知丝绸之路上文明交往的轨迹和方式。因此无论从哪个角度分析，敦煌学研究就是丝绸之路文明的研究，而且是丝绸之路文明研究的核心。古代敦煌为中外文化交流做出了巨大的贡献，在今天也必将为"一带一路"的研究做出更大的贡献。

由兰州大学敦煌学研究所资助出版的《敦煌与丝绸之路研究丛书》，囊括了兰州大学敦煌学研究所这个群体二十年来的研究成果，尽管这个群体经历了很多磨难和洗礼，但仍然是敦煌学研究规模最大的群体，也是敦煌学研究成果最多的群体。目前，敦煌学研究所将研究领域往西域中亚与丝绸之路方面拓展，很多成果也展现了这方面的最新研究水平。我们将这些研究成果结集出版，一方面将这个研究群体介绍给学术界，引起学者关注；另一方面这个群体基本上都是我们培养出来的，我们有责任和义务督促他们不断进行研究，力争研究出新的成果，使他们成长为敦煌学界的优秀专家。

目 录

绪 论 ·· 1
 一、选题缘由及意义 ··· 1
 二、研究现状与不足 ··· 4
 三、研究思路与方法 ··· 6
 四、研究重点和难点 ··· 9

第一章 西北诸民族契约文书研究回顾 ·································· 11
 第一节 汉晋时期佉卢文书研究述要 ·································· 12
 第二节 汉文契约文书研究 ··· 21
 第三节 契约文书与中世纪吐蕃习惯法研究 ······················· 43
 第四节 吐鲁番、敦煌出土回鹘文契约文书研究述要 ············ 52
 第五节 西夏契约文书研究述要 ······································· 68
     附：其他契约文书研究 ······································ 80

第二章 西北出土诸民族契约文书格式比较研究 ······················ 83
 第一节 塔里木盆地出土汉晋时期佉卢文契约文书格式 ········· 84
 第二节 敦煌、吐鲁番、黑水城出土汉文契约文书格式 ········· 95
 第三节 敦煌、西域出土吐蕃文契约文书格式 ····················· 141

> 第四节　吐鲁番出土回鹘文契约文书格式 …………………… 151
> 第五节　黑水城出土西夏文契约文书格式 …………………… 158
> 第六节　立契时间与纪年惯例 ………………………………… 163
> 第七节　契约主体内容所见东西方习惯法之异同 …………… 176

第三章　契约所见西北诸族借贷利率之民间习惯法 ……………… 193
> 第一节　佉卢文书所见鄯善国借贷利息惯例 ………………… 194
> 第二节　汉文契约所见唐元时期民间借贷之利率 …………… 207
> 第三节　敦煌吐蕃文契约所见借贷利率以及与唐朝情况之比较 … 220
> 第四节　回鹘文借贷利息之高昂 ……………………………… 229
> 第五节　西夏文借贷利息蠡测 ………………………………… 243
>> 附：蒙古文契约之借贷利息探析 ……………………… 250
> 第六节　诸民族契约文书之借贷利率比较 …………………… 255

第四章　契约所见违约纳罚习惯法 ………………………………… 259
> 第一节　佉卢文简牍与鄯善国之违约纳罚习俗 ……………… 260
> 第二节　敦煌、吐鲁番汉文契约所见唐代违约纳罚惯例 …… 273
> 第三节　敦煌吐蕃文契约中的违约纳罚 ……………………… 284
> 第四节　高昌回鹘违约纳罚及其独特性 ……………………… 294
> 第五节　黑水城出土西夏文契约所见违约纳罚释例 ………… 307
>> 附：蒙古文契约文书之违约纳罚 ……………………… 315
> 第六节　从违约纳罚契约看西北民族习惯法之个性特点 …… 324

第五章　西北出土诸民族契约之担保习俗 ………………………… 329
> 第一节　前贤研究及存在的问题 ……………………………… 329
> 第二节　官员担保——佉卢文简牍之个性 …………………… 334
> 第三节　汉文契约文书之担保人 ……………………………… 337

第四节　吐蕃文契约文书中的担保画押 …………………… 348

　　第五节　回鹘文担保人之画押与印章 ……………………… 358

　　第六节　西夏文契约文书之担保人 ………………………… 366

　　　　　　附：蒙古文契约文书之担保人 …………………… 370

　　第七节　各民族契约担保习俗异同之比较 ………………… 372

结　论 ……………………………………………………………… 375

参考文献 …………………………………………………………… 381

后　记 ……………………………………………………………… 401

绪 论

一、选题缘由及意义

"习惯法"是由西方传入，英文为"Customary Law"。它与国家制定法不同，是在社会生活中根据某种社会道德和社会力量，对人们进行思想上和行为上约束，又在某种程度上具有一定强制性规范的总和。习惯法来源于传统的道德习惯，是国家法的组成部分；虽然它不是成文法，但却有着民俗性、规范性、强制性等特点，在古代社会尤其是少数民族社会生活中，习惯法起着维持社会秩序和调节社会成员之间关系的作用。在世界五大法系中（即欧洲大陆法系、英美法系、伊斯兰法系、印度法系和中华法系），习惯法虽然不是主要渊源，其作用大大减弱，但是它在一个国家的法律体系中仍然扮演着不可或缺的角色。

契约，是人们在劳动生产、经济交往中，根据双方的利益，进行交换后达成的一种协议。它既是约束双方对彼此诚信的体现，又是相互履行对方承诺的一种凭据，具有维护社会秩序、调节社会经济活动的作用。在中国西北出土的契约文书中，除了汉文契约，尚有佉卢文契约、吐蕃文契约、回鹘文契约、西夏文契约、粟特文契约、蒙古文契约等。这些契约不论是格式还是内容，都呈现出成熟、完善、多样化的特点。古代文献对各民族的民间习惯法记载都非常稀少，这些文书的发现与刊布，正好为各民族习惯法的研究提供了非常重要的第一手资料。

笔者曾于新疆、青海、西藏等地生活多年，近年一直待在西北地区，且以法律社会史作为硕士阶段的研究方向，期间对中国古代法制史有较深入地了解，自2015年踏入兰州大学敦煌学研究所，并涉及敦煌学领域后，便开始关注跟法律社会史有关的书籍和研究成果。在阅读中发现，从敦煌、吐鲁番等地出土的文书中有很多契约文书在司法判例方面与法律社会史有着惊人的相似性，比如在汉文契约文书中有"两和立契""任依私契，官不为理"的记载；在佉卢文契约文书中规定，自交易双方签订契约后，契约的一方对交易标的物拥有所有权，"权限长达一千年"，且这种约定是由司书奉执政官的命令所写，往后若有人反悔，即使上诉到皇廷，契约依然有效。又如在吐蕃文借绢契约中写道，如果借方没有按规定的时间归还所借之物，那么须要双倍赔偿；在回鹘文契约中，提及"归还前，如我发生什么，就由我妻××如数归还"；在西夏文契约的末尾，既有立契者的署名，还有画押。这些直白的文字，不就是与我们生活息息相关的真实写照吗？是以，这些西北出土的契约，它不仅仅是古代社会经济研究的一部分，而且也是研究古代法律社会及丝绸之路交往史的重要素材。因此，笔者以西北出土的契约文书为切入点，找寻契约背后所映射的习惯法，尤其是从契约的书写格式、借贷契约中规定的利息、违约后的惩罚措施、签约时的担保人等方面，比较它们的异同，进而揭示古代人们的政治经济、法律社会现状。

这些出土于西北地区的诸民族契约文书中，含有众多的法律、社会经济、契约类文书，从时间跨度看，自汉晋至元代；从空间范围看，东起内蒙古额济纳旗，西至甘肃敦煌、新疆吐鲁番、和田等地，可谓一座座蕴含丰富的宝藏库，为研究西北各族习惯法及其与中原习惯法的研究具有重要意义。

第一，系统的比较西北出土契约书写格式，有助于了解用不同文字书写的契约格式之间的相同点和不同点，理清各契约之间的关系，深入的认识不同时代、不同地区、不同文字，契约书写格式的发展与变化规律。出土契约文书的研究为少数民族历史研究注入新的内容与活力，还有助于中国法制史、经济史的研究。

第二，补充和印证传世文献中相关的历史记载。如佉卢文契约中的"侍中"、于阗文契约背面的汉文，都印证了传世文献中对中原政权在西域的驻扎与管辖的记载，而粟特文契约开头的时间表达方式，又反映了中西文化在西域的交流与借鉴。回鹘文契约中关于银锭的记载，充分的说明这一时期钱币作为交易流通手段的普遍现象，[1]也再现了高利贷的盛行。西夏文契约有关粮食多用于支付手段的记载，反映了西夏的社会经济状况以及受周边政权政策变化的影响。

第三，有助于了解契约文书的历史背景，再现契约文书背后的社会面貌和政治形态。诸民族契约与汉文契约的异同，再次说明了中国古代历史长河中的片段历史与整体性的关系，中国古代契约包括除汉文契约之外的诸民族契约。契约文书内容所折射出的诚信原则、习惯

---

[1] 杨富学：《回鹘文书所见高昌回鹘王国的纸钞与铸币》，《中国社会经济史研究》1992年第1期，第8—14页。

法与国家律令的相符与违背，都呈现了契约精神在古代丝绸之路沿线一带的人们社会交往中所起的重要作用。

二、研究现状与不足

目前学界对契约文书的研究，主要基于近些年对出土文献的整理与陆续出版的大部头书目上，焦点多集中在某一时期该地区的民族文书研究，如《沙海古卷释稿》[①]《回鹘文社会经济文书研究》[②]《西夏经济文书研究》[③]，或者进行某类契约文书如雇佣契约、买卖契约、借贷契约的个案探讨，如《隋唐五代宋初雇佣契约研究——以敦煌吐鲁番出土文书为中心》[④]《回鹘文买卖契约译注》[⑤]《敦煌、黑水城、龙泉驿文献中的土地买卖契约研究》[⑥]《敦煌的借贷：中国中古时代的物质生活与社会》[⑦]，即便有一些论著涉及比较研究，如《古中国与古罗马契约观念及实践的比较研究》[⑧]《中国中古契券关系研究》[⑨]《丝绸之路出土各族契约文献研究论集》[⑩]，但大多停留在笼统的阐述当中，个别论点仍需进一步推敲和补充。不过，值得一提的是，《回

[①] 刘文锁：《沙海古卷释稿》，北京：中华书局，2007年。
[②] 耿世民：《回鹘文社会经济文书研究》，乌鲁木齐：中央民族大学出版社，2006年。
[③] 史金波：《西夏经济文书研究》，北京：社会科学文献出版社，2017年。
[④] 徐秀玲：《隋唐五代宋初雇佣契约研究——以敦煌吐鲁番出土文书为中心》，北京：中国社会科学出版社，2017年。
[⑤] 刘戈：《回鹘文买卖契约译注》，北京：中华书局，2006年。
[⑥] 汤君：《敦煌、黑水城、龙泉驿文献中的土地买卖契约研究》，载杜建录主编《西夏学》第十辑，上海：上海古籍出版社，2013年，第192—209页。
[⑦] [法]童丕著，余欣、陈建伟译：《敦煌的借贷：中国中古时代的物质生活与社会》，北京：中华书局，2003年。
[⑧] 武航宇：《古中国与古罗马契约观念及实践的比较研究》，北京：法律出版社，2015年。
[⑨] 乜小红：《中国中古契券关系研究》，北京：中华书局，2013年。
[⑩] 乜小红、陈国灿主编：《丝绸之路出土各族契约文献研究论集》，北京：中华书局，2019年。

鹘文契约文书初探》①《中国古代契约发展简史》②《回鹘文契约文书参与者称谓考释——兼与敦煌吐鲁番汉文文书比较》③对有关民族契约文书作了简单的介绍与论述，还与汉文契约文书作了对比研究，具有较高的学术价值，但因比较研究有限，故而仍有很多问题有探讨的余地。因此，笔者在以上诸学者的研究启发下，对契约书写格式所体现出的习惯法以及西北出土契约之借贷利息、违约纳罚、担保人作一对比研究，具有一定的价值。

通观上述契约研究现状，笔者谈几点浅见：

第一，从整体上看，学界对诸民族契约的研究参差不齐。汉文契约研究成果最多，焦点最集中，几乎从事敦煌吐鲁番学这一领域的专家和学者或多或少都有涉及。但对于少数民族文字契约（或者我们称之为胡语文书的契约）研究仅限于很少一部分学者，比如：佉卢文契约的研究，多为贝罗、林梅村、刘文锁等；粟特文契约的研究，除了熟知的吉田丰、辛姆斯（Nicholas Sims—Williams）、林梅村外，近年有年轻学者毕波、范晶晶等博士加入，另有荣新江、冯培红也作了其他相关研究。吐蕃文契约、回鹘文契约、西夏文契约研究，不论是研究团队，还是学术成果，都较其他契约研究突出，尤其是西夏文契约的研究还有更大的空间。

第二，个案研究多，比较研究少。因学科方向的细化，很多研究陷入碎片化，出现"只见树木，不见森林"。这需要我们对契约做全面的探讨，而不是仅仅停留在对某件文书的研究上，关于这一点前贤

---

① 刘戈：《回鹘文契约文书初探》，台北：五南图书出版有限公司，2000年。
② 乜小红：《中国古代契约发展简史》，北京：中华书局，2017年。
③ 张铁山、崔焱：《回鹘文契约文书参与者称谓考释——兼与敦煌吐鲁番汉文文书比较》，《西域研究》2017年第2期，第79—84页。

已有关注，如陈丽萍所言"学界对敦煌契约文书的利用研究，基本仍停留在借用某件文书的录文研究其他问题或研究一些契约用语的状态，对这些区别有意无意之间视而不见。"①同时，对于契约史研究中存在的概念内涵和外延，还需要有进一步的认识，如"今人说的契约与古文书学说的'书契'，是内涵、外延都各不相同的两个概念。……唐以后传世文献所说的契约，不同于古文书学所说的'书契'，而与今人所说的'契约'大体同义。"②个别学者利用契约文书也做了比较研究，如汤君、张铁山、杨际平等，他们的相关契约比较研究③，对笔者写作思路很有启发。

三、研究思路与方法

第一，从契约的书写格式入手，探讨契约之间的异同。在比较研究中，最直观的就是契约格式的书写惯例，它最能反映出古代人们在经济活动中习惯行用的书写格式及其套语，生动形象的再现古人的经济交流场景。从一份契约的书写格式，不难窥见契约签订的时间、参与者人数、契约规定的内容，以及契约的末尾签署、画押等。同时，在比照不同契约的书写格式之后，我们会发现它们之间的相同点、不同点，甚至同一种文字的契约，其书写格式在不同阶段的发展变化和

---

①陈丽萍：《敦煌契约文书整理所得与展望》，《文汇报》2016年11月4日第W11版本，第1—3页。
②杨际平：《我国古代契约史研究中的几个问题》，《中国史研究》2019年第3期，第79—95页。
③汤君：《敦煌、黑水城、龙泉驿文献中的土地买卖契约研究》，载杜建录主编《西夏学》第十辑，上海：上海古籍出版社，2013年，第192—209页；张铁山、崔焱：《回鹘文契约文书参与者称谓考释——兼与敦煌吐鲁番汉文文书比较》，《西域研究》2017年第2期，第79—84页；杨际平：《4—13世纪汉文、吐蕃文、西夏文买卖、博换牛马驼驴契比较研究》，《敦煌学辑刊》2019年第1期，第109—123页。

内在关系。

第二,从经济学角度入手,考察契约中的借贷利息。第二章对西北诸民族契约之借贷利息进行比较研究,我们发现借贷契约是所有契约类文书中最多的,其借贷利息又代表了人们习惯行用的方式,尽管政府有相关的规定,但在民间交易中,到底是遵循还是违背,借贷利率是高还是低,一般维持在多少,都值得逐一探究。另外,文章中比较的契约文书,跨越了时空,既有横向上的差异,又有纵向上的不同。

第三,从法学角度入手,探讨契约违约后的司法介入。我们知道,契约在成立的同时,伴随着违约的可能,这不仅涉及契约双方的诚信,也跟义务方的经济能力、社会背景有很大的关联。一旦这种诚信失效,经济能力又不起作用,那么双方当时签订的契约,会逐渐向权利方倾斜,随之而来的便是政府律法的干涉。在这一点上,不同的契约文书最终都表现出相似的一面,即司法的介入、保障未毁约方的权益。由此,官府到底是怎么惩罚的?惩罚的程度又如何,是笔者进行考证的。

最后,从契约末尾的担保人入手,联系古代家族法以及襟带连坐制,继续深入挖掘古代契约文书担保人背后的社会关系。如果说违约纳罚是契约内容的高潮部分的话,那么担保人的比较研究可以看作是契约内容的"完美结局"。契约文书在成立之初,双方都期待有互利的结局,尤其是强势一方更不愿意自己的利益受损,遂在传统道德"礼"的框架下,让另一方来找人担保,以防不测。至于担保人何时担保,笔者认为只要义务方失去履行义务的能力,那么就由担保人来承担责任。担保人通常和义务方是亲属关系,也有乡邻。文章最终通过对比研究这些习惯法,来探究古代丝绸之路沿线国家和地区之间人们的经济状况和社会关系。

根据选题及研究思路，拟采用以下三种研究方法：

（一）比较分析研究法

将某一契约的习惯法与具有可比性的其他不同时期、不同地区的同类习惯法进行对比，寻找它们之间的相同点、差异及其原因之所在，由此说明该特定的习惯法。习惯法作为西北出土诸民族契约文书中的一种特殊形式，运用比较分析研究法对于揭示其产生、发展的演变规律有重要意义。

（二）历史文献研究法

该研究主要是根据西北出土的大量契约以及传世文献来进行的。揆诸已刊契约文书，既有佉卢文、汉文、吐蕃文、回鹘文、西夏文，还有粟特文、于阗文、蒙古文。在这些文献中存有大量的社会经济、法律类文书，涉及买卖、租佃、借贷、雇佣等契约习惯法。这对于研究当时西北不同地区、不同民族、不同政权间的文化都有着重要的史料价值。该研究力求将其置于广阔的历史文化背景下来进行研究，采取文、史、法等研究角度，并充分利用历史文化、法律制度、社会经济等学科知识。运用历史文献研究法是研究西北出土契约之习惯法比较研究的基础方法。

（三）跨学科综合研究法

敦煌学本身就具有跨学科的特点，它研究的对象不仅是跨地区、跨民族，而且是跨文化、跨宗教，由于它涵盖的内容非常广泛，因此要求敦煌学研究者具有广博的知识，应用多种学科知识进行交叉研究。西北出土契约之习惯法研究由于涉及历史学、法学、经济学、语言学、地理学、民族学等多学科知识，因此需跨学科综合研究。

四、研究重点和难点

（一）研究重点

契约文书的内容是文章的重点，如何透过契约文书的借贷利息、违约纳罚、担保人来看民间习惯法是重中之重。契约的书写格式是文章的修饰，也是最直观的部分。笔者在第一章点缀笔墨来做一比较，尤其是佉卢文契约、于阗文契约、粟特文契约的特色和相似性，是值得关注的，可能与目前学界阐述的一些观点有异，解释清楚这一问题是很有必要的。

（二）研究难点

全文以习惯法为主线，用法律社会史的角度紧扣这一主题展开契约文书的比较研究。甄选、利用典型的契约比较它们之间的异同和关系，探求契约文书背后的契约精神。关于契约文书，不论是横向比较，还是纵向比较，都有一定的难度，有些材料不好把控，对不同民族语言的解读要求比较高。只能通过自身的努力，并在前辈们的协助下，首先学会使用已经刊布的资料，努力做到资料齐全。因在资料搜集方面有相关专家的大力帮助，问题相对容易解决。再者，关注国外学者的有关研究成果，及时跟进相关研究动态。

第一章 西北诸民族契约文书研究回顾

西北出土的诸民族契约，从时间上而言，几乎贯穿了中国古代史；从空间上而论，它们不仅代表了丝绸之路的黄金地段，而且也凸显了丝绸之路的繁华。以吐鲁番、敦煌、黑水城为代表的西北出土契约研究，目前学界已有一些著作和论文出版、发表，其中以汉文契约、吐蕃文契约、回鹘文契约、西夏文契约的整理和研究最为突出，特别是史金波先生对西夏文的解读成绩斐然。而佉卢文契约已有王广智先生对贝罗本的汉译本《新疆出土佉卢文残卷译文集》[1]，书中记载了大量的契约，另有林梅村先生著《沙海古卷》[2]，囊括了大量的司法案例，二者可以对照阅读，文中的有些人名、地名最易混淆。粟特文契约目前仅有一份，但因内容完整而显得格外珍贵；于阗文契约虽有一些，但数量较少。这些契约文书的整理和研究有一个共同的特点，即先于国外，之后国内才奋起直追。笔者在前人研究的基础上，对佉卢文契

---

[1] 王广智译：《新疆出土佉卢文残卷译文集》，载韩翔、王炳华、张临华主编《尼雅考古资料》（内部刊物），乌鲁木齐：新疆社会科学院，1988年。
[2] 林梅村：《沙海古卷——中国所出佉卢文书（初集）》，北京：文物出版社，1988年。

约文书、汉文契约文书、吐蕃文契约文书、回鹘文契约文书、西夏文契约文书的研究成果分别做以下介绍，不足之处，还望方家批评指正。

第一节 汉晋时期佉卢文书研究述要[①]

佉卢文是古代流行于中亚、新疆塔里木盆地边缘绿洲的一种文字，起源于犍陀罗，使用时间大致是公元前3世纪至5世纪，之后因最后使用该文字的鄯善国灭亡而随之消失。20世纪末，佉卢文书大多是以简牍的形式被发现于中国塔里木盆地南缘，其中以尼雅遗址最多。目前在已释译的佉卢文书中，被确认为书面契约者52份，[②]契约文书在时间上要早于吐鲁番和敦煌等地出土的同类型其他文书。

1937年，拉普逊的弟子贝罗公布了斯坦因第四次中亚考察所获佉卢文文书的转写与英文翻译，并以《尼雅佉卢文书别集》[③]为题发表。之后，贝罗开始英译整个斯坦因所获佉卢文书，直到1940年完成。王广智先生将其翻译成《新疆出土佉卢文残卷译文集》[④]。该译文集含有大量的世俗文书，尤以契约文书、法律社会文书居多，可补林梅

[①] 参见韩树伟：《丝路沿线出土佉卢文书研究述要》，《青海民族大学学报》2018年第2期，第96—106页。

[②] 参见刘文锁：《沙海古卷释稿》，北京：中华书局，2007年，第295页；乜小红：《中国古代契约发展简史》，北京：中华书局，2017年，第342页。

[③] ［英］T.Burrow, *Further Kharoṣṭhī Documents from Niya,* Bulletin of the School of Oriental Studies, University of London, Vol. 9, No. 1 (1937), pp.111–123.

[④] ［英］T.Borrow, *A Translation of the Kharoṣṭhī Document from Chinese Turkestan,* The Royal Asiatic Society, London, 1940. 王广智译：《新疆出土佉卢文残卷译文集》，载韩翔、王炳华、张临华主编《尼雅考古资料》（内部刊物），乌鲁木齐：新疆社会科学院，1988年，第183—267页。

村先生《沙海古卷》中契约文书之缺。译文集中既收有土地、牲畜买卖契约，又有人口买卖、养子女契约，材料极其丰富，具有重要的学术参考价值。《沙海古卷》多为对国王敕谕、籍帐、信函等问题的释读和深入探讨。[①]刘文锁先生进一步对《沙海古卷》做了释稿，他根据文书的年代、形式和内容重新做出细致的分类，找出其间的联系。值得关注的是他对佉卢文契约文书的形制、范例、种类，以及早期契约法的若干问题的讨论，对我们了解和认识新疆出土民族契约具有重要的作用。[②]对佉卢文契约文书的断代至关重要，先贤已有相关研究，[③]可资参考。侯灿、杨代欣先生对楼兰等地出土的汉文简牍和纸质文书的发现、内容做了介绍，在附有图片的同时作了释录工作。[④]近年段晴先生主编的《中国国家图书馆藏西域文书：梵文、佉卢文卷》对中国国家图书馆所藏的西域文书做了编目和介绍，其中含有和田出土的BH5-3号佉卢文契约文书。据段先生考据，这是一份鄯善王元孟八年的土地买卖楔印契约。[⑤]同时，该书还收录了皮建军先生对中国国家

[①] 林梅村：《沙海古卷——中国所出佉卢文书（初集）》，北京：文物出版社，1988年。另见林梅村：《楼兰尼雅出土文书》，北京：文物出版社，1985年。

[②] 刘文锁：《沙海古卷释稿》，北京：中华书局，2007年。

[③] 马雍：《新疆所出佉卢文书的断代问题——兼论楼兰遗址和魏晋时期的鄯善郡》，载《文史》第七辑，北京：中华书局，1980年，第73—95页，收入马雍著《西域史地文物丛考》，北京：文物出版社，1990年，第89—111页。孟凡人：《楼兰鄯善简牍年代学研究》，乌鲁木齐：新疆人民出版社，1995年。另见郭振汉：《楼兰史地考》，辅仁大学，大北印书局代印（该书笔者仅有复印本）；黄文弼：《西北史地论丛》，上海：上海人民出版社，1981年；许海生：《新疆古代民族文化论集》，乌鲁木齐：新疆大学出版社，1990年；《新疆考古与史地论集》，北京：科学出版社，2000年。

[④] 侯灿、杨代欣：《楼兰汉文简纸文书集成》，成都：天地出版社，1999年。

[⑤] 段晴：《中国国家图书馆藏BH5—31佉卢文买卖土地契约》，载朱玉麒主编《西域文史》第六辑，北京：科学出版社，2011年，第1—16页。同见段晴：《元孟八年土地买卖楔印契约》，收入段晴、张志清主编《中国国家图书馆藏西域文书：梵文、佉卢文卷》，上海：中西书局，2013年，第193—201页。

图书馆所藏编号为 BH5-4/5 的买卖契约文书的翻译与释读。[①]以上著作是目前关于佉卢文契约文书研究的主要代表成果和参考书目。

另有一些论文对佉卢文契约文书的形制、内容、分类（如人口、土地、牲畜买卖、收养子女、放妻书），以及契约文书反映的社会问题作了研究。关于佉卢文契约文书的形制，刘文锁先生以 Kh.582 号文书为例，指出矩形双简形制是普遍存在的，代表了习惯行用的传统，它又被称为"封检式"。随之谈论了文书的格式，其中对两个司书世系的复原引人关注，然在"断绳"的解释上，笔者存有疑惑。作者最后指出"契约主要是一种交易达成的'凭证'，而缺乏'自由合意'的精神；虽然也有过权力义务的规定，但是往往是具有单方面履行的倾向，所以在平等观念上也比较差"[②]，所言甚是，笔者深表赞同。对于一些简牍形制的真伪，我们还需要谨慎。[③]

佉卢文买卖契约居多，尤其是关于土地、人口的买卖，这可能与塔里木盆地南缘的自然地理环境、社会历史形态有关。林梅村先生对尼雅 96A07 房址出土的一份佉卢文残缺文书经过考释认为，这是鄯善王摩习梨在位时期（3 世纪末 4 世纪初）的一份土地买卖契约，文书开头是未知时间，还有对当时鄯善王惯用的颂词，以及与土地交易有

[①] 皮建军：《中国国家图书馆藏BH5-4、5号佉卢文信件和买卖契约释读与翻译》，载朱玉麒主编《西域文史》第六辑，北京：科学出版社，2011年，第17—26页。同见《China Tibetolog（中国藏学）》（英文版）2012年第2期，第39—47页。又见皮建军：《元孟四年楔印契约：国图BH5-4》，收入段晴、张志清主编《中国国家图书馆藏西域文书：梵文、佉卢文卷》，上海：中西书局，2013年，第183—186页。

[②] 刘文锁：《佉卢文契约文书之特征》，《西域研究》2003年第3期，第78—87页；《新疆发现契约文书与中古西域的契约实践》，《西部蒙古论坛》2018年第3期，第11—21页。

[③] 参见关迪：《古鄯善国佉卢文简牍的形制、功用与辨伪》，《西域研究》2016年第3期，第84—93页；孙丽萍：《新疆出土佉卢文简牍制度探析》，《喀什大学学报》2018年第2期，第27—33页。

关的粮食（数额）等，为我们了解尼雅绿洲沙漠化问题提供了生动的例证。①乜小红、陈国灿二位先生对出土的佉卢文有关土地、人口买卖契约进行了探讨，认为这些契约在3—4世纪出现了许多吸收汉文契式因素的新变化，并指出它是鄯善国与汉、晋王朝政治、经济关系日益密切的结果。②卫斯先生从经济史角度出发，对佉卢文简牍中有关农业经济方面的文书做了研究，指出人们在买卖、抵押土地时，都会签订契约文书，而葡萄园的交易更是明显，这不仅促进了酿酒业的发展，而且成了当地政府收入的来源，葡萄种植户若拖欠税酒则是要支付利息的。③据张南先生考证，从汉代开始新疆种植葡萄，饮用葡萄酒渐成习俗，酿酒及贮酒的技术已有较高水平。④这就不难理解佉卢文契约中出现葡萄园买卖现象。丁君涛先生以新疆尼雅出土的佉卢文葡萄园买卖契约为基础，考察鄯善国时期葡萄园的买卖、经营等活动，对鄯善国的葡萄酒酿造、销售等进行了探索，通过对鄯善国时期与高昌时期的葡萄园买卖契约进行对比研究，发现鄯善国时期，精绝地区的葡萄园产业已经初具规模，且利润可观。⑤同时，他还对鄯善国的雇佣关系做了讨论，指出鄯善国的社会性质是奴隶制向封建制转型，奴隶有自己的私有财产和少量的个人经济活动，认为带有奴役色

---

① 林梅村：《尼雅96A07房址出土佉卢文残文书考释》，《西域研究》2000年第3期，第42—43页。
② 乜小红、陈国灿：《对丝绸之路上佉卢文买卖契约的探讨》，《西域研究》2017年第2期，第64—78页。
③ 卫斯：《从佉卢文简牍看精绝国的葡萄种植业——兼论精绝国葡萄园土地所有制与酒业管理之形式》，《新疆大学学报》2006年第6期，第66—70页。
④ 张南：《古代新疆的葡萄种植与酿造业的发展》，《新疆大学学报》1993年第3期，第51—57页。
⑤ 丁君涛：《从佉卢文契约看鄯善国葡萄园买卖》，《北方工业大学学报》2017年第6期，第88—94页。

彩的雇佣关系逐渐变少，公平交易型的雇佣关系在逐渐增加。①王臣邑先生对和田博物馆藏的1份佉卢文木牍进行了研究，指出此木牍是迄今为止来自龟兹地区最早的世俗文献，涉及龟兹古国的国王Pitrrbhakta，也为鄯善国的佉卢文称谓Nuava提供了原始证据，从内容可知这是1份涉及羊的牲畜买卖契约文书，而且是鄯善人在龟兹购买，值得关注。②在邵瑞祺先生对尼雅佉卢文书内容的释读中，提到了牝马索偿及其相关的法律问题。③

佉卢文人口买卖契约较多。张婧博士论文《新疆出土佉卢文人口买卖文书及相关问题研究》分八个部分，主要围绕人口买卖文书、佉卢文人口买卖文书、人口买卖合法性问题、人口买卖文书中的买卖双方、被卖人、奴隶生存状况、3—5世纪新疆南部地区社会状况等问题进行了研究，指出3—5世纪的新疆南部社会存在着奴隶买卖，也存在着买卖双方的违约行为，而且在一些文书中出现了违约惩罚的条款（物质惩罚和刑事处罚），反映了当地的一些乡规民约和当时的一些社会制度问题。④作者后

---

①丁君涛：《从佉卢文文书看鄯善国雇佣关系》，《洛阳考古》2019年第4期，第50—54页；《佉卢文文书所见鄯善国财政状况》，《青海师范大学学报》2019年第1期，第65—72页。他依托教育部人文社会科学青年基金项目"新疆汉族与维吾尔族契约文化融合的研究"（18YJC850006），成果显著。

②[哥伦比亚]王臣邑：《和田博物馆藏源于龟兹国的一件佉卢文木牍》，《西域研究》2016年第3期，第65—74页。

③邵瑞祺、黄盛璋：《尼雅新出的一件佉卢文书》，《新疆社会科学》1986年第3期，第82—86页。关于鄯善国的法律问题，参见殷雯：《鄯善国法律初探》，《新疆师范大学学报》1987年第3期，第86—91页；李萌：《中亚丝路上的古鄯善国法律体系研究——以佉卢文书为主的考察》，《西南民族大学学报》2019年第2期，第80—86页。

④张婧：《新疆出土佉卢文人口买卖文书及相关问题研究》，陕西师范大学博士学位论文，2012年5月。

来在各学报刊物上又进行了补充、发表。①段晴先生对中国国家图书馆藏 BH5-1 号佉卢文书进行了研究，认为其与另外 2 份造立契约《高僧卖女》《舅卖甥女》不同，是人亡故后对契约的蠲除。而这种蠲除契约的法律形式以及文案的结构属首次出现，对再现于阗社会的历史、人文风俗显得弥足珍贵。②关迪对新疆和田博物馆新征集的 1 份佉卢文木牍的写作年代与地点进行了考证，对木牍内容进行了拉丁文字母转写与翻译，并判定这份佉卢文木牍为 1 份长达八年的跨国买卖纠纷的判决书。③陈国灿先生指出，佉卢文契约中的人口买卖大部分是奴婢的买卖，被卖者有家贫卖儿鬻女者、被劫掠者、战俘、逃亡者；买进者多是官僚、权贵和地主，也有非奴婢的买卖，如买女口为妻者、买劳动力者，展现了 3—4 世纪鄯善王国奴隶社会的基本特征。④

有 1 份佉卢文离婚契约，值得注意。林梅村先生对新疆和田博物馆所藏 1 份离婚契约文书考释后指出，它是所有可断代的佉卢文书中时间最晚的 1 份，大致在前凉建兴二十三年（335 年）至前秦建元十八年（383 年）之间，丰富了佉卢文的内容，披露出与尼雅遗址的

---

①张婧：《三至五世纪新疆南部社会史状研究——以奴隶买卖的佉卢文文书为据》，《社会科学家》2011年第4期，第30—34页；张婧、谢宝利：《三至五世纪新疆南部地区奴隶疏离原主史题考——以佉卢文书为据》，《社会科学家》2012年第1期，第141—143页；张婧：《魏晋时期南疆妇女婚姻生活状况研究——以佉卢文书为据》，《中华文化论坛》2014年第3期，第37—40页；《魏晋时期南疆地区土地买卖及相关问题研究——以佉卢文书为据》，《西安文理学院学报》2016年第5期，第31—34页；《佉卢文书所见鄯善国税收制度探析》，《新疆大学学报》2017年第1期，第70—75页；《佉卢文书所见鄯善国信差职责初探》，《西域研究》2018年第4期，第11—14页。

②段晴：《〈伏阇达五年蠲除契约〉案牍》，载饶宗颐主编《敦煌吐鲁番研究》第十三卷，上海：上海古籍出版社，2013年，第291—304页。

③关迪：《和田博物馆藏佉卢文判决书考释》，《西域研究》2014年第4期，第9—15页。

④陈国灿：《略论佉卢文契约中的人口买卖》，《西北师范大学学报》2015年第3期，第46—50页。

最后废弃相关的新材料,认为sulica在鄯善王谱系中排在元孟和休密驮之间。①刘文锁先生再次对该文书做了深入探讨,指出文书反映了3—4世纪精绝及鄯善所实行的婚姻法及离婚问题,而财产关系的处置和女方在离婚中的主动地位具有明显的特征,经与其他文字的相关文书做一比较后认为,这与敦煌文书中的"放妻书"所反映的婚姻文化有很大差异,但与中亚粟特地区有某种相似性。②之后,吴贇培先生又对和田博物馆藏的这份佉卢文尺牍放妻书进行了再释译,提供了新的原文转写以及汉译,并与其他法律做了对比,有助于我们深入了解疏梨阇统治时期尼雅地区家庭离婚的情况。③

还有收养子女的契约文书。李博对3—5世纪鄯善国收养契约的形式、内容做了分析,对收养人和被收养人的身份作了探讨,指出收养子女在当时是一种交易行为,并受到国家法律的保护;养子女被收养之后,与本生之家要彻底脱离关系,完全归属于收养人。收养双方经济利益上的联系也使收养行为变得较为慎重。用于支付奶费的都是一些实物如牲畜,这一方面表明南疆地区畜牧业的发展状况,另一方面表明实物交换方式依然是该时期社会经济生活中的主流现象。④同时,

---

① 林梅村:《新疆尼雅发现的佉卢文契约考释》,《考古学报》1989年第1期,第121—136页。
② 刘文锁:《说一件佉卢文离婚契》,《西域研究》2005年第3期,第107—111页。
③ 吴贇培:《和田博物馆藏佉卢文尺牍放妻书再释译》,《西域研究》2016年第3期,第75—83页。
④ 李博:《三至五世纪鄯善国收养问题研究——以新疆出土佉卢文文书为例》,陕西师范大学博士学位论文,2013年12月。另见李博:《新疆出土佉卢文书中所见收养人给付送养人"奶费"现象管窥》,《中南大学学报》2012年第6期,第207—210页;《三至五世纪鄯善国收养契约探析》,《中南大学学报》2013年第4期,第242—246页。

李博还讨论了鄯善国僧人娶妻与收养子女的行为。①

另外，利用佉卢文契约文书对鄯善国妇女的身份地位、对土地的拥有权，以及对鄯善国社会性质等相关问题的研究值得参考。如印度学者阿格华尔先生关于鄯善国妇女的现状与问题研究，从一些表达妇女的不同词汇对斯坦因所获的佉卢文书进行了分析，这是一种全新的视角，透过对这些女性不同称呼的词汇，可以看出女性的身份、地位，有助于整件文书的解读，对了解当时妇女的处境，以及2—4世纪的社会、宗教、政治和经济生活都具有重要意义。②杨富学先生对佉卢文书Kh.677号进行了研究，指出仅有此份文书记载了鄯善国妇女的土地问题，认为鄯善国妇女对土地拥有所有权，并与吐鲁番出土的其他文书做了对比。文书提到，该地既不交seni税，也不纳

---

① 李博：《古代鄯善国僧人娶妻与收养行为探究》，《中华文化论坛》2013年第9期，第69—74页。相关问题另见黄振华：《魏晋时期楼兰鄯善地区佛教研究札记——佉卢文沙门名号考证》，《民族研究》1996年第4期，第84—88页。夏雷鸣：《从"浴佛"看印度佛教在鄯善国的嬗变》，《西域研究》2000年第2期，第45—52页；《从佉卢文文书看鄯善国僧人的社会生活——兼谈晚唐至宋敦煌世俗佛教的发端》，载《丝绸之路民族古文字与文化学术讨论会论文集》，2005年，第95—103页；《从佉卢文文书看鄯善国佛教的世俗化》，《新疆社会科学》2006年第6期，第116—122页。[印]阿格华尔著，杨富学、许娜译：《佉卢文书所见鄯善国佛教僧侣的生活》，《甘肃民族研究》2006年第4期，第100—104页。李瑞哲：《新疆克孜尔石窟壁画内容所反映的戒律问题》，《西域研究》2008年第3期，第69—76页。杨富学：《鄯善国佛教戒律问题研究》，《吐鲁番学研究》2009年第1期，第59—76页；杨富学、徐烨：《佉卢文文书所见鄯善国之佛教》，《五台山研究》2013年第3期，第3—9页；杨富学：《论鄯善国出家人的居家生活》，载南华大学敦煌学研究中心编《敦煌学》第二十七辑，台北：乐书出版有限公司，2008年，第215—221页，同见杨富学著《西域敦煌宗教论稿续编》，兰州，甘肃教育出版社，2015年，第251—258页。

② [印]阿格华尔著，徐烨、文俊红译，杨富学校：《新疆出土佉卢文简牍所见妇女的处境》，载达力扎布主编《中国边疆民族研究》第八辑，北京：中央民族大学出版社，2014年，第229—238页。

niciri 税。①李天石先生指出在 3—5 世纪的鄯善王国存在着奴隶阶层和奴隶制度，从奴隶的身份特征来看，其法律地位类同财产，生命权利缺少保障，奴隶劳动在当时社会中占有相当比重，其身份特征与中原奴婢制、罗马奴隶制相比，在相似点上前者大于后者。②段晴、才洛太二位先生对青海藏医药文化博物馆藏佉卢文尺牍进行了研究，对安归伽 26 年佛图军相关事迹进行了释读，并讨论了 3 世纪末鄯善王国的职官变革等。③

由上可知，关于佉卢文契约文书的研究多集中在买卖契约上，尤其是土地、人口、牲畜的买卖，还有收养子女契约，但雇佣、租赁、借贷契约等方面的研究较少。对国外学者的相关研究介绍不多，除了贝罗、邵瑞琪、阿格华尔、克劳勃④等，大多数的研究成果集中于林梅村、段晴、刘文锁等先生。然而，这些研究成果却对我们深入研究塔里木盆地南缘，尤其是鄯善国的政治、经济、历史文化等相关问题具有重要的参考价值。

---

① 文俊红、杨富学：《佉卢文书所见鄯善国妇女土地问题辨析》，《石河子大学学报》2015 年第 2 期，第 40—44 页。另见钱伯泉：《魏晋时期鄯善国的土地制度和阶级关系》，《中国社会经济史研究》1988 年第 2 期，第 92—97 页。

② 李天石：《试论 3—5 世纪鄯善王国奴隶制的几个问题——兼与中原奴婢制、罗马奴隶制比较》，《山西大学学报》2014 年第 2 期，第 19—26 页。另见杨富学、徐烨：《鄯善国社会性质再议》，《新疆师范大学学报》2014 年第 4 期，第 84—89 页；徐烨：《佉卢文文书所见鄯善国的奴隶与农奴》，西北民族大学硕士学位论文，2014 年 5 月。

③ 段晴、才洛太：《青海藏医药文化博物馆藏佉卢文尺牍》，上海：中西书局，2016 年；《佉卢文的证言——青海藏医药文化博物馆藏两件佉卢文尺牍研究》，载孟宪实、朱玉麒主编《探索西域文明：王炳华先生八十华诞祝寿论文集》，上海：中西书局，2017 年。

④ [英] 克力勃著，姚朔民编译：《和田汉佉二体钱》，《中国钱币》1987 年第 2 期，第 31—40 页。

第二节 汉文契约文书研究

在敦煌、吐鲁番等地出土的契约文书中,以汉文契约文书最多,其研究成果颇丰。据学者最新介绍,吐鲁番出土的汉文契约文书计有421份,敦煌出土的汉文契约文书有316份。[①]除此之外,在其他地方应该还有汉文契约文书。[②]汉文契约文书最早为前秦,最晚于元代,主要集中在唐五代至宋初,时间跨度之久、地理范围之广,几乎贯穿了中国的古代史,有助于与其他契约文书做一比较研究。

一、国外汉文契约文书相关研究

法国学者谢和耐根据敦煌写本研究中国的专卖制度与专卖有关的刑法条款,从他的文章分析可以看出,作者不单单是论专卖制度,其实还附带论述了中国古代法律、经济,这也是笔者在研究中一贯的思路与主张,即对契约文书的研究离不开跨学科的综合考察,正如谢和耐先生所言:"中国契约法的主要特征之一,正是它的独立性。官府不协助确立义务,也没有强制执行的权力"[③],道出了官府在契约中的不协助行为与出于经济上的考虑控制交易的关系,可谓一语中的。

[①] 王启涛撰:《吐鲁番文献合集·契约卷》,成都:巴蜀书社,2019年。

[②] 乜小红在《俄藏敦煌契约文书研究》中认为有些汉文契约文书并非出自敦煌,而是出自黑水城、和田(上海:上海古籍出版社,2009年,第7页)。李友逸编著《黑城出土文书研究(汉文文书卷)》中有25份(北京:科学出版社,1991年,第186—190页)。

[③] [法]谢和耐著,耿昇译:《敦煌卖契与专卖制度》,收入郑炳林主编《法国敦煌学精粹》Ⅰ,兰州:甘肃人民出版社,2011年,第5、56页。不过他在注释中补充道:"相反,官府确实控制交易,特别是市场交易和有关租产的交易。支配官府在这方面活动的因素,是从经济上考虑的"。

他还探讨了物品与价款的交换、双方的不平等关系①、文契的作用、结论（列举了10份敦煌文书加以论述），作者也提到了日本学者仁井田陞的研究成果。

谢和耐先生在另一专著《中国五—十世纪的寺院经济》中研究了寺院财产的税收制度②、经商和借贷、慈善活动、宗教团体、中国僧众中的商业活动等一系列问题，对我们了解中国中古时期的寺院经济大有裨益。③关于契约文书中为何有大量的寺院参与借贷交易等活动的行为，引起笔者的注意，余以为这与当时的历史背景有很大关系，反映了寺院在当时的社会地位之高，个别僧众拥有经营借贷交易活动的权力。关于这一点，乜小红先生在探讨"便物历"时讲得更透彻，她引用《魏书·释老志》中昙曜奏请建立僧祇户、佛图户制度，④以及日本学者冢本善隆的分析"佛教也代行了国家所应该设施的、最关紧要的社会政策,因此,佛教与国家或社会,结成了越发密切的关系"⑤，认为"佛寺僧团承担了相当部分的'便物利民'义务，也开创了佛教为社会救济事业服务的新途径，既有对社会的赈济，也有扶贫解困的无息贷便，还有对贫民百姓的有息借贷"⑥，基本上阐释了寺院参与借贷交易等活动行为的原因。

---

① "双方的不平等关系"也是笔者认同的，中国的契约反映出来的不是西方契约所说的自由原则、平等精神，这一点显然有别。

② 寺院财产、税收制度，是我们从很多契约文书中发现的普遍现象。

③ [法]谢和耐著，耿昇译：《中国五—十世纪的寺院经济》，兰州：甘肃人民出版社，1987年。

④ [北齐]魏收：《魏书》卷一一四《释老志》，北京：中华书局，1974年，第3037页。同见[北宋]司马光编著：《资治通鉴》卷一三二，北京：中华书局，1976年，第4149页。

⑤ [日]冢本善隆著，周乾漾译：《北魏の僧祇户と仏図户》，《食货》半月刊第5卷第12期，第15页。原载日本《東洋史研究》，1937年3月。

⑥ 乜小红：《中国中古契券关系研究》，北京：中华书局，2013年，第77—78页。

法国学者童丕也对敦煌、吐鲁番出土的契约文书做了研究，他利用契约文书讨论了中国 10 世纪敦煌的借贷人，他在文中提到"信贷文书的丰富程度确确实实的证明，在唐代和整个 10 世纪期间，无偿或带息的借贷、凭信任借贷、带典押的便贷粮食或绢褐，既在农民中又在官吏中，既在世俗界又在佛教僧众内部，都形成了一种习以为常的行为"[①]，并发现"借贷在 9 世纪时数量很大，在 10 世纪时却变得比较稀见了""9 世纪的粮食便借契券主要是出自寺院""寺院并非唯一提供信贷者"，断代出"最古老便物历是 920 年的，最晚的无典押借契是 923 年的"。[②]接着他探讨了便物历的结构和类型、债权人、便借的实物、借便人、借便的条件、适于无偿还能力债务人的诉讼程序等。童丕先生在其专著《敦煌的借贷：中国中古时代的物质生活与社会》中，对敦煌的借贷契约文书作了研究，作者论述了敦煌契约的结构（包括时间、借贷者、借贷原因、保人、契约的末尾格式与署名者名单，实际上是对契约文书格式的探讨）、吐蕃占领敦煌时期的粮食借贷、10 世纪的织物借贷、9—10 世纪借贷条件的演变等。[③]

美国学者韩森利用敦煌、吐鲁番出土文书，分两部分讨论了现实契约和冥世契约，并在现实契约中指出官府对契约的承认和勉强承认，以及对契约征收契税；在冥世契约中分析了买地券和阴间的法司。书中难能可贵之处在于，作者还对蒙古统治时期及其以后的契约作了探

---

① [法]童丕著，耿昇译：《10 世纪敦煌的借贷人》，收入郑炳林主编《法国敦煌学精粹》Ⅰ，兰州：甘肃人民出版社，2011 年，第 69 页。
② [法]童丕著，耿昇译：《10 世纪敦煌的借贷人》，收入郑炳林主编《法国敦煌学精粹》Ⅰ，兰州：甘肃人民出版社，2011 年，第 70 页。
③ [法]童丕著，余欣、陈建伟译：《敦煌的借贷：中国中古时代的物质生活与社会》，北京：中华书局，2003 年。

讨。令笔者感兴趣的是，她与谢和耐先生皆认为买地券是现世契约的来源，①关于这一点乜先生持不同意见，且从三个方面进行反驳，认为"买地券与现实经济生活中的买田券是两套系统……二者虽然形式上有某些相似，性质则安全不同""早起的买卖契产生于各类动产的交易之中，最早应该出现在原始社会的末期""向神灵购地一类的文契，却是从世俗买卖契的形式模仿而来"。②笔者认为二者皆有可取之处，韩森先生的判断，是基于一种文化信仰的来源考虑，就像在买地券中寄予的厚望一样，人们会从买地券中获取灵感，并将其运用于现实契约中，这种说法无可厚非，但如果说现实契约来源于买地券就过于笼统；乜先生的分析虽有理有据，但个别论点仍需推敲，关于前两点笔者赞同，但对于第三点不敢苟同。

俄国学者孟列夫对俄藏的敦煌汉文写卷作了叙录，其中含有买卖契约、交换契约、租契、债契等。③

日本学者玉井是博对敦煌、新疆出土的契约文书分门别类地做了介绍，将借贷文书又分为借钱契、借绢褐契、借粟麦契、借地契、雇驼契等，分析了典质契约文书中的动产质、不动产质和人质，论述了唐宋时期的契约制度，有助于开阔研究视野。④那波利贞先生通过考察和分析敦煌寺院中的豆、黄麻、粟麦等各种便物历，以及贷绢契、

---

① [法]谢和耐著，耿昇译：《敦煌卖契与专卖制度》，收入郑炳林主编《法国敦煌学精粹》Ⅰ，兰州：甘肃人民出版社，2011年，第25页。[美]韩森著，包伟民译：《变迁之神：南宋时期的民间信仰·前言》，上海：中西书局，2016年。

② 乜小红：《中国中古契券关系研究》，北京：中华书局，2013年，第83—85页。

③ [俄]孟列夫主编，袁席箴、陈华平译：《俄藏敦煌汉文写卷叙录》（全二册），上海：上海古籍出版社，1999年。

④ [日]玉井是博：《支那西陲出土の契》，日本《京城帝国大学创立十周年纪念论文集（史学篇）》，1936年。后收入玉井是博著《支那社会经济史研究》，东京：岩波书店，1942年，第291—340页。

贷钱契的时代和利率，揭示了佛寺的营利性质。①池田温先生先后对敦煌、吐鲁番出土的租佃契券从内容到形式做了分析，②之后又有中国古代契券的相关研究成果发表③。周藤吉之先生以吐鲁番出土的佃人文书为中心，考察了唐代前期的佃人制度，指出唐灭高昌新设西周都督府后，佃人制度在吐鲁番盛行起来。④对此乜小红先生提出异议，她认为在唐军占领高昌之前，吐鲁番的租佃关系就已发达。山本达郎、池田温二位先生对敦煌、吐鲁番等地出土的契券做了图文对照的释文，大大便利了学者们的研究。⑤堀敏一先生以敦煌文书为主，将其中的借贷文书分为粮食、布帛、请便麦历、诸寺诸色破除历四类，并分别对其进行了论述。⑥小田義久先生主编《大谷文书集成》⑦有助于学

---

① ［日］那波利貞：《敦煌發見文獻に據る中晚唐代の佛教寺院的錢穀布帛類貸附營利事業運營の實況》，日本《支那学》第10卷第3期，1941年，第103—180页。

② ［日］池田温：《中國古代の租佃契》（全三册），东京：东京大学《東洋文化研究所紀要》第60号（1973年）、第65号（1975年）、第117号（1992年）。

③ ［日］池田温：《中國古代券・契の諸相——以トゥルファン出土文書を中心として》，日本：《東洋文庫書報》第4号，1973年；《吐魯番敦煌契券概觀》，台北：《漢學研究》第4卷第2期，1986年，第9—57页；《敦煌の便穀曆》，日本《論集中國社會・制度・文化史の諸問題——日野開三郎博士頌壽紀念論集》，1987年，第355—389页；《契》，日本《講座敦煌5・敦煌漢文文獻》，东京：大东出版社，1992年，第653—692页。

④ ［日］周藤吉之撰，姜镇庆、那向芹译：《吐鲁番出土佃人文书研究——唐代前期的佃人制》，《敦煌学译文集——敦煌吐鲁番出土社会经济文书研究》，兰州：甘肃人民出版社，1985年，第53页。

⑤ ［日］山本达郎、池田温等合编：《TUN—HUANG AND TURFAN DOCUMENTS CONCERNING SOCIAL AND ECONOMIC HISTORY Ⅲ：contracts（敦煌吐鲁番社会经济文书集Ⅲ——契券篇）》，日本：東洋文庫，1986—1987年。《Supplement (B) Plates》，日本：东洋文库，2001年。感谢九州大学夏欢博士帮忙传阅日文相关电子版。

⑥ ［日］堀敏一：《唐宋間消費貸借文書私見》，日本：《鈴木俊先生古稀紀念東洋史論叢》，1975年，第365—389页。

⑦ ［日］小田義久主编：《大谷文书集成》（全三册），《龍谷大学善本叢書》，京都：法藏館，1984年、1990年、2003年。

界对吐鲁番出土文书的研究,如大谷3470号是1份高昌时期的契约末尾的文书残片,记有"不解书,指节为明证"①,表明在订券契时,文盲若不识字,可以画指节为证,对研究契约文书格式末尾的立契者和书写人"倩书"有重要意义。関尾史郎先生对吐鲁番出土的北凉末期高昌郡1份租佃契做了研究,称其是"作成于吐鲁番的最古的夏(租)田契约文书,具有划时代的史料价值"。②

中田薰先生通过对敦煌出土的雇佣契约文书研究后指出,中国的雇佣契约属于人身的赁贷借,可分为本身的赁贷借和作为家族成员的赁贷借两种。③其学生仁井田陞虽然聚焦于中国古代法制史的研究,但其论著亦涉及汉文契约文书。《中国法制史研究》④从法学角度深入研究了新疆、敦煌出土的文献,首次对古代买卖契约做了分类,其中对唐宋之际雇主与雇佣人的主仆关系一说引起学界的热烈讨论,如黄清连先生从唐代的政府雇佣、私人雇佣和雇佣关系三个方面论述了唐代的雇佣劳动,提出佣作者和雇主并非隶属的人身依附关系,更非封建关系,主张佣作者的身份是自由民,不同意仁井田陞先生从"主仆之分"论证雇佣人的身份;⑤林立平先生认为唐代有一部分破产农民

---

① [日]小田义久主编:《大谷文书集成》(二),《龍谷大学善本叢书》,京都:法藏館,1990年,第103页。

② [日]関尾史郎:《トゥルファン将来"五胡"時代契約文書簡介》,日本:新潟大学西北出土文献研究会编《西北出土文献研究》创刊号,2004年,第81页。

③ [日]中田薫:《德川時代におけむ人賣及人質契約補考》(二),日本:《国家学會雑誌》第49卷第11号,1935年。

④ [日]仁井田陞:《中國法制史研究》(全四册),东京:东京大学东洋文化研究所,1959年(刑法)、1960年(土地法、取引法)、1962年(奴隷農奴法、家族村落法)、1980年(法と習慣、法と道德)。

⑤ 黄清连:《唐代的雇佣劳动》,台北:《中研院历史语言研究所集刊》第49本第三册,1978年,第429页。

不再沦为奴隶和依附民，而是成为自由的雇佣劳动者，既不同意"主仆关系"说，又不同意"佣作者的身份是自由民"观点。[①]《中国法制史》共分十五章，附有补章四章，其中第十四章《土地法》、第十五章《交易法》与契约文书关系紧密，尤其是《交易法》对买卖、借贷、租赁、债权担保等问题的讨论，引人入胜；第十三章《家族法》可与契约文书中的养子女契约关联起来，第七章《身份制度——特别是奴隶》有助于对奴隶买卖契约的阐释。[②]

仁井田陞先生的《唐宋法律文书の研究》第二、第三编对契约类文书做了探讨，该书分三编：第一编是法律类文书，分法律文书の源流其の材料、唐宋法律文书と其の材料、花押及び略花押画指、指模（指印）及び手摸（掌印）、印章等五章；第二编对买卖文书（土地买卖、家屋买卖、家畜买卖、人身买卖）、交换文书、施入文书、消费借贷文书（无利息、附利息、共同债务、私的差押文书、保证文书、连保同借文书、不动产质文书、动产质文书、人质文书）、使用借贷文书、赁贷借文书、雇佣文书、请负文书、手形、赔偿文书、离婚状、养子文书、家产分割文书、遗言状、户籍做了研究；第三编对告身、铁券、国际盟约文书、教、符、过所及公验做了论述。[③]他的《唐令拾遗》有助于契约文书与官府律令关系的解读。[④]《吐鲁番发现的唐代租田文书的二种形态》指出租田性质是一种均田农民之间没有剥削关系的

[①] 林立平：《试论唐代的私人雇佣关系》，《中国唐史学会论文集》，西安：三秦出版社，1989年，第124—147页。

[②] ［日］仁井田陞：《中国法制史》，东京：岩波书店，1952年。牟发松译：《中国法制史》，上海：上海古籍出版社，2011年。

[③] ［日］仁井田陞：《唐宋法律文书の研究》（全二册），东京：东京大学出版会，1983年第2版（第1版是1937年）。

[④] ［日］仁井田陞著，粟劲等编译：《唐令拾遗》，长春：长春出版社，1989年。

租田契约。①《唐宋时代关于债权的担保》揭示了借贷契约中债务人和保人的担保责任，对本文"担保人"的讨论具有启发意义。②对于汉魏六朝墓中的一些买地券，仁井田陞看作是土地买卖文书。③

二、国内汉文契约文书相关研究

只要谈及敦煌吐鲁番学的学术史背景，总有一种近代史的余殇令人义愤填膺。国内有关汉文契约文书的研究同其他文书研究一样，都是伴随着众多学者的一腔热血和对学术的孜孜以求进行的。

刘复先生在编《敦煌掇琐》一书时，录有10份"社会契约"，其中就有《邓善子贷绢契》，虽然彼时辑录卷子困难重重，但却激励后辈学者奋进直追。④王国维先生《流沙坠简》一书对汉晋时期简牍中的契券做了考释与论证，其中在《屯戍丛残考释》杂事类一篇中提到了《神爵二年（前60年）节宽惪（dé）卖布袍券》，释文中曰"此简云时在旁某某知卷，语正相同，乃知宣帝诏书实用当时契券中语也。在旁某某知卷，即今卖券中之中人"⑤，这对我们了解汉晋契券具有重要的意义。《敦煌资料》第一辑收录敦煌契约近130份，主要围绕户籍、名籍、地亩、敦煌寺院僧尼等名牒，以及契约、文书展开研究，其中契约文书部分又分为买卖、典租、雇佣、借贷、其他契约，还附

---

① [日]仁井田陞：《吐魯番發見の唐代租田文書の二形態》，东京：《東洋文化研究所紀要》第23号。

② [日]仁井田陞：《唐宋時代にぉける債權の擔保》，日本《史學雜誌》第42卷第10期，1931年。

③ [日]仁井田陞：《漢魏六朝の土地売買文書》，日本《東方學報》第八册，1938年。后载入《中國法制史研究》，东京：东京大学东洋文化研究所，1960年，第400—461页。

④ 刘复编：《敦煌掇琐》（50—59号），《敦煌丛刊初集》第十五册，台北：新文丰出版公司，1985年，第219—243页。

⑤ 王国维、罗振玉撰，何立民点校：《流沙坠简》，杭州：浙江古籍出版社，2013年，第117页。

有新疆、甘肃、内蒙古发现的契约，是研究契约文书重要的史料。①陈国灿先生对《敦煌资料》中的49份借贷文书的年代进行了判定，并对无法判定年代之借贷文书予以说明。②

唐长孺先生主编的《吐鲁番出土文书》含有租借契约、官府牒件、户籍、赋役帐目、田亩籍帐、古籍写本、官吏告身、随葬衣物等文书文物，其中刊布的300份十六国至唐代的契约文书具有重要的参考价值。③《敦煌吐鲁番文书初探》整理了1959—1975年吐鲁番出土文书的研究成果，涉及麴氏高昌官制、赋役制、唐代均田制、烽堠制、质库制、馆驿制、兵制、行市制度、水渠管理制度，以及民间借贷、西域政局等问题。④唐耕耦、陆宏基二位先生合编《敦煌社会经济文献真迹释录》第二辑收有敦煌契约文书186份。⑤李友逸先生编著的《黑城出土文书（汉文文书卷）》主要是针对黑水城出土的2200余份元代的汉文文书进行了760份的考释，契约类文书含有婚姻、借贷、典质、合伙、雇佣、买卖等，难能可贵的是还有元代的契券，这有助于与同时期的其他文字契约做一比较研究。⑥沙知先生辑录和校对了300多

---

①中国科学院历史研究所资料室编：《敦煌资料》第一辑，北京：中华书局，1961年。
②陈国灿：《敦煌所出诸借契年代考》，《敦煌学辑刊》1984年第1期，第1—9页。另发文对该契约文书作了补充研究，详见陈国灿：《对未刊敦煌借契的考察》，武汉大学历史系魏晋南北朝隋唐史研究室编《魏晋南北朝隋唐史资料》第五期，1983年，第20—26页。
③国家文物局古文献研究室、新疆维吾尔自治区博物馆、武汉大学历史系编，唐长孺主编：1981—1991年《吐鲁番出土文书》录文本（全十册）、图版本（共四卷），北京：文物出版社，录文本1992—1996年（第1—3册1981年、第4—5册1983年、第6册1985年、第7册1986年、第8册1987年、第9册1990年、第10册1991年）；图版本1992—1996年（第1卷1992年、第2卷1994年、第3—4卷1996年）。
④唐长孺主编：《敦煌吐鲁番文书初探》，武汉：武汉大学出版社，1983年。
⑤唐耕耦、陆宏基编：《敦煌社会经济文献真迹释录》（全五辑），北京：书目文献出版社（第1辑），1986年；北京：全国图书馆文献缩微复制中心（第2—5辑），1990年。
⑥李逸友编著：《黑城出土文书（汉文文书卷）》，北京：科学出版社，1991年。

份敦煌契约文书，为学者的研究和使用提供了很大的便利。①

张传玺先生主编的《中国历代契约汇编考释》一书，组织大量的人力、物力、财力，横跨二十多个省份，搜集、收入历代契约原件和契约性质的资料1402份，时间上起西周、下至民国，所收的每份契约或资料均有标题，后有出处和考释。此书分上、下两册，按朝代顺序编录，上册自西周至元代，下册从明代至民国；按契约性质主要分为买卖、租佃、借贷、典当、雇佣、取予、赠送、赔偿、立嗣、放良、放妻、遗嘱、及各种契约样式等。②与之相隔将近20年的《中国历代契约粹编》再次出版惠及学界，该书共三册：上册是本文主要的参考来源，多为西周至元代的契约文书考释，中册为明、清契约，下册为清至民国契约；全书分九大部分：原始无文字契约、周（西周、东周）契约、汉代契约（西汉、东汉）、三国两晋南北朝（含高昌）契约、隋唐五代（含吐蕃）契约、宋辽夏金元（含回鹘）契约、明代契约、清代契约、民国至土地改革时期契约，契约类型为买卖、典当、租佃、借贷、雇佣、取予、赠送、赔偿、分书、立嗣、放良、放妻、遗嘱及各种契约样文等，其中以买卖契约为主。③该书相比《汇编考释》更加完备，资料更加丰富，考证更加充分，是契约文书研究者必不可少的案牍之一。

王斐弘先生《敦煌契约文书研究》④分十二章做了研究：第一章是唐代买卖的法律规定与国家监控，第二章是敦煌买卖契约，第三章

---

① 沙知录校：《敦煌契约文书辑校》，南京：江苏古籍出版社，1998年。
② 张传玺主编：《中国历代契约汇编考释》（全二册），北京：北京大学出版社，1995年。
③ 张传玺主编：《中国历代契约粹编》（全三册），北京：北京大学出版社，2014年。该书也收录了一些买地券；另见张传玺著《契约史买地券研究》，北京：中华书局，2008年。
④ 王斐弘：《敦煌契约文书研究》，北京：商务印书馆，2021年。

是"均田制"及其思想渊源,第四章是唐代土地交易的实体规范与程序控制,第五章是敦煌土地交易契约的民间规则,第六章是敦煌租佃契约,第七章是敦煌土地返还疑难纠纷解决机制,第八章是敦煌雇工契约,第九章是敦煌养男立嗣契约,第十章是敦煌放良文书,第十一章是敦煌分家析产文书,第十二章是敦煌析产遗嘱文书。从这十二章可以看出,作者的研究面面俱到,不仅对多种契约文书做了分析,还对文书所处的历史背景及其上层法律架构做了探讨。作者的另一本专著《敦煌法论》[①]亦值得关注与参考。

以上著作大多是对敦煌、吐鲁番、黑水城等地出土的契约文书所做的收录与考释,为研究契约相关的诸多问题提供了重要的史料支撑,具有珍贵的学术价值,极大地推动了本领域的研究。

有一些论著,对敦煌吐鲁番法律文书作了研究。如齐陈骏先生早先就对敦煌、吐鲁番文书中的法律文化资料做了介绍。[②]胡留元先生从几件敦煌法制文书对唐代的法律形式——格做了研究。[③]李功国先生《敦煌古代法律制度略论》[④]分八章,对敦煌法制文献中所反映的敦煌正籍典章、经济管理制度、契约制度、婚姻家庭与继承制度、民族宗教制度、军事烽燧屯田制度,以及诉讼程序制度与判集、案例等,进行了综合与分门别类地收集、整理与阐释,不仅对笔者研究具有启发性,而且对当下敦煌法学的研究具有总体上的规定与指导意义。该

[①] 王斐弘:《敦煌法论》,北京:法律出版社,2008年。
[②] 齐陈骏:《敦煌、吐鲁番文书中有关法律文化资料简介》,《敦煌学辑刊》1993年第1期,第1—10页。
[③] 胡留元:《从几件敦煌法制文书看唐代的法律形式——格》,《法律科学》1993年第5期,第73—79、第83页。
[④] 李功国:《敦煌古代法律制度略论》,北京:中国社会科学出版社,2021年。

著又为李先生《敦煌法学文稿》①的姊妹篇。这两部著作同《敦煌吐鲁番唐代法制文书研究》②《敦煌吐鲁番法制文书研究》③《出土文献与唐代法律史研究》④《丝绸之路沿线新发现的汉唐时期法律文书研究》⑤《敦煌西域出土的法律文书与中国古代法制研究》《唐代民事法律制度研究》⑥，皆为敦煌法学新学科建设的支柱性书目。赵晶先生长期从事敦煌吐鲁番汉文法律文献的研究，其国家社科基金青年项目"新出中、日藏敦煌吐鲁番法制文献与唐代律令秩序研究"（14CFX056）的阶段性成果值得关注，期待早日付梓出版，以飨读者。

另有一些著作对近年出土的相关文书做了收录与考证，其中含有一些契约文书研究，如《敦煌吐鲁番文书研究》⑦《斯坦因所获吐鲁番文书研究》⑧《新出吐鲁番文书及其研究》⑨《敦煌社邑文书辑校》⑩《吐鲁番出土砖志集注》⑪《新获吐鲁番出土文献》⑫《吐鲁番出土文书新探》⑬等，尤其是乜小红先生《俄藏敦煌契约文书研究》一书从俄藏敦煌文献典

---

① 李功国：《敦煌法学文稿》，北京：中国社会科学出版社，2021年。
② 刘俊文：《敦煌吐鲁番唐代法制文书考释》，北京：中华书局，1989年。
③ 陈永胜：《敦煌吐鲁番法制文书研究》，兰州：甘肃人民出版社，2000年。
④ 郑显文：《出土文献与唐代法律史研究》，北京：中国社会科学出版社，2012年。
⑤ 郑显文主编：《丝绸之路沿线新发现的汉唐时期法律文书研究》，北京：中国法制出版社，2019年。
⑥ 冯卓慧：《唐代民事法律制度研究——帛书、敦煌文献及律令所见》，北京：商务印书馆，2014年。
⑦ 沙知、孔祥星编：《敦煌吐鲁番文书研究》，兰州：甘肃人民出版社，1984年。
⑧ 陈国灿：《斯坦因所获吐鲁番文书研究》，武汉：武汉大学出版社，1995年。
⑨ 柳洪亮：《新出吐鲁番文书及其研究》，乌鲁木齐：新疆人民出版社，1997年。
⑩ 宁可、郝春文编：《敦煌社邑文书辑校》，南京：江苏古籍出版社，1997年。
⑪ 侯灿、吴美琳：《吐鲁番出土砖志集注》，成都：巴蜀书社，2003年。
⑫ 荣新江、李肖、孟宪实主编：《新获吐鲁番出土文献》（全二册），北京：中华书局，2008年。
⑬ 刘安志主编：《吐鲁番出土文书新探》第二编，武汉：武汉大学出版社，2021年。

籍中整理出80余份各类敦煌契约，①她是近些年研究契约文书用力最勤、成果较显著的学者之一。②姜伯勤、唐耕耦二位先生对敦煌寺院、私户的研究，有助于我们认识唐五代时期敦煌寺院的经济状况和社会面貌，以及在借贷契约中所体现的作用。③朱雷先生对敦煌所出的"唐沙州某市时价簿口马行时沽"做了考述，对麴氏高昌时期的"作人"以及法藏文书《乙未年赵僧子典儿契》中的"地水"等做了研究，有助于我们对契约文书中的奴婢、牲畜、土地买卖及雇佣等相关问题的认识。④张广达、荣新江先生对俄藏和田丹丹乌里克遗址（杰谢镇）出土的22份汉文文书做了释录，有纪年时间的文书11份，其中《Dx.18919v残契尾》含有契约保人署名部分，《Dx.18926+SIP93.22+Dx.18928〈大悮十六年（781年）杰谢合川百姓勃门罗济卖野驼契〉》是一份完整的唐代建中二年（781年）卖驼契约文书，这对我们研究唐代建中六年（785年）前后的相关历史问题具有重要的参考价值。⑤

---

① 乜小红：《俄藏敦煌契约文书研究》，上海：上古籍出版社，2009年。
② 乜小红：《中国中古契券关系研究》，北京：中华书局，2013年；《中国古代契约发展简史》，北京：中华书局，2017年。
③ 姜伯勤：《唐五代敦煌寺户制度》，北京：中华书局，1987年；唐耕耦：《敦煌寺院会计文书研究》，台北：新文丰出版公司，1997年。
④ 朱雷：《敦煌所出"唐沙州某市时价簿口马行时沽"考》，载唐长孺主编《敦煌吐鲁番文书初探》，武汉：武汉大学出版社，1983年，收入朱雷著《敦煌吐鲁番文书论丛》，兰州，甘肃人民出版社，2000年，第211—224页；《论麴氏高昌时期的"作人"》，载唐长孺主编《敦煌吐鲁番文书初探》，武汉：武汉大学出版社，1983年，收入朱雷著《敦煌吐鲁番文书论丛》，兰州，甘肃人民出版社，2000年，第44—68页，同见朱雷著《敦煌吐鲁番文书研究》，杭州：浙江大学出版社，2016年，第52—79页；《P.3964号文书〈乙未年赵僧子典儿契〉中所见的"地水"——唐沙、伊州文书中"地水""田水"名义考》，载《魏晋南北朝隋唐史资料》第十七辑，武汉：武汉大学出版社，2000年，第107—111页，收入朱雷著《敦煌吐鲁番文书论丛》，兰州，甘肃人民出版社，2000年，第321—326页。
⑤ 张广达、荣新江：《圣彼得堡藏和田出土汉文文书考释》，载季羡林等主编《敦煌吐鲁番研究》第六卷，北京：北京大学出版社，2002年，第225—246页。

还有一些专题性的研究。

（一）在借贷契约文书方面

唐耕耦先生对唐五代时期的一些借贷契约的类别、利率等内容做了详细的考述，文末还对相关契约文书制作了表格，具有参考价值。[①]陈国灿先生对唐代的民间借贷的类型、生息借贷中的利率、质押借贷等做了论述，并比较区分民间借贷与土地的关系、便贷契与举取契、债务者与债权人的关系等，很有启发意义。[②]刘秋根《中国典当制度史》第三章对"谷典"、信用借贷、货币买卖等典当业务种类做了介绍，第五章讨论了赔偿制度，第六章对利率及利息制度做了说明，尽管是宏观论述典当制度史，但不免对契约文书的研究有可取之处。[③]陈明光先生从官私借贷的债务人身份、债务人借贷的目的、官私借贷的债务形态、官私借贷的政策等四个方面讨论了唐代官私借贷的不同特点，指出私人借贷属于纯粹的经济行为，而官府借贷则具有财政属性。[④]岳纯之先生对隋唐五代借贷契约的内容做了阐述，指出违约行为主要有延期、不履行以及欺诈，而官方为了维护社会秩序采取了法律控制。[⑤]罗彤华先生分

[①] 唐耕耦：《唐五代时期的高利贷——敦煌吐鲁番出土借贷文书初探》，《敦煌学辑刊》1985年第2期，第11—21页；1986年第1期，第134—153页。

[②] 陈国灿：《唐代的民间借贷——吐鲁番、敦煌等地所出唐代借贷契券初探》，载唐长孺主编《敦煌吐鲁番文书初探》，武汉：武汉大学出版社，1983年，第217—274页，收入陈国灿著《唐代的经济社会》，台北：文津出版社，1999年，第172—222页；同见郑炳林主编《当代敦煌学者自选集·陈国灿吐鲁番敦煌出土文献史事论集》，上海：上海古籍出版社，2012年，第421—463页。

[③] 刘秋根：《中国典当制度史》，上海：上海古籍出版社，1995年。

[④] 陈明光：《略伦唐代官私借贷的不同特点》，载钱伯城、李国章主编《中华文史论丛》第六二辑，上海：上海古籍出版社，2000年，第174—191页，收入陈明光著《汉唐财政史论》，长沙：岳麓书社，2003年，第108—123页。

[⑤] 岳纯之：《论隋唐五代借贷契约及其法律控制》，《中国社会经济史研究》2004年第3期，第18—24页。

别对唐代民间和官方的放贷现象做了考述与研究，值得参考。①霍存福先生从法制史的角度，结合唐代法律对相关借贷契约文书的内容做了考证，尤其是对官府律令与契约文书的关系做了深入探讨，是国内少有的将法制史与契约文书交叉研究提高到新高度的学者之一。②梁凤荣先生对唐代借贷契约中的计息与无息做了分析，讨论了借贷契约文书中的担保。③

（二）在租赁契约文书方面

韩国磐先生基于《吐鲁番出土文书》前五册有关夏（租）田契券论述了高昌和唐初西州的租佃关系，指出高昌时期租佃关系已经发展起来了，且多以"券"来称高昌时的夏田文书，到唐太宗、高宗时多称"契"；在租佃田地数量上多为一二亩或三四亩，特点是地少人多；唐初沿用高昌时的田地种类名称；高昌和唐初西州夏价用银钱的比重很大，这在当时的内地很少见，另有夏粮数量甚大，比夏钱券契还要多，出现了庭分佃种收获得办法；田主和佃田人的关系并不是平等的；租佃关系在高昌和唐初西州的发达，与高昌的地理位置以及经济发展有很大的关系。最后作者提出与唐末五代的租田契不同的是，此时的夏田券没有阐述租佃原因。④在吐鲁番出土的契约文书中，有很多文

---

①罗彤华：《唐代民间借贷之研究》，北京：北京大学出版社，2009年；《唐代官方放贷之研究》，桂林：广西师范大学出版社，2013年。

②霍存福：《论中国古代契约与国家法的关系——以唐代法律与借贷契约的关系为中心》，《当代法学》2005年第1期，第44—56页。

③梁凤荣：《唐代借贷契约论析》，《郑州大学学报》2005年第4期，第66—68页。

④韩国磐：《从吐鲁番出土文书中夏田契券来谈高昌租佃的几个问题》，收入韩国磐著《唐代社会经济诸问题》，台北：文津出版社，1999年，第104—126页。孙达人、杨际平、陈国灿等先生亦对该问题做了进一步研究，分别见孙达人：《对唐至五代租佃契约经济内容的分析》，《历史研究》1962年第6期，第97—107页；杨际平：《麴氏高昌与唐代西州、沙洲租佃制研究》，载韩国磐主编《敦煌吐鲁番出土文书经济文书研究》，厦门：厦门大学出版社，1986年，第113—128页；陈国灿：《唐代的租佃契与租佃关系》，收入陈国灿著《唐代的经济社会》，台北：文津出版社，1999年，第99—141页。

字提及葡萄园，胡如雷先生通过考释阿斯塔那62号墓出土的2份契约文书（编号为66TAM62：6/4），指出翟彊与积之间订立"共分治"葡萄园的"要"（约），且这种契约关系在当时当地已有习惯行用的"大例"，借助同墓出土的其他文书可知，翟彊的身份是军事部门中的低级小吏，却处于佃耕人的地位，反映租佃土地的契约关系在魏晋南北朝就存在。①吴震先生对出土于阿斯塔纳506号墓的《唐天宝七载（748年）杨雅俗与马（？）寺互佃田地契》《张小承与某人互佃田地契》两份唐人互佃契作了释录；值得注意的是，该契注明若两家不愿互佃，各仍可收回本地，"契有两本，各执一本为记"，且文书背面写有"合同"两字之左半（"左契"），对研究立契双方的关系，以及契约的发展变化具有重要的意义。②霍存福、武航宇先生将690—965年立契时间不

---

① 胡如雷，《几件新疆出土文书中反映的十六国时期租佃契约关系》，《文物》1978年第6期，第22—25页，收入新疆社会科学院考古研究所编《新疆考古三十年》，乌鲁木齐：新疆人民出版社，1983年，第261—266页。另有一些研究与葡萄园有关，涉及葡萄酒税、葡萄园买卖、租佃券契，分别见卢向前：《麹氏高昌和唐代西州的葡萄、葡萄酒及葡萄酒税》，《中国经济史研究》2002年第4期，第110—120页；马燕云《吐鲁番出土租佃与买卖葡萄园券契考析》，《许昌学院学报》2006年第6期，第89—93页；乜小红《对古代吐鲁番葡萄园租佃契的考察》，《中国社会经济史研究》2011年第3期，第1—11页。

② 吴震：《吐鲁番出土的两件唐人互佃契》，《新疆社会科学》1987年第2期，第40—44页，收入吴震著《吴震敦煌吐鲁番文书研究论集》，上海：上海古籍出版社，2009年，第480—485页。另见吴震《近年出土高昌租佃契约研究》，载新疆人民出版社编《新疆历史论文续集》，乌鲁木齐：新疆人民出版社，1982年，第106—164页，收入吴震著《吴震敦煌吐鲁番文书研究论集》，上海：上海古籍出版社，2009年，第445—479页。关于唐代租佃关系、租佃制发达的原因以及积极意义，沙知、孔祥星、赵文润等先生做了研究与论述，分别见沙知：《吐鲁番佃人文书里的唐代租佃关系》，《历史研究》1963年第1期，第129—139页；孔祥星：《唐代前期的土地租佃关系——吐鲁番文书研究》，《中国历史博物馆馆刊》1982年，第49—68页；赵文润：《隋唐时期吐鲁番地区租佃制发达的原因》，《陕西师范大学学报》1987年第1期，第104—108页；潘铺：《论唐代租佃关系的积极意义》，《历史研究》1989年第5期，第15—19页；蒋福亚：《略谈汉唐间的租佃关系》，《中国经济史研究》1999年增刊，收入蒋福亚著《魏晋南北朝经济史探》，兰州：甘肃人民出版社，2004年，第187—206页；刘永成：《中国租佃制度史》，台北：文津出版社，1997年。

等的唐代15份敦煌租佃契约与159年古罗马时期埃及行省的1份葡萄园租契从时间、主佃双方情况，及租佃关系发生的原因、租期、租金、保证条款、违契处罚条款等内容做了比较研究，尽管二者时间上有差异，但反映了不同时期、不同地区、不同文化背景下的契约文书格式、内容及契约精神。[①]

（三）在买卖契约文书方面

施萍婷、柳方、吴震、霍存福等先生分别对敦煌、吐鲁番等地出土的奴婢买卖文书做了深入探讨。[②]徐俊先生通过对俄藏敦煌文书Dx.11414和Dx.02947背面所记"常田""券""道人"等词语，结合吐鲁番出土的前秦建元纪年相关文书，认定俄藏Dx.11414V与Dx.02947V文书分别为前秦《建元十三年（377）买婢契》和《建元十四年买田券》，纠正了《俄藏敦煌文献》中关于该文书时间"开元"的误订，对研究

[①] 霍存福、武航宇：《敦煌租佃契约与古罗马租契的比较研究》，《法学家》2005年第1期，第140—150页。

[②] 施萍婷在《从一件奴婢买卖文书看唐代的阶级压迫》中对敦煌研究院所藏1份唐代奴婢买卖文书作了释录，指出文书年代约在天宝三载（744年）至乾元元年（758年），认为该文书"可能是买卖成交以后，投验官府，给以印契的'市券'，是奴婢买卖的最后一道法定手续"，为研究唐代敦煌的市场管理机构设置，以及社会的商业情况提供了可靠的资料（《文物》1972年第12期，第68—71页）。吴震：《唐代丝绸之路与胡奴婢买卖》，载敦煌研究院编《1994年敦煌学国际研讨会文集·宗教文史卷（下）》，兰州：甘肃民族出版社，2000年，第128—154页，收入吴震著《吴震敦煌吐鲁番文书研究论集》，上海：上海古籍出版社，2009年，第390—408页。柳方在《吐鲁番新出的一件奴隶买卖文书》中对吐鲁番鄯善县吐峪沟乡洋海墓地出土的1份奴隶买卖契约文书做了录文与介绍，考证出契文时间"永康十二年"为北魏477年，对契文的行文格式做了分析，并与《北凉承平八年（450年）翟绍元买婢契》做了比较，对学界研究早期奴隶买卖文书具有重要的参考价值（《吐鲁番学研究》2005年第1期，第122—126页）。霍存福在《再论中国古代契约与国家法的关系——以唐代田宅、奴婢卖买契约为中心》中，根据一些与官府有关的田宅买卖契约和三份带有"市券"的奴婢买卖文书提出，古代契约活动的依据主要是国家法而非民间法（《法制与社会发展》2006年第6期，第125—135页），关于这一点，笔者大为赞同，但视具体文书而定，依据民间习惯法的契约文书依然存在。

十六国时期的买卖契约文书极为重要。①王素先生在関尾史郎研究的基础上，进一步对在香港新发现的《北凉玄始十年（421年）马雏赁舍契》《建平四年（440年）高昌道人佛敬夏田券》《建平五年高昌张鄯善奴夏葡萄园券》3份吐鲁番契券分别做了考释与研究，并利用其中带有"建平"年号的2份文书重新讨论了高昌阚爽政权在统治后期，先继奉北凉"建平"又改北魏"缘禾"年号的政治倾向，言简意赅、发人深思。②高潮、刘斌先生依据《敦煌资料》中的120余份法律文书，探讨了其中25份买卖契约的内容、形式及其相关问题，指出卖方的担保责任含有追夺、瑕疵、恩赦三种。③郑显文先生分析了与法律规定相关的不动产、动产买卖契约文书，指出立法越成熟，文书的制定越合理；历代政府都有对商品买卖干涉的政策，但对"法律文书的制

---

① 徐俊：《俄藏Dx.11414V+Dx.02947前秦拟古诗残本研究——兼论背面契券文书的地域和时代》，载季羡林等主编《敦煌吐鲁番研究》第六卷，北京：北京大学出版社，2002年，第207—223页。[日]関尾史郎、陈国灿、王素等先生对该份文书亦有相关研究，分别见[日]関尾史郎：《ロシア、サンクトニベテルブルク所蔵敦煌文献中のトウルファン文献について》，《敦煌文献の総会的、学际的研究》，平成12年度新晹大学ベロジェクト推进经费（学际的研究ベロジェクト）研究成果报告书，2001年3月，第45—46页；陈国灿：《〈俄藏敦煌文献〉中吐鲁番出土的唐代文书》，载季羡林等主编《敦煌吐鲁番研究》第八卷，北京：中华书局，2005年，第105—114页；王素：《略谈香港新见吐鲁番契券的意义——〈高昌史稿·统治编〉续论之一》，《文物》2003年第10期，第73—76、96页。

② 王素：《略谈香港新见吐鲁番契券的意义——〈高昌史稿·统治编〉续论之一》，《文物》2003年第10期，第73—76、96页。

③ 高潮、刘斌：《敦煌所出买卖契约研究》，《中国法学》1991年第3期，第112—116页。

定买卖双方自始至终是在公正公平的前提下实现的"的说法过于绝对。①刘进宝先生以《唐大中六年（852年）僧张月光博地契》为主要依据，指出晚唐五代土地私有化的标志除了土地买卖外，还有土地对换，但强调土地的自由对换须经官府登记备案以便有效地征纳赋税，否则是不合法的。②

（四）在雇佣契约文书方面

程喜霖先生《唐代过所文书中所见的作人与雇主》利用吐鲁番、敦煌等地出土的22份（在14份的基础上）公验、过所以及有关文牒，从作人和雇主两个方面分析了公验过所文书反映的唐代雇佣关系，指出"作人"是唐代商业经济领域中的重要劳动力，是唐代"雇工"的代称。凡是不在自己土地上劳作，而受雇为别家佣作者，无论是在本乡还是在外州县，皆称"作人"（"客作"）。雇佣的作人，确保是国家的编户。雇佣双方的称谓随着时间、地域、生产性质的不同而变化，如雇主普遍称主、庄主、佣主、钱主、练主、驮主、船主等，在雇佣契券中与受雇人对称为"雇佣人"；受雇者称雇、佣、佣作、佣力、佣赁、佣工、佣保、僦佣、耕夫、客作等，在敦煌吐鲁番文书中屡见"雇身""受雇人""作儿"等，类似这样以佣种性质称受雇者为佣耕、佣书、佣

---

① 郑显文：《中国古代关于商品买卖的法律文书研究》，《中国经济史研究》2003年第2期，第52—62页。霍存福、赵云旗、罗海山、岳纯之等先生亦对相关问题作了研究，分别见霍存福、李声炜、罗海山：《唐五代敦煌吐鲁番买卖契约的法律与经济分析》，《法制与社会发展》1999年第6期，第51—54页；赵云旗：《唐代敦煌吐鲁番地区土地买卖研究》，《敦煌研究》2000年第4期，第112—119页；罗海山、王一：《中国古代田宅买卖契约的条款》，《大庆高等专科学校学报》2003年第2期，第65—68页；岳纯之：《后论隋唐五代买卖活动及其法律控制》，《中国社会经济史研究》2005年第2期，第1—20页。

② 刘进宝：《晚唐五代土地私有化的另一标志——土地对换——以P.3394号文书为主》，《中国经济史研究》2004年第3期，第90—94页。

篙工、佣笔、佣针、放羊儿、送练人、担夫、赶脚等的称谓。程先生认为文书所见雇工一般是贫穷无依的编户，以客作佣力为生计，也有许多雇工是本地农民或佃农，通常只是作短期雇工以补贴生计（临时工），也有不少破产农民完全依靠佣工生活。同时指出，唐灭高昌设西州后，"作人"在高昌消失了，在户籍、手实等文书中只见有"部曲"，他推测"作人"可能大部分被放免为良，少量残留下的"作人"被改称"部曲"，这也是西州奴婢的重要来源之一。不过，"作人"虽类似"部曲"，却比奴婢身份高。① 先于该文发表之前的文章《试析吐鲁番出土的高昌唐代雇佣契券的性质》，同样以敦煌、吐鲁番出土的高昌、唐代雇契为中心，阐述了雇主的身份（地主阶级）、受雇人的身份（自耕农、半自耕农、浮客流庸）、雇价（大致日佣直绢 2 尺～2.7 尺之间，折合米 6 升～9 升，比唐代国家和雇的标准"日为绢三尺"低），以及雇佣券的性质（封建性质）等问题，值得注意的是，作者在文末附有"吐鲁番出土高昌至唐前期雇佣契券一览表"，并将高昌契与唐契做了比较，认为"唐代契券把雇主与受雇人从契文中分立出来，作为契末首位署名，尤其是保人和印指节印的出现，使民约更具有法律效能，由是雇佣券的形式固定化、完善化了。可见雇佣契券由简单向复杂，有低级向高级阶段发展的"。②

杜文玉先生指出唐代的雇佣劳动主要分为政府雇佣和私人雇佣，

---

①程喜霖：《唐代过所文书中所见的作人与雇主》，载唐长孺主编《敦煌吐鲁番文书初探（二编）》，武汉：武汉大学出版社，1990年，第440—462页。同见程喜霖著《唐代过所研究》第六章，北京：中华书局，2000年，第266—282页。

②程喜霖：《试析吐鲁番出土的高昌唐代雇佣契券的性质》，载《中国古代史论丛》第三辑，福州：福建人民出版社，1982年，第304—330页。

而前者主要在手工业部门和屯田、营田以及其他各种劳役中，但很少有人自愿应雇，和雇匠大多是被强迫而来，且雇价也是"日为绢三尺"①；而私家雇佣却广泛活跃，出现了"佣作坊"，佣者分为按日计算佣金的"日佣人"和按月计算佣金的"月作人"。商业中使用的雇佣者大致分为两类：一类是不直接参与活动，只负责干杂活和运送商品的短工；另一类是直接参加经营活动的雇工。短期雇工很少有"雇工人"的低贱身份，来去自由，和雇主主要是经济关系，不存在人身依附关系。他认为唐代雇佣劳动已逐渐社会化了，但不同意唐代已有资本主义萌芽的观点。②该文的论证将问题引向深入，值得参阅。杨际平先生以《吐鲁番出土文书》《敦煌社会经济文献真迹释录》《敦煌吐鲁番社会经济史文献》为据，对隋至唐初的 25 份吐鲁番雇工契、吐蕃占领敦煌时期至五代宋初的 34 份敦煌雇工契做了制表，并对雇佣劳动的性质和特点做了研究说明，指出吐鲁番雇契中雇期一般为 15 天，雇价付银钱（4 文~5 文），高昌国时期未见雇人上烽契，唐西州时期却大量出现；敦煌雇工契中多为短雇，以工还贷，雇价为每月一汉石（两番石），"岁作"（造作一年）由雇主供食。由此可知，雇工契从时间上有短雇和岁雇，从工作性质看有农业、畜牧业、手工业、雇人代官役和其他雇工五种类型。可见，隋唐五代奴婢、部曲数量减少，契约雇工制和契约租佃制得到进一步的发展。③关于雇人放羊契，乜小红先生也利用相关出土文书探讨了 7 至 10 世纪的雇佣关系，并指

---

① [宋] 欧阳修、宋祁：《新唐书》卷 46《百官志》，北京：中华书局，1975 年，第 1201 页；[唐] 长孙无忌等撰，刘俊文点校：《唐律疏议》，北京：中华书局，1983 年，第 90 页。

② 杜文玉：《论唐代的雇佣劳动》，《渭南师专学报》1986 年第 1 期，第 40—45 页。

③ 杨际平：《敦煌吐鲁番出土雇工契研究》，载季羡林等主编《敦煌吐鲁番研究》第二卷，北京：北京大学出版社，1997 年，第 215—230 页。

出 7 世纪的雇佣关系带既有承包责任形式的雇佣，又有纯属雇工、出卖劳动力的雇佣，但到了 10 世纪，承包性越来越大了，劳动者的身份、地位都有显著提升，人身奴役性的雇佣成分减少。[①]此外，她还先后两次对农业雇工契中的雇佣关系做了研究。[②]

以上研究成果为我们了解契约的类型以及相关文书背后的社会关系提供了重要的参考价值。众所周知，敦煌、吐鲁番等地出土的汉文契约文书数量较多，它们既有时间上的差异，又有地理上的不同，关于这一点前贤已有关注，如吐鲁番所出契约大致在十六国至唐初，敦煌所出契约多为唐五代宋初（尤其是吐蕃占领敦煌时期、归义军时期）。吐鲁番契约中租佃契约最多，举钱契亦多，然后是买卖契约、雇佣契约；而敦煌出土的借贷契约最多，大多是粮食、绢、布，雇佣契约也很多，然后是买卖契约，租佃契约反而较少，而且我们发现很多敦煌契约文书与寺院有很大的关联，吐鲁番契约却与寺院不太明显。[③]值得庆幸的是，这些关于契约文书的学术成果，极大地推动了敦煌吐鲁番学研究的发展，也为深入研究经济学、法学、社会学等其他领域的学科注入了新鲜的血液。

[①] 乜小红：《从吐鲁番敦煌雇人放羊契看中国7—10世纪的雇佣关系》，《中国社会经济史研究》2003年第1期，第23—28页。

[②] 乜小红：《对敦煌农业雇工契中雇佣关系的研究》，《敦煌研究》2009年第5期，第116—122页；《再论敦煌农业雇工契中的雇佣关系》，《中国经济史研究》2011年第4期，第69—75页。

[③] 沙知录校：《敦煌契约文书辑校》，南京：江苏古籍出版社，1998年，第4—6页。陈丽萍：《敦煌契约文书整理所得与展望》，《文汇报》2016年11月4日第W11版本，第3页。王启涛：《吐鲁番文献合集·契约卷》，成都：巴蜀书社，2019年。

第三节 契约文书与中世纪吐蕃习惯法研究①

20世纪初，敦煌藏经洞被发现后，吐蕃文书和其他文书一样，被大批运往国外，其数量至少5000份，最多达12000份②，大多收藏在英国和法国。对吐蕃文书研究的学者很多③，国内以王尧、陈践二位先生最著④。近年来，陆续有一些学者也对吐蕃文献作了相关

---

① 参见韩树伟：《契约文书与中世纪吐蕃习惯法：研究回顾与展望》，《西夏研究》2018年第1期，第120—125页。

② 王尧、孙藏加认为是5000份，荣新江认为是6000份，金雅声、束锡红认为是8000份，樊锦诗认为是12000份。分别见王尧、陈践译注：《敦煌古藏文文献探索集》，上海：上海古籍出版社，2008年，第3页。孙藏加：《敦煌吐蕃藏文文献在藏学研究中的史料价值初探》，《中国藏学》2002年第4期，第49—58页。荣新江：《海外敦煌文献知见录》，南昌：江西人民出版社，1996年，第31页。金雅声、束锡红：《英法藏敦煌古藏文文献与吐蕃早期文化》，《西北民族大学学报》2006年第2期，第1—6页。敦煌研究院编：《敦煌吐蕃文化学术研讨会论文集》，兰州：甘肃民族出版社，2009年，第1页。

③ [英] Frederick William Thomas（托马斯），*Tibetan Literary Texts and Documents concerning Chinese Turkestan*, 4 vols., London 1935—1963. [比] Louis de la Vallée poussin（瓦雷·普散），*Catalogue of the Tibetan Manuscripts from Tun-huang in the India Office Library*, London: Oxford University Press, 1962. [法] Marcelle Lalou（拉露），*Inventaire des anuscrits tibétains de Touen-houang conservés à la Bibliothèque Nationale*, 3 tomes（《国立图书馆所藏敦煌藏文写本注记目录》），Paris, 1939, 1950, 1961. [法] Jacques Bacot（巴考），Ch.Toussaint et F.W.Thomas, *Documents de Touen-houang relatifs à l'histoire du Tibet*, Paris 1940—1946. [日] 山口瑞风等：《斯坦因搜集藏语文献解题目录》（*A Catalogue of the Tibetan Manuscripts collected by Sir Aurel Stein*），东京：东洋文库，1977—1988年。[日] 藤枝晃著，徐秀灵译，陈国灿校：《敦煌发现的藏文文书考释》，《敦煌学辑刊》1987年第2期，第132—144页。[法] 麦克唐纳（A.Macdonald）著，耿昇译，王尧校订：《敦煌吐蕃历史文书考释》，西宁：青海人民出版社，1991年。[日] 岩尾一史著，钱忠辰译：《在圣彼得堡新发现的敦煌本吐蕃历史文书〈大事纪年〉残叶》，《首届中国少数民族古籍文献国际学术研讨会论文集》，北京：民族出版社，2012年，第473—482页。[日] 大原良通著，范一楠译：《吐蕃的法律文书——以法国国立图书馆藏P.t.1073文书为中心》，载徐世虹主编《中国古代法律文献研究》第九辑，北京：社会科学文献出版社，2015年，第235—243页。

④ 参见王尧编著：《吐蕃金石录》，北京：文物出版社，1982年；王尧主编：《国外藏学研究选译》，兰州：甘肃民族出版社，1983年；王尧、陈践：《敦煌本〈吐蕃法制文献〉译释》，兰州：《甘肃民族研究》编辑部，1983年8月；王尧、陈践编著：《敦煌吐蕃文书论文集》，成都：四川民族出版社，1988年；王尧、陈践译注：《敦煌古藏文文献探索集》，上海：上海古籍出版社，2008年。

研究。①

关于吐蕃文契约文书，据武内绍人先生（Tsuguhito Takeuchi）统计，已确认者计有41份，包括其他残卷在内的话，共有90余份。②这些契约文书不仅出自敦煌（38份），还在新疆罗布泊米兰遗址（8份）、和田北部麻扎塔格（5份）、和田东部老达玛沟地区（4份）和吐鲁番盆地（2份）亦有发现。它们主要散藏在英国伦敦（斯坦因收集品）、法国巴黎（伯希和收集品）、俄国（科兹洛夫、彼得洛夫斯基收集品）、瑞典（斯文赫定收集品），以及德国柏林、日本京都（大谷收集品）。契约大多出自敦煌莫高窟，其年代大致为810年前后至848年，罗布泊米兰、吐鲁番、麻扎塔格出土的契约也属同一个时期，即9世纪前半叶。③

武内绍人先生对吐蕃文契约文书的研究用力最勤，其代表作《敦煌西域出土的古藏文契约文书》，对收录的契约进行整理编辑和全面注解，包括照片翻制和字母索引，讨论了它们的格式、年代、语言和古文字学的特点，尤其是研究其他中亚语言对吐蕃文的影响，分析古

---

①参见中国敦煌吐鲁番学会主编：《国外敦煌吐蕃文书研究选译》，兰州：甘肃人民出版社，1992年。荣新江：《海外敦煌文献知见录》，南昌：江西人民出版社，1996年。杨富学、李吉和：《敦煌汉文吐蕃史料辑校》，兰州：甘肃人民出版社，1999年。杨铭：《吐蕃统治敦煌与吐蕃文书研究》，北京：中国藏学出版社，2008年。马德主编：《甘肃藏敦煌藏文文献叙录》，兰州：甘肃民族出版社，2011年。吴玉贵：《古代吐蕃汉文史料编年辑考（638—663）》，《中国藏学》2012年第1期，第277—296页。郑炳林、黄维忠主编：《敦煌吐蕃文献选辑·社会经济卷》，北京：民族出版社，2013年。胡静、杨铭编著：《英国收藏新疆出土古藏文文献叙录》，北京：社会科学文献出版社，2017年。金雅声等主编：《法国国家图书馆藏敦煌古藏文文献》，上海：上海古籍出版社，2006年。

②参见［日］武内绍人著，杨铭、杨壮立译：《〈英国图书馆藏斯坦因收集品中的新疆出土古藏文写本〉导言》，《西域研究》2009年第1期，第76页；杨铭、贡保扎西：《两件敦煌古藏文寺院帐簿研究》，《敦煌学辑刊》2019年第1期，第169页。

③［日］武内绍人著，杨铭、杨公卫译，赵晓意校：《敦煌西域出土古藏文契约文书》，乌鲁木齐：新疆人民出版社，2016年，第20页。

藏文契约书写的多语言和多族群的社会背景。全书共分两部分：契约研究和契约文献。第一部分是对吐蕃文契约文书分门别类的进行研究，按照他的划分，这些契约文书主要有借贷、买卖、雇佣等类型，并分析了这些契约的特点和文书的社会背景；第二部分是对第一部分的补充，他将第一部分中涉及的所有文书全部进行了详细的介绍：先是对58件不同性质的文本的正面和背面进行转写、翻译，接着是对文书的释义，很清晰地展现了文书的内容与格式。书尾附有彩色图片。作者试图对所有现存的古藏文契约进行研究，并力图展现其全貌，为深入进行历史和语言研究提供可靠的基础性材料。用他的话来说"是本世纪初期研究敦煌洞窟和新疆丝绸之路沿途其他遗址出土古藏文契约的第一本拓展性的研究成果"[1]。但对契约文书的分类过于琐碎，使得含有多种契约性质的同一文本被割裂开来，陷入了碎片化的研究当中。

侯文昌先生《敦煌吐蕃文契约文书研究》一书是国内研究吐蕃文契约文书的专著之一，该书分两部分进行了研究：第一部分是绪论，主要探讨吐蕃文之渊源问题，即对"印度说""象雄说"做扼要介绍，同时就国内外学者对吐蕃文资料及契约文书的研究现状进行了梳理，提出吐蕃文契约的资料在吐蕃法律史、经济史等研究方面的贡献无义类比，定会裨益于敦煌学界、藏学界。第二部分分四章进行论述：第一、第二章从契约的程式、性质分别探讨了雇佣契约和租佃契约，其中对雇佣契约的立契时间、契约当事人与标的物、违约处罚条款、担保、署名，以及租佃契约的契首内容、租佃标的物、租期、租佃原因、

---

[1]［日］武内绍人著，杨铭、杨公卫译，赵晓意校：《敦煌西域出土的古藏文契约文书·前言》，乌鲁木齐：新疆人民出版社，2016年。原著《Old Tibetan Contracts From Central Asia》，东京：大藏出版社，1995年。

租田人担保等一系列问题分别做一详细的论证；第三章考述土地买卖契约和买卖牲畜契约；第四章详细的论述了有息借贷、质押借贷和谷物借贷契约。在揭示不同文契之间异、同的基础上分析二者之间的历史渊源关系。①书中还与敦煌吐鲁番汉文契约文书作了比较研究，值得参考。

刘忠、杨铭先生译注的托马斯《敦煌西域古藏文社会历史文献》一书分七章对阿柴（吐谷浑）、沙州、罗布地区、于阗地区、突厥、政府与社会情况、吐蕃军队等问题做了论述。②尽管内容是与吐蕃政治军事、历史地理等有关的，但是很多史料来源于契约文书，而且类似相关问题的研究有助于我们理解契约文书中出现的一些名词，因此，该书值得参考。近年来，杨铭先生及其团队对吐蕃文契约文书的相关研究值得关注，如对托马斯《有关西域的藏文文献和文书》的介绍，③对武内绍人《敦煌西域出土的古藏文契约文书》的相关翻

---

① 侯文昌：《敦煌吐蕃文契约文书研究》，北京：法律出版社，2015年。
② ［英］F·W·托马斯著，刘忠、杨铭译注：《敦煌西域古藏文社会历史文献》，北京：民族出版社，2003年。
③ 杨铭：《英藏新疆麻札塔格、米兰出土藏文写本选介（一）——托马斯〈有关西域的藏文文献和文书〉部分》，《敦煌学辑刊》2002年第1期，第22—37页；《英藏新疆麻札塔格、米兰出土藏文写本选介（二）——武内绍人〈英国图书馆藏斯坦因收集品中的新疆出土藏文写本〉部分》，《敦煌学辑刊》2003年第1期，第18—28页；《英藏新疆麻札塔格、米兰出土藏文写本选介（三）——武内绍人〈英国图书馆藏斯坦因收集品中的新疆出土古藏文写本〉部分》，《敦煌学辑刊》2005年第3期，第44—52页。胡静、杨铭：《英藏新疆麻札塔格、米兰出土藏文写本选介（四）——武内绍人〈英国图书馆藏斯坦因收集品中的新疆出土古藏文写本〉部分》，《敦煌学辑刊》2007年第3期第43—51页、《敦煌学辑刊》2008年第2期第127—136页；《英藏新疆麻札塔格、米兰出土藏文写本选介（五）——武内绍人〈英国图书馆藏斯坦因收集品中的新疆出土古藏文写本〉部分》，《敦煌学辑刊》2009年第1期，第34—43页；胡静、杨铭编著：《英国收藏新疆出土古藏文文献叙录》，北京：社会科学文献出版社，2017年。

译，①以及其他研究②。

在具体研究上，与佛教寺院有关的吐蕃文借贷契约引起了学者的注意。王尧先生对1份敦煌吐蕃契约文书《宁宗部落夏孜孜永寿寺便麦契》（编号为P.T.1297）做了考释，并与汉文契约文书《悉董萨部落百姓孙清便粟契》（编号为P.4696）进行了比较，指出佛教寺院利用无息借贷来缓和社会矛盾、化解因灾荒饥饿造成的社会危机的作用。③陈国灿先生也利用这份"永寿寺文书"（P.T.1297），对《敦煌社会经济文献真迹释录》《中国历代契约会编考释》《敦煌契约文书辑校》，以及《敦煌西域出土的古藏文契约文书》中关于敦煌出土的吐蕃统治时期的契约文书（既有汉文契约，又有吐蕃文契约）的地支纪年情况做了深入的探讨，他指出832年吐蕃统治当局有过立契须用吐蕃文书写的命令（引用的材料是S.2228系列古藏文文书中的1份《关于林苑归属的诉状》），若以此为标尺，则832年之后的契约都是吐蕃文契，并提

---

① ［日］武内绍人著，杨铭、杨壮立译：《〈英国图书馆藏斯坦因收集品中的新疆出土古藏文写本〉导言》，《西域研究》2009年第1期，第76页；［日］武内绍人著，杨铭、杨公卫译：《〈敦煌、西域出土的古藏文契约文书〉导言》，《石河子大学学报》2015年第6期，第18—21页；［日］武内绍人著，杨铭、杨公卫译：《有关敦煌西域出土的古藏文契约文书的若干问题》，《藏学学刊》第十三辑，北京：中国藏学出版社，2015年，第277—290页。

② 杨公卫：《西域丝路契约精神：武内绍人"中亚出土古藏文契约"的研究》，《民族学刊》2016年第2期，第85—87页。杨铭、杨公卫：《武内绍人与〈敦煌西域出土的古藏文契约文书〉》，《西藏民族大学学报》2016年第3期，第88—90页。杨铭、贡保扎西：《Or.8210/S.2228系列古藏文文书及相关问题研究》，《敦煌研究》2016年第5期，第76—83页。杨铭、贡保扎西：《丝绸之路沿线所出古藏文契约文书概说》，《西南民族大学学报》2017年第7期，第180—185页。杨铭、贡保扎西：《两件敦煌古藏文寺院帐簿研究》，《敦煌学辑刊》2019年第1期，第169页。

③ 王尧：《敦煌吐蕃文书P.T.1297号再释——兼谈敦煌地区佛教寺院在缓和社会矛盾中的作用》，《中国藏学》1998年第1期，第95—98页。另见王尧、陈践《从一张借契看宗教的社会作用——P.T.1297号敦煌吐蕃文书译解》，《世界宗教研究》1988年第2期，第66—72页，收入王尧、陈践译注《敦煌古藏文文献探索集》，上海：上海古籍出版社，2008年，第256—261页。

出应对已有的定年须做重新的审订，这对敦煌吐蕃文契约文书的断代具有启发性意义。[①]不久，陈先生又在杨铭先生《Or.8210/S.2228系列古藏文文书及相关问题研究》[②]（认为"鼠年"为808年）的基础上，继续对"永寿寺文书"做了分析，指出吐蕃占领敦煌后进行过多次制度性的改变和调整，而"鼠年"（832年）的变革，不仅社会效果甚微，反而激化了社会民族矛盾，导致政权在敦煌的覆灭。[③]对陈先生这一观点，杨铭先生深表赞同，并且"延续其学术思路"，选取了两份敦煌古藏文寺院出便粮历（842年）作了释读，指出在寺院借贷中部落官吏（多为吐蕃人）和僧官的债务由其佣奴或寺户（名字多带有粟特人的色彩）归还，部落百姓（多为汉人）和僧人的借贷则需要自己偿还，这在吐蕃时期的汉、藏文契约中比较特殊。[④]有趣的是，杨先生还利用《丑年借麦契残卷》（编号为Or.15000/2681）对吐蕃统治鄯善时期的"千户长"一职做了研究。[⑤]陆离先生对英藏的三份关于吐蕃瓜州官府发放给堪布土登口粮的敦煌藏文契约（IJT844、IJT914、IJT1397）做了汉译，讨论了"都仓曹""将军""节儿"僧人"土登"，及官府和寺院粮仓向部落民户、寺户无息借贷粮食等问题，反映了这一时期的粮食借贷情况和养僧制度。[⑥]

[①]陈国灿：《对敦煌吐蕃文契约文书断代的思考》，《西域研究》2016年第4期，第1—6页。
[②]杨铭、贡保扎西：《丝绸之路沿线所出古藏文契约文书概说》，《西南民族大学学报》2017年第7期，第180—185页。
[③]陈国灿：《试论吐蕃占领敦煌后期的鼠年变革——敦煌"永寿寺文书"研究》，《敦煌研究》2017年第3期，第1—7页。
[④]杨铭：《两件敦煌古藏文寺院帐簿研究》，《敦煌学辑刊》2019年第1期，第169—182页。
[⑤]杨铭：《吐蕃统治鄯善再探》，《西域研究》2005年第2期，第39—46页。
[⑥]陆离：《关于发放堪布土登口粮契约的几个问题——以三件英藏敦煌藏文文书为例》，《青海民族大学学报》2017年第2期，第1—7页。

关于吐蕃文雇佣契约研究。李并成先生对1份雇工契约在格式及内容方面与汉文契约做了比较研究，认为其在契约格式上保持独立特色的同时更多地承袭了汉文契约的模式，在雇佣关系方面契约双方地位较为平等，基本上是以役力换取粮食，互助性较为明显。[1]武内绍人先生对敦煌、西域出土的吐蕃文雇佣契约的内容、格式和写作背景做了探讨。[2]何志文利用10余份吐蕃占领敦煌时期的雇佣契约，对雇契的断代、类型，雇佣关系与性质做了分析，并与吐蕃占领敦煌前后时期的雇佣做了比较，指出蕃占时期的雇佣是承前启后的发展时期，同时又具有时代与民族特色。[3]徐秀玲亦对蕃占敦煌时期的雇佣契约从格式、内容、雇佣关系、雇佣契约的历史价值做了阐述，指出该时期的雇佣契约已经发展到比较完善的程度。[4]

在吐蕃文买卖契约方面。卓玛才让先生对1份吐蕃文购牛契约（编号为P.T.1095号）从法律史和经济史的角度进行了解读，认为从法律层面上看这份契约程式完备，债务关系明确；在经济层面上，折射出吐蕃时期民间商品交易活动的普遍，反映了融洽的民族关系和密切的经贸往来，以及藏语文的通用地位。[5]陆离先生《吐蕃统治河陇西域时期的市券制度》引用6份买卖契约探讨了吐蕃市券制度，认为吐蕃政权也模仿唐朝市券制度，给民间奴婢、牲畜买卖颁发市券公验，以

---

[1] 李并成、侯文昌：《敦煌写本吐蕃文雇工契P.T.12974探析》，《敦煌研究》2011年第5期，第100—105页。

[2] ［日］武内绍人著，杨铭、杨公卫译：《敦煌西域古藏文雇佣契约研究》，《西域研究》2013年第4期，第13—22页。

[3] 何志文：《吐蕃统治敦煌西域时期的雇佣问题探析——兼与陷蕃之前及归义军统治时期雇佣比较》，《中国农史》2017年第5期，第67—77页。

[4] 徐秀玲：《吐蕃统治敦煌西域时期雇佣契约研究》，《敦煌研究》2018年第6期，第106—113页。

[5] 卓玛才让：《敦煌吐蕃文书P.T.1095写卷解读》，《西藏研究》2007年第1期，第20—23页。

示管理。①李秋梅从法制史的角度对吐蕃时期的6份吐蕃文买卖契约和35份汉文买卖契约的格式、条款和行文做了分析，指出相关买卖契约与当时民间法、国法的关系，并与唐代买卖契约作了比较，认为吐蕃时期的契约具有典型的民族性、地域性和延续性，亦受到唐律文化的辐射和影响，反映了唐蕃文化间的交流与互动。②杨际平先生对出土于敦煌、吐鲁番、黑水城的4—13世纪的汉文、吐蕃文和西夏文契约中的买卖、博换牛马驼驴契约做了比较研究，颇具新意。③武内绍人先生对古藏文契约中的七种不同的印章和签名分别做了介绍，有助于我们对吐蕃契约末尾画押的了解。④

学者还对吐蕃法律文书做了相关研究。谢全发先生从法史的角度，探讨了一桩吐蕃"都督"与郎绮布为争夺一名吐谷浑女奴的答辩词，通过分析这份《都督为女奴事诉状》（编号为 P.T.1077），展现了吐蕃传统的民事法律文化。⑤杨铭先生对新疆米兰出土的1份古藏文告身（编号为 Or.15000/269）做了考释，并与《狩猎伤人赔偿律》（编号为 P.T.1071）做了对比。⑥大原良通先生对吐蕃《纵犬伤人赔偿律》（编

---

①陆离：《吐蕃统治河陇西域时期的市券制度》，见陆离著《吐蕃统治河陇西域时期制度研究》第十三章，北京：民族出版社，2011年，第297—333页。
②李秋梅：《透视与反思：敦煌文献所见吐蕃买卖契约研究——兼论唐蕃之间的文化交流》，《青海社会科学》2018年第6期，第12—17、30页。
③杨际平：《4—13世纪汉文、吐蕃文、西夏文买卖、博换牛马驼驴契比较研究》，《敦煌学辑刊》2019年第1期，第109—123页。
④［日］武内绍人著，杨铭、杨公卫译：《敦煌西域古藏文契约文书中的印章》，载《魏晋南北朝隋唐史资料》第三十辑，上海：上海古籍出版社，2014年，第264—272页。
⑤谢全发、段晓彦：《吐蕃〈都督为女奴事诉状〉的法理分析》，《西北民族大学学报》2006年第4期，第14—18页。
⑥杨铭、索南才让：《新疆米兰出土的一件古藏文告身考释》，《敦煌学辑刊》2012年第2期，第15—22页。陈践先生亦对P.T.1071号文书做了研究，见陈践《敦煌古藏文ཤ与འབྲོག疏译》，《民族翻译》2016年第2期，第5—9页。

号为 P.T.1073）做了研究，对了解吐蕃人的家族关系、社会运营方式有着重要的意义。[①]何志文对蕃占敦煌时期的吐谷浑莫贺延部落奴隶李央贝纠纷诉状（编号为 P.T.1081）做了讨论，有助于我们了解吐蕃长官在处理买卖奴隶纠纷时买卖契约的法律效力。[②]另有一些学位论文对吐蕃习惯法做了研究，兹不赘。[③]

由上可知，吐蕃文契约文书的研究取得了显著的成果，尤其是王尧、陈践、杨铭、索南才让、贡保扎西、杨公卫等先生的贡献较多，他们对国外学者论著的选译与介绍，有助于我们对吐蕃经济、法律，以及吐蕃历史、政治、军事等其他方面的研究。同时，我们也认识到存在的一些问题，如很多研究囿于文书的个案研究，摆脱不了武内绍人先生《敦煌西域出土的古藏文契约文书》的研究范围；汉藏学者合作研究仍需加强，以王尧、陈践和杨铭、杨公卫等先生为榜样，在敦煌吐蕃文献方面，汉藏学者合作研究，多出成果。

[①][日]大原良通著，范一楠译：《吐蕃的法律文书——以法国国立图书馆所藏 P.t.1073 文书为中心》，载徐世虹主编《中国古代法律文献研究》第十辑，北京：社会科学文献出版社，2015年，第 235—243 页。

[②]何志文：《从出土文书看吐蕃统治西域时期的奴隶纠纷——以 P.T.1081〈关于吐谷浑莫贺延部落奴隶李央贝事诉状〉为中心》，《西藏民族大学学报》2019 年第 1 期，第 55—61 页。

[③]多杰：《藏族本土法的衍生与成长——藏族法制史的法人类学探索》，兰州大学博士学位论文，2009 年 3 月。黎同柏：《吐蕃王朝法制研究》，中央民族大学博士学位论文，2013 年 4 月。韩雪梅：《地域高原的财产法——藏族财产法史研究》，兰州大学博士学位论文，2013 年 3 月。邵海峰：《唐宋时期河陇地区的民间纠纷解决机制——以敦煌文书为考察中心》，苏州大学硕士学位论文，2016 年 10 月。

第四节 吐鲁番、敦煌出土回鹘文契约文书研究述要[①]

回鹘文是一种音素文字，源自粟特文。[②]回鹘文文书主要散藏于英国、法国、德国、俄罗斯、日本、美国等。[③]用这种文字书写的契约文书，因高昌回鹘的历史背景，时间大致在10—14世纪，数量在400份左右。[④]学界通常将回鹘文契约文书归类到回鹘文社会经济文书，或者回鹘文世俗文书。这些回鹘文契约文书内容涉及回鹘人的土地制度、文化社会、民族关系、赋税制度、阶级关系、习惯法等诸多方面。在习惯法中含有买卖、租佃、借贷、雇佣等方面的大量契据，具有较高的史料价值，可以弥补汉文史料的不足，尤其对研究回鹘的法律社会、政治经济状况具有特别重要的意义。

截至目前，有关回鹘文契约文书的研究论著较多，亦有学者对此进行了不同角度的总结与述论，如美国学者克拉克（L.V.Clark）《元

[①] 参见韩树伟：《吐鲁番、敦煌出土回鹘文契约文书研究述要》，载周伟洲主编《西北民族论丛》第十九辑，北京：社会科学文献出版社，2019年，第266—288页。

[②] 参见耿世民：《维吾尔族古代文化和文献概论》，乌鲁木齐：新疆人民出版社，1983年。张铁山：《回鹘文献语言的结构与特点》，北京：中央民族大学出版社，2005年。

[③] 参见［日］松井太著，杨富学、臧存艳译《回鹘文文献研究的现状及发展趋势》，载赵令志主编《民族史研究》第十五辑，北京：中央民族大学出版社，2019年，第407—426页。

[④] 学界说法不一，朱悦梅先生认为200—400份（见朱悦梅《我国回鹘文社会经济文书研究述要》，《敦煌学辑刊》1999年第1期，第132页）。杨富学先生认为约有400份（见杨富学《回鹘文社会经济文书研究百年回顾》，《敦煌研究》2000年第4期，第169页）。乜小红先生认为300余份（见乜小红《试论回鹘文契约的前后期之分》，《西域研究》2016年第3期，第24页）。臧存艳认为400多份（见臧存艳《中国大陆回鹘文社会经济文书及回鹘经济史研究综述》，载郝春文主编《2016敦煌学国际联络委员会通讯》，上海古籍出版社，2016年9月，第106页）。张铁山先生认为约有400份（见张铁山、崔焱《回鹘文契约文书参与者称谓考释——兼与敦煌吐鲁番汉文文书比较》，《西域研究》2017年第2期，第79页）。笔者认为400份左右为宜。

代回鹘世俗文书研究史》介绍了《回鹘文献集》编纂的过程、特点、贡献、不足，并对拉德洛夫（В.В.Радлов）、马洛夫（С.Е.Малов）、缪勒（F.W.K.Müller）、勒柯克（A.von Le Coq）、班格（W.Bang）、冯·佳班（A.V.Gabain，即葛玛丽）、阿梅特（Amet）、阿拉特（Resid Rahmeti Arat）、冯家昇、吉洪诺夫（Д.И.Тихонов）、護雅夫、山田信夫、李盖提（L.Ligeti）、克劳森（G.Clauson）等人及其研究成果作了详细的说明[①]。但由于发表时间早，没能注意到后来学者的研究成果。刘戈先生《回鹘文社会经济文书研究综述》[②]对国外、国内学者及其学术研究做了介绍，另一篇《德国的回鹘研究》重点介绍了自19世纪上半叶至1994年的德国回鹘研究状况，对我们了解德国的回鹘研究具有参考价值。[③]但刘先生文章的不足是对国外学者的姓名采取了拉丁字母缩写加汉译的形式，像对人名缪勒（米勒）、冯·佳班（冯·家班）、茨默（茨美）的翻译比较混乱，而且引文注释过于简略。牛汝极先生《国外对维吾尔文献的收藏及研究》详细的介绍了国外对维吾尔文献的收藏及研究情况，可惜没有标注详细的参考文献。[④]朱悦梅先生《我国回鹘文社会经济文书研究述要》虽然对国内外主要的学者及其研究成果进行了回顾与阐述，但没能搜集到更多的研究成果显得比较单薄。[⑤]杨富学先生《回鹘文社会经济文书研究百年回顾》对2000年以前的回鹘文社会经济文书研究做了回顾与总结，比起前述几篇更加详

---

① ［美］克拉克著，田卫疆译，胡锦洲校：《元代回鹘世俗文书研究史》，《民族译丛》1990年第1期，第46—30页。原载克拉克著《13—14世纪东突厥斯坦回鹘世俗文书概论》第二章，1975年。
② 刘戈：《回鹘文社会经济文书研究综述》，《西域研究》1992年第3期，第100—103页。
③ 刘戈：《德国的回鹘研究》，《新疆大学学报》1994年第3期，第72—74页。
④ 牛汝极：《国外对维吾尔文献的收藏及研究》，《西域研究》1997年第2期，第54—65页。
⑤ 朱悦梅：《我国回鹘文社会经济文书研究述要》，《敦煌学辑刊》1999年第1期，第132—135页。

尽、系统和规范。①刘戈先生《回鹘文契约文书研究概况及存在的问题》是目前笔者所见国内学者使用"契约文书"总结回鹘文契约文书研究的第一篇，文中不仅详细介绍了国外学者的相关研究情况，而且对回鹘文契约文书研究中存在的一些问题进行了细致、深入的探讨，从中可窥探到作者严谨的治学态度与扎实的学术功底，值得晚辈学习。②但美中不足的是，对国内学者的研究只是一笔带过。臧存艳《中国大陆回鹘文社会经济文书及回鹘经济史研究综述》一文是目前有关国内回鹘文社会经济文书及回鹘经济史研究情况的最新介绍。③由于重点偏向于国内，所以对国外的相关研究没有涉及，不得不说是个缺憾。鉴于以上情况，笔者不揣浅陋，对回鹘文契约文书研究做一梳理。

一、国外回鹘文契约文书相关研究

学界一般认为，对第一批回鹘文契约文书的刊布，首先是从1905年俄国著名的突厥学家拉德洛夫（В.В.Радлов）开始，1899年他撰写的《吐鲁番出土的古代回鹘语文书》一文，发表了2份回鹘文经济文书（编号51、53号，由科兹洛夫探险获得），被编入克莱门茨（D.Klementz）的探险报告附录中④，1905年发表了《回鹘文书及其翻译》，公布了另外12份文书，作为格伦威德尔（A.Grunwedel）探险

---

① 杨富学：《回鹘文社会经济文书研究百年回顾》，《敦煌研究》2000年第4期，第169—177页。
② 刘戈：《回鹘文契约文书研究概况及存在的问题》，《民族研究》2000年第2期，第76—84页。
③ 臧存艳：《中国大陆回鹘文社会经济文书及回鹘经济史研究综述》，载郝春文主编《2016敦煌学国际联络委员会通讯》，上海：上海古籍出版社，2016年，第106—124页。
④ ［俄］B.B.Radloff（拉德洛夫），*Altuigurische Sprachproben aus Turpan.* D. Klementz, *Nachrichten über die von der Kaiserlichen Akad. Der Wiss. Zu St. Petersburg im Jahre 1898 ausgerüstete Expedition nach Turpan.* Petersburg, 1899. pp. 55-83.

报告的附录。①其中 4 份契约文书后来由德国学者勒柯克（A.von Le Coq）重新进行了研究，在《吐鲁番出土的回鹘文手稿》中澄清了一些词语和法律术语。②

之后，拉德洛夫的遗著由他的学生马洛夫（С.Е.Малов）整理为《回鹘文献集（Uigurische Sprachdenkmäler）》③（或者叫《回鹘文献汇编》④）。在该书出版之前，马洛夫发表了对新疆发现的 2 份回鹘文契约文书的研究成果⑤，几年之后，他在《奥登堡探险队发现的回鹘文写本》中又刊布了奥登堡所获的 5 份回鹘文契约，⑥1951 年他又在《古代突厥语文献》一文中发表了 2 份个人收集的回鹘文文书，同时又再版了拉德洛夫《回鹘文献集》中已刊布过的 4 份契约文书。⑦

马洛夫的得意门生捷尼舍夫（Э.Тенишев）对拉德洛夫德译的从吐鲁番出土的一份回鹘文家庭档案进行了转写、俄译和疏证。⑧后来至中国讲学，跟冯家昇先生合署发表《回鹘文斌通卖身契三种 附控诉

---

① [俄] В.В.Radloff(拉德洛夫), *Uigurische Schriftstücke, in Text und übersrtzung.* A. Grunwedel, *Bericht über archäologische Arbeiten in Idikutschari und Umgebung im Winter 1902–1903.* München, 1905. pp. 181–195.

② [德] A. von Le Coq(勒柯克), *Handschriftliche uigurische Ukunden aus Turfan,* Túrán Ⅷ, 1918, pp. 449–460.

③ [俄] В.В.Радлов(拉德洛夫), Памятники уйгурского языка, Издательство академии наук СССР. Ленинград, 1928.

④张铁山：《刘戈著〈回鹘文买卖契约译注〉评介》，《西域研究》2007 年第 3 期，第 124 页。

⑤ [俄] С.Е.Малов(马洛夫), *Два уйгурских документа,* Ташкент: Работы Восточного Факультета - Средне-Азиатского Государственного Университета, 1927 г., 387–394 стр.

⑥ [俄] С.Е.Малов(马洛夫), *Уйгурские рукописные документы экспедиции С.Ф.Ольденбурга,* Записки Института Востоковедения Академии наук СССР, 1-ый сборник, 1932г., 129–149 стр. 江上波夫日译本载《蒙古学》第 3 卷，东京，1938 年，第 139–160 页。

⑦ [俄] С.Е.Малов, Памятники Древнетюркской Письменности. Тексты и исследования, Москва-Ленинград, 1951 г.

⑧ [俄] Э.Тенишев(捷尼舍夫), *Хозяйственные записи на древнеуйгурском языке,* Исследования по грамматике и лексике тюркских языков，Ташкент，1966 г., 37–67 стр.

主人书》①。1960年，又对该文书做了全面修订，并以俄文发表。②

马洛夫的另一位学生、回鹘文契约文书研究者吉洪诺夫（Д.И.Тихонов），他著有《十至十四世纪回鹘王国的经济和社会制度》③，全书共十一章，文末有结论、增补（回鹘文文书、经济凭据、拉德洛夫和马洛夫公布的2件回鹘文文书、刊登在《历史研究》杂志1954年第1期上的一件文书的译文）、附录。在这部著作中，作者不仅介绍了回鹘的发展历史，而且对回鹘的农业、城市和手工业、商业和高利贷、租税和徭役，以及土地所有制等方面分门别类地进行了研究。还对回鹘的社会阶层，如封建主与依附农、村社、文化与风习进行了论述。该书一出，引起了学界的注意，如作者的另一位老师波塔波夫在该书的简介中所言"在历史科学上写这种性质的作品还是首次"；又如该书的译者姬增禄先生所言"对我国回鹘史研究有所帮助和借鉴"。同时，随着回鹘文契约文书的研究发展，该书引起了一些学者批评，如克拉克（L.V.Clark）指出："过分依赖《回鹘文献集》，没有使用比较方法"。④

伯恩斯坦（А.Н.Бернштам）是苏联考古学家，也是回鹘文契约研究者，他提出了回鹘文契约文书的"格式和规范方面都受到中国（汉文契约文书）极强烈的影响"⑤的理论，并解释了奴隶买卖契约的条款、

---

① ［俄］Э·捷尼舍夫、冯家昇：《回鹘文斌通（善斌）卖身契三种 附控诉主人书》，《考古学报》1958年第2期，第109—125页。

② Фен Цэя-шэн（冯家昇），［俄］Э.Тенишев, Три новых уйгурских документа из Турфана, Проблемы Востоковедения, 1960 г., 3-ий выпуск, 141—149 стр.

③ ［俄］Д·И·吉洪诺夫著，姬增禄译：《十至十四世纪回鹘王国的经济和社会制度》，乌鲁木齐：新疆人民出版社，2012年。

④ ［美］克拉克著，田卫疆译，胡锦洲校：《元代回鹘世俗文书研究史》，《民族译丛》1990年第1期，第50页。

⑤ ［俄］А.Н.Бернштам（伯恩斯坦）, Уйгурские юридические документы, Проблемы источниковедения, МССК-ЛЕН, 1940 г., 61—84 стр.

条件及契约劳役的抵押、担保等。马利亚夫金（А.Г.Малявкин）在《9—12世纪回鹘国》一书中亦利用回鹘文契约文书阐述维吾尔历史问题。①

德国学者冯·佳班（A.V.Gabain，葛玛丽）师从缪勒研习回鹘文佛经，利用考古资料，尤其是壁画和回鹘文契约文书对回鹘史进行研究，其代表作《高昌回鹘王国的生活》②，叙述了850年至1250年高昌回鹘王国的情况，全书共有18章，反映出当时吐鲁番地区的政治、经济、宗教、文化，以及农牧业、手工业生产的发展水平，为考古研究提供了丰富而有价值的史料。其中第五章、第六章的阐述利用了大量的回鹘文契约文书中的人名、地名及官职名等，是一部具有参考价值的著作。

茨默（P.Zieme）是德国另一位回鹘文文书研究的代表，对中国学者的回鹘研究影响较深，杨富学先生在他的论著里，大量参酌、引用了德国学者茨默的研究成果。③同时，杨先生对茨默关于回鹘文契约文书方面的研究做了介绍。④茨默在回鹘文的释读上具有重要的贡献，曾参与日本学者山田信夫的遗作《回鹘文契约文书集成》⑤的编著。

---

① ［俄］А.Г.Малявкин(马利亚夫金), УйгурскИе государство в IX-XII вв., Новосибирск, Издательство: Наука Сибирское отделение, 1983 г.
② ［德］冯·佳班著，邹如山译：《高昌回鹘王国的生活（850—1250年）》，吐鲁番市地方志编辑室，1989年。
③ 参见杨富学：《敦煌民族史探幽》，兰州：甘肃文化出版社，2016年；《回鹘摩尼教研究》，北京：中国社会科学出版社，2016年；《回鹘文佛教文献研究》，上海古籍出版社，2018年。
④ 如《木头沟出土的回鹘文地契》《回鹘文租贷文书》《高昌王国的回鹘文买卖文书》《三份新发现的回鹘文买卖文书》《回鹘汗国摩尼教寺院回鹘文经文书》《回鹘文佛教寺院免税书》等。参见杨富学：《回鹘文社会经济文书研究百年回顾》，《敦煌研究》2000年第4期，第169—177页。
⑤ ［日］山田信夫著，［日］小田寿典、［德］茨默、［日］梅村坦、［日］森安孝夫编：《回鹘文契约文书集成》（全三卷），东京：大阪大学出版社，1993年12月。

《回鹘文契约文书集成》第一卷，收录山田信夫 18 篇研究回鹘文文书的论文；第二卷是对 121 份文书进行的转写、日译、德译和注释，此卷是这部著作的核心部分，可以说是继拉德洛夫、马洛夫《回鹘文献汇编》之后回鹘文书研究的又一个里程碑；第三卷为 121 份文书的照片，是编者从俄国圣彼得堡、芬兰赫尔辛基等地对原件进行拍摄的，清晰度很好，因此十分珍贵。这部书的出版，引起了学术界的高度关注和评价，荣新江先生认为是"一部收罗较全的资料合集，为我们今后从事法制史、经济史、社会史、地域史、语言史等方面的研究都有重要的参考价值"[①]。牛汝极先生说该书是"维吾尔学研究的丰碑""维吾尔学研究史上的一件具有深远意义的大事"。[②]杨富学先生说"该书是当今世界回鹘文世俗文书研究最新、最全并最具权威的具有里程碑意义的成果"[③]，可见此书的价值与贡献。而这之后，《回鹘文契约文书集成》的编者又做了相关研究并发表，如森安孝夫《丝路东段出土回鹘文契约文书格式》[④]《回鹘文书札记》[⑤]等。

法国回鹘文契约文书研究最有名的是哈密顿（James Hamilton），

[①] 荣新江:《〈回鹘文契约文书集成〉评价》，《敦煌研究》1996 年第 3 期，第 172 页。

[②] 牛汝极:《维吾尔学研究的丰碑——〈回鹘文契约文书集成〉评介》，《西域研究》1994 年第 4 期，第 133 页。

[③] 杨富学:《回鹘文社会经济文书研究百年回顾》，《敦煌研究》2000 年第 4 期，第 171 页。

[④] ［日］森安孝夫（Takao MORIYASU）:《シルクロード東部出土古ウィグル手紙文書の書式（前編）》（*Epistolary formulae of the old Uighur letters from the eastern Silk Road (Part 1)*），《大学院文学研究科紀要》第 51 卷，日本：大阪大学，2011 年。该书共 12 章，前 6 章主要探讨了回鹘文文书的发现、历史背景、套语格式、分类和敬语等，该书含日、英文，前半部分为日文（第 1—31 页），后半部分为英文（第 32—86 页）。

[⑤] ［日］森安孝夫:《ウィグル文書劄記（その一）》，神户市外国语大学外国学研究所编《内陸アジア言語の研究》IV，1989 年，第 51—76 页。

他精通汉语、日语、土耳其语，对回鹘文、于阗文有研究。①1986年，哈密顿将敦煌出土的22份回鹘文契约文书连同其他早期敦煌回鹘文写本一同刊布，牛汝极、杨富学二位先生根据此刊本汉译为《敦煌出土早期回鹘语世俗文献译释》。②

英国学者克劳森（G.Clauson）于1971年对吐鲁番出土的1份回鹘文家庭档案作了进一步研究，并就其中的许多词汇进行了新的解释，这件文书是关于回鹘人举行婚礼与丧葬仪式方面的经济记录，对研究古代回鹘社会、经济、文化、风习、语言等都极具价值。③

土耳其学者阿拉特（Resid Rahmeti Arat）发表了1份察合台汗秃黑鲁帖木儿皇家葡萄园园工的诉状书，并附有摹写的辑本，具有持久的价值。④

以上是国外学者关于回鹘文契约文书研究的大致情况。至于国内的相关研究，主要集中于冯家昇、耿世民、李经纬、刘戈、张铁山、杨富学等先生，下面略做介绍。

二、国内回鹘文契约文书相关研究

首先是回鹘文文书研究的先驱冯家昇先生。他发表的《元代畏兀儿契约二种》对2份分别来自1929年中瑞西北科学考察团在新疆库车获得的借钱卖地契约和1951年中国科学院考古研究所买到的残缺

---

① 牛汝极：《法国所藏维吾尔学文献文物及其研究》，《西域研究》1994年第2期，第81—152页。
② 牛汝极、杨富学：《敦煌出土早期回鹘语世俗文献译释》，《敦煌研究》1994年第4期，第7—40页。
③ ［英］G·Clauson(克劳森), *A late Uygur Family Archive*. C.E.Bosworth, Iran and Islam, Edinburgh, 1971, pp. 167–199.
④ ［土耳其］R.R.Arat(阿拉特), *Uygurca yazmalar arasinda*, Turk Tarih, Arkeologya ve Etnografya Dergisi Ⅲ, Istanbul, 1937, pp. 101–112.

契约做了研究。①《回鹘文斌通（善斌）卖身契三种 附控诉主人书》是冯家昇先生在苏联学者捷尼舍夫来中国讲学后，二人合署发表的，前已述及，至于3种卖身契分别是：《阿体卖奴隶（善斌）给买主写的临时字据》1953年，西北文物考察队在吐鲁番获得，是一张回鹘文—汉文对写的契约文书）、《阿体给买主写的正式字据》（也是1953年从吐鲁番获得，同年被《新疆文物展览特刊》制成图版）、《买主薛赛大师买到奴隶后写的正式字据》（1953年，从吐鲁番获得，现存北京历史博物馆，《文物参考资料》第十期制有图版）。②该文于1960年经过修改后，用俄文发表在《东方研究》上。③《回鹘文契约二种》分别是《定惠大师卖奴隶字据》（现藏新疆维吾尔自治区博物馆，1975年《新疆出土文物》刊布了该文书的图片）和《医者大师义与蔡氏离居字据》（存有回鹘文八行、汉文六行，《文物参考资料》第十期刊有图片）。④20世纪60年代初，由于国内的特殊情况，冯家昇先生被迫中止了他的研究工作。之后中国的回鹘相关研究陷入停滞状态，而此时正值日本回鹘文契约文书研究的盛期，以護雅夫、山田信夫为代表的学者取得了显著的成果，前文提及的《回鹘文契约文书集成》便是最好的说明，兹不赘。

直至20世纪80年代后，回鹘文契约文书的研究开始步入正轨。著名的突厥学家耿世民先生先后发表了相关研究成果：1.《两件回鹘

---

① 冯家昇：《元代畏兀儿文契约二种》，《历史研究》1954年第1期，第119—131页。
② 捷尼舍夫、冯家昇：《回鹘文斌通（善斌）卖身契三种 附控诉主人书》，《考古学报》1958年第2期，第109—125页。
③ Фен Цэя-шэн（冯家昇），（俄）Э.Тенишев, Три новых уйгурских документа из Турфана, Проблемы Востоковедения, 1960 г., 3-ий выпуск, 141–149 стр.
④ 冯家昇：《回鹘文契约二种》，《文物》1960年第6期，第32—34页。

文契约的考释》对冯家昇先生发表过的《回鹘文斌通（善斌）卖身契三种附控诉主人书》《回鹘文契约二种》中的 2 份回鹘文契约做了重新考释与研究，这 2 份回鹘文契约分别是《买主薛赛大师买到奴隶后写的正式字据》《定惠大师卖奴隶字据》。① 2.《回鹘文摩尼教寺院文书初释》中的文书是黄文弼先生在新疆考古时所获，在《吐鲁番考古记》② 一书中收有此图片（图版 89—94），现存北京历史博物馆。耿先生不仅对其进行了释读，而且附有词汇表、语法索引、注释，还对其中的地租和劳役制度提出了自己的见解。③ 由于这份文书是当时回鹘政权颁发给寺院的官府档案，对研究回鹘摩尼教及其寺院经济具有重要的价值，因此引起学者的关注，孙振玉、牛汝极、杨富学等先生相继发表文章做了深入探讨。④ 随后，耿先生于 1991 年在世界权威期刊《中亚杂志》上发表了《回鹘文摩尼教寺院文书》英译文，修正和完善了之前的研究成果。⑤ 后来，王菲、李树辉先生再次对该文书作了考释和研究。⑥ 3.《几件回鹘文文书译释》是耿先生对 4 份元代前期《摊派草料令》的研究，⑦ 库尔班·外力先生亦对其进行了译释，并认

---

① 耿世民：《两件回鹘文契约文书的考释》，《中央民族学院学报》1978 年第 2 期，第 43—49 页。
② 黄文弼：《吐鲁番考古记》，北京：中国科学院，1954 年。
③ 耿世民：《回鹘文摩尼教寺院文书初释》，《考古学报》1978 年第 4 期，第 497—518 页。
④ 孙振玉：《从古文书看高昌摩尼教——对〈回鹘文摩尼教寺院文书〉再研究》，《西北史地》1988 年第 3 期，第 21—28 页。牛汝极、杨富学：《回鹘文摩尼教寺院文书释文的几处商榷》，《西北史地》1992 年第 4 期，第 40—46 页。
⑤ Geng Shimin, *Notes on an Ancient Uighur Official Decree Issued to a Manichean Monastery*, CAJ, 1991, vol.35, pp. 209–230.
⑥ 王菲：《〈回鹘文摩尼教寺院文书〉再考释》，载余太山主编《欧亚学刊》第二辑，北京：中华书局，2000 年，第 225—242 页。李树辉：《回鹘文摩尼教寺院文书写作年代及相关史事研究》，《西北民族研究》2004 年第 3 期，第 14—22 页。
⑦ 耿世民：《几件回鹘文文书译释》，《文物》1980 年第 5 期，第 83—85 页。

为这是 5 份文书,因为有 2 份在出土时已经粘连在一起。①4. 耿先生还对 2 份回鹘文买卖奴隶文书做了考释。②此外,其专著《回鹘文社会经济文书研究》第三部分为我们研究回鹘文契约文书提供了重要的参考资料。③不仅如此,耿先生在古代突厥文文献和古代西域、中亚语文、历史文化的研究,④以及培养后继人才方面做出了重要的贡献。

李经纬先生《吐鲁番回鹘文社会经济文书研究》收有回鹘文契约文书 107 份,为了便于编检,李先生根据文书内容自拟了标题,他先是将原文进行了转写,接着注释,然后是汉译文,最后附记有文书出土情况和主要研究成果一览表,供读者查对。⑤此书在 1986 年就已完成初稿,郭平梁先生为之写了精彩的评介。⑥但由于各种原因,直到 1996 年才出版。李先生在出版此书前以单篇形式先后发表在《喀什师范学院学报》⑦《西

---

①库尔班·外力:《吐鲁番出土的五件回鹘文文书》,中国民族古文字研究会编《中国民族古文字研究》,北京:中国社会科学出版社,1984 年,第 105—113 页。

②耿世民:《两件回鹘文买卖奴隶文书的考释》,《民族语文》编辑部编《民族语文论集》,北京:中国社会科学出版社,1981 年,第 272—291 页。

③耿世民:《回鹘文社会经济文书研究》,北京:中央民族大学出版社,2006 年。

④参见耿世民:《古代维吾尔族文字和文献概述》,《中国史研究动态》1980 年第 3 期,第 7—13 页;《回鹘文亦都护高昌王世勋碑研究》,《考古学报》1980 年第 4 期,第 515—529 页;《若干古代突厥词的考释》,《民族语文》2002 年第 4 期,第 58—60 页;《西方回鹘史研究的简短回顾》,《西域研究》2004 年第 3 期,第 116—118 页。

⑤李经纬:《吐鲁番回鹘文社会经济文书研究》,乌鲁木齐:新疆人民出版社,1996 年。

⑥郭平梁:《高昌回鹘社会经济管窥》,《新疆社会科学》1990 年第 2 期,第 82—95 页。

⑦李经纬:《回鹘文社会经济文书选注(一)》,《喀什师范学院学报》1987 年第 1 期,第 49—70 页,1987 年第 2 期,第 64—79 页;《回鹘文社会经济文书选注(一)续补》,《喀什师范学院学报》1990 年第 2 期,第 51—67 页;《回鹘文社会经济文书选注(四)——有关赋税、徭役的文书》,《喀什师范学院学报》1989 年第 1 期,第 56—71 页,1989 年第 2 期,第 52—67 页;《回鹘文社会经济文书(五)——各类经济记录》,《喀什师范学院学报》1994 年第 3 期,第 69—79 页;《回鹘文社会经济文书选注(五)》,《喀什师范学院学报》1995 年第 2 期,第 43—59 页;《回鹘文社会经济文书选注(六)》,《喀什师范学院学报》1992 年第 1 期,第 48—60 页,1992 年第 2 期,第 46—59 页,1992 年第 3 期,第 74—83 页,1992 年第 4 期,第 39—48 页;《九件回鹘文社会经济文书译释》,《喀什师范学院学报》1995 年第 1 期,第 32—44、56 页;《回鹘文借贷文书七种》,《喀什师范学院学报》1995 年第 3 期,第 30—38 页。

北民族研究》①《西域研究》②上。除了吐鲁番文书外，他还对敦煌出土的回鹘文遗书做了研究，如《五件敦煌回鹘文遗书译注》③《敦煌回鹘文遗书五种》④等。同年，该书的续篇《回鹘文社会经济文书研究》出版，共收录吐鲁番和敦煌地区出土的回鹘文契约文书80份，其中有3份是前书已经收录过的，新出77份，文书来源不仅限于吐鲁番地区，还有22份出自敦煌。⑤该书第四部分《书信文书》属于10—11世纪，不仅时代早，而且保存完好，对研究河西地区回鹘社会经济具有重要价值。1998年，李先生又对莎车出土的4份文书进行了转写、注释、翻译。⑥2012年，《回鹘文社会经济文书辑解》一书出版，辑录、译释了160份出土于吐鲁番、敦煌地区出土的回鹘文契约文书。上册为每件文书的原文转写、译文、附记，参考书目及其略称；下册为附录：词汇总表、语法形式、专有名词音译对照表，为学者提供了便利⑦。

刘戈先生对回鹘文契约文书的研究，用力最勤、成果最多。其代表作《回鹘文契约文书初探》⑧《回鹘文买卖契约译注》⑨《回鹘契

---

① 李经纬：《回鹘文借贷文书选注》，《西北民族研究》1991年第2期，第31—59页；《回鹘文奴隶买卖与人口典押文书五种》，《西北民族研究》1994年第2期，第1—32页。
② 李经纬：《吐鲁番回鹘文买卖文书四种》，《西域研究》1995年第2期，第26—34页。
③ 李经纬：《五件敦煌回鹘文遗书译注》，《西北民族研究》1992年第2期，第1—64页。
④ 李经纬：《敦煌回鹘文遗书五种》，《西域研究》1993年第2期，第31—45页。
⑤ 李经纬：《回鹘文社会经济文书研究》，乌鲁木齐：新疆大学出版社，1996年。1994年，李先生将该书中的部分内容以同名为题发表在《喀什师范学院学报》1994年第2期上（第36—55页）。
⑥ 李经纬：《莎车出土回鹘文土地买卖文书译释》，《西域研究》1998年第3期，第18—28页。
⑦ 李经纬：《回鹘文社会经济文书辑解》（全二册），兰州：甘肃民族出版社，2012年。
⑧ 刘戈：《回鹘文契约文书初探》，台北：五南图书出版有限公司，2000年。
⑨ 刘戈：《回鹘买卖契约译注》，北京：中华书局，2006年。

约断代研究》①《回鹘文契约文字结构与年代研究》②有助于我们对回鹘文契约的深入认识，是值得参考的书目。《回鹘文契约文书初探》除了对回鹘文契约文书研究的概况、格式、年代做了探讨外，还附有"汉文、佉卢文、粟特文、吐蕃文、回鹘文"买卖文书格式表，为我们了解回鹘文契约文书的格式与套语提供了重要依据。因作者重点在回鹘文契约文书的研究，故与其他文字契约的比较研究还有深入探讨的空间。《回鹘文契约文书初探》第三章论述了回鹘文契约文书的年代问题，虽然仅有15页，但笔者认为它是全书的精华部分。这一章内容后来经过作者的补充后，成为专著《回鹘文契约断代研究》出版。而《回鹘文买卖契约译注》重点讨论了29份土地买卖契约和人口买卖契约，该书的特点是汉译文严谨，考证详尽，对前人研究多方照顾，并将汉文契约纳入比较研究的范围，不失为回鹘文契约文书研究的典范，具有启发性和指导意义，瑕疵是该书缺少原文转写和相关图片。

张铁山先生对回鹘文契约文书中的立契双方、见人、保人、书契人进行了考释，该文的新颖之处在于将其回鹘文契约文书与敦煌吐鲁番出土的汉文文书进行了对比，这对我们了解古代契约文书间的关联具有重要的参考价值。[3]牛汝极先生对莎车出土的第1号文书（即阿拉伯文土地纠纷契约文书）做了介绍与研究，其中证人的名字是用回鹘文签写的，契约中提到了一些地名、官职，是一份详细记录土地纠纷案件全过程的阿拉伯语法律文书，对我们了解喀喇汗时期的法制史

---

① 刘戈：《回鹘文契约断代研究——昆山识玉》，北京：中华书局，2016年。
② 刘戈：《回鹘文契约文字结构与年代研究——于阗采花》，北京：中华书局，2020年。
③ 张铁山、崔焱：《回鹘文契约文书参与者称谓考释——兼与敦煌吐鲁番汉文文书比较》，《西域研究》2017年第2期，第79—84页。

提供了珍贵的史料。①伊斯拉菲尔·玉素甫对吐鲁番胜金口附近的佛庙遗址出土的契约文书（1959年）和交河故城西北小寺院发现的文书（1993年）进行了原文转写、注释、翻译，认为后者文书年代属于13—14世纪。②阿不里克木·亚森对吐鲁番回鹘文世俗文书的语言系统、词汇、形态学、构词法进行了介绍，并对7份回鹘文契约文书进行了译释。③

杨富学先生近年来在回鹘文契约文书的研究上也是成果颇丰，先后发表了一系列论文，对宋元时期回鹘人的社会经济状况与经济制度做了深入研究。他在《蒙元时代高昌回鹘土地制度初探》中利用吐鲁番出土的18份土地买卖契约，论述了高昌回鹘的土地占有形态、土地所有权及其转移等问题。④《回鹘文书中所见元代畏兀儿租佃契约关系研究》⑤《德国新刊布的几件回鹘文租佃契约》⑥二文利用回鹘文租佃契约，指出在元代高昌回鹘的土地出租中存在着租佃和典租两种形态。他在《吐鲁番出土回鹘文借贷文书概论》中对1990年之前刊布的27份回鹘文借贷文书的情况进行了介绍，并通过其中2份分析了

---

① 牛汝极:《莎车出土的喀喇汗朝阿拉伯语法律文书与〈福乐智慧〉研究》,《西域研究》1999年第3期,第99—104页。

② 伊斯拉菲尔·玉素甫:《吐鲁番出土回鹘语文书两件》,载解耀华主编《交河故城保护与研究》,乌鲁木齐:新疆人民出版社,1999年,第353—359页。

③ 阿不里克木·亚森:《吐鲁番回鹘文世俗文书语言结构研究》,乌鲁木齐:新疆大学出版社,2001年。

④ 杨富学:《蒙元时代高昌回鹘土地制度初探》,载《吐鲁番学研究专集》,乌鲁木齐,1990年,第279—318页。

⑤ 杨富学:《回鹘文书中所见元代畏兀儿租佃契约关系研究》,《西北民族研究》1989年第2期,第161—172页。

⑥ 杨富学:《德国新刊布的几件回鹘文租佃契约》,《文史》第三十九辑,北京:中华书局,1994年,第276—285页。

回鹘文契约文书的格式，指出元代回鹘文契约与汉文契约、西夏文契约有相似之处，并认为有元一代回鹘高利贷盛行。[1]在《一件珍贵的回鹘文寺院经济文书》探讨了当时的回鹘寺院经济，指出了一些为传世文献所不载的问题。[2]在《宋元时代维吾尔族农奴制度的形成与发展》一文中对回鹘文人口买卖契约进行了分析，指出宋元时代是回鹘农奴制度初步形成和高度发展的时期。[3]同时，他还发表了《古代新疆实物货币——粗棉布》[4]《回鹘文书所见高昌回鹘王国的纸钞与铸币》[5]《佉卢文书所见鄯善国之货币——兼论与回鹘货币之关系》[6]等文章，对当时的货币做了深入的讨论与研究。他还与业师郑炳林先生合署，通过对吐鲁番出土的回鹘文契约文书的研究，指出文书中的"qunbu"音译是"官布"，而且是敦煌汉文文书中的"棉布"，是当时征收的税目之一，起着货币职能的作用。[7]此外，杨先生利用契约文书，对回鹘农业、商业、手工业等做了相应研究，指出要充分利用回鹘文契约文书构建宋元时期高昌回鹘的经济史。[8]

---

[1] 杨富学：《吐鲁番出土回鹘文借贷文书概论》，《敦煌研究》1990 年第 1 期，第 77—84 页。
[2] 杨富学：《一件珍贵的回鹘文寺院经济文书》，《西北民族研究》1992 年第 1 期，第 59—65 页，收入杨富学著《西域敦煌宗教论稿》，兰州：甘肃文化出版社，1998 年，第 246—256 页。
[3] 杨富学：《宋元时代维吾尔族农奴制度的形成与发展》，载《中国维吾尔历史文化研究论丛》创刊号，乌鲁木齐：新疆人民出版社，1998 年，第 94—106 页。
[4] 杨富学：《古代新疆实物货币——粗棉布》，《中国钱币》1989 年第 3 期，第 14—17 页。
[5] 杨富学：《回鹘文书所见高昌回鹘王国的纸钞与铸币》，《中国社会经济史研究》1992 年第 1 期，第 8—14 页。
[6] 杨富学：《佉卢文书所见鄯善国之货币——兼论与回鹘货币之关系》，《敦煌学辑刊》1995 年第 2 期，第 87—93 页。
[7] 郑炳林、杨富学：《敦煌西域出土回鹘文文献所载 qunbu 与汉文文书中所见官布研究》，《敦煌学辑刊》1997 年第 2 期，第 19—27 页。
[8] 杨富学：《回鹘文文献与高昌回鹘经济史的构建》，《史学史研究》2007 年第 4 期，第 106—111 页。

霍存福先生与学生王宏庆从法律史的视角，对回鹘文买卖契约中的保人、证人、书契人等进行了研究，认为在吐鲁番回鹘文买卖契约中，绝大多数的契约文书是按照惯例与固定模式订立的。[1]同年，他又与学生章燕以李经纬先生定名的22份借贷文书为据，从文书格式、第三方参与者、利息率、违约处罚等方面对吐鲁番回鹘文借贷契约做了分析，并对杨富学先生的观点进行了补充，提出了元代回鹘文借贷契约的格式与唐宋时期汉文契约之间的不同。[2]这种观点比较新颖。

乜小红先生从回鹘文契约文书中的货币（前期"官布"或"棉布"，后期"中统宝钞"或金银）、行政地域界定（前期行用高昌、柳中等唐五县，后期则无）、土地买卖四至（前期契十分严格，后期契可有可无）、毁约处罚（前期无毁约受罚条款，后期则须"毁约罚贡"）对回鹘文契约做了分期研究，认为回鹘文契约的前期具有9—12世纪西州回鹘王国时期的特点，后期属于13—14世纪蒙元统治高昌回鹘时期的契约。[3]

综上所述，学界对于回鹘文契约文书的相关研究成果，要较其他文字契约文书的研究更为丰富、更加全面，尤其是对出土的回鹘文契约文书的整理和释读，使得回鹘文契约文书的相关研究取得了重要的进步。不仅如此，而且国内从事回鹘研究的学者比较集中，尽管在契约文书的比较研究方面只有零星的几篇，但是我们相信以刘戈、张铁山、杨富学等先生为代表的回鹘学者在有关回鹘文契约文书的相关研究上会取得更多的成果。

---

[1]霍存福、王宏庆：《吐鲁番回鹘文买卖契约分析》，《当代法学》2004年第1期，第5—18页。
[2]霍存福、章燕：《吐鲁番回鹘文借贷契约研究》，《吉林大学社会科学学报》2004年第6期，第95—106页。
[3]乜小红：《试论回鹘文契约的前后期之分》，《西域研究》2016年第3期，第24—29页。

第五节 西夏契约文书研究述要[1]

黑水城、武威等地出土的西夏文契约文书,学界将其归入西夏社会、经济文书当中,主要收藏于俄罗斯、英国、日本和中国。[2]这些西夏文契约文书既有西夏时期的,又有元代的,时间大致在公元11—13世纪。关于西夏文契约文书的数量,据史金波先生统计,约有500多份,其中200多份有具体年代。[3]这些契约文书的种类也较明显,含有借贷、买卖、租赁、雇佣等多种。随着中外学术合作的加强,以及《俄藏黑水城文献》《英藏黑水城文献》《日本藏西夏文文献》《中国藏西夏文献》《中国藏黑水城汉文文献》等大部头书目的整理与出版,使得西夏契约文书的研究日益火热。

关于西夏契约文书研究的现状,学者有相关介绍。如于光建从《天盛改旧新定律令》与西夏典当借贷、西夏典当借贷制度研究、西夏典当借贷契约研究三个方面分别细致地论述了相关的研究情况,为我们深入了解典当借贷具有参考价值。[4]罗海山对1980—2015年关于西夏契约文书研究的进展、存在的问题做了介绍与说明,并谈了自己的看法,指出"应有一部契约文书的汇编""加大宏观抽象类成果研究""法律史学者应更多地参与西夏契约文书研究"[5],深为笔者认同。王颖

---

[1] 参见韩树伟:《西夏契约文书研究述要》,《宁夏大学学报》2019年第5期,第65—72页。
[2] 史金波:《中国藏西夏文文献新探》,载杜建录主编《西夏学》第二辑,银川:宁夏人民出版社,2007年,第3—16页。
[3] 史金波:《西夏经济文书研究》,北京:社会科学文献出版社,2017年,第48页。
[4] 于光建:《西夏典当借贷经济研究述评》,《西夏研究》2016年第3期,第66—70页。
[5] 罗海山:《国内西夏契约文书研究述评与展望(1980—2015)》,《中国史研究动态》2017年第1期,第11—18页。该文指出,西夏契约文书累计近700份。

从西夏契约文书的整理、考释、要素、制度四个方面详细介绍了西夏契约文书研究的现状，指出西夏契约文书研究中存在的问题，最后提出研究展望，如个案和总体研究、静态和动态研究、比较研究等相结合的研究方法。[1]史金波先生对近代出土的西夏社会文书做了介绍，指出它弥补了中国历史上11至13世纪中国社会文书的空白，并对中国政治史、军事史、经济史，以及复原西夏社会具有重要的贡献。[2]陈瑞青从时段上（西夏、元代）对四十年来黑水城出土的汉文经济文献研究情况做了系统的分类和梳理。[3]另有一些综述类文章也提到了西夏契约文书[4]。由于以上作者的侧重点不同，所以论述不免偏重国内，或者过于细化显得单一，故笔者在此基础上，略作概论。

俄国学者克恰诺夫（Кычанов Евгений Иванович）成果显著，其《黑水城出土西夏文典押借贷文书》先是交代了该文书的来源和登记过程（由聂历山 Невский Н.А. 登记），接着对文书内容做了译文，

---

[1] 王颖：《西夏契约文书研究的现状、问题与展望》，载杜建录主编《西夏学》第十四辑，兰州：甘肃文化出版社，2017年，第327—337页。

[2] 史金波：《西夏文社会文书对中国史学的贡献》，《民族研究》2017年第5期，第64—75页。

[3] 陈瑞青：《四十年来黑水城汉文经济文献研究的回顾与展望》，《西夏研究》2018年第4期，第96—104页。关于黑水城汉文文献的研究概况，另见杜建录：《黑水城汉文文献综述》，载杜建录主编《西夏学》第四辑，银川：宁夏人民出版社，2009年，第3—14页；翟丽萍：《近十年以来黑水城汉文文书研究综述》，《中国史研究动态》2010年第4期，第2—8页。

[4] 尤李：《2010年辽金西夏史研究综述》，《中国史研究动态》2011年第4期，第3—14页。李华瑞：《2014年辽宋西夏金元经济史研究综述》，《中国史研究动态》2016年第1期，第40—46页。周峰：《2015年辽金西夏史研究综述》，《中国史研究动态》2016年第6期。韩潇锐：《西夏户籍研究综述》，《东北史地》2011年第2期，第77—78页。安北江：《西夏寺院经济研究述论》，《山西大同大学学报》2016年第5期，第21—23页。王帅龙：《2016年西夏学研究综述》，《西夏研究》2017年第4期，第117—124页。另见韩树伟：《2014年西夏学研究》《2015年西夏学研究》，载景爱主编《辽金西夏研究（2014—2015）》，北京：中国文史出版社，2018年，第76—142页；《2016年西夏学研究综述》《2017年西夏学研究综述》，载郝春文主编《2018敦煌学国际联络委员会通讯》，上海：上海古籍出版社，2018年，第140—178页。

可知这是 1 份遵项（光定）羊年四月二十六日（1211 年 6 月 8 日）的粮食借贷文书。然后他详细地对文书日期、利息（包括度量衡制度）、违约措施、保人和见证人等内容做了分析，指出该文书同中国和中亚文书有类似之处。①《来自黑水城译介自西夏语的谷物借贷文书》考释了"天庆年间裴松寿处典贷粮契"。②《1170 年西夏卖地文书》首次对"天盛二十二年（1170 年）寡妇耶和氏宝引母子卖地房契"做了初步考释，这也是对西夏契约的第一次刊布，引起了中外西夏相关学者的重视。③《黑水城出土西夏文第 8203 号文书译释》对该文书的版式、尺寸、字数和内容进行了较为详细的考证，并将该文书译成俄文。该文书是较为罕见而珍贵的有关西夏国文武官职预备人选制度的第一份具体的史料证物，对一个家族成员的关系、财产、官俸及官职继承的情况进行了分析和研究，同时还对西夏军队的基本构成单位"抄"进行了论述。④《俄藏第 8203 号西夏文书考释》仍然是对克恰诺夫以

---

① [俄] Е·И·Кычанов（克恰诺夫）著，霍升平译：《黑水城出土西夏文典押借贷文书》，《宁夏社科通讯》（内部刊物）1984 年 2 月，第 8—12 页。另有两篇文章也对借贷文书作了研究，详见 Е·И·Кычанов《黑城西夏文债券》，《东方文献》，1977 年；Е·И·Кычанов《西夏法律中的借贷契约》（История тангутского государства），收入 Е·И·Кычанов 著《西夏国历史》（СПб: Факультет филологии и искусств Санкт-Петербургского Государственного Университета），俄罗斯圣彼得堡大学文艺与艺术系出版，2008 年，第 347—350 页。

② [俄] Е·И·Кычанов（克恰诺夫）：《来自黑水城译介自西夏语的谷物借贷文书》，《东方文献》，2012 年。

③ [俄] Е·И·Кычанов（克恰诺夫）：《1170 年西夏卖地文书》(Тангутский документ 1170 г. о продаже земли)，收入 Е·И·Кычанов 著《东方写本文献——1971 年年鉴》(Письменные памятники Востока. Ежегодник. 1971)，1974 年，第 193—203 页。转自 [俄] Е.И. 克恰诺夫著，崔红芬、文志勇译：《黑水城出土西夏文第 8203 号文书译释》，《宁夏大学学报》2005 年第 5 期，第 52 页。

④ [俄] Е·И·Кычанов（克恰诺夫）著，崔红芬、文志勇译：《黑水城出土西夏文第 8203 号文书译释》，《宁夏大学学报》2005 年第 5 期，第 49—52 页。

俄藏 8203 号文书的考释进行的汉译，文中提到了"抄"、人名及其人物之间的关系、职官名称、俸禄以及兵器等，在注释中提供了克恰诺夫的俄文论著。①这两篇文章都是翻译俄藏 8203 号文书，但各有所长，前者有参考文献，却没有标注克恰诺夫俄文论著，后者没有参考文献，但标注了俄文论著。《黑水城所出 1224 年的西夏文书》是克恰诺夫对哈喇浩特出土的一件编号为 Инв.No.2736 的西夏文文书进行全文译释，指出此文书为名叫婆年仁勇的黑水城守将给西夏皇帝德望的奏表，表中请求皇帝准其还归故里，并结合相关历史背景和西夏法典中的内容，对文书作者的写作目的进行了讨论。②据此笔者推测，传说在黑水城守城就义并埋葬"财宝"的黑将军③有可能是婆年仁勇。孟列夫主编的《黑城出土汉文遗书叙录》也涉及一些社会文书。④

　　松沢博（又野村博）先生《西夏文谷物借贷文书》⑤考释了"光定未年耶和小狗山借谷契"，《西夏文土地买卖文书的书式》⑥最早讨论了西夏卖地契约的格式和结构问题，《西夏文谷物借贷文书之我

---

① ［俄］Е·И·Кычанов（克恰诺夫）著，韩潇锐译：《俄藏第 8203 号西夏文书考释》，载杜建录主编《西夏学》第五辑，上海：上海古籍出版社，2010 年，第 17—22 页。
② ［俄］Е·И·Кычанов（克恰诺夫）著，王培培译：《黑水城所出 1224 年的西夏文书》，载杜建录主编《西夏学》第八辑，上海：上海古籍出版社，2011 年，第 178—181 页。
③ 史金波：《整理拍摄俄国所藏黑水城文献记》，《中国典籍与文化》1996 年第 1 期，第 15 页。
④ ［苏联］孟列夫著，王克孝译：《黑城出土汉文遗书叙录》（全二册），银川：宁夏人民出版社，1994 年。
⑤ ［日］松沢博：《西夏文谷物借贷文书》，《龙谷史坛》第 77 号，1979 年。
⑥ ［日］松沢博：《西夏文土地买卖文书的书式（1）（2）》，《东洋史苑》第 14、15 号，1979 年。

见》①是作者在克恰诺夫《谷物借贷文书》(发表于1979年)一文的基础上进一步做的论述,指出了克恰诺夫对该文书首次刊布译释中的错误。另有《西夏文谷物借贷文书余滴》②《武威西夏博物馆藏亥母洞出土西夏文契約文書について》③等文章探讨了日本藏谷物借贷文书和甘肃武威藏西夏文契约文书。仁井田陞先生曾指出敦煌出土的《消费借贷文书》中,借出粮食的时间一般是二月到四月间,返还的时期大都集中在八月,即春借秋还,而考察西夏时期黑水城地区的谷物借贷活动情况后指出,它们大多发生在四、五月,还期集中在八、九月④;他在《唐令拾遗·杂令》一书中明确提到了"负债者逃,保人代偿"的保证制度。⑤日本天理大学附属天理图书馆藏有西夏汉文文献(大多得自张大千的旧藏品,据说来自敦煌莫高窟北区石窟⑥)《夏汉合璧典谷文书》,其中有典谷文书19份,还藏有《汉文典谷文书》《西

---

① [日]松沢博:《西夏文谷物借贷文书之我见(1)(2)(3)》,《東洋史苑》第31、38、46号,1988年、1992年、1996年。转自[俄]Е.И.克恰诺夫著,崔红芬、文志勇译:《黑水城出土西夏文第8203号文书译释》,《宁夏大学学报》2005年第5期,第52页。于光建《俄藏Инв. No.954〈光定未年典驴贷粮契〉新译释——兼论西夏典当经济研究的几个问题》一文中引用松泽博《西夏文粮食借贷契约私见——俄罗斯科学院东方文献研究所列宁格勒分所藏No.954文书再读》(《東洋史苑》第46号)的时间为1995年。笔者以《西夏社会文书研究》为准。

② [日]松沢博:《西夏文谷物借贷文书余滴(1)(2)(3)》,《東洋史苑》第52、53号,1999年、2000年;《龙谷史坛》第112号,1999年。

③ [日]松沢博:《武威西夏博物馆藏亥母洞出土西夏文契約文書について》,《東洋史苑》第75号,2010年,第21—64页。

④ [日]仁井田陞:《斯坦因在第三次中亚探险中收集的文书与马伯乐的研究——以法律经济史料为中心》,《中国法制史研究》,东京:东京大学出版社,1980年,第700—722页。

⑤ [日]仁井田陞著,粟劲、霍存福、王占通、郭延德编译:《唐令拾遗·杂令》,长春:长春出版社,1989年,第789页。

⑥ 荣新江:《海外敦煌吐鲁番文献知见录》,南昌:江西人民出版社,1996年,第208页。另参见荣新江《〈敦煌莫高窟北区石窟〉(第一卷)评介》,《敦煌研究》2000年第4期,第178—180页。

夏文典谷文书》《典谷文书》《欠粮担保帐》《西夏文借粮帐》等。①佐藤贵保先生最早对俄藏黑水城中的西夏汉文文书即榷场使文书进行了系统的整理，在文书校录、书写格式复原等方面做了考释和解读，初步揭示了西夏"南边榷场使"文书的内涵及其对研究西夏与金代贸易的意义。②

以上是笔者目前看到的国外研究西夏文契约文书的大致情况。中国学者对西夏文契约文书的研究晚于国外，开始于陈国灿先生，集中于史金波先生，然后进入蓬勃向上的发展时期。

陈先生《西夏天庆间典当残契的复原》③阐述了残契中的剥削率与抵押品估价、典当残契的复原、天庆典当文契反映出的问题。指出15份契约是属于英藏西夏典当文契，时间为天庆十一年（1204年），文契中的典当商人是裴松（寿），认为：1. 裴松为汉人，其伙计叫智；2. 对15份文契中的除第8、10、13、14、15份外的10份皆做了复原；3. 考证了粮食来源，即西夏黑山威福军监军司甘州一带；4. 对典当借贷利息、期限做了研究，认为裴松借出粮食有大麦、小麦两种，大麦利率为"加三利"，回收"本利"统一以大麦计算，故典出小麦利率为"加四利"，或者说借小麦还大麦利率是40%，借大麦还大麦的利率是

---

① 刘广瑞：《日本藏西夏汉文文书初探——张大千旧藏西夏汉文文书研究之一》，载杜建录主编《西夏学》第十辑，上海：上海古籍出版社，2013年，第142—154页。
② [日] 佐藤贵保：《ロシ・藏カラホト出土西夏文〈大方广佛华严经〉经帙文书的研究——西夏榷场使关联汉文文书群を中心に》，《东トルキスタン出土"胡语文书"の综合调查》，2006年，第61—76页。另见李华瑞：《西夏社会文书补释》，载杜建录主编《西夏学》第八辑，上海：上海古籍出版社，2011年，第226页。陈瑞青：《四十年来黑水城汉文经济文献研究的回顾与展望》，《西夏研究》2018年第4期，第97页。
③ 陈国灿：《西夏天庆间典当残契的复原》，《中国史研究》1980年第1期，第143—150页，收入白滨编《西夏史论文集》，银川：宁夏人民出版社，1984年，第320—334页。

30%，根据文契得知借贷期限仅3个月。实际上，该文是作者对《敦煌资料》第一辑中收录的原自马伯乐于1953年刊布在《斯坦因在中亚细亚第三次探险所获中国古文书考释》上的典粮文契做的详细考释。之后，陈炳应[①]、李晓明[②]先生相继做了考释与研究，并认为典当商人应为裴松寿。陈静、杜建录先生也分别对同样是俄藏的西夏天庆年间的典粮文契做了考释，前者对《俄藏黑水城》第二册收录的12组残片进行了复原，考释了内容和年代，印证了陈国灿、陈炳应二位先生的研究成果，并对斯坦因文书做了补充，对《典卖契》所见经济问题谈了自己的看法；[③]后者对俄藏编号为TK49P的文契做了释文，考证了契约订立时间、格式、偿还期限等，指出英俄两国分藏的西夏天庆年间典粮文契虽都出自裴松寿，但贷出的粮食与利率却不尽相同。[④]

西夏学领域的巨匠史金波先生，对西夏文契约文书的研究成果颇丰，其代表作《西夏经济文书研究》[⑤]及合著《西夏社会文书研究》[⑥]，几乎涵盖了与西夏有关的契约文书，为学术界研究西夏法律社会、经济政治具有重要的学术史料价值。《西夏社会文书》分上、下两篇，上篇为西夏社会文书研究，有十章：西夏社会文书概论、西夏乾祐二年

[①] 陈炳应：《西夏文物研究》，银川：宁夏人民出版社，1985年，第283页。陈先生从民族问题、经济问题、契约格式和时间等方面对这批文书进行了论述，认为这15份西夏时期的西夏契约文书和账单是"迄今所仅见的，苏联可能还有收藏，但未发表。"

[②] 李晓明、张建强：《英藏黑水城文献中的一件西夏契约文书考释》，《西夏研究》2012年第1期，第52—57页。该文认为应将《英藏黑水城文献》中刊布的一份"天庆十三年裴松寿典当文契"更名为"天庆十三年裴松寿典粮契"，并认为这份文书与俄藏、英藏黑水城文献中早期刊布的天庆六年、十一年"典粮契"是同一系列的账册。

[③] 陈静：《黑水城所出〈天庆年间裴松寿处典麦契〉考释》，《文物春秋》2008年第6期，第62—66页。

[④] 杜建录：《俄藏西夏天庆年间典粮文契考释》，《西夏研究》2010年第1期，第55—59页。

[⑤] 史金波：《西夏经济文书研究》，北京：社会科学文献出版社，2017年。

[⑥] 杜建录、史金波：《西夏社会文书研究》，上海：上海古籍出版社，2010年。

材料文书考释①、西夏榷场文书考释②、西夏买卖借贷与扑买文书考释（嵬名法宝达卖地文契③、西夏天庆年间典粮文契、西夏天盛十五年贷钱文契④、西夏光定十二年正月李春狗等扑买饼房契⑤）、西夏验伤单报功状文书考释（西夏乾祐五年验伤单、西夏光定十三年千户刘寨杀了人口状⑥、官制⑦、推官文书、黑水城马匹草料文书⑧）、西夏户籍初

---

① 同见杜建录：《西夏乾祐二年材料文书考释》，《宁夏社会科学》2007年第2期，第99—102页。

② 关于榷场使文书，还有很多学者从不同的角度做了补充、考释与研究。参见杨富学、陈爱峰：《黑水城出土夏金榷场贸易文书研究》，《中国史研究》2009年第2期，第77—99页。孙继民、许会玲：《西夏汉文"南边榷场使文书"再研究》，《历史研究》2011年第4期，第35—54页。李华瑞：《西夏社会文书补释》，载杜建录主编《西夏学》第八辑，上海：上海古籍出版社，2011年，第226—233页。杜立晖：《黑水城西夏汉文南边榷场使文书补考》，《宁夏社会科学》2014年第1期，第100—107页。杜立晖：《黑水城西夏南边榷场使文书所见"替头"考》，《文献》2017年第3期，第20—31页。郭坤、陈瑞青：《交易有无：宋、夏、金榷场贸易的融通与互动——以黑水城西夏榷场使文书为中心的考察》，《宁夏社会科学》2015年第5期，第138—141页。骆详译又根据黑水城出土的西夏手实文书讨论了西夏与唐宋赋役制度的关系，见骆详译：《从黑水城出土西夏手实文书看西夏与唐宋赋役制度的关系》，《中国社会经济史研究》2017年第2期，第1—11页。

③ 刘志月、罗海山分别对此文书做了研究，参见刘志月：《莫高窟北区B59出土〈西夏嵬名法宝达卖地帐〉研究——兼论西夏土地买卖中的优先权》，《河西学院学报》2016年第4期，第44—50页。罗海山：《"嵬名法宝达卖地文书"年代考》，载杜建录主编《西夏学》第十四辑，兰州：甘肃文化出版社，2017年，第157—165页。

④ 孙继民先生亦做了考释研究，参见孙继民、许会玲：《〈西夏天盛十五年（1163年）王受贷钱契等〉考释》，载姜锡东、李华瑞主编《宋史研究论丛》第九辑，保定：河北大学出版社，2008年，第611—628页。

⑤ 乜小红先生亦做了考释研究，参见乜小红：《俄藏敦煌契约文书研究》，上海：上海古籍出版社，2009年，第185—187页。

⑥ 同见杜建录：《黑城出土的几件汉文西夏文书考释》，《中国史研究》2008年第4期，第115—120页；《黑水城出土的几件西夏社会文书考释》，载姜锡东、李华瑞主编《宋史研究论丛》第九辑，保定：河北大学出版社，2008年，第637—644页。

⑦ 杜立晖对两份俄藏编号为Инв.No.2150A、Инв.No.2150B文书做了初步研究，指出该文书涉及西夏官职体系中的三司、中书副提点、汉都案、案头等问题，是研究西夏职官制度的第一手资料，具有重要的史料价值。参见杜立晖：《关于两件黑水城西夏汉文文书的初步研究》，载杜建录主编《西夏学》第八辑，上海：上海古籍出版社，2011年，第238—243页。孙继民先生对西夏汉文乾祐十四年（1183年）安排官文书的公文种类属性做了考释与探讨，参见孙继民：《西夏汉文乾祐十四年安排官文书考释及意义》，《江汉论坛》2010年第10期，第65—70页。

⑧ 同见杜建录：《英藏黑水城文献马匹草料文书考释》，《宁夏社会科学》2009年第5期，第97—98页。

探、西夏农业租税考、西夏粮食借贷契约研究①、西夏军抄文书初释、中国国家图书馆藏西夏文社会文书残页考；下篇为汉文西夏社会文书释文，共分五章：借贷租赁文书②、榷场文书、赋税劳役文书、钱物账、军政制度，及其他相关文书，其中还刊布了图片和释文。《西夏经济文书研究》共分八章，第一章概述了西夏王朝和西夏的经济，第二章介绍了西夏文献中有关西夏经济的记载，第三至七章分别是对户籍文书、租税文书、粮物计账文书、商贸文书、契约文书的研究，第八章讨论了汉文经济文书。

赵彦龙先生对西夏契约文书的研究值得关注，特别是近年来他对西夏契约制度③、西夏契约成立的要素④、西夏契约的法律规定⑤、西夏契约参与人⑥，以及西夏买卖契约的性质与程

---

① 其中对借贷利息，杜建录先生做了探析。参见杜建录：《西夏高利贷初探》，《民族研究》1999 年第 2 期，第 59—63 页。
② 杜建录、邓文韬在李逸友《黑城出土文书（汉文文书卷）》（北京：科学出版社，1991 年，第 186、188 页）、杨淑红《元代民间契约关系研究》（河北师范大学博士学位论文，2012 年，第 87、100 页）的基础上，对《中国藏黑水城汉文文献》中的 2 份元代租赁文书，即《戴四哥等租田契》《至正二十四年四月初一日赁房契》做了进一步的考释与研究。参见杜建录、邓文韬：《黑水城出土两件租赁文书考释》，载姜锡东主编《宋史研究论丛》第十五辑，保定：河北大学出版社，2014 年，第 152—164 页。
③ 赵彦龙：《西夏时期的契约档案》，《西北民族研究》2001 年第 4 期，第 26—32 页；《论西夏契约及其制度》，《宁夏社会科学》2007 年第 4 期，第 86—91 页。
④ 赵彦龙：《西夏契约研究》，《青海民族研究》2007 年第 4 期，第 105—111 页；《西夏契约成立的要素》，《宁夏师范学院学报》，2007 年第 5 期，第 105—110 页；《西夏契约再研究》，《宁夏社会科学》2008 年第 5 期，第 97—100 页。
⑤ 高宗池、赵彦龙：《论西夏法典中的文书制度》，《青海民族研究》2009 年第 1 期，第 74—80 页。
⑥ 赵彦龙：《西夏契约参与人及其签字画押特点》，《青海民族研究》2015 年第 1 期，第 123—129 页。另于光建、郝振宇也分别讨论了中间人的职责，探讨了参与人的群体关系特点。参见于光建：《西夏典当借贷中的中间人职责述论》，《宁夏社会科学》2016 年第 4 期，第 209—214 页；郝振宇：《西夏民间契约参与人的群体关系特点》，《北方民族大学学报》，2018 年第 1 期，第 75—79 页。

式①等问题的探讨，具有重要的参考价值。

还有一些学者对西夏文契约文书作了相关研究。黄振华先生对俄藏西夏文天盛二十二年（1170年）卖地文契作了汉字对译、汉文总译，说明了卖地文契的价值和意义，文末附有西夏文卖地文契抄件。②王新元先生在黄振华论文的基础上，对卖地文契所反映的西夏社会的财产继承、土地所有权、民事违约金、文契内容和格式，以及反映出的母系社会的遗痕、社会组织、买卖方式、生活习惯等制度、社会问题等做了探讨。③王元林先生结合《西夏天盛廿二年（1170年）寡妇耶和氏宝引母子卖房地契》和《天庆十一年（1204年）兀女浪粟典麦契》，对俄藏《西夏光定未年（1223年）耶和小狗山借谷物契》进行了考释，有助于对该契的年代、内容、行文款式，以及所反映的社会问题的认识，并探讨了西夏买卖、借贷、典当契约的法律依据、立契的要素条款及行文格式。④杜建录先生从国家土地所有制、贵族大土地占有制、寺院土地占有制、小土地占有制四个方面讨论了西夏的土地制度。⑤

---

①赵彦龙、姚玉婷：《西夏买卖人口契约的性质与程式》，《宁夏师范学院学学报》2017年第4期，第96—102页。赵彦龙、扶静：《西夏买卖土地契约的性质与程式——西夏契约性质与程式研究之二》，《西夏研究》2018年第3期，第35—41页；《西夏牲畜买卖契约的性质与程式——西夏契约性质与程式研究之四》，《宁夏师范学院学报》2018年第9期，第45—49页。关于牲畜买卖的案件，王重民先生撰有《西夏文草书〈瓜州审案记录〉叙录》（《敦煌学辑刊》2018年第2期，第152—157页），值得参考。赵彦龙、张倩：《西夏典当契约的性质与程式——西夏契约性质与程式研究之五》，《西夏研究》2019年第4期，第24—31页；《西夏租赁契约的性质与程式——西夏契约性质与程式研究之六》，《宁夏师范学院学报》2019年第9期，第41—45页。

②黄振华：《〈西夏天盛二十二年卖地文契考释〉》，载白滨编《西夏史论文集》，银川：宁夏人民出版社，1984年，第313—319页。

③王新元：《〈西夏天盛廿二年卖地文契〉研究》，《西北第二民族学院学报》1994年第4期，第37—41页。

④王元林：《西夏光定未年借谷物契〉考释》，《敦煌研究》2002年第2期，第31—36页。

⑤杜建录：《西夏的土地制度》，《中国农史》2000年第3期，第35—41、第52页。

孟庆霞通过天盛二十二年卖地契简明扼要地论述了西夏法典对买卖契约的规制。①张可辉也以《天盛廿二年（1170年）卖地文契》为例，论述了官法私契与西夏地权的流转，他认为主要形式是典当、土地买卖，交易前先问亲邻。②可惜的是，该文引用了史金波先生《西夏社会》一书，却没有参考《黑水城出土西夏文卖地契研究》③，不得不说是个缺憾。韩伟从民间法视角，以俄藏黑水城出土西夏文卖地契为材料，对文契中的亲族权利、官私转贷、违约责任和证人等问题做了探讨，并就其特色与汉文契约进行了比较。④谭黛丽根据西夏法典《天盛律令》从以工抵债的前提、出工抵债人员、出工期间的身份、出工抵债期间的工价四个方面，讨论了西夏的出工抵债问题，并与唐、宋律法中的相关内容做了对比，很有参考价值。⑤赵天英对俄藏编号为 Инв. No.7741西夏文借贷契约长卷（20份）作了首次译释，并将其转录成楷书，探讨了文书中借贷人员的组成、契约反映的西夏寺院经济问题，

---

①孟庆霞、刘庆国：《简论西夏法典对买卖契约的规制》，《北方民族大学学报》2011年第6期，第121—124页。关于西夏法典对契约的规制，邵方亦撰文做了论述，参见邵方：《略论西夏法典对契约的规制》，《法学评论》2013年第6期，第141—145页。

②张可辉：《官法私契与西夏地权流转研究》，《中国农史》2013年第3期，第92—101页。

③史金波：《黑水城出土西夏文卖地契研究》，《历史研究》2012年第2期，第45—67页。

④韩伟：《民间法视野下黑水城出土西夏文卖地契研究》，《宁夏社会科学》2013年第2期，第86—90页。关于卖地契中的亲族权，潘洁认为唐宋元时期亲邻在土地交易中享有先买权，西夏受唐宋影响也有亲邻权，这在敦煌博物馆藏卖地契、俄藏典田契以及西夏法典《天盛律令》中有反应，即土地典卖中先召有服房亲、亲邻批退、不许地边相接者强买等，参见潘洁、陈朝晖：《西夏土地典卖中的亲邻权》，《西夏研究》2016年第2期，第55—60页。

⑤谭黛丽、于光建：《从〈天盛律令〉看西夏的出工抵债问题——基于唐、宋、西夏律法的比较》，《宁夏社会科学》2015年第3期，第135—140页。另有刘晔对西夏典工制度亦做了论述，参见刘晔、赵彦龙、孙小倩：《从黑水城出土电工档案看西夏典工制度》，《档案管理》2015年第5期，第7—9页。

对学界深入研究该文书及其相关历史背景具有重要的意义。①罗将针对卖地契中的违约条款从法律学的视角做了探析，并与敦煌契约进行了比较。②值得提及的是，汤君先生将黑水城卖地契与敦煌、民国时期成都龙泉驿发现的土地契约文书做了比较，颇具新意。③

另有一些学位论文值得关注。④于光建博士论文分上、下二篇，上篇通过录文、对译、校勘以及注释，对史金波先生等汉译本中的《天盛律令》之《当铺门》《催索债利门》《出典工门》几处未识别、漏译的字词予以纠正；下篇就学术界研究薄弱的西夏债权保障措施、官营借贷典当、利率、以工抵债、牙人，以及借贷契约所反映的西夏经济等问题做了专题论述，指出数百份的典当、借贷契约是西夏债务法在操作层面的真实体现，为验证西夏法律在民间的实践提供了第一手材料。⑤余惠娟、周利以史金波先生《丝绸之路出土民族契约文献集成（西夏文卷）》为基础，分别对西夏文契约与汉文契约中的借贷契约、担保

---

①赵天英：《黑水城出土西夏文草书借贷契约长卷（7741号）研究》，《中国经济史研究》2017年第2期，第113—128页。关于西夏寺院经济，崔红芬、安北江对其来源亦做了论述，分别参见崔红芬：《试论西夏寺院经济的来源》，《宁夏社会科学》2008年第1期，第99—104页；安北江《西夏寺院经济研究述论》，《山西大同大学学报》2016年第5期，第21—23页。

②罗将：《黑水城出土西夏文卖地契中的违约条款探析——兼与敦煌契约比较》，《青海民族研究》2018年第1期，第216—221页。

③汤君：《敦煌、黑水城、龙泉驿文献中的土地买卖契约研究》，载杜建录主编《西夏学》第十辑，上海：上海古籍出版，2013年，第192—209页。

④吴芊芊：《西夏档案整理与研究》，宁夏大学硕士学位论文，2013年。白宁宁：《英藏黑水城汉文文献的整理研究》，河北师范大学硕士学位论文，2013年。刘艳丽：《西夏典当制度简论》，陕西师范大学硕士学位论文，2013年。马玲玲：《西夏契约档案整理与研究》，宁夏大学硕士学位论文，2014年。李学泰：《俄藏黑水城西夏汉文经济文献研究》，西北民族大学硕士学位论文，2017年。

⑤于光建：《〈天盛改旧新定律令〉典当借贷条文整理研究》，宁夏大学博士学位论文，2014年。

做了比较研究。①

由上可见，西夏文契约文书取得的成就，不论是契约种类的研究，还是契约格式、内容的探讨，相较其他文字的契约文书研究要丰富得多，而且西夏文契约文书的研究者形成了老、中、青的阶梯队伍，这使得西夏文契约文书的研究进入了蓬勃向上的发展时期。

附：其他契约文书研究

粟特文文书在丝绸之路上的地位和作用不可忽视，因为它最能反映中西方文化的交流与借鉴。②截至目前，笔者发现粟特文契约文书仅有1份，时间在延寿十六年，即唐贞观十三年（639年）。尽管数量上不占优势，但是其内容异常丰富，后文会详细介绍。这份粟特文契约文书保存比较完整，因此对契约文书的比较研究具有重要的意义，如果再加上粟特文婚约文书，那么对于西北出土契约文书之习惯法的比较研究将有增砖添瓦之功效。

蒙古文契约文书目前不多，大多出土于黑水城，敦煌也有出土，吐鲁番可能还有，只是目前没有发现。《黑水城出土蒙古文研究》③一书中有蒙古文契约13份，时间大致在13—15世纪。另外《黑城出土文书（汉文文书卷）》④也收有蒙元时期的契约文书，尽管文字不是蒙古文，但是可以对照研究。

---

①余惠娟：《西夏文契约的担保与汉文契约担保的比较研究》，武汉大学硕士学位论文，2018年。周利：《西夏文借贷契约与唐汉文借贷契约的比较研究》，武汉大学硕士学位论文，2018年。
②参见韩树伟：《丝路沿线出土粟特文文书研究述要》，《中国农史》2019年第6期，第62—71页。
③［日］吉田顺一、齐木德道尔吉编：《ハラホト出土モンゴル文書の研究（*Study on the Mongolian Documents Found at Qaraqota*）》，东京：雄山阁，2008年。
④李友逸编著：《黑城出土文书（汉文文书卷）》，北京：科学出版社，1991年。

可见，粟特文契约、蒙古文契约文书不仅数量少，而且研究成果显得比较单薄。但这并不影响本书的习惯法比较研究，因为从时间上看，粟特文契约文书处于佉卢文和吐蕃文、汉文契约之间，而且处于丝路沿线的高昌故地，很有比较研究的价值；蒙古文契约可以和回鹘文、西夏文、汉文契约的时间衔接，而且同时期内不同文字的契约文书最典型，亦具有比较研究的意义。

第二章 西北出土诸民族契约文书格式比较研究

西北出土契约文书格式，对于我们了解古代人们社会经济活动有重要的作用。从一份文书的格式，我们不仅能了解到古代人们行用的书式、章法，而且通过这些不同文字间的文书格式，能判断出个别契约文书间的借鉴与传承关系，甚至对不同地区的契约文书是否有关联都具有关键性的解锁功能。通常情况下，一份契约文书的格式包括立契时间、立契双方人、立契缘由、立契标的物、立契的规制、契约末尾的画押，还有证人、保人，等等，大致格式为：立契时间、契约内容（如交易双方、交易物品、违约处罚）、见证人、画押等。在西北出土的诸民族契约文书里，尽管它们有各自的一些特色，但是整体上其格式有着惊人的相似性。

根据契约的不同种类（主要有借贷契约、雇佣契约、买卖契约、赁租契约），这些契约文书又有一些差异，如买卖契约附加有买卖物品的价格，借贷契约附加有偿还物品的期限，租赁契约附带有土地的"四至"（即东西南北的临界）、房屋的占地面积，雇佣契约对雇价和被雇者的义务规定，等等。有些契约之间有着很大的相似性，如汉文契约和西夏文契约，是使用皇帝年号标注立契时间，回鹘文契约、吐蕃文契约是使用十二生肖纪年；而在另一些契约文书中，却有着明显的不同，呈现出一些独特之处，如佉卢文契约在契首使用祝福语对国王或者州长赞美一番，然后再阐述具体事情。由此可见，每种契约的文书格式都有着丰富的内涵，下面从契约文书的习惯法入手，对西北出土的佉卢文、汉文、吐蕃文、回鹘文、西夏文契约文书的格式与内容做一比较研究，并附有粟特文、于阗文契约。

第一节 塔里木盆地出土汉晋时期佉卢文契约文书格式

佉卢文契约，主要出土于新疆塔里木盆地南缘的尼雅遗址（今新疆民丰县，精绝国故址），时间为3—4世纪，相当于汉晋时期，是诸民族契约文书中时间较早的。这种契约的特殊之处是写在木牍上。该木牍多由封牍和底牍两部分组成，契约的内容是写在底牍的正面；如果没写完，接着在封牍背面书写。然后在当地官员主持下进行"断绳"仪式，即用绳索将木牍顺着绳槽纵向三道捆扎，接着在封牍中部凿开的凹槽中将绳索打结，加盖封泥、印章（这是一道断绳封存程序，而不是启封[1]），最后在封牍的正面写上主题语及封印说明（说明性的文字位于封印下）。同时，这种形制的木牍多为矩形牍（专门书写买卖

---

[1] 据学者介绍，很多矩形双简出土时的状况表明是未曾启封的。详见［英］M.A.Stein, *Serindia, Detailed Report of Explorations in Central Asia and Westernmost China,* Oxford at the Clarendon Press, vol.I, 1921. pp. 211-269. 同见刘文锁《沙海古卷释稿》，北京：中华书局，2007年，第295—301页。

券契、书信之类）①。

佉卢文契约以买卖类居多，尤其是土地、人口买卖契。②赠予类契约次之，还有领养、借贷契约，租赁、雇佣类契约很少。下面为一份佉卢文土地买卖契约，编号为 Kh.571，贝罗释读如下：

> This receipt (*pravaṃnaga*) concerning *miṣi* received from Koñaya is to be carefully kept by the scribe Ramṣotsa.
>
> In the 15th year of the reign of his majesty the great king Jiṭugha Aṃguvaka, son of the heaven, in the 12th month, 8th day, there is a man called Koñaya. He sold *miṣiya*-land along with trees to the scribe Ramṣotsa. The price taken was one camel two years old priced at fifty. Koñaya received it. Other *atġa* muli (supplementary payment) received was ten *khi* of wine. Koñaya received in all a price of sixty from Ramṣotsa. In that land the capacity for seed is three *milimas juṭhi*. They agreed on equal terms. In that *miṣi*-land Ramṣotsa has ownership to plough, to sow, to give to another as a present, to exchange, to do anything he likes with it. Whoever at a future time shall bring the matter up before the *vasus* and *aġetas*, his bringing up again of the matter shall be without authority at the king's court. So they agreed in front of the magistrates. Witnesses to this

---

① 据马雍先生研究，佉卢文木牍文书还有楔形、椭圆形等形式，楔形牍多用来书写国王的御令，椭圆形牍则用于杂类。详见马雍：《古代鄯善、于阗地区佉卢文字资料综考》，载中国民族古文字研究会编《中国民族古文字研究》，北京：中国社会科学出版社，1984 年，第 6—49 页，收入马雍著《西域史地文物丛考》，北京：文物出版社，1990 年，第 76 页。

② 据仝小红、陈国灿二先生统计，在 52 份佉卢文契约中，买卖契有 35 份。详见仝小红、陈国灿：《对丝绸之路上佉卢文买卖契约的探讨》，《西域研究》2017 年第 2 期，第 64—78 页。

are the *kitsaitsa* Varpa, the kala Karaṃtsa, the *kuhaneci cozbo* Kuviñeya, the *vasus* Acuñiya, Caḍhiya, and Vapika, the *apsus* Śāṃcā and pitġa, the *toṃgha* Karaṃtsa, Taṃcġo, the *aġctas* Lýipatġa, Kuuna, and Kuviñeya, and the *yatma* Kuviñeya. Whoever shall bring up the matter a second time shall receive a fine of one gelding and seventy strokes. This receipt has been written by me the scribe Moġata, son of the scribe Tamaspa, at the command of the magistrates. Its authority is a hundred years, as long as life. It was written at the request of Koñaya. The *tomgha* Śāṃcā by name cut the string.[①]

汉译文如下：

此一有关收到柯那耶之misi之收据（pravamnag），由司书罗没索蹉妥为保存。

兹于伟大国王、上天之子夷都伽·阿没笈伐迦（Amguvaka）陛下在位之15年12月8日，有一男人，名柯那耶。彼愿将misiya地连同地上之树一起卖给司书罗没索蹉。该地作价价值50（穆立）之二岁骆驼一峰。该骆驼，柯那耶已收取。另收到之atgamuli（附加费用）为酒10希。柯那耶从罗没索蹉处总共收到地价60（穆立）。该地之播种量为3米里马juthi。双方在此公平之条件上达成协议。罗没索蹉对该misi地有权耕种、播种、作为礼物送给他人、交换、为所欲为。

---

① [英] T.Burrow. *A Translation of the Kharoṣṭhī Document from Chinese Turkestan*, The Royal Asiatic Society, London, 1940. p.114. 下略。

今后，无论何人在vasus及agatas面前提出该事，彼之翻案在皇廷均属无效。双方在执政官面前同意如此。此事之证人为kitsaitsa伐钵，kala迦罗没蹉，kuhaneci cozbo鸠昆内耶，vasus阿注尼耶、凯地耶及伐毕迦，apsus僧凯及毕多迦，tomgha伽罗没蹉，耽没支瞿，agetas莱钵多伽、鸠那及鸠毘内耶。今后，无论何人再提出该事，将罚阉割之牲畜一头并责打70大板。此收据系由余，司书耽摩色钵之子、司书莫伽多奉执政官之命所写。其权限如生命一样，长达百年。此收据系根据柯那耶之请求所写。tomgha僧凯断绳。①

对照贝罗释读之英文，该汉文翻译大致正确。从文书格式看，首先说明该契约的主题语（有的还有封印说明），即关于柯那耶（Koñaya）卖土地之后的一份收据，由另一方（买者）罗没索蹉（Ramṣotsa）保存。值得注意的是，这个罗没索蹉还是司书（作为地方官府专职人员专门负责书写文字），在其他契约中出现的频率很高，而且他和写这份契约的司书莫伽多（Moǵata）一样，有世袭的特征（son of the scribe Tamaspa）。②

契约的内容从木牍的底牍开始。先是对当时在位统治者的一番赞

---

① 王广智译：《新疆出土佉卢文残卷译文集》，载韩翔、王炳华、张临华主编《尼雅考古资料》（内部刊物），乌鲁木齐：新疆社会科学院，1988年7月，第248页。
② 这两位司书比较典型，对于他们的职位世袭，刘文锁先生通过一些文书做了梳理：耽摩色钵→莫伽多→莫耶→迦罗没蹉世系（Kh.589、Kh.598）；尸伽那耶→罗没索蹉→苏伽莫多世系（Kh.654、Kh.655、Kh.715）。见刘文锁：《沙海古卷释稿》，北京：中华书局，2007年，第300页。另外林梅村先生认为佉卢文书中的司书世袭特征，有可能与早期书写佉卢文的贵霜人有关，孟凡人先生也持此说，分别见林梅村：《贵霜大月氏人流寓中国考》，《西域文明——考古、民族、语言和宗教新论》，北京：东方出版社，1995年，第54页；孟凡人：《贵霜统治鄯善之说纯属虚构》，《西域研究》1991年第2期，第34页。

美语①，这位夷都伽·阿没笈伐迦（Aṃguvaka）也就是安归伽（在位时间约为257—294年），据学者研究，他是佉卢文书中可考的第四位鄯善王。②由此可推，文书的记载时间约为272年，大致相当于西晋泰始八年。值得注意的是，在安归伽名字前面还有一个"Jiṭugha"，学界一般认为是中原内地的"侍中"，并由此作为断代佉卢文书以及鄯善与中原关系的证据。③契约交易方分别是出卖土地的柯那耶（Koñaya）和买者罗没索蹉（Ramṣotsa）。标的物是土地连同土地上的树，作价50穆立（muli），柯那耶（Koñaya）从买者罗没索蹉处得到两岁骆驼

---

①学者认为这些赞美语袭用了古印度、波斯甚至是贵霜王称号。参见马雍：《古代鄯善、于阗地区佉卢文字资料综考》，中国民族古文字研究会编《中国民族古文字研究》，北京：中国社会科学出版社，1984年，第20、24页。林梅村：《贵霜大月氏人流寓中国考》，载中国敦煌吐鲁番学会编纂《敦煌吐鲁番学研究论文集》，1990年，第716—717页，同见林梅村著《西域文明——考古、民族、语言和宗教新论》，北京：东方出版社，1995年，第34—35页。土登班玛：《鄯善佉卢文书所见王号考——兼论所谓"侍中"》，《中国边疆史地研究》1992年第3期，第75页。

②根据布腊夫、马雍、林梅村等先生的研究，目前可知的鄯善王有：童格罗伽（Tomgraka）、陀阇伽（Tajaka）、白毗耶（Pepiya）、安归伽（Amgvaka）、马希利（Mahiri）、元孟（Vasmana）、疏犁阇（Sulica）。分别参见［英］E·J·Rapson（拉普逊）, *Kings and Regnal Years, in Kharosthi Inscriptions Discoverd by Sir Aurel Stein in Chinese Turkestan*, pt. Ⅲ , Oxford, 1929. 马雍：《新疆所出佉卢文书的断代问题——兼论楼兰遗址和魏晋时期的鄯善郡》，《文史》第七辑，北京：中华书局，1979年，第73—95页，收入马雍著《西域史地文物丛考》，北京：文物出版社，1990年，第89—111页。林梅村：《佉卢文时代鄯善王朝的世系研究》，《西域研究》1991年第1期，第39—50页，收入林梅村著《西域文明——考古、民族、语言和宗教新论》，北京：东方出版社，1995年，第324—343页。孟凡人：《楼兰鄯善简牍年代学研究》，乌鲁木齐：新疆人民出版社，1995年，第379—388页。另外仝小红、陈国灿二位先生又对世系年代做了调整，见仝小红、陈国灿：《对丝绸之路上佉卢文买卖契约的探讨》，《西域研究》2017年第2期，第71页。

③参见马雍：《古代鄯善、于阗地区佉卢文字资料综考》，载中国民族古文字研究会编《中国民族古文字研究》，北京：中国社会科学出版社，1984年，第40—45页。林梅村：《贵霜大月氏人流寓中国考》，《西域文明——考古、民族、语言和宗教新论》，北京：东方出版社，1995年，第50页。土登班玛先生从佛学角度，利用一些文献考证了该词语是："胜者"，颇具新意，见土登班玛：《鄯善佉卢文书所见王号考——兼论所谓"侍中"》，《中国边疆史地研究》1992年第3期，第79页。

一峰，另收 10 硒（khi）酒，总共收到地价 60 穆立（muli），这块土地的播种量为 3 弥里码（milimas）juthi。在佉卢文契约中，牲畜的年龄通常是要写明的，因为这涉及它的价格。至于穆立（muli）、硒（khi）、弥里码（milimas），是一种价值单位，它们之间的关系，根据学者研究"1 弥里码（milimas）=1 穆立（muli）=20 硒"[①]，又有人指出，1 弥里码（milimas）=20 公斤谷物[②]。如果按照这种换算方式计算，这份契约中柯那耶（Koñaya）将会得到（60 穆立 ×20）1200 公斤谷物，而土地的播种量为（3 弥里码 ×20）60 公斤 juthi。从出卖土地后的长远角度看，这种谷物换算应该是成立的。

契约还规定，协议要在双方公平的条件下达成，也就是双方自愿、明确权益的情况下签署的。这是强调契约的属性，即在双方公平、公正、自愿的前提下生效的。为了保障契约的有效性，契文规定交易方不许反悔，若有人违反协议，即使诉讼到王廷都无效。这说明在民间交易中有违反协议的现象，同时也说明了官府参与交易的事实。而且对于违反协议的人要作出惩罚，"罚阉割之牲畜一头并责打 70 大板"，从这些预防性的措施可见当时人们对于违约的行为是重于严惩。

契约的末尾注明"其权限如生命一样，长达百年"，也是为了保障契约的长期有效，这在其他佉卢文契约中也有类似表述，属佉卢文契约的一大特色。证人比较多，一般在 2~10 人不等。契约是负责书写的司书奉执政官之命书写的，这些执政官多为当地有身份、有地位的

[①] 林梅村：《沙海古卷——中国所出佉卢文书（初集）》，北京：文物出版社，1988 年，第 157 页。
[②] 段晴：《中国国家图书馆藏 BH5—31 佉卢文买卖土地契约》，载朱玉麒主编《西域文史》第六辑，北京：科学出版社，2011 年，第 1—16 页。同见段晴《元孟八年土地买卖楔印契约》，收入段晴、张志清主编《中国国家图书馆藏西域文书：梵文、佉卢文卷》，上海：中西书局，2013 年，第 193—201 页。

人，再次反映了官府参与交易的事实。契约最后通常是"断绳"仪式。这也是佉卢文契约的一大特色。

上述土地买卖契约文书的格式，在其他佉卢文土地买卖契约文书中已得到印证，如一份编号为 Kh.715 的佉卢文契约：

> 兹于伟大国王、上天之子阿没伽伐迦陛下在位之24年11月25日，有父子二人，莫伽多·支莫啰及莫吉耶·莫遮，皆系制箭匠。彼等愿〔……〕将一块能种3米里马种籽之misi地出卖。莫伽多·支莫啰及莫吉耶·莫遮得九岁之骆驼一峰，作为地价。双方在此公平之条件上当诸执政官之面达成协议。今后，sadavitā利支克伽对该地有权播种、耕种、作为礼物赠送他人，为所欲为。今后，无论何人对此事在vasus和agetas面前吹毛求疵，在皇廷均属无效。此事之证人为kitsaitsa伐钵，kāla迦罗没蹉，kāla阿注尼耶，ageta鸠那，yatma凯托，karsenava布基没多伽，耽没支伽，trigha凯克伐啰，vuryaga罗多吉耶及karsenava舍布伽。此手据系由余，司书尸伽那耶之子，司书罗没索蹉奉执政官之命所写。制箭匠莫伽多及莫吉耶亦〔……〕①

显然，这也是一份土地买卖契约。通过对照汉英文得知，出卖者为莫伽多·支莫啰（Moġata Cimola）、莫吉耶·莫遮（Moġeya Moċha）父子二人，职业是制箭匠，买者为利支克嘉（Ricikġa）。阿没伽伐迦，也就是安归伽（Aṃguvaka），他是佉卢文书中可考的在位

---

① [英] T.Burrow. *A Translation of the Kharoṣṭhī Document from Chinese Turkestan*, The Royal Asiatic Society, London, 1940. p.143. 引文录自王广智译《新疆出土佉卢文残卷译文集》，载韩翔、王炳华、张临华主编《尼雅考古资料》（内部刊部），乌鲁木齐：新疆社会科学院，1988年，第265页。

时间最久的一位鄯善王（257—294 年），安归伽（Aṃguvaka）在位 24 年，即 281 年左右，这比上一份土地买卖契约晚 9 年左右。

制箭匠父子出卖一块能种 3 弥里码种子的土地，得到九岁大骆驼一峰。按照 1 弥里码等于 20 公斤谷物换算的话，制箭匠父子得到 60 公斤谷物，这比上一份土地买卖契约的地价要低，而且从骆驼的年龄来看，显然没有前一份契约估价高。佉卢文契约很少提到交易的原因，所以这给我们带来遐想的空间，比如土地的贫瘠、远近，出卖者出卖土地的紧迫程度，都有可能影响最后的地价。

尽管如此，但最后的交易是在证人（Varpa、Karaṃtsa、Acuñiya、Kuuna、Cato、Vukiṃtġa、Taṃcġo、Cakvala、Ratġeya、Śapuġa）、司书（Ramṣotsa）和执政官的见证下公平进行的，且被写入契约作为证据。这是一种习惯行用的语言，与汉文契约有异，证人数量达 10 位，而且人名前面有一些词语（kitsaitsa、kāla、aġeta、yatma、karsenava、trigha、vuryaga），可能是证人的属地或者对其身份的一种称呼（因为有些证人是属于同一个称呼，如 Karaṃtsa 和 Acuñiya 属于 kāla，Vukiṃtġa 和 Śapuġa 属于 karsenava）。司书罗没索蹉（Ramṣotsa）还不忘写上他的父亲尸伽那耶（Siġnaya），明显带有世袭特点。这份契约是司书当着执政官的面签写，代表了权威性和法律效力，且对买者一方关于土地的使用权和所有权作了永久性说明，强调了违约行为的后果及其惩罚措施。契文末尾虽有残缺，不过我们可以推测到它是关于"断绳"仪式的文字。至于契约末尾提到的制箭匠父子，通过其他文书格式推测，可能是说该契约是制箭匠父子请求司书所写。

以上是对两份安归伽时期的土地买卖契约所作的分析，类似这样的买卖类契约（如人口买卖契约）还有很多，约占总数的 70%，其文书格式大致如此。为了能够更全面地展示佉卢文契约的文书格式，下面再列举一份佉卢文收养契约，编号为 Kh.569：

> 此一有关从妇女齐那阿处过继舍摩没内罗之文件，由鸠尼多妥为保存。
>
> 此系cozbo索没阇迦之印。
>
> 兹于伟大国王、上天之子夷都没伽·摩希利耶陛下在位之13年2月10日，有一妇人，名叫齐没那阿。其幼子舍摩没内耶曾由鸠尼多过继为子。该妇人齐没那阿从鸠尼多处将舍摩没内耶带走。现彼等已提出控诉。cozbo索没阇迦及探子莱钵多审讯此案。舍摩没内耶归鸠尼多所有，作为彼之嗣子。奶费现已付给。彼等现已作出判决。现已给amklatsa骆驼一峰作为奶费。此事之证人为vasus奥钵吉耶·迦翅耶及舍楼哕耶，arivaga凯摩伽，sadavida迦钵吉耶，钵伐多（parata后汉作休密——中译注）之剑支吉耶，vuryaga布楼，女孩凯笈及sa-davida凯内耶。被嗣养之该舍摩没内罗不得作为奴隶，既不得出卖，也不得抵押。应待彼如同嗣养之人。此文件系由余，sothamga楼偷之子，司书耽伽凯奉执政官之命并根据鸠尼多、妇人齐没那阿及僧人菩地啰之请求所写。其权限为一百年。①

这是一份涉及养子的法律文书，而且是反悔后的诉讼契约。开头两句是典型的佉卢文契约主题语及封印的说明。"cozbo"，林梅村先生

---

① ［英］T.Burrow, *A Translation of the Kharoṣṭhī Document from Chinese Turkestan*, The Royal Asiatic Society, London, 1940. p.113. 引文录自王广智译《新疆出土佉卢文残卷译文集》，载韩翔、王炳华、张临华主编《尼雅考古资料》（内部刊部），乌鲁木齐：新疆社会科学院，1988年，第247页。

解读为州长，段晴先生将其解读为"主簿"，①余以为较"州长"更接近本意：该词出现频率很高，但仔细斟酌与之相关的人名，我们发现有的人并非"州长"，仅仅是"主簿"的身份。接着是对鄯善王的赞美语，夷都没伽·摩希利耶（Jiṭuṃgha Mahiriya）是佉卢文书中可考的第五位鄯善王马希利（在位时间约为295—324年），故知契约的时间在308年左右，此时正值西晋永嘉二年（三年后熟知的"永嘉之乱"发生）。

诉讼缘由是一名妇人（Tsinaae）从鸠尼多（Kuñita）处领回了过继的儿子（Ṣamaṃnera），引起鸠尼多（Kuñita）的控诉。这是典型的反悔案例，似乎之前两人并没有签署契约文书，仅仅是口头约定，而二人应属于彼此认识。我们暂且不知妇人（Tsinaae）为何将自己孩子过继给鸠尼多（Kuñita），又是因何故将儿子领回，但我们从cozbo索没阇迦（Soṃjaka）及其探子莱钵多（Lýipta）对此诉讼案的判决结果看，鸠尼多（Kuñita）似乎没有满足妇人（Tsinaae）的要求，这才使得她领回自己的亲骨肉。从判决书可知，鸠尼多（Kuñita）须给妇人（Tsinaae）骆驼（amklatsa）一峰作为奶费（milk-payment），至于该骆驼是什么品种、年龄几何，我们无法得知，但是通过"奶费"我们推测该妇女可能是遇到了生活上的困境，才不得不将其骨肉过继给鸠尼多（Kuñita）。再从后面的判词"被嗣养之该舍摩没内罗不得作为奴隶，既不得出卖，也不得抵押。应待彼如同嗣养之人"，我们判断出在收养的子女中，除了作为嗣子外，还有被出卖和抵押的现象。这在

---

① 段晴：《公元三世纪末鄯善王国的职官变革》，段晴，才洛太《青海藏医药文化博物馆藏佉卢文尺牍》，上海：中西书局，2016年，第41—45页。

一些人口买卖契约中得到了印证。所以，为了确保妇人（Tsinaae）的儿子（Ṣamaṃnera）能被鸠尼多（Kuñita）像嗣养之人一样对待，索没阇迦（Soṃjaka）及其探子莱钵多（Lýipta）作出了相关判决结果，且"其权限为一百年。"证人多达 10 位，其中还有一位女孩（Caġu）。该契约是由楼偷（Luthu）的儿子耽伽凯（Tġaca）奉执政官之命所写。

文末说这份文书是应鸠尼多（Kuñita）、妇人（Tsinaae）和僧侣菩地啰（Budhila）的请求书写的。不知此处僧侣是何身份参与契约，但类似这样的现象不止这一份（如 Kh.265、Kh.340、Kh.386、Kh.491），这与鄯善国盛行佛教有关联。[①]根据学者研究，鄯善国不仅有大量的僧侣存在，而且他们具有世俗化的一面，他们拥有自己的土地、牲畜和奴隶等财产，同时还可以娶妻生子、饮酒。[②]我们从一些契约文书中可以看到，个别僧侣享有一定的司法特权（如 Kh.393、Kh.504、Kh.506、Kh.575），当然也不免有一些贫困的僧侣（如 Kh.152），甚至有的沦为奴隶（如 Kh.358、Kh.666）。

综合以上举例来看，佉卢文契约文书的格式大致为：1. 对契约文书的主题语及封印的说明；2. 以一长串的赞美祝福语带出国王在位年号作为立契时间；3. 交易双方姓名；4. 标的物；5. 交易是在公平条件

[①] 黄振华先生曾对佉卢文书中的"沙门"名称做了考证，说明了 3—4 世纪鄯善国佛教的兴盛。见黄振华：《魏晋时期楼兰鄯善地区佛教研究札记》，《民族研究》1996 年第 4 期，第 84—88 页。

[②] 参见陈世良：《魏晋时代的鄯善佛教》，《世界宗教研究》1982 年第 3 期，第 79—90 页。[印] 阿格华尔著，杨富学、许娜译：《佉卢文书所见鄯善国佛教僧侣的生活》，《甘肃民族研究》2006 年第 4 期，第 100—104 页。夏雷鸣：《从佉卢文文书看鄯善国佛教的世俗化》，《新疆社会科学》2006 年第 6 期，第 116—122 页。杨富学：《论鄯善国出家人的居家生活》，载南华大学敦煌学研究中心编《敦煌学》第二十七辑，乐书出版有限公司，2008 年，第 215—221 页。李博：《古代鄯善国僧人娶妻与收养行为探究》，《中华文化论坛》2013 年第 9 期，第 69—74 页。

下达成的声明；6.违约规定；7.证人（2~12人不等）；8.司书（家世、身份）；9.契约法律效力；10."断绳"。其中，对于国王的一长串称呼、违约预防措施、司书世袭身份、契约时效性和"断绳"仪式等，形成了佉卢文契约的特色。很多契约也反映了鄯善国的法律特征，尤其是"今后，无论何人对此事……在皇廷均属无效"的文字，表明鄯善国王集军事、行政、司法大权于一身，亲自过问案件的事实，其一整套的法律体系及刑罚措施，旨在缓和阶级矛盾、维护社会秩序，求得长治久安。①佉卢文契约与于阗文契约、粟特文契约有一些相似之处，但与汉文契约文书有显著的区别。具体比较详见第六节。

第二节 敦煌、吐鲁番、黑水城出土汉文契约文书格式

西北出土的汉文契约文书数量众多，横跨范围很广，从黑水城至敦煌，再到新疆吐鲁番、和田等地，都有汉文契约文书面世，且契约时间跨越汉晋至元代。根据检索出土汉文契约文书情况以及参阅《敦煌契约文书辑校》《敦煌社会经济文献真迹释录》《中国历代契约粹编》《黑城出土文书（汉文文书卷）》，以及《敦煌吐鲁番社会经济文书集Ⅲ——契券篇》《大谷文书集成》等著作，我们发现早期汉文契约多以简牍为主，且以券的形式出现，魏晋时期过渡至纸质文书，仍以券

---

① 另有一些对鄯善国的法律研究值得参考。如殷雯:《鄯善国法律初探》,《新疆师范大学学报》1987年第3期,第86—91页;李萌:《中亚丝路上的古鄯善国法律体系研究——以佉卢文书为主的考察》,《西南民族大学学报》2019年第2期,第80—86页。

的形式出现，直至唐代中期以后，才以大量的契约文书形式呈现。为了便利，文章统称为契约，仅在具体分析文书时作一区别。这些汉文契约文书主要见于吐鲁番、敦煌、黑水城等地，敦煌出土的汉文契约集中在吐蕃占领敦煌、归义军统治敦煌时期，以借贷契约最多；吐鲁番出土的汉文契约主要集中在高昌国、唐代西州时期，以赁租契约最多；黑水城出土的汉文契约多集中在西夏至元代，以借贷契约最多。因此，汉文契约文书不论是格式，还是内容，在不同的地点、时期，都有丰富的内涵。最早的汉文契约纸质文书，可以衔接上述佉卢文契约的时间，最晚的汉文契约时间可以与明清契约相连，而唐五代时期的汉文契约文书又可与同一时期的其他民族契约文书做一比较。总之，汉文契约文书的格式，经历了一个由简约逐渐完善的发展过程，关于这一点，乜小红先生也有过相关研究。①因此，笔者仅就几份典型的汉文契约文书格式做一简单的论述。

一、早期文献关于契约的记载

关于汉文契约文书，记录最早的传世文献是《周礼》，里面提到了

---

① 乜小红：《中国中古契券关系研究》，北京：中华书局，2013 年；《中国古代契约发展简史》，北京：中华书局，2017 年。乜先生对汉文契约文书的搜罗齐全，论述非常详细，对前人研究也多有照顾，同时对一些学说和观点提出了异议，其中不乏精辟之处。参见韩树伟：《中古契约史研究的重要成果——〈中国古代契约发展简史〉读后》，《档案》2022 年第 5 期。

类似于契约的"小约剂"。①而陕西省岐山县董家村发现的《卫盉铭文》

---

①原文为"司约：掌邦国及万民之约剂，治神之约为上，治民之约次之，治地之约次之，治功之约次之，治器之约次之，治挚之约次之。凡大约剂，书于宗彝；小约剂，书于丹图。"郑玄注曰"大约剂"是邦国约，"小约剂"是万民约，契约类就属于万民约。"小约剂"又有诸多类型，"以官府之八成经邦治：一曰听政役以比居，二曰听师田以简稽，三曰听闾里以版图，四曰听称责以傅别，五曰听禄位以礼命，六曰听取予以书契，七曰听卖买以质剂，八曰听出入以要会。"其中，"称责"指"贷予"，跟借贷有关，"取予"指无息直贷，"质剂"指"券书"，跟买卖有关；"傅别"指"券书"，"中字别之"，一式两份，"两家各得一也"，即一有诉讼，则"以券书决之"。这里不仅提到了借贷（含无息）、买卖需要"傅别""质剂"，而且一有争讼，则将这种"券书"作为凭据。在买卖中，"质剂"又有"长券""短券"之分，"大市曰质，小市曰剂""大市人民马牛之属，用长券，小市兵器珍异之物，用短券。"这是《周礼》对类似于契约的最早记载。详见［汉］郑玄注，［唐］贾公彦疏：《周礼注疏》卷三六《秋官·司约》，卷三《天官·小宰》，卷一四《地官·司市》。［清］阮元校刻《十三经注疏》（全二册），北京：中华书局影印，1980年，第880—881、654、737页。李学勤主编：《十三经注疏》，北京：北京大学出版社，1999年，第947—949、57—60、375页。《周礼正义》，台北：新文丰出版公司，2001年，第1522、93—105、609页。此外，后世文献亦有相关记载，如《汉书》卷四四《淮南衡山济北王传》"元朔五年秋，当朝，六年，过淮南。淮南王乃昆弟语，师古曰：'为相亲爱之言。'除前隙，约束反具。师古曰：'共契约为反具。'"（北京：中华书局，1962年，第2156页）《后汉纪》卷三十《献帝纪》"毛诗曰：'爰始爰谋，爰契我龟。'毛苌曰：'契，问也。'郑玄曰：'契约其龟。'"（天津：天津古籍出版社，1987年，第852页）《魏书》卷七九《鹿悆(yù)传》载"'金墉汤池，冲甲弥巧，贵守以人，何论险害。'还军，于路与梁话誓盟。契约既固，未旬，综果降。"（北京：中华书局，1974年，第1764页）《旧唐书》卷一四一《张孝忠传》"甚德滔之保荐，以其子茂和聘滔之女，契约甚密，遂合兵破惟岳之师于束鹿，惟岳遁归恒州。"（北京：中华书局，1975年，第3856页）《资治通鉴》卷二二三《唐纪》三十九"永泰元年冬十月丙寅"载"光瓒还报，子仪曰：'今众寡不敌，难以力胜。昔与回纥契约甚厚，不若挺身往说之，可不战而下也。'"（北京：中华书局，1976年，第7180页）《涑水记闻》卷十"宝元二年五月壬子，以定国军节度使、知枢密院事王德用充武宁军节度使，发赴徐州本任。……所置马得于马商陈贵，契约具在，非折继宣。"（北京：中华书局，1989年，第197页）《金史》卷九〇《移剌幹里朵传》载"正隆间……至松山县为贼党江哥所执，且欲推为主盟，要以契约，幹里朵怒曰：'我受国厚恩，岂能从汝反耶，宁杀我，契约不可得也。'"（北京：中华书局，1975年，第2002页）《新元史》卷一四《成宗本纪》记载"江南佃户私租太重，以十分为率，减二分，著为令。仍弛山场、河泊之禁。其田宅之讼，除契约分明，依例赐给外，其余尽行革拨诸路。"（张京华、黄曙辉总校，上海：上海古籍出版社，2018年，第199页）《清史稿》卷二三《德宗本纪》记载"（光绪十五年）冬十月乙亥……以张之洞订购机器，遽立契约，诏切责之，嗣后凡创设之事，未先奏明，毋轻举。"（北京：中华书局，1977年，第895页）。这些引文大多是与契约有关的一种约定、盟誓、协议，鉴于契约的涵盖范围之广，本文主要是针对出土文书之类的契约。

《五祀卫鼎（卫鼎甲）》《九年卫鼎（卫鼎乙）》则作为出土文物记录了最早的租佃契约[①]，尽管它们在内容上仅显示的是邦君与贵族之间的租佃关系，但是对土地所有权的文字表述，却为我们提供了鉴定其性质的依据，毕竟早期的契约不论是内容还是形式都较简单。现将《五祀卫鼎（卫鼎甲）》铭文摘录于此：

1 隹（惟）正月初吉庚戌，卫（以）邦君

2 厉告于井白（邢伯）、白（伯）邑父、定白（伯）、𤼈白（伯）、白（伯）

3 俗父，曰厉曰："余执龏（恭）䎽王（恤）工（功）

4 于邵大（昭太）室东逆熒（濚）二川。"曰："余

5 舍女（汝）田五亩。"正廼嘱（讯）厉曰："女（汝）

6 宭（贮）田不（否）？"厉廼许曰："余審（审）宭田

7 五亩。"井白（邢伯）、白（伯）邑父、定白（伯）、𤼈白（伯）、白（伯）俗

[①] 图片和释文分别见庞怀清、镇烽、忠如、志儒：《陕西省岐山县董家村西周铜器窖穴发掘简报》，《文物》1976年第5期，第26—44、96—98页。黄兰：《陕西省岐山县董家村新出西周重要铜器铭辞的译文和注释》，《文物》1976年第5期，第55—63页。亦见张传玺主编：《中国历代契约粹编》（上），北京：北京大学出版社，2014年，第10—15页。另外，与租佃契约相近的赁租契约，不仅仅限于土地，而且还涉及住宅、牲畜、车船等对象，范围较前者更广泛。至于赁、租，其实也有区别，《唐律疏议》卷四《名例律》"诸以赃入罪条"记载"赁，谓碾硙、邸店、舟船之类，须计赁价为坐。"（北京：中华书局，1983年，第90页），文中提到了一些租借的对象，但没有对二者作明确区分。不过，依据唐令制定的日本《令集解》卷十二"田令"条记载了土地的赁、租："赁租者，限一年令佃，而未佃之前出价，名赁也。佃后至秋，依得否出价，是名租也。"［日］黑板胜美主编《令集解》（全四册）新订增补本，《日本国史大系》，东京：吉川弘文馆，1981年，第355页）尽管是针对土地赁租的，但大体上区分了二者的含义。关于这一点，乜小红《中国古代契约发展简史》也作了说明（第190页）。

8 父廼颧（构）。吏（使）厉誓。廼令参（三）有

9 嗣（司）：嗣土（司徒）邑人趰、嗣（司）马颈人邦、嗣（司）

10 工（空）隆（附）矩、内史友寺㠱，帅颐（履）裘

11 卫厉三（四）田。廼舍寓（宇）于㪍（厥）邑：

12 㪍逆（厥朔）疆罜（逮）厉田，㪍（厥）东疆罜（逮）散

13 田，㪍（厥）南疆罜（逮）散田罜（暨）政父田，

14 㪍西疆罜（逮）厉田。邦君厉罜（暨）付

15 裘卫田：厉弔（叔）子（凤）、厉有䏄（司）

16 季、庆癸、燹䠁（表）、荆人敔（敢）、井（刑）人

17 倡犀。卫小子者，其乡腒（绘）·卫用

18 乍（作）朕文考宝鼎。卫其万年

19 永宝用。隹（惟） 王 五 祀。①

铭文中"初吉"指每月一至七八日；"邦君"可理解为诸侯或者王畿里面的小国君；"恤功"即"致忧民之功"；"东逆"为"东朔"，指东北方；"贳"田，即租田，这是很重要的关键词，透露出铭文的性质。"帅履"指踏查地界。"舍寓宇于厥邑"是指"在这个邑里定下了田地的四边疆界"，也就是我们所知的土地买卖契约中的"四至"，可见这种契约意识很早就出现了。

---

①张传玺主编：《中国历代契约粹编》（上），北京：北京大学出版社，2014年，第12页。

根据黄兰先生的释文,我们将其蕴含的内容摘录如下:

> 正月上旬庚戌,卫把邦君厉的话告知邢伯、伯邑父、定伯、琼(liàng)伯、伯俗父等。厉说:"我办理共王勤政的事,在昭王的太室东北,临时禜(yíng,唐先生认为读yǒng,笔者注)祭泾、渭两条大川的神,对我说给你种五百亩田。"执政们讯问厉说"你租田吗?"厉承认说:"我确实要租给人田五百亩。"邢伯、伯邑父、定伯、琼(liàng)伯、伯俗父办成了,要厉立了誓。于是命令四个(唐文中为三个,笔者注)职官:司徒邑人趞、司马颃人邦、司空陶矩、内史友寺刍,带领着踏勘给裘卫的厉的田四百亩。于是给在这个邑里定下四界:北界到厉的田,东界到散的田,南界到厉的田和政父的田,西界到厉的田。邦君厉到场付给裘卫田。厉叔子夙,厉家的管事的圜(chóng)季,庆癸、燹襫(biǎo)、荆人敢、邢人倡犀(犀)、卫小子者,举行宴会并送礼。卫用以做我的父亲的鼎,卫一万年永远宝用。这是王五年。[①]

从这段译文可以看出,有时间"正月上旬庚戌",黄兰先生在开篇便提到这是西周中期的租田,张传玺先生将其定为《西周恭王五年(前917年)裘卫租田契约》,综二位先生所断以及铭文内容,确属租田契约。除了时间,还有主体人(厉,邢伯、邢伯、伯邑父、定伯、琼伯、伯俗父)、田亩数(五百亩),并详细交代了田地的北、东、南、西。值得注意的是,有四个职官:司徒、司马、司空、内史,由其负责人带

[①] 唐兰:《陕西省岐山县董家村新出西周重要铜器铭辞的译文和注释》,《文物》1976年第5期,第56页。

领踏勘田地，这种做法跟佉卢文书中所记录内容很相似。等踏勘结束，邦君厉付给裘卫田后，还要举行宴会并送礼，这又和后来汉文契约中出现的"沽酒各半"有类似的含义。最后说"一万年永远宝用"，这和佉卢文契约中的"其权限如生命一样，长达一百年"具有异曲同工之妙。尽管这段铭文是关于公元前917年邦君之间的租田内容，但是它却反映了中国古代社会租佃契约的早期形式，具有珍贵的史料价值。

二、敦煌、居延出土的早期汉简契券

20世纪初，在敦煌、居延等地出土的汉晋简牍中不乏契券，其内容相较早期相关契券有新的变化。下面对敦煌、居延出土的汉简各试举一例，看看它们之间与早期契券有何不同：

第一份是《西汉元平元年（前74年）敦煌禽寇卒冯时赊卖橐络契》[①]

元平元年契约庚子，禽寇卒冯时卖橐络六枚杨柳所，约至八月十日与时小麦七石六斗。过月十五日，以日斗计。

盖卿任（正面）

鞠小麦（背面）

第二份是《（新）始建国二年（10年）居延城仓丞廪粟券》[②]

[①] 吴礽骧、李永良、马建华释校：《敦煌汉简释文》，兰州：甘肃人民出版社，1991年，第150页。
[②] 甘肃省文物考古研究所、甘肃省博物馆、文化部古文献研究室、中国社会科学院历史研究所编：《居延新简》，北京：文物出版社，1990年，第10—11页。

一 始建国二年十月癸巳朔乙卯,城仓丞□移甲沟(渠？)候官令史郭卒周仁等卌人省作府,以府

二 记廪城仓用粟百卅六石,令史□曰卒冯喜等十四人,廪五月尽八月,皆遣不当□

三　　　　　　　　　　　　居延陈仓

　　　　　　　　　　　　尉史崇发行事□□

四 十月戊午卒同以来

第一份简牍契是买卖契约,出自甘肃玉门花海,时间是西汉汉昭帝元平元年(前74年),和众多契约一样,标明了契约时间。接着是契约的主体,不过只提到了卖方冯时,至于买方是谁,没有提及。契文中对冯时的身份作了说明,显然是治安管理的"禽寇卒",这与同时期其他契券中出现的"燧长""候史""戍卒"一样,[1]为当地驻军的小官和士卒。标的物是橐络,约定八月十日还小麦七石六斗,从期限上看,距离交易日七月庚子(初五)一月余。若过了规定的期限,即八月十五日之后,则以每日一斗来计息,中间只给了五天的时间,可见汉代利息不菲。契尾"任"字,张传玺先生指出是"担保""担保人"之意,"麴"即"麯",酿酒或制酱用的一种发酵物。[2]这份汉

---

[1] 如"神爵二年(前60年)十月廿六日,广汉县甘郑里男子节宽惠卖布袍一,陵胡燧长张仲孙所贾钱千三百,约至正月。仁者(简面)。正月责付十。时在旁候史长子仲、戍卒杜忠知卷(券)。沽旁二斗。(简背)"详见罗振玉、王国维撰,何立民点校:《流沙坠简》之《屯戍丛残考释·杂事类》,杭州:浙江古籍出版社,2013年,第117页。此处录文转自吴礽骧、李永良、马建华释校:《敦煌汉简释文》,兰州:甘肃人民出版社,1991年,第178页。又见张传玺主编《中国历代契约粹编》(上),北京:北京大学出版社,2014年,第29页。

[2] 张传玺主编:《中国历代契约粹编》(上),第27页。

简赊卖契透露了时间、主体一方，及其身份、标的物、交易方式、交易价格、交易期限、违约规定、利息、担保人等，已经具备契约文书的格式。

　　第二份廪粟券出自居延，虽短短数语，却记载了契券的时间，即王莽始建国二年（10年）十月，也提到了令史等人的职位、廪粟数目（136石），人数14人等，反映了当时居延基层廪粟管理方面的一些情况。第二份简牍券虽然没有第一份那样具备契约文书的形式，但是它作为廪粟券的一种凭据，即使交易完成，也有订立契券的情况。①两份都表明汉晋契券文书的格式相比之前已经有了一些变化。②众所周知，敦煌遗书、居延汉简同故宫明清档案、安阳殷墟甲骨文构成了20世纪中国档案界的"四大发现"。

---

①如《汉代长乐里乐奴卖田券》中记载"置长乐里乐奴田卅五畞，贾钱九百，钱已毕，丈田即不足，计畞数环钱。旁人淳于次孺、王充、郑少卿。沽酒旁二斗，皆饮之"，也是对田地所有权转移的凭据。详见谢桂华、李均明、朱国炤：《居延汉简释文合校》（下），北京：文物出版社，1987年，第653页，同见张传玺主编《中国历代契约粹编》（上），北京：北京大学出版社，2014年，第34页。

②如《西晋泰始九年（273年）二月翟姜女买棺约》记载"司泰始九年二月九日，大女翟姜女，从男子栾奴（简面）买棺一口，贾练廿匹。练即毕，棺即过，若有人名棺材者，约当召栾奴共了。旁人马男，共知本约。（简背）"，这份文书不仅在契首有"同"字右半边（"右契"），而且有证人（"旁人"）"共知本约"，还有"若有人名棺者，约当召栾奴共了"对违约的预防措施，表明了汉晋时期契券的形式。详见新疆维吾尔自治区博物馆：《吐鲁番县阿斯塔那——哈拉和卓古墓群清理简报》，《文物》1972年第1期，第9、22页，收入新疆维吾尔自治区博物馆编《新疆出土文物》，北京：文物出版社，1975年，第26页，同见张传玺主编《中国历代契约粹编》（上），第86页。

三、吐鲁番出土的汉文契约文书格式

魏晋之后，随着纸张的普及，[①]大量的契券在吐鲁番被发现[②]，其年代不独高昌郡（327—460年）、高昌国（460—640年），还有唐代西州（640—8世纪末）时期，需要注意的是，唐中期以后，很多"券"被"契"代替，这是一个显著的变化。[③]

同时，契券的种类更加齐全，内容更加丰富，数量也比之前要多一些，而且一些契券为我们了解早期的纸质契券提供了实物依据，如早期纸质借贷券《西凉建初十四年（418年）高昌严福愿赁蚕桑券》[④]《北凉承平五年（447年？）道人法安、弟阿奴举锦券》[⑤]，赁租券如《北凉玄始十年（421年）高昌县康黄头母子出赁舍券》[⑥]《北凉建平四年

[①] 池田温先生指出："纸的发明可溯至前汉，直到后汉才稍稍扩大其使用，而当时书写材料的主流，依然是简牍布帛。大体3世纪的魏晋时代，是处于简纸并用的过渡期，及至东晋十六国以降，一般才成为纸的时代"。详见[日]池田温著，龚泽铣译：《中国古代籍账研究》，北京：中华书局，2007年，第42页。

[②] 张传玺：《契约史买地券研究》，北京：中华书局，2008年，第126页。张先生指出"这批文书绝大部分为纸质，极少数为简牍"。

[③] 同时，唐律令已有相关记载，如"诸公私以财务出举者，任依私契，官不为理"。见[宋]窦仪等撰，吴翊如点校：《宋刑统》卷二六《杂律》"受寄财物辄费用"条，北京：中华书局，1984年，第412页。同见天一阁博物馆、中国社会科学院历史研究所天圣令整理课题组校证：《天一阁藏明钞本天圣令校证：附唐令复原研究》，《杂令》卷第三十，北京：中华书局，2006年，影印本（上）第234页、校录本（下）第430页。

[④] 国家文物局古文献研究室、新疆维吾尔自治区博物馆、武汉大学历史系编，唐长孺主编：《吐鲁番出土文书》录文本第一册，北京：文物出版社，1981年，第17页；图版本第一卷，1992年，第6页。同见张传玺主编：《中国历代契约粹编》（上），第160页。

[⑤] 国家文物局古文献研究室、新疆维吾尔自治区博物馆、武汉大学历史系编，唐长孺主编：《吐鲁番出土文书》录文本第一册，北京：文物出版社，1981年，第181页；图版本第一卷，1992年，第88页。同见张传玺主编：《中国历代契约粹编》（上），第160—161页。

[⑥] 张传玺主编：《中国历代契约粹编》（上），第135页。又见王素：《略谈香港新见吐鲁番契券的意义——〈高昌史稿·统治编〉续论之一》，《文物》2003年第10期，第73—74页，原题《北凉马雏赁舍券》。

（440年）佛敬夏田券》①《北凉建平五年（441年）高昌县张鄀善奴夏葡萄园券》②，买卖券如《前凉升平十一年（367年）高昌王念卖驼券》③《前秦建元十三年（377年）赵伯郎买婢券》④《高昌永康二十年（477年）

---

①该券有"支声贵卖田"说和"道人佛敬夏（租）田"说，张传玺先生持前一说，王素、関尾史郎、乜小红三位先生持后一说。笔者通过细读原文，赞同"夏（租）田"说，因为券尾出现了"倩道人佛敬为治渠"一语，正如乜氏所言，如果是支声贵卖给了佛敬，那么土地拥有权完全归佛敬，似无必要在契文中做此声明。故对该券以赁租券为论。分别见王素：《略谈香港新见吐鲁番契券的意义——〈高昌史稿·统治编〉续论之一》，《文物》2003年第10期，第74—75页。[日]関尾史郎：《トゥルファン将来"五胡"時代契約文書簡介》，日本：新潟大学西北出土文献研究会编《西北出土文献研究》创刊号，2004年，第75页。张传玺主编：《中国历代契约粹编》（上），第88页。乜小红：《中国古代契约发展简史》，北京：中华书局，2017年，第176页。

②张传玺主编：《中国历代契约粹编》（上），北京：北京大学出版社，2014年，第136页。又见王素：《略谈香港新见吐鲁番契券的意义——〈高昌史稿·统治编〉续论之一》，《文物》2003年第10期，第74—75页，原题《高昌张鄀善奴夏葡萄园券》。

③国家文物局古文献研究室、新疆维吾尔自治区博物馆、武汉大学历史系编，唐长孺主编：《吐鲁番出土文书》录文本第一册，北京：文物出版社，1981年，第5页；图版本第一卷，1992年，第2页。同见张传玺主编：《中国历代契约粹编》（上），第88页。

④这是一份敦煌出土的买婢契约，编号为Dx.11414v。见俄罗斯科学院东方研究所圣彼得堡分所、俄罗斯科学出版社东方文学部、上海古籍出版社编：《俄藏敦煌文献》第十五册，上海：上海古籍出版社，2000年，第212页。徐俊、関尾史郎、王素三位先生对其各做了释文，分别参见徐俊：《俄藏Dx.11414V+Dx.02947前秦拟古诗残本研究——兼论背面契券文书的地域和时代》，载季羡林等主编《敦煌吐鲁番研究》第六卷，北京：北京大学出版社，2002年，第207—223页。[日]関尾史郎：《トゥルファン将来"五胡"時代契約文書簡介》，日本：新潟大学西北出土文献研究会编《西北出土文献研究》创刊号，2004年，第72页。王素：《略谈香港新见吐鲁番契券的意义——〈高昌史稿·统治编〉续论之一》，《文物》2003年第10期，第73—76、96页。同见乜小红：《俄藏敦煌契约文书研究》，上海：上海古籍出版社，2009年，第89—90页；《中国中古契券关系研究》，北京：中华书局，2013年第111页；《中国古代契约发展简史》，北京：中华书局，2017年，第146页。

张祖买胡奴券》①，雇佣券如《北凉玄始十二年（423年）翟定辞为雇人耕事》②《高昌午岁武城诸人雇赵沙弥放羊券》③《高昌延昌二十二年（582年）康长受岁出券》④，这些具有代表性的早期纸质契券，在契券格式上比简牍券有了改变。

（一）借贷契券方面，对标的物（所借物品）有了更具体的名称、规格、数额、时间期限和利息（如上述《北凉承平五年道人法安弟阿奴举锦券》中"若过期不偿，月生行布三张"），对违约作了很细致的预防措施，出现了专业术语"民有私要（约）⑤，々行二主""各自署名为信""倩书"⑥"时见"，强调了契券的信用、

---

①柳方：《吐鲁番新出的一件奴隶买卖文书》，《吐鲁番学研究》2005年第1期，第122页。录文为"永康十二年闰十四日，张祖从康阿丑买胡奴益富一人，年卅，交与贾行缣百叁拾柒匹，贾即毕，奴即付，奴若有人认名，仰丑了理，祖不能知，二主和合共成券，券之后，各不得返悔，々者罚行缣贰百柒拾肆匹，入不悔者，民有私要，要行，沽各半。请宋忠书信。时见：祖疆迦奴、阿养苏、高昌唐胡"。乜小红《中国古代契约发展简史》对该译文有转引（北京：中华书局，2017年，第147页）。另外，柳氏一文还提到了一份《翟绍元买婢契》（第125页），时间被考订为北凉承平八年（450年），对此学术界也有高昌承平八年（509年）之说，详见唐长孺主编：《吐鲁番出土文书》录文本第一册，北京：文物出版社，1981年，第187页；图版本第一卷，1992年，第92页。[日]山本达郎、[日]池田温编：《敦煌吐鲁番社会经济史文献Ⅲ——契券篇》，东京：东洋文库，1986年，第3页。

②国家文物局古文献研究室、新疆维吾尔自治区博物馆、武汉大学历史系编，唐长孺主编：《吐鲁番出土文书》录文本第一册，北京：文物出版社，1981年，第39页；图版本第一卷，1992年，第16页。

③国家文物局古文献研究室、新疆维吾尔自治区博物馆、武汉大学历史系编，唐长孺主编：《吐鲁番出土文书》录文本第五册，北京：文物出版社，1983年，第155页；图版本第二卷，1994年，第250页。同见张传玺主编：《中国历代契约粹编》（上），第175页。另见乜小红：《中国古代契约发展简史》，北京：中华书局，2017年，第212页。

④国家文物局古文献研究室、新疆维吾尔自治区博物馆、武汉大学历史系编，唐长孺主编：《吐鲁番出土文书》录文本第一册，北京：文物出版社，1981年，第191—192页。同见张传玺主编：《中国历代契约粹编》（上），第175页。

⑤[汉]刘熙撰，[清]毕沅疏证，王先谦补：《释名疏证补》，北京：中华书局，2008年，第75页。其中记载："要，约也，在体之中约结而小也。"

⑥据王力先生解释"请人替自己做事叫倩"，见王力《王力古汉语字典》，北京：中华书局，2000年，第33页。

保证，①有些契券还出现了有关担保人的措施，如《高昌延和五年（606年）严申祐等六人分举大麦合券》中写有"若[六][东]西无，仰妇儿偿"，②又《高昌延和十年（611年）田相保等举大小麦券》记有"若八人申（身）[东西无，仰妇儿偿。若]不上（偿），听拽家财，为麦直"③，从这些契券可知，借贷为多人，一旦违约，通常由家人来负责偿还，若家人无法偿还，则由贷方"听拽（拽）家财"，可见借贷中伴有抵押现象，说明当时已经有了担保方面的习惯法。契券的末尾"沽各半"反映了民间交易中酬谢订约时在场的见证人。

（二）赁租契券方面，同样出现了"二主"称呼，且对违约行为做了详细的规定，如上述《高昌永康二十年张祖买胡奴》中"券之后，各不得反悔，悔者罚行緤贰百柒拾肆匹，入不悔者"，多数契券是双倍惩罚，即"一罚二"，同时对赁租券中的租方义务作了要求。更重要的是，早起纸质契券透露了民间契券的独立性，如上述《北凉建平五年高昌县张鄀善奴夏葡萄园券》中"民有私要,律所不断"，后来的"任依私契,官不为理"④很有可能就是来自这种民间习惯法，这种契券的独立性特点也被谢和耐一语中的："官府不协助确立义务，也没有强制执行

---

①王旭认为"他们见证了这个契约的缔结，但是在契约中并不见著录他们承担任何责任，反映了这一时期中人见证而不保证的契约地位或功能。"见王旭《契纸千年：中国传统契约的形势与演变》，北京：北京大学出版社，2013年，第68页。

②国家文物局古文献研究室、新疆维吾尔自治区博物馆、武汉大学历史系，唐长孺主编：《吐鲁番出土文书》录文本第三册，北京：文物出版社，1981年，第16—17页；图版本第一卷，1992年，第309页。同见张传玺主编：《中国历代契约粹编》（上），第169页。

③国家文物局古文献研究室、新疆维吾尔自治区博物馆、武汉大学历史系，唐长孺主编：《吐鲁番出土文书》录文本第五册，北京：文物出版社，1981年，第44—45页；图版本第一卷，1992年，第322页。同见张传玺主编：《中国历代契约粹编》（上），第172页。

④[宋]窦仪等撰，吴翊如点校：《宋刑统》，北京：中华书局，1984年，第412页。天一阁博物馆、中国社会科学院历史研究所天圣整理课题组校证：《天一阁藏明钞本天圣令校证：附唐令复原研究》，《杂令》卷第三十，北京：中华书局，2006年，影印本（上）第234页、校录本（下）第430页。

的权力。执行文契本身（只要它符合公法的一般规则和按文契的字面意义行事）是严格的私人性事务"。①另外，出现了"画指节"为证的情况，如《高昌延寿九年（632年）曹质汉、海富合夏麦田券》末尾就有四人"画指节为明"。②

（三）买卖契券方面，对标的物的情况规定更加详细，如对买卖土地的"四至"作了明确的说明，以免因土地面积产生纠纷，是一种预防性规定。契券末尾不仅有"倩书""时见"，还出现了"临坐"③，这是契券中关于见证人的新变化。在有些卖婢券中，如前述《高昌永康二十年张祖买胡奴券》④，继承了早期的"傅别"传统，留有"合同文"的半边部分，应属于一式二份，目的是作为凭据。⑤不过特殊的是《翟

---

① [法]谢和耐著，耿昇译：《敦煌卖契与专卖制度》，收入郑炳林主编《法国敦煌学精粹》I，兰州：甘肃人民出版社，2011年，第5页。不过他在注释中又指出，官府有时候出于经济上的考虑，会对市场交易和有关祖产的交易进行控制（第56页）。

② 国家文物局古文献研究室、新疆维吾尔自治区博物馆、武汉大学历史系编，唐长孺主编：《吐鲁番出土文书》录文本第五册，北京：文物出版社，1983年，第240页；图版本第二卷，1994年，第289页。张传玺主编：《中国历代契约粹编》（上），北京：北京大学出版社，2014年，第157—158页。这种情况在唐西州以后的契券中比较常见。

③ 如《高昌延寿四年（627年）赵明儿买作人券》《高昌延寿九年（632年）范阿僚举（贷）钱契》《高昌延寿十四年（637年）雷善祐卖券》。国家文物局古文献研究室、新疆维吾尔自治区博物馆、武汉大学历史系编，唐长孺主编：《吐鲁番出土文书》录文本第五册，北京：文物出版社，1983年，第134、56页，录文本第四册，1983年，第37—38页；图版本第二卷，1994年，第241、197、22页。张传玺主编：《中国历代契约粹编》（上），北京：北京大学出版社，2014年，第93、173、96页。这种"临坐"在买卖契券中较多一些。

④ 柳方：《吐鲁番新出的一件奴隶买卖文书》，《吐鲁番学研究》2005年第1期，第122页。

⑤ 这种带有"合同"一半的券，又分有左、右券。相关研究见乜小红《中国古代契约发展简史》，北京：中华书局，2017年，第120—121页。

绍远买婢契》中写有"券唯一支,在绍远边",①也就是说契券只有一份,由买方翟绍远持有,这种代替原有一式二份的变化,恰恰也成了后世我们经常看到的契约为一方所持有的早期形态。在毁约受罚条款方面,早期纸质买卖券中已经出现了,而在汉晋简牍中,很少有这一规定,因此,这也是一个新的变化。

(四)雇佣契券方面,其形制要比汉晋简牍更完备,券首列有时间,接着是佣作内容、雇价,然后是对被雇方的义务要求,指出契券主体是在"和可"的前提下立了券,还规定不得反悔,否则要受罚,末尾是倩书人、被雇方签名、画押。乜小红先生针对这一时期的雇佣券又做了分类,她认为吐鲁番出土的契券多为承包任务式的雇佣,有些劳动者是由其主人与雇主订立券契的,佣作雇价除了用钱支付外,还用雇主的私有财务的租价来抵充。②其说甚是,因为这三种雇佣情况确实存在于吐鲁番出土的契券中。

以上所列举契券大多是出土于吐鲁番,论述主要对十六国、高昌时期的汉文早期纸质契券类做了大致的介绍,并将其与汉晋简牍中契券关系做了对比,说明了纸质代替简牍后契券发展的变化,那么,关于唐代西州时期的汉文契券格式,以及发展变化又是如何呢?下面我们按照吐鲁番出土的契约种类数量试举几例:

---

① 柳方:《吐鲁番新出的一件奴隶买卖文书》,《吐鲁番学研究》2005年第1期,第125页。同见国家文物局古文献研究室、新疆维吾尔自治区博物馆、武汉大学历史系编,唐长孺主编:《吐鲁番出土文书》录文本第一册,北京:文物出版社,1981年,第187页;图版本第一卷,1992年,第92页。

② 乜小红:《中国中古契券关系研究》,北京:中华书局,2013年,第215—218页;《中国古代契约发展简史》,北京:中华书局,2017年,第212—215页。

(一)赁租契约文书格式——《唐大历三年(768年)高昌僧法英租园契》

1　　　　马寺园一区(下残)
2　大历三年十月廿四日，僧［法］
3　取上件园佃种，其园限叁年佃种。每年租价准［麦］
4　壹亩贰硕五斗，粟叁硕。其麦粟至时熟，仰□
5　英依数送纳；其田税仰佃人自知。园内起三月□□
6　送多少菜，至十五日已后并生菜共壹拾束，束□壹。
7　如修理墙壁不如法，送菜阙少，不在□□□斛
8　斗，并须依□送付。如违限，任掣夺衣资［杂］物，平充
9　斛斗直，并□别人。仍限叁年佃种。如修［理］□疏(蔬)如法，
10　斛斗不［阙］，徒众不得中途改悔。其韭两畦，壹畦佃
11　人收，余壹畦分为叁分，两分入寺家，一分□□。其韭至八月
12　一日更不得侵损，其冬藏蔓□□北壁壹畦入寺
13　家。如收菜之时，有不如法，仰佃□□人菜充替。其有
14　官科税诸杂，一仰佃人知当，不忓(干)［寺］事。仍下葱子壹斗
15　其子寺家出陆胜，佃人出肆胜，人功仰佃人。□□葱内可种芥，
16　寺家取壹伯束。契有两本，各执一本。其园内可种瓜，每日与寺
17　壹拾颗。两家平和，画指为记。地主
18　　　　　地主马寺尼净信年册
　　　王䴵

19　　　　　　　　　　地主尼上坐法葱年卅四①

唐代西州赁租契约有多种形式，有官田也有私田。这是一份属于寺田佃给寺户法英的佃种情况。在其他契约中会记有佃种者的籍贯。这份契约的租价是实物，即麦、粟、菜。文契对佃种人法英的义务作了很详细的规定。在一些相关的责任承担方面，租者则将其全部推脱给佃种方，而且对佃种方的义务作了预防性措施，文契频繁出现"仰""任"字。同时在过去"各自署名为信"的习惯上变为"两家和平，画指为记"，旨在说明双方是自愿签订的协议。这份契约值得注意的是"契有两本，各执一本"，而在其他契约中，我们很少发现这样的表述，基本上变成了单契，这可能是寺院与寺户之间签订契约的特点。契约末尾将地主和其他两位见证人并列；不仅如此，我们在其他契约中得知也有将佃主和佃种者并列的情况，一般佃主在前。同时，一些"知见人"逐渐被"保人"代替，原来的"倩书""时见""临坐"等不再出现。显然，唐代西州时期的赁租契约文书，从格式到内容，比十六国、高昌国时期的契券文书格式及内容要成熟、完善的多了。

（二）借贷契约文书格式——《唐咸亨四年（673年）酒泉城张尾仁举钱契》

1　［咸］亨四年正月贰拾伍日，酒泉城人张尾
2　仁于高昌县王文欢边举取银钱贰［拾文］，

---

① 国家文物局古文献研究室、新疆维吾尔自治区博物馆、武汉大学历史系编，唐长孺主编：《吐鲁番出土文书》录文本第十册，北京：文物出版社，1991年，第292—293页；图版本第四卷，1996年，第576页。同见张传玺主编：《中国历代契约粹编》（上），北京：北京大学出版社，2014年，第287—288页。

3 至当年□□,月别生[利钱]……

4 日生利具还。……

5 钱直。□身东西不在,仰妻儿及收[后]

6 [两]和立契,画指为验。

7　　　　钱主王文欢

8　　　　举钱人王尾仁

9　　　　保人吴白师

10　　　　知见人辛□□

[后缺]①

这份契约不仅写有时间,而且对契约双方王文欢和张尾仁的籍贯、借钱数额,以及所借银钱的利息都做了说明,并对违约行为采取了防范措施,强调了借钱者的信用担保。在很多类似的契约中,都将担保习惯法纳入契约文书,一旦债务人失信或无力偿还,那么其债务将有他的担保人来负责偿还,从文契中可知,担保人多为债务人的妻儿。通过与十六国时期的契券对比,我们发现唐代的契约更注重对违约的规定,这可能与当时失信现象有关②,有趣味的是,我们在另一份契

---

① 国家文物局古文献研究室、新疆维吾尔自治区博物馆、武汉大学历史系编,唐长孺主编:《吐鲁番出土文书》录文本第六册,北京:文物出版社,1985年,第525—526页;图版本第三卷,1996年,第268页。同见张传玺主编:《中国历代契约粹编》(上),北京:北京大学出版社,2014年,第310页。

② 张振国指出"不信任是传统民间契约活动的第一大特征。"见张振国、薛现林等著《中国传统契约意识研究》,北京:中国检察出版社,2007年,第119页。

约中发现了一位失信者，这个人恰好就是上面这份契约中的张尾仁。①从内容可知，张尾仁借了钱以后，迟迟不还，致使王文欢每次催债都空手而归，加上酒泉与高昌相去甚远，迫使王文欢不得不将张尾仁起诉。尽管文书残缺不全，但是透过一些关键性语句，我们获知失信现象是造成契约文书中出现预防违约规定的主要原因。这份契约的利息是以月为计，虽不知利率多少，但是通过其他相关契约可知②，应在10%左右，对此陈国灿先生曾指出这一利率在吐鲁番出土民间借贷契约中比较普遍，甚至还高。③关于唐代的月息，律令规定"不得过六分"④，《唐会要》记载"天下负举，只宜四分收利，官本五分取利"⑤，可见

---

① 国家文物局古文献研究室、新疆维吾尔自治区博物馆、武汉大学历史系编，唐长孺主编：《吐鲁番出土文书》录文本第六册，北京：文物出版社，1985年，第527—528页；图版本第三卷，1996年，第269页。同见张传玺主编：《中国历代契约粹编》（上），北京：北京大学出版社，2014年，第311页。

② 如《唐总章三年（670）白怀洛举钱契》（唐长孺主编：《吐鲁番出土文书》录文本第六册，北京：文物出版社，1985年，第432页；图版本第三卷，1996年，第224页。张传玺主编：《中国历代契约粹编》，北京：北京大学出版社，2014年，第309页）、《唐建中七年（786）七月苏门悌举钱契》（中国科学院历史研究所资料室编：《敦煌资料》第一辑，北京：中华书局，1961年，第466页）。陈国灿：《斯坦因所获吐鲁番文书研究》，武汉：武汉大学出版社，1995年，第538页。[日]山本达郎、池田温编：《敦煌吐鲁番社会经济文书集Ⅲ——契券篇》，日本：东洋文库，1986—1987年，第77页。张传玺主编：《中国历代契约粹编》，北京：北京大学出版社，2014年，第324页）、《唐建中三年（782）七月健儿马令庄举钱契》（陈国灿《斯坦因所获吐鲁番文书研究》，武汉：武汉大学出版社，1995年，第546页）。

③ 陈国灿：《唐代的民间借贷——吐鲁番敦煌等地所出唐代借贷契券初探》，载唐长孺主编《敦煌吐鲁番文书初探》，武汉：武汉大学出版社，1983年，第231页。同见陈国灿：《唐代的经济社会》第六章，台北：文津出版社，1999年，第183—185页。又见陈国灿：《陈国灿吐鲁番敦煌出土文献史事论集》，上海：上海古籍出版社，2012年，第430页。

④ 天一阁博物馆、中国社会科学院历史研究所天圣令整理课题组校证：《天一阁藏明钞本天圣令校证：附唐令复原研究》，《杂令》卷三十，北京：中华书局，2006年，影印本（上）第234页、校录本（下）第430页。

⑤ [宋]王溥撰：《唐会要》卷八八《杂录》，上海：上海古籍出版社，2006年，第1919页。

吐鲁番出土契约中的月息偏高一些，而且10%似乎成了民间惯例。契约的末尾将"钱主""举钱人"并列，同时"保人""知见人"代替了原先的"时见""倩书"。

（三）买卖契约文书格式——《唐开元十九年（731年）高昌商胡米禄山卖婢市券》

1 开元拾玖年贰月　　日，得兴胡米禄山辞："今将婢失满儿年拾壹，于

2 西州市出卖与京兆府金城县人唐荣，得练肆拾疋。其婢及

3 练即日分付了。请给买人市券者。"准状勘责问口，承贱

4 不虚。又责得保人石曹主等伍人，欵（款）保不是寒良诋（jiǎn）诱

5 等色者。勘责状同，依给买人市券。

6　　　　　　　　　　练主

7 用西州都督府印　　　婢主兴胡米禄山

8　　　　　　　　　　婢失满儿年拾贰

9　　　　　　　　　　保人高昌县石曹生年卌六

10　　　　　　　　　　保人同县曹娑堪年卌八

11　　　　　　　　　　保人同县康薄鼻年五十五

12 同元　　　　　　　　保人寄住康萨登年五十九

13　　　　　　　　　　保人高昌县罗易没年五十九

14　　　　　　　　　　史

15 丞上柱国玄亮　　　　券

16 史竹无冬①

我们知道，买卖契约中不仅有土地、牲畜、房屋，而且有奴婢买卖，上面这份契约属于奴婢买卖。文契首列时间，即唐玄宗开元十九年（731年）二月，然后是契约主体双方，分别是卖主米禄山、买主唐荣，标的物是一名奴婢，叫失满儿，年龄十一，交易的地点是在西州市（吐鲁番），交易价格为四十匹练，当日就交付，交易完成后，文契特意说明奴婢的来源是合法的，不是诱骗的，而且还有五位保人做证。如此规定，目的就是请求西州都督府准发"市券"。契约末尾署名顺序为：买主（练主）、卖主（拥有奴婢的人）、官府印、奴婢（有年龄）、五位保人（籍贯及其姓名、年龄）、官员（相关负责人）；其中，像练主、钱主、驮主等在很多契约中列在其他署名人之前，接着是卖主。文契不仅要记录奴婢年龄，还要"准状勘责"，保证"承贱不虚"，以防所卖之人为"寒良詃诱"，体现了唐代严禁买卖良人、打击非法买卖人口的行为。②关于这一点，唐代律令就有明文规定：

> 诸买奴婢、马牛駞骡驴，已过价，不立市券，过三日笞三十；卖者，减一等。立券之后，有旧病者三日内听悔，无病欺者市如法，违者笞四十。

---

①国家文物局古文献研究室、新疆维吾尔自治区博物馆、武汉大学历史系编，唐长孺主编：《吐鲁番出土文书》录文本第九册，北京：文物出版社，1990年，第26—28页；图版本第四卷，1996年，第264页。同见张传玺主编：《中国历代契约粹编》（上），北京：北京大学出版社，2014年，第197—198页。新疆维吾尔自治区博物馆、西北大学历史系：《1973年吐鲁番阿斯塔那古墓群发掘简报》，《文物》1975年第7期，第21页。沙知、孔祥星编：《敦煌吐鲁番文书研究》，兰州：甘肃人民出版社，1984年，第148—149页。

②参见韩树伟：《论清代的略〈略卖人〉》，青海师范大学硕士学位论文，2014年。

《疏》议曰：买奴婢、马牛驼骡驴等，依令并立市券。两和市卖，已过价讫，若不立券，过三日，买者笞三十，卖者减一等。若立券之后，有旧病，而买时不知，立券后始知者，三日内听悔。三日外无疾病，故相欺罔而欲悔者，市如法，违者笞四十；若有病欺，不受悔者，亦笞四十。令无私契之文，不准私券之限。①

因此，"凡买卖奴婢、牛马，用本司、本部公验以立券"②，目的就是防止人贩子用各种非法手段掠夺买卖人口。"市券"的出现，已经表明民间习惯法与官法的互补关系，即官府在承认"民从私契"③这一习惯法的同时，一旦出现涉及治安或交易双方产生纠纷并无法解决的情况下，官府律令不得不"官为理"。由此可知，官方承认习惯法的存在，并在一定的权限之内依靠习惯法维持社会运转。

此外，从文契中记录的人名及其籍贯得知，唐代西州市的繁华与热闹，既有唐荣这样的汉人，又有米禄山、曹婆堪、康薄鼻、康萨登那样的胡人，所卖奴婢最后归与西州相距甚远的、来自京兆府的金城县人唐荣，不得不说这份契约的史料价值。这是一份唐代西州时期的奴婢买卖契约，不论是从文书格式，还是文书内容，都已经非常的成熟，很多套语式的语句以及官府所发给的"市券"，比起同地出土的十六国、

---

① [唐]长孙无忌等撰，刘俊文点校：《唐律疏议》卷二六《杂律》"买奴婢牛马不立券"条，北京：中华书局，1983年，第500页。

② [唐]李林甫等撰，陈仲夫点校：《唐六典》卷二十《大府寺·两京诸市署》，北京：中华书局，1992年，第543页。

③ 如《唐贞观二十三年（649）高昌范欢进买马契》载有"官有政法，民从私契"的习惯用语。参见国家文物局古文献研究室、新疆维吾尔自治区博物馆、武汉大学历史系编，唐长孺主编：《吐鲁番出土文书》录文本第五册，北京：文物出版社，1983年，第105—106页；图版本第四卷，1996年，第223页。同见张传玺主编：《中国历代契约粹编》（上），北京：北京大学出版社，2014年，第191页。

高昌国时期的相关契约，都反映了买卖契约在唐代的完善和高度发达。

（四）雇佣契约文书格式——《唐永徽六年（655年）高昌匡某雇易隆仁上烽契》

1 永徽六年十一月□日，武城乡匡□□
2 交用银钱肆文，…………乡人易隆仁往□
3 城上烽壹次，拾［伍日。若］烽上有逋留、官
4 罪，壹仰易自［当罪承了］；匡悉不知。两和立
5 契，获（画）指为［信］。
6 　　　主…………
7 　　　受雇易隆仁 ｜ ｜ ｜
8 　　　知见人傅隆护 ｜ ｜ ｜
9 　　　严武达
10 　　…………旨 ｜ 道 ｜ ｜①

从契文格式看，先是时间，然后是契约主体双方：武城乡人匡某、

---

① 国家文物局古文献研究室、新疆维吾尔自治区博物馆、武汉大学历史系编，唐长孺主编：《吐鲁番出土文书》录文本第五册，北京：文物出版社，1983年，第84页；图版本第二卷，1994年，第211页。同见张传玺主编：《中国历代契约粹编》（上），北京：北京大学出版社，2014年，第369页。

乡人易隆仁；接着交代二人的交易方式：匡某雇易隆仁替自己上烽一次，期限是半个月，雇价是银钱四文。交易达成后，契约的重头戏上演：上烽期间逋留、官罪[①]，与匡某无关，"匡悉不知"，全由易隆仁承担，俗言"吃了别人的嘴软，拿了别人的手短"，既然易隆仁拿了钱，遇事就得扛着，这不是匡某相逼，而是"两和立契"，并且有"画指"为证。尽管是文书套语，但反映了契约文书的不确定性和非"两和"性，有学者认为"两和立契"反映了契约主体双方的平等地位[②]，似觉欠妥，情况有二：

第一种情况，假如契约主体双方达成的协议从始至终"相安无事"，那么他们根据自己的能力满足了彼此的需求，即雇者拿钱雇人替自己服了役，被雇者（养家糊口者/游手好闲者/犯罪前科者）依靠自己能力得到所需银钱，任务完成后，契约有效；又，假如被雇者在契约规定的服务期限内"捅了篓子"（如逋留、官罪），那么一切罪责皆由其承担，与雇者丝毫无关，即使与雇者有瓜葛，但罪责还是会落在被雇者身上，这是第一种情况。

第二种情况，"捅了篓子"之后，被雇者是否会心甘情愿地承担责任呢？一种假设是，被雇者会承担责任，若如此，则契约主体双方

[①] 段玉裁注"逋，亡也。从辵，甫声。籀文逋，从捕"，又"亡，逃也"；另"逋"有拖延、稽迟之意，分别参见［汉］许慎撰，［清］段玉裁注：《说文解字注》第二篇下《辵部》，上海：上海古籍出版社，1981年，第74页。徐中舒主编：《汉语大字典》（缩印本），武汉：湖北辞书出版社、成都：四川辞书出版社，1992年，第1597页。杨际平先生认为"逋留"是怠慢拖延、不按时上番，笔者认为应该与逃亡有关系，至于"官罪"，他认为"烽燧不警"，王启涛先生亦持此说，"逋留"和"官罪"皆属于失职罪。分别参见杨际平：《敦煌吐鲁番雇工契研究》，载季羡林等主编《敦煌吐鲁番研究》第二卷，北京：北京大学出版社，1997年，第216页；王启涛：《吐鲁番出土文书词语考释》，成都：巴蜀书社，2004年，第34—35页。又见乜小红：《中国古代契约发展简史》，北京：中华书局，2017年，第216页。

[②] 乜小红：《中国古代契约发展简史》，北京：中华书局，2017年，第216页。

遵守了契约中的相关规定（"壹仰易自［当罪承了］；匡悉不知"），表面上看是达成了契约的初衷，产生了契约习惯的法律效力，同时保障了雇者的利益，但这对被雇者公平吗？他真的没有一点"自认倒霉"或者不甘的心理吗？另一种假设是，被雇者不会承担责任，最直接的表现就是毁约，这恰恰是很多契约中的"重头戏"，即防范违约措施，几乎每份契约文书都有如此的规定，这难道不是对毁约现象的说明吗？如此一来，雇者岂不成了"头疼者"：本以为自己可以用钱雇人服役，却惹得一身官司，反而利益受损，何来平等？

因此，仅凭"两和立契"就认为契约主体双方的身份地位是平等的论断还需慎重，虽然平等的情况是有，但笔者认为不平等的情况更多，我们不能用西方契约法中的那套理论来看待中国西北出土的契约。

这份雇佣契约与其他相关契约相似的是，在契约末尾的署名中，多为"画指为信"，伴有多指节纹样，显然与我们所理解的指印不同，这一点仁井田陞先生早已指出："一种是书写画押的方法，另一种是自己按指印，或画指的方法"[①]，可知画押是在契约上签署自己的名字或者画记号，而画指并不是我们现在理解的指印，它是在契约人名的下方或者侧边，比照某个手指的指节（并不仅是指头），再摁下去，就会出现如上契约中的三道短线，这或许是签约人文盲的缘故[②]。画押和画指都是确认契约的两种方式。画指后来又发展出手印、手模、脚印等多种方式，[③]如今流行的"摁手印"与早期这种画指不无关系。

---

① ［日］仁井田陞：《唐宋法律文书の研究》，东京：东京大学出版会，1983年，第24、37页。
② 韩森也指出这一点，她认为"那些不能读写的人最常用的签署文件的方式是画三道线，表示手指头、第二与第三道关节线。"见［美］韩森著，鲁西奇译：《传统中国日常生活中的协商：中古契约研究》，南京：江苏人民出版社，2008年，第67页。
③ 张传玺：《契约史买地券研究》，北京：中华书局，2008年，第57页。

画指常被财产的所有权人使用，也常用作保人的署名方式。[①]

"上烽契"反映了与军事有关的巡防边关政策。唐贞观十四年（640年），侯君集奉命率兵灭高昌，随后唐庭置西州，留兵镇守。这份雇人上烽契发生在十五年之后的唐高宗永徽六年（655年）。在出土的其他雇佣上烽契中，时间大都在贞观十四年（640年）之后。从文契看，武城乡人匡某本应服役，但他以银钱四文，雇了乡人易隆仁替自己往某地上烽。这里既写有二人的籍贯及其关系，又含雇价、上烽地点和次数，这一雇人替自己服役的现象应与唐代政策不无关系，史载唐高祖武德二年（619年）二月十四日制："凡丁岁役二旬，若不役，则收其佣，每日三尺。"[②]这种制度后来逐渐产生弊端，即"租庸调之法，以人丁为本。自开元以后，天下户籍久不更造，丁口转死，田亩卖易，贫富升降不实。其后国家侈费无节，而大盗起，兵兴，财用益屈，而租庸调法弊坏。"[③]又有人指出"比年乡司为奸，托以三年一推排，方始除附，乃使久年系籍与疾病之丁，无时销落，前添之丁，隐而不籍，皆私纠而窃取之，致令实纳之人无几，而官司所入，大有侵弊，此除附之弊也。若其输纳，则六丁之税，方凑成绢一匹。民司狃于久例，利其重价，及头子勘合、市例縻费之属，必欲单名独钞，其已纳者，又不即与销簿，重叠追呼，此输纳之弊也。"[④]致使"天下之人苦而无告"，故唐德宗建中元年（780年）八月，宰相杨炎请作"两税法"。[⑤]

[①] 韩伟：《唐代买卖制度研究》，北京：社会科学文献出版社，2014年，第193页。
[②] [宋]王溥撰：《唐会要》卷八三《租税》，上海：上海古籍出版社，2006年，第1813页。
[③] [宋]欧阳修、宋祁撰：《新唐书》卷五二《食货志》，北京：中华书局，1975年，第1351页。
[④] [清]毕沅编著：《续资治通鉴》卷一四六《孝宗》"淳熙四年丁酉（1177）十月至六年己亥（1179）四月"条，北京：中华书局，1957年，第3899页。
[⑤] [宋]王溥撰：《唐会要》卷八三《租税》，上海：上海古籍出版社，2006年，第1819—1820页。

综上所述，唐代西州时期的契约文书格式相比之前的同类契约要完善得多，契约的内容要更丰富，从表达的习惯用语（或者套语）看，这种格式并非一日形成，而是经过了漫长的发展时期，最后逐渐定型。可以说，唐代的契约文书格式已经很完善了，尤其是民间习惯法与官府律令很默契地维持了社会的治安和经济活动的运转机制。通过吐鲁番出土的契券文书，又反过来佐证了唐代制度及其律令在吐鲁番的施行与监管，反映了唐代军事强盛、文化开放、经济发达的一面。

四、敦煌出土的汉文契约文书格式

唐代是契约发展变化的重要时期，很多"券"逐渐被大量的"契"代替。这不仅表现在前述吐鲁番出土的契券上，而且还在敦煌发现的契约文书中亦具有这一特点。

有学者指出，"敦煌契与吐鲁番契比观，在形式上有承袭，有发展更趋定型。样文的出现可视作一种标志。从所包含的内容来说，敦煌似更丰富，可供研究的问题和方面甚多。"[1]同时，"契的多寡的分布在某种程度上反映出社会的现实。件数上敦煌可与吐鲁番相匹敌，敦煌契中缺乏房屋租借和铜钱利息的记载，但比起缺乏书仪、分书、放书、养男契的吐鲁番契，毋宁说敦煌契种类丰富些。与城市性的吐鲁番比，保留着农村性质的敦煌，其住房租赁契比较少见，此点容易理解。"[2]

从时间上而言，敦煌汉文契多为唐天宝至宋初，而吐鲁番汉文契下限为唐大历、贞元，二者在时间上也能相衔接。敦煌汉文契多为吐蕃、归义军占领敦煌时期为多，对吐蕃占领敦煌时期的汉文契约文书，其

---

[1] 沙知录校：《敦煌契约文书辑校·前言》，南京：江苏古籍出版社，1998年，第5页。
[2] ［日］池田温：《唐研究论文选集·前言》，北京：中国社会科学出版社，1999年，第8页。

与吐蕃文契约文书和吐鲁番汉文契约文书有何异同，值得探讨。下面试举一例吐蕃占领敦煌时期的汉文契约文书格式，编号为 S.1475V/11：

1 [卯]年（823年？）二月十一日，阿骨萨部落百姓马其邻，为
2 [欠]粮种子，今于灵图寺仏（佛）帐家麦内便仆（汉）[斗]
3 [麦]捌硕，限至秋八月内送纳寺仓足。如违[限]
4 [不]还，其麦请陪[赔]为壹拾陆硕，仍任将契为
5 领六（令律），牵掣家资杂物牛畜等，用充仏（佛）麦。
6 其有剩，不在论限。如身东西，一仰保人代[还]。
7 [恐]人无信，故立此契，书纸为记。
8 　　　　　　便麦人马其邻年卅
9 　　　　　　保人僧神宝年廿
10 　　　　　　见人僧谈颢
11 　　　　　　见人陈滔
12 　　　　　　见人龙齐荣
13 同日，当寺僧义英无种子糜，于僧海清边便两番[斗]，
14 限至秋，依契俱纳。如违，任前陪（赔）纳。便糜僧义[英]
15 入便麦两石，分付僧神宝。三月十四日计。见人僧谈惠
16 　　　　　　见人道　远

17　　　　　　　　见人神寂①

　　契约首列时间，确切的时间未知，学界疑为823年，即唐建中二年（781年）吐蕃占领敦煌之后②。契首还说明了借贷的原因，这是敦煌汉文契约的一个特点，即对交易原因作出说明。与这份契约一起的其他十几份，大多是用干支纪年，匈牙利学者乌瑞指出，干支纪年法是中世纪和近代的藏文文献中最广泛使用的三种纪年法之一，而且这种纪年法源于汉地，③吐蕃占领敦煌时期的汉文契约多用这种纪年方式。另外一种纪年法是用十二生肖，这在吐蕃文契约文书中比较常见，后面会专门讨论。

---

①中国社会科学院历史研究所、中国敦煌吐鲁番学会敦煌古文献编辑委员会、英国国家图书馆、伦敦大学亚非学院合编：《英藏敦煌文献（汉文佛经以外部份）》第三卷（斯一三八六——二〇八一），成都：四川人民出版社，1990年，第78页。同见中国科学院历史研究所资料室编：《敦煌资料》第一辑，北京：中华书局，1961年，第392—393页。唐耕耦、陆宏基编：《敦煌社会经济文献真迹释录》第二辑，北京：全国图书馆文献缩微复制中心，1990年，第91页。沙知录校：《敦煌契约文书辑校》，南京：江苏古籍出版社，1998年，第103页。张传玺主编：《中国历代契约粹编》，北京：北京大学出版社，2014年，第332—333页。

②关于蕃占敦煌的时间，学界多有争论，相关研究可参：苏莹辉《沙州的陷蕃》，苏莹辉著《敦煌学概要》第二章第二节，台北"国立编译馆"，1981年，第17页（785年）。[法]戴密微著，耿昇译《吐蕃僧诤记》，兰州：甘肃人民出版社，1984年，第225页（786年）。[日]藤枝晃《吐蕃统治下的敦煌》，京都：《东方学报》31，1961年，第209页（781年）。[日]山口瑞凤：《吐蕃统治时期的敦煌》，《讲座敦煌2·敦煌的历史》，东京：大东出版社，1980年，第198页（786年）。史苇湘《吐蕃王朝管辖沙州前后——敦煌遗书S1438背〈书仪〉残卷的研究》，《敦煌研究》1983年第0期，第131—141页（781年）。陈国灿《唐朝吐蕃陷落沙州城的时间问题》，《敦煌学辑刊》1985年第1期，第1—7页（786年）。马德《沙州陷蕃年代再探》，《敦煌研究》1985年第3期，第98—105页（777年）。金滢坤：《敦煌陷蕃年代研究综述》，《丝绸之路》1997年第1期，第47—64页（786年）。杨铭《吐蕃统治敦煌与吐蕃文书研究》，北京：中国藏学出版社，2008年，第3—14页（781年）。本书持唐建中二年（781）说，见[唐]李吉甫撰，贺次君点校：《元和郡县图志》卷四〇《陇右道》"沙州"条，北京：中华书局，1983年，第1025页。

③[匈]乌瑞著，王湘云译：《干支纪年法在吐蕃的应用》，载中国敦煌吐鲁番学会主编《国外敦煌吐蕃文书研究选择》，兰州：甘肃人民出版社，1992年，第228—260页。

接着是契约主体双方：阿骨萨部落百姓马其邻和灵图寺，二者属于个人与寺院之间的借贷关系。值得注意的是，马其邻应不属于藏族，为何其"籍贯"变为阿骨萨部落呢？这与吐蕃占领敦煌后，于790年废乡里、建部落制有关。[①]据学者研究，"阿骨萨"是"行人部落"的藏文对音，属于吐蕃统治下的汉人部落。[②]而灵图寺又是当时敦煌众多寺院之一，属于寺院经济的范畴，前人已有研究，笔者不再赘述。

马其邻向寺院借麦八硕，所用计量工具是汉斗。从这份契约的附件看，当时还有番斗。[③]根据学者研究，一番驮等于二十番斗，又等于两番石，相当于一汉石（硕）；[④]十汉斗为一汉石，一石相当于一硕，二汉石（硕）为一汉驮。[⑤]"驮"是唐五代敦煌地区使用过的一种粮食计量单位，在敦煌契约文书中很常见，根据字面意思，应与牲畜所驮重量有关，因此渐渐成了一种计量单位。关于汉斗，又有"十合为升，十升为斗"[⑥]的记载，这是什么概念呢？《唐六典》中有相关规定"其粮：丁口日给二升，中口一升五合，小口六合"[⑦]，所谓的丁口也就是年

[①] 杨铭：《吐蕃时期敦煌部落设置考——兼及部落的内部组织》，《西北史地》1987年第2期，第34—41页。陈国灿：《试论吐蕃占领敦煌后期的鼠年变革——敦煌"永寿寺文书"研究》，《敦煌研究》2017年第3期，第1—7页。

[②] [日] 岩尾一史：《吐蕃支配下敦煌の漢人部落：行人部落を中心に》，《史林》第86期第4号，京都：京都大学文学部史学研究会，2003年7月，第473—503页。陆离：《吐蕃统治敦煌时期的"行人"、"行人部落"》，《民族研究》2009年第4期，第85—94页。

[③] 不仅如此，宁可、郝春文二位先生也认为"驮"有"番驮"和"汉驮"。见宁可、郝春文《敦煌社邑的丧葬互助》，《首都师范大学学报》1995年第6期，第32—40页。

[④] 杨际平：《吐蕃时期敦煌计口授田考——兼及其时的税制和户口制度》，《甘肃社会科学》1983年第2期，第97页。又见杨际平《敦煌吐鲁番出土雇工契研究》，载季羡林等主编《敦煌吐鲁番研究》第二卷，北京：北京大学出版社，1997年，第221页。

[⑤] 高启安：《唐五代宋初敦煌的量器及量制》，《敦煌学辑刊》1999年第1期，第67页。

[⑥] [后晋] 刘昫等撰：《旧唐书》卷四八《食货志》，北京：中华书局，1975年，第2089页。

[⑦] [唐] 李林甫等撰，陈仲夫点校：《唐六典》卷六《尚书刑部》"都官郎中"条，北京：中华书局，1992年，第194页。

龄 12 岁以上，中口为 11 岁以上，小口则为 4 岁以上，这里的粮食应为米。① 那么，马其邻向寺院借八硕麦，按照上述学者一驮等于二硕的换算方式，也就是四驮麦，根据西北农村骡子"驮"的重量，四驮麦大致为 600 斤左右。

令人担忧的是，敦煌的马其邻"若违限未还"，那么他就得双倍赔偿了，还有被掣夺抵押家资的可能，如果人找不见了，那么他的保人就得替他担责，可见当时的违约处罚规定相当严厉。契约的末尾是保人、见证人，保人附有年龄，但见证人没有，这与有些契约不同，应该是寺院经济借贷的缘故。

从上述契约文书格式看，与吐鲁番出土的契约文书格式差别不大：首先是契约时间，接着是契约主体双方、交易内容、交易价格，然后是违约处罚、担保措施，这个环节是整个契约最为关键性的部分，最后为契约主体双方和保人、见证人的署名、画押。唯一不同的是，敦煌契约的内容掺杂了一些吐蕃文化的元素，这一点与当时的历史背景有关，不难理解。因此，从整体上说，敦煌和吐鲁番契约文书的格式变化不大，都显示出规范化、成熟化的特点。

五、于阗、黑水城出土的汉文契约文书格式

汉文契约以吐鲁番、敦煌出土最多，时间从十六国、高昌国至唐五代宋初。另在新疆于阗、内蒙古阿拉善盟额济纳旗也有一些汉文契约，前者年代在唐代，后者年代在西夏至元代，为了能更好地展示西北地区出土的汉文契约文书格式全貌，笔者下面试对于阗、黑水城出

---

① [唐] 李林甫等撰，陈仲夫点校：《唐六典》卷一九《司农寺》"太仓署"条，北京：中华书局，1992 年，第 527 页。

土的汉文契约文书各举一例：

（一）于阗出土汉文契约文书格式

1900年，英国考古学家斯坦因（M. A. Stein）在斯文·赫定（Sven Hedin）于1896年发现丹丹乌里克遗址（维吾尔语指"象牙房"，今属杰谢镇）的基础上，再次对该遗址进行发掘，获得大量古代文物和写本文献，其中就包括在遗址北面三间房屋中（编号D. VII）发现的汉文契约文书，珍贵的是还有于阗文—汉文双语文献。[1]杰谢镇处于丝绸之路南道，地理位置十分重要。[2]下面对出自丹丹乌里克遗址的汉文契约文书制作一表格，便于分析研究：

表1

序号	卷题	文献出处
1	《唐开元二十九年（741年）于阗兴胡安忽婆卖牛契》	《中国历代契约粹编》[3]第201页；《敦煌资料》第一辑[4]，第456页；
2	《唐大历十六年（781年）杰谢合川百姓勃门罗济卖野驼契》	《中国历代契约粹编》第205页；《敦煌吐鲁番研究》第六卷[5]，第221—241页；《俄藏敦煌文献》第十七册[6]，第287页

---

[1]张广达、荣新江：《圣彼得堡藏和田出土汉文文书考释》，载季羡林等主编《敦煌吐鲁番研究》第六卷，北京：北京大学出版社，2002年，第221—242页。另外，和田出土的于阗文献对考证于阗国历史及其与周边地区关系等具有史料价值，可参张广达、荣新江《于阗史丛考》（增订新版），上海：上海书店出版社，2008年。

[2]荣新江：《于阗在唐朝安西四镇中的地位》，《西域研究》1992年第3期，第58页。

[3]张传玺主编：《中国历代契约粹编》（上），北京：北京大学出版社，2014年。

[4]中国社会科学院历史研究所资料室编：《敦煌资料》第一辑，北京：中华书局，1961年。

[5]张广达、荣新江：《圣彼得堡藏和田出土汉文文书考释》，载季羡林等主编《敦煌吐鲁番研究》第六卷，北京：北京大学出版社，2002年。

[6]俄罗斯科学院东方研究所圣彼得堡分所、俄罗斯科学出版社东方文学部、上海古籍出版社编：《俄藏敦煌文献》第十七册，上海：上海古籍出版社，2001年。

续表

序号	卷题	文献出处
3	《唐大历（766—779年？）于阗许十四典牙梳契》	《中国历代契约粹编》第248页； 《敦煌资料》第一辑，第459、468页； 《敦煌社会经济文献真迹释录》第二辑①，第139页； 《斯坦因所获吐鲁番文书研究》②第542—543页
4	《唐大历十五年（780年）龟兹李明达便麦粟契》[7]	《中国历代契约粹编》第320页； 《塔里木盆地考古记》③释文第94页
5	《唐大历十六年（781年）龟兹杨三娘举钱契》	《中国历代契约粹编》第321页； 《敦煌资料》第一辑，第460页； 《大古文书集成》8047④，第220页； 《敦煌吐鲁番社会经济史文献》⑤录文第74页； 《敦煌社会经济文献真迹释录》第二辑，第136页
6	《唐大历十六年（781年）龟兹米十四举钱契》	《中国历代契约粹编》第322页； 《敦煌资料》第一辑，第463页； 《大谷文书集成》8056，第222页； 《敦煌吐鲁番社会经济史文献》录文第75页
7	《唐大历十七年（782年）于阗霍昕悦便粟契》	《中国历代契约粹编》第322页； 《敦煌资料》第一辑，第464页； 《敦煌社会经济文献真迹释录》第二辑，第138页； 《斯坦因所获吐鲁番文书研究》第544—545页
8	《唐建中三年（782年）于阗马令庄举钱契》	《中国历代契约粹编》第323—324页； 《敦煌资料》第一辑，第465页； 《敦煌社会经济文献真迹释录》第二辑，第140页； 《斯坦因所获吐鲁番文书研究》第546—547页
9	《唐建中七年（786年）于阗苏门悌举钱契》	《中国历代契约粹编》第324页； 《敦煌资料》第一辑，第466页； 《敦煌吐鲁番社会经济史文献》录文第77页； 《斯坦因所获吐鲁番文书研究》第538—539页

---

①唐耕耦、陆宏基编：《敦煌社会经济文献真迹释录》第二辑，北京：全国图书馆文献缩微复制中心，1990年。
②陈国灿：《斯坦因所获吐鲁番文书研究》，武汉：武汉大学出版社，1995年。
③将这三份出土于龟兹的汉文契约归入此处，仅仅是为了便于查阅比照。
④黄文弼：《塔里木盆地考古记》，北京：科学出版社，1958年。
⑤［日］小田义久主编：《大谷文书集成》第三卷，京都：法藏馆，2003年。

续表

序号	卷题	文献出处
10	《唐建中八年（787年）于阗苏嘉政举钱契》	《中国历代契约粹编》第325页；《敦煌资料》第一辑，第467页；《敦煌社会经济文献真迹释录》第二辑，第141页；《唐宋法律文书の研究》[①]第283页；《斯坦因所获吐鲁番文书研究》第548—549页
11	《唐贞元四年（788年）雇驴契残片》	《斯坦因所获吐鲁番文书研究》第550页

上表11份契约文书，除去3份出自龟兹的文书外，剩下的全部源自丹丹乌里克遗址，第二份契约文书中含有"杰谢"，应属于当时的军镇机构。唐太宗贞观十四年（640年），命侯君集灭高昌国，在交河城设西州都护府。[②]同年九月，以高昌故地设安西都护府，[③]遥领龟兹、焉耆、于阗、疏勒四镇。[④]其中，于阗国于唐贞观二十二年（648年）内附，改置毗沙都督府，隶属安西都护府；唐高宗上元二年（675年）

---

① ［日］山本达郎、池田温：《敦煌吐鲁番社会经济史文献Ⅲ——契券篇》，东京：东洋文库，1986年。

② ［后晋］刘昫等撰：《旧唐书》卷四〇《地理志》，北京：中华书局，1975年，第1647页。［宋］欧阳修、宋祁撰：《新唐书》卷四〇《地理志》，北京：中华书局，1975年，第1046页。［宋］王溥撰：《唐会要》卷七三《西域都护府》，上海：上海古籍出版社，2006年，第1567页。［唐］杜佑撰：《通典》卷一九一《边防》七，西戎三，北京：中华书局，1984年，第1030页。

③ ［后晋］刘昫等撰：《旧唐书》卷三《太宗本纪》，北京：中华书局，1975年，第52页。［宋］欧阳修、宋祁撰：《新唐书》卷二二一《西域·高昌》，北京：中华书局，1975年，第6222页。［宋］司马光编著，［元］胡三省音注：《资治通鉴》卷一九五《唐纪》"太宗贞观十四年"条，北京：中华书局，1956年，第6269页。［唐］吴兢撰，谢保成集校：《贞观政要集校》卷九《议安边》，北京：中华书局，2003年，第507页。

④ ［后晋］刘昫等撰：《旧唐书》卷三八《地理志》，北京：中华书局，1975年，第1385页。［宋］欧阳修、宋祁撰：《新唐书》卷二二一《西域·龟兹》，北京：中华书局，1975年，第6232页。

以"于阗为毗沙都督府,以尉迟伏阇雄为毗沙都督,分其境内为十州。"①唐高宗龙朔二年(662年)之后,吐蕃染指西域,与唐反复争夺安西四镇,于阗一度成为吐蕃统治西域的中心。②鉴于安西四镇在唐与吐蕃的反复争夺中,军事防御有待加强,故唐庭曾发兵三万人镇守四镇,③一定程度上起到了重要的作用。"安史之乱"(755年)爆发后,西域驻军内调致使吐蕃乘虚而入④,安西四镇于唐德宗贞元六年(790年)陷于吐蕃。⑤

这8份汉文契约的时间大致在唐玄宗开元二十九年(741年)至唐德宗贞元四年(788年)间。契约类型既有借贷契、买卖契,还有雇佣契、典押契,其中举钱契最多。且看下面这份契约(见上表第七)

1 大历十七年闰正[月]……[行官]霍昕悦为

2 无粮用,交无[得处,遂]于护国寺僧虔英

3 边便粟壹拾柒硕。其粟霍昕悦自立限至

4 九月内还。如违限[不还],一任僧虔英牵掣霍

---

① [后晋]刘昫等撰:《旧唐书》卷五《高宗本纪》,北京:中华书局,1975年,第99—100页。[宋]欧阳修、宋祁撰:《新唐书》卷二二一《西域·于阗》,北京:中华书局,1975年,第6235页。[北宋]司马光编著,[元]胡三省音注:《资治通鉴》二二〇《唐纪·高宗》"上元二年"条,北京:中华书局,1956年,第6490页。

② 王小甫:《唐初安西四镇的弃置》,《历史研究》1991年第4期,第126页。

③ [后晋]刘昫等撰:《旧唐书》卷一九八《西戎·龟兹》,北京:中华书局,1975年,第5304页。[宋]欧阳修、宋祁撰:《新唐书》卷二一六《吐蕃传》,北京:中华书局,1975年,第6078—6079页。

④ [北宋]王钦若等编:《册府元龟》卷一三九《帝王部·旌表》,北京:中华书局,1960年,第1681、1864—1685页。

⑤ [后晋]刘昫等撰:《旧唐书》卷一九五《回纥传》,北京:中华书局,1975年,第5209页。[北宋]司马光编著,[元]胡三省音注:《资治通鉴》卷二三三《德宗纪》,北京:中华书局,1956年,第7643页。[宋]王溥撰:《唐会要》卷七三《西域都护府》,上海:上海古籍出版社,2006年,第1575页。

5 昕悦家资牛畜，将充粟直。有剩不追。恐人

6 不信，故立私契。两共对面平章，画指为记。

〡 〡 〡

7　　　　　　　粟主

〡 〡 〡

8　　　　　　便粟人行官霍昕悦年卅七

〡 〡 〡

9　　　　　　同便人妻马三娘年卅五（押）

10　　　　　同取人女霍大娘年十五（押）①

该契约首列时间，为唐代宗大历十七年（782年），实际上为唐德宗建中三年（782年），因为李豫于大历十四年（779年）五月崩逝，长子李适（kuò）继位，次年改年号为"建中"。接着是交易内容，"行官"霍昕悦因为没有粮食可用，便在护国寺僧虔英那里借粟十七硕（石）。其中，"行官"一词可理解为行军之官员，"行军"是唐代征讨边远地区时的一种高级武官官衔，但作为"行官"落到了"无粮用"的境地，不得不从护国寺借粟。这一方面反映了这一时期行军在于阗的衰落，八年后（790年）于阗被吐蕃所吞；另一方面说明寺院与于阗汉军的关系。②

所借粮食为粟，而非麦，殷晴先生曾指出"寺院饮食以粟饭为主……

---

①张传玺主编：《中国历代契约粹编》（上），北京：北京大学出版社，2014年，第322页；中国社会科学院历史研究所资料室编：《敦煌资料》第一辑，北京：中华书局，1961年，第464页；唐耕耦、陆宏基编：《敦煌社会经济文献真迹释录》第二辑，北京：全国图书馆文献缩微复制中心，1990年，第138页；陈国灿：《斯坦因所获吐鲁番文书研究》，武汉：武汉大学出版社，1995年，第544—545页。

②荣新江：《于阗在唐朝安西四镇中的地位》，《西域研究》1992年第3期，第60页。

时于阗一带世俗民众亦如此，以粟、麦为主要口粮。"①而借粟的债权人是护国寺的僧虔英，僧虔英这个人在其他契约中也有出现，如表1第8《唐建中三年（782年）于阗马令庄举钱契》中就有"遂于护国寺僧虔英边举钱壹仟文。其钱每月头分生利佰文"②的记载，可知月息为10%，而唐代规定月息6%，可见此人为专门从事放高利贷的人。他所在的护国寺应属当时于阗众多寺院之一，《大唐西域记》载于阗"崇尚佛法，伽蓝百有余所，僧徒五千余人"③，寺院不仅具有施舍济贫的功能，而且还利用一些特权贷放粮食，以维持寺院的运转。

很多契约中常出现"便""举取""贷取"字样，陈国灿先生为此做过专门研究，他指出"只要在限期内归还，也不须生利，故写契文时称为'贷取'"。关于借贷，既有无息，也有生息，二者皆属于信用借贷范畴，后来渐渐掺入质押借贷，也就是很多契约中出现的"若过期不还"，任由贷主"掣夺家资"。在借粮契上，没有利息的可称之为"贷"，有利息的称为"举取"，无息除了"贷"，还用"便"来称呼，后两者皆为无息借粮，敦煌文书中就有很多"便历"，尽管它与本文探讨的契约有别，但是在"便"的这层含义上相同，而且很多"便历"

---

①殷晴：《唐代于阗的社会经济研究——出土文书析释》，《新疆社会科学》1989年第6期，第69页。

②张传玺主编：《中国历代契约粹编》（上），北京：北京大学出版社，2014年，第323页。中国社会科学院历史研究所资料室编：《敦煌资料》第一辑，北京：中华书局，1961年，第465页。唐耕耦、陆宏基编：《敦煌社会经济文献真迹释录》第二辑，北京：全国图书馆文献缩微复制中心，1990年，第140页。陈国灿：《斯坦因所获吐鲁番文书研究》，武汉：武汉大学出版社，1995年，第546—547页。

③[唐]玄奘、辩机著，季羡林等校注：《大唐西域记》卷一二，北京：中华书局，2000年，第1002页。同见[北魏]杨衒之撰，周祖谟校释：《洛阳伽蓝记校释》卷五，"于阗王不信佛法，有商"（注释），北京：中华书局，1963年，第175页。

都是跟寺院有关。总之,"一个是限外生利,一个是限内生利。"①

在信用方面,为了契合贷主一方的要求,以及保障他们的利益,契约要求另一方必须遵守相关规定,同时对违背契约精神行为制定了相应的惩罚办法,即其中一方如果违约,那么他将面临的不仅仅是双倍的惩罚,还要抵押私人财产,任由未毁约者掣夺。"恐人不信,共立私契",这是一种民间习惯法的用语,"私契"常相对应官方的"市券"。"两共对面平章,画指为记"又是对产生纠纷后的预防措施,意在表明尽管这是一份"私契",但它是契约双方自愿的情况下签署的,而且还有画指节为证。署名中"同取人"一词,多为唐代中后期出现的词,具有担保人的性质。从这些千篇一律的套语格式看,此时的契约文书在诚信方面已经转向抵押的担保,因为这更能保证契约的有效性。

下面这份文书是用于阗文—汉文双语书写(见表1第2),显得比较特殊,个别学者曾利用其作过相关研究,但未能注意到它的可比性这一特点,既然是双语所写,那么对二者的关系以及彼此相互影响的深浅都是值得关注的。先来看看文书格式以及内容:

1　　野驼壹头,父,拾岁。
2 大历十六年六月廿一日,杰谢合川百姓勃［门罗济］
3 等,为役次负税钱,遂将前件驼卖……
4 作驼［价钱］壹拾陆仟文。其钱及驼［当日］

---

① 陈国灿:《唐代的民间借贷》,陈国灿著《唐代的经济社会》第六章第六节《便贷契与举取契的区别》,台北:文津出版社,1999年,第207—210页。同见陈国灿:《陈国灿吐鲁番敦煌出土文献史事论集》,上海:上海古籍出版社,2012年,第451—454页。

5 ［交］相分付了。后有认识，一仰［卖主知当，］

6 不关买人之事。官有政法，［人从私契，］

7 两共平章，画指为记。

8 　　　　钱主

9 　　　　驼主百姓勃门罗济［年六十五］

10 　　　　保人勃仰延年［卅五］

11 　　　　保人勿萨蹱年［六十一］

12 　　　　保人末查年［卅一］

13 　　　　保人讫罗捺年［廿？五］

14 　　　　保人偏奴年卅一

15 　　　　保人勿苟悉年卅四①

和上一份契约一样，该契约的时间是因为吐蕃阻断于阗与内地联系的缘故，致使当地仍然沿用大历年号，实际已是建中二年（781年）。将标的物的数量、公母和年龄放在了契约时间的前面；有趣的是，对野驼的性别使用了"父"一词，而没有使用"雄"，或者俗称"公"。解释了勃门罗济交易的原因，即"役次负税钱"，卖价是十六仟文，当日就付清。

交易完成后，为了预防违约，规定若有人相认，可找卖主勃门罗济理论，与买主无关。这里牵扯到一个问题，假设卖主是用非法手段

---

① 张传玺主编：《中国历代契约粹编》（上），北京：北京大学出版社，2014年，第205页。张广达、荣新江：《圣彼得堡藏和田出土汉文文书考释》，载季羡林等主编《敦煌吐鲁番研究》第六卷，北京：北京大学出版社，2002年，第221—241页。俄罗斯科学院东方研究所圣彼得堡分所、俄罗斯科学出版社东方文学部、上海古籍出版社编：《俄藏敦煌文献》第十七册，上海：上海古籍出版社，2001年，第287页。

得到野驼，又转卖出去的呢？难道仅仅追责卖主，就不想法去讨回野驼吗？该契虽为民间习惯法，但是存有纰漏，即对标的物的来源没有作详细说明，怪不得要写上"官有政法、民从私契""两共平章，画指为记"的套语。

契约末尾依次列有钱主、驮主、保人，钱主依然排在第一位，保人竟达六位，从名字和年龄推测，可能是一家胡人：勃门罗济和勿萨踵年相差四岁，皆六十以上，其他五人中四人为三十以上，且两人同龄，剩下的一人为二十多岁。从其中一名保人的名字"偏奴"看，似乎信仰佛教。尽管这是一份双语文书，但契约不仅内容完整，而且格式和套语与吐鲁番、敦煌出土的汉文契约并没有什么不同，反映了汉文化在于阗的传播和影响，侧面说明唐代对于阗的管辖和控制。[1]

（二）黑水城出土的元代汉文契约文书格式

汉文契约不独吐鲁番、敦煌、于阗等地出土，黑水城也有发现，后者从时间上看，处于汉文契约的后期阶段，既有与宋同期的西夏汉文契约，又有元代的汉文契约。此处仅探讨黑水城出土元代汉文契约的文书格式。

元代是少数民族入主中原后建立的统一政权，军事上强盛，使西藏纳入中国版图；宗教上包容，使佛教、伊斯兰教、道教等众派并存；经济上受西域尤其是回鹘人的影响，盛行高利贷；文化上错综复杂，主要以游牧文化为主；民族关系实行"四等人制"。总体上看，元代既借鉴和吸收了其他民族的文化，反过来又对后世产生了重要影响，如疆域版图、行省制度，蒙古文对满文、锡伯文的创制，佛教在蒙古族信

---

[1] 另参张铭心、陈浩：《唐代乡里制在于阗的实施及相关问题研究——以新出贞元七年和田汉文文书为中心》，《西域研究》2010年第4期，第1—10页。

仰中的格局，文化上为中原注入元曲，以及西北方音的留存，等等。在黑水城遗址发现的汉文契约，就是元代留存下来的文献史料之一，为我们研究当时的社会经济、政治文化具有重要的作用。

通过检索李友逸先生编著的《黑城出土文书》①，共发现汉文契约有 26 份，契约类型含有借贷、婚姻、雇佣、买卖、典质、合伙等，时间大多在元代。下面将其制作表格，便于说明：

表 2

序号	编号	类型	主要内容	时间	其他信息
1	F13:W130	立合同大吉婚书	脱欢因军情，托媒人帖哥为弟妻寻夫哈立巴台	至正廿五年	"一罚一"；知见人；同主婚人；"恐后凭"
2	F13:W106	多人租地	戴四哥等人租种土地	无（残缺）	"四至分明"；旧方大斗
3	F255:W35	立借式麦文字人	某军户因为无种子借麦	至正十一年	"保人替还"；同立文字人；知见人；立字代书人
4	F224:W28	借麦	正月借小麦	无（残缺）	正借小麦人；同取代保人；知见人
5	F209:W18	借麦	张宝奴因缺口粮从赵译使处借小麦	至正廿五年	亦集乃东关；月息；质押借贷；"代同人"
6	F246:W1	借贷	借"物斛"人也火合只乞你	元统二年	同取人；同取代保人；知见人
7	F125:W40	借麦	杨行者因需要，别无借处，向马大使借小麦两石一斗，限至七月还	无（残缺）	沙立渠；"官斗"；同取代替；"恐失信，故立此文"
8	F125:W37	借麦	帖立都木立因缺少口粮，从马大使处借麦八斗，八月还	无（残缺）	立借小麦文字人；额迷渠；别无得（处）；同取

---

① 李逸友编著：《黑城出土文书（汉文文书卷）》，北京：科学出版社，1991 年。以下契约文书录自第 186—190 页。

续表

序号	编号	类型	主要内容	时间	其他信息
9	F2:W57	借麦	杨文或因需要，借市斗小麦一石，每月每斗照行利息一升	无（残缺）	立借小麦文；别无得处；"照行利息"；代保人
10	F95:W1	借贷	任黑子从别尚拜处借大斗内四石，每月每石上行息一斗①	皇庆元年	按月计算；别无借处；代保人；"为凭照用"；立文字人；同取人；知见人
11	F20:W45	借钱	刘帷卿从拜颜帖木处借中统（宝钞）拾定文	元统三年（契中间）	情愿还一倍，罚钞；
12	F1:W87	借麦	俺到本州人处借小麦五石，限至八月还，若到期不还，每月每石行息一斗	无（残缺）	（立）麦文字；渠；为阙少（口）粮；别无得处；按月计算
13	F62:W28	借钱	至日本利归还。不还，则由同取代保人替还	至元四年	立借钱人；同取钱人；代保人；知见人
14	F62:W27	借钱	至日本利归还。系同取代保人替还	至正六年	立借钱人；同取钱人；知见人
15	F74:W3	借钱	韩二借石巡检二十七两五钱	至正四年	中统宝钞；同取代保人；知见人；立文字人
16	F270:W10	赁房	马赁王房一间，月租小麦五升。若失火，则由马某承担	至正廿年	亦集乃；一面修补无词，恐后无凭，故立此赁房文字为照用；立赁文字人
17	F20:W15	卖骒（雌）	没齐秃住人卜罗傍才将四岁青骒卖给官牙人撒文。小麦一石五斗，当日交付	正廿七年	甘州；立契人；没齐秃；同卖人；同立卖契人；恐后无凭故，立此卖契
18	F144:W23	借钱？	宝钞五十两。两兄仁	至治二年	同揽脚文字人撒的密失；知见人吴和尚

① 乜小红先生在《中国古代契约发展简史》第四章论述"民间的借贷契券"时，引用了该契。详见此著第66—67页。

续表

序号	编号	类型	主要内容	时间	其他信息
19	F38：W1	雇佣	小张因别无营生，自愿雇与古二处作杂色酒店内使唤，月雇价二十两。	至正八年	违约罚抄拾两，交给不悔人；按月计算；立雇身人；同雇人
20	F209：W58	雇佣	立雇身文字人立朵因为没有钱用，至阿兀丁家做杂用	至正十一年	月雇价；中统钞；当罪；同雇身；知见
21	F209：W27	卖马	何教化卖一匹十岁马，得中统宝钞七十五贯	无（残缺）	立卖马文契人；亦集乃路；两无番悔
22	F209：W59	合同	立合同火计文字人李闰通与赵译使合伙作米	至正廿一年	市斗内价钱；酒米；息钱；各无番悔；同立；知见
23	F96：W3	合同	立合同火计文字人，本钱三十二定十五两	无（残缺）	亦集乃；糯米酒
24	F62：W26	买粮	卯女等到广积仓买口粮，拾式石柒斗式升	至正十四年	日后凭，取管为用；买粮人；同买人朵央八
25	F277：W55	典契	烧银式拾两，银两抽赎	至正卅年	典主；立典契文字；同典人弟；官牙人
26	F1：W201	收付	也先帖木儿收到金舍元揭铺马四岁紫全马一匹	宣光元年	甘肃；亦集乃；同立收付人；知见人；代书人

表2（26份元代汉文契约）中，最多的是借贷契约，这同西夏文契约中借贷契约比例高很相似。从契约的时间看，有年号至元（1264—1294年）、皇庆（1312—1313年）、至治（1321—1323年）、元统（1333—1335年）、至正（1341—1370年）、宣光（1371—1379年），最早的一份契约是至元四年（1267年，序号13），最晚的一份是宣光元年（1371年，序号26）。这些契约主要是在元世祖忽必烈至元（先有中统年号）、元仁宗皇庆（另有延祐年号）、元英宗至治、元惠宗元统（至正）、北元昭宗宣光期间，其中以"至正"年号记录契约时间者达13份，占

总数的一半。元惠宗是元朝作为全国统一政权的最后一位皇帝,虽在至正二十八年(1368年)迁都塞北,但继续沿用"大元"国号,史家称为"北元"[①]。

表2中不仅出现了"中统宝钞",一般将"锭"写为"定"(表2序号23),而且有"亦集乃路""甘州"等地理名称。"亦集乃路"[②]即黑水城,是"额济纳"的音转[③]。在介绍契约主体双方的时候,会写他们的籍贯、身份,比如住在"沙立渠"的杨行者(表2序号7)、"额迷渠"的帖立都木立(表2序号8)、甘州"没齐秃"的卜罗傍才(表2序号17);"揽脚"人撒的密失(表2序号18),有两人为固定职业,即马大使(表2序号7、8)、赵译使(表2序号5、22),二人似乎长期从事贷借活动。很多契约会说明交易的原因,如住在"额迷渠"的帖立都木立之所以借麦是因为缺少口粮(表2序号8),不得不向马大使借小麦;住在亦集乃路的马某是因为没有房子居住,所以向本城住在东关的王某赁租了一间房屋(表2序号16)。在阐述原因时,还不忘写"别无得处"(表2序号12)、"别无借处"(表2序号10)等字样。关于叙述交易的原因这一点,黑水城出土的元代汉文契约和敦煌出土的唐代汉文契约相似,但与同出黑水城的西夏文契约不同,西夏文契约几乎不提交易原因。

元代汉文契约最大的变化是契约时间写至契约末尾的署名前,改

---

① [清]柯劭忞撰,张京华、黄曙辉总校:《新元史》卷二六《惠宗本纪》,上海:上海古籍出版社,2018年,第384页。

② [明]宋濂等撰:《元史》卷六〇《地理志》,北京:中华书局,1976年,第1451页。不过该《地理志》中记载的"汉之西海郡居延故城"应为西夏黑水城、元亦集乃路故城,这是黑城出土文书已经证实的,因此《新元史》对其作了纠正,见[清]柯劭忞撰,张京华、黄曙辉总校:《新元史》卷四八《地理志》,上海:上海古籍出版社,2018年,第1259页。

③ 郭治中、李逸友:《内蒙古黑城考古发掘纪要》,《文物》1978年第7期,第1页。

变了吐鲁番、敦煌、于阗出土的唐代汉文契约时间写在契首的现象。同时，在担保人方面，出现了"同立文字人"（表2序号3）"代保人"（表2序号13）"同取代保人"（表2序号4）"同取人"（表2序号10）"同取代保人"（表2序号6、14、15）等称呼，还出现了官方中介"官牙人"（表2序号17、25），还有因立契人文化程度不高，请人代写的"代书人"（表2序号3、26）。明确规定了债务人的义务，撇清债权人在产生纠纷时需要承担的责任，全部转移给债务人。另外，在债务人的借贷利息、违约受罚、债务人的担保人方面规定格外苛刻，尤其是利息以月息为主，尽管没有写借的时间，但是从契文中的归还时间七、八月看，大多关于粮食的借贷应不出于"春借秋还"的季节规律。

下面列举表2中的一份契约（序号15），也是唯一一份完整的契约：

1 立欠勽（钱）文字人亦集乃路耳卜渠住人
2 韩二，今为要勽（钱）使用，别无得处，今欠到
3 石巡检中统宝钞式拾柒两伍勽（钱）。其
4 勽（钱）本人自限正月终交还。如至日不见
5 交还，系同取代保人一面替还无词。恐无，
6 故立故立文字人为用
7 　至元四年十月廿日立文字人韩二（押）
8 　　　　同取代保人张二（押）
9 　　　　知　见　人葛二（押）①

---

① 郭治中、李逸友：《内蒙古黑城考古发掘纪要》，《文物》1978年第7期，第19页；录文收入李友逸编著《黑城出土文书（汉文文书卷）》，北京：科学出版社，1991年，第188页。此处引文转自张传玺主编《中国历代契约粹编》，北京：北京大学出版社，2014年，第609—610页。

契首开宗明义写明契约的性质，是"立欠钱文字人"，而不是唐代汉文契约文书中的时间。接着叙述交易人的籍贯、身份，是住在亦集乃路耳卜渠的韩二，以及说明交易动机——缺钱，因此不得不到石巡检处借中统宝钞二十七两五钱。然后是归还的日期，即到正月末还钱。如果到了时间不还钱，那么由韩二的担保人替代偿还，没有任何辩解的理由。因担忧韩二不讲信用，故立这份契约作为证据。契约末尾注明时间，为至元四年(1267年)十月二十日。最后是立契人（"立文字人"）韩二、中保人（"同取代保人"）张二、见证人（"知见人"）葛二的画押签字，文契中对立契人跟中保人的关系没有做详细说明，而在回鹘文契约、西夏文契约中是有明确说明的。由这份契约我们可以窥探到元代黑水城民间交易活动的大致状况，以及元代汉文契约文书格式和内容与吐鲁番、敦煌、于阗等地不同时期汉文契约文书的发展变化和内在联系。

综上所述，西北出土的汉文契约不仅地理范围广，而且时间跨度久，为了展示其在不同地区、不同时期的发展变化和内在联系，笔者着重选取了吐鲁番、敦煌、于阗、黑水城等地出土的汉文契约，其中又对居延、敦煌出土的汉简，吐鲁番出土的十六国、高昌国、唐代西州等不同阶段的汉文契约文书格式、内容做了详细论述，基本上捋清了不同时代、不同地点汉文契约文书的变化和特点，了解了多种多样的契约文化和契约精神，且便于同诸民族契约文书做一比较研究。总之，汉文契约文书的格式和内容充实了中国古代政治、经济、法律和社会等传世文献的相关记载，同时昭示了汉文契约在丝绸之路沿线诸民族契约文书中的书式地位和提挈作用。

第三节 敦煌、西域出土吐蕃文契约文书格式

吐蕃文（或古藏文）契约文书主要出土于敦煌，数量达38份，时间多为吐蕃占领敦煌时期（781—848年）[①]。另外，在新疆塔里木盆地周边也有少量发现：如米兰遗址出土8份，麻札塔格（和田北部吐蕃要塞遗址[②]）5份，老达玛沟地区（和田绿洲以东）4份，吐鲁番盆地2份。[③]在新疆发现的这19份吐蕃文契约文书，时间也是吐蕃统治西域时期。唐德宗贞元六年（790年），吐蕃一改唐代道（府）、州、县的行政建制，在敦煌改置部落。[④]唐文宗大和六年（832年），吐蕃统治当局颁布"立契须用吐蕃文书写"[⑤]的命令，这对辨别蕃占敦煌

[①] 关于敦煌陷于吐蕃的时间，学界有争议，笔者在前一节已提及，此处仍采"建中二年"说，见［唐］李吉甫撰，贺次君点校：《元和郡县图志》卷四〇《陇右道》"沙州"条，北京：中华书局，1983年，第1025页。唐大中二年（848年），张议潮率众起义，推翻吐蕃在敦煌的统治，"沙州刺史张义潮遣兄义潭以瓜、沙、伊、肃等十一州户口来献，自河、陇陷蕃百余年，至是悉复陇右故地。以义潮为瓜沙伊等州节度使"《旧唐书》卷一八《宣宗本纪》，北京：中华书局，1975年，第629页；《新唐书》卷二一六《吐蕃》，北京：中华书局，1975年，第6107页），敦煌进入了归义军时期。相关的研究可参：郑炳林主编：《敦煌归义军史专题研究》及其《续编》，兰州：兰州大学出版社，1997年、2003年；《三编》，兰州：甘肃文化出版社，2005年；《四编》，西安：三秦出版社，2009年；冯培红：《敦煌的归义军时代》，兰州：甘肃教育出版社，2013年；荣新江：《归义军史研究——唐宋时代敦煌历史考察》，上海：上海古籍出版社，2015年。

[②] 关于麻札塔格重要的历史地位，可参侯灿：《麻札塔格古戍堡及其在丝绸之路上的重要位置》，《文物》1987年第3期，第63—75页；李吟屏：《对〈麻札塔格古戍堡及其在丝绸之路上的重要位置〉一文的两点补正》，《文物》1988年第4期，第92—93页。

[③] ［日］武内绍人著，杨铭、杨公卫译，赵晓意校：《敦煌西域出土的古藏文契约文书》，乌鲁木齐：新疆人民出版社，2016年，第16页。

[④] ［日］藤枝晃：《吐蕃支配の期敦煌》，《东方学报》第31册，1961年。杨铭：《吐蕃时期敦煌部落设置考——兼及部落的内部组织》，《西北史地》1987年第2期，第34—41页，收入杨铭著《吐蕃统治敦煌与吐蕃文书研究》，北京：中国藏学出版社，2008年，第63—72页。

[⑤] 陈国灿：《对敦煌吐蕃文契约文书断代的思考》，《西域研究》2016年第4期，第1—6页；《试论吐蕃占领敦煌后期的鼠年变革——敦煌"永寿寺文书"研究》，《敦煌研究》2017年第3期,第1—7页。

时期的汉、藏文契约文书时间具有重要的作用，尤其是对使用干支纪年法的契约文书，无疑是一个重大的时间线索。①

根据武内绍人先生研究，在这 57 份吐蕃文契约中，②有借贷契约 25 份、买卖契约 10 份、雇佣契约 6 份。侯文昌先生在这三类契约的基础上，又加了租佃契约类（2 份），计有 30 份；而他统计的雇佣契约有 1 份、买卖契约有 6 份、借贷契约有 21 份。③尽管在数目上比前者统计较少，但借贷契约数量最多却是事实。前者对吐蕃文契约的介绍与考释非常详细，后者对吐蕃文契约与同时期的汉文契约做了比较，二者对本文皆有可取之处。鉴于此，笔者下面试举两份契约，略述吐蕃文契约文书的格式：

（一）借贷契约文书格式

拉丁文转写

1 /:/vbrug gi lovi dbyar // an［chu］ng legs gyi nas rgya shegs gnyis sh/i］g

2 stong sar gyis sde hevu dar tse / gyis snga gyar du vtshal te vbul bavi dus ni la［n］

3 ston sla vbring po ma［gu］m tshun cad［vbul ba］r bgyis // dus der ma［-］

4［-u］zhig v［tsha］l te phul du ma btub na gtav ma khang sa stong pa［lho byang±2］

---

① 陈国灿：《敦煌所出诸借契年代考》，《敦煌学辑刊》1984 年第 1 期，第 1—9 页。
② 其实总数有 90 余份，已确认的为 41 份，详参杨铭、贡保扎西：《两件敦煌古藏文寺院帐簿研究》，《敦煌学辑刊》2019 年第 1 期，第 169 页。
③ 侯文昌：《敦煌吐蕃文契约文书研究》，北京：法律出版社，2015 年。

5 lnga dang shar nub du cheg nyis shu mchis pa gtav bzhag pa yang zha [l la/±2]

6 gyur cig gis bsnan te/ dngos bsgyur dang bcasu kho navi sgo nas phyi phyugs [dang]

7 nang rdzas ci la bab kyang rung ste/ rang lug [su] shog rgya vdi su [chad par vphrogs]

8 na yang zhal mchu ma mchis par bgyis // brgya [±5]

9 gzhi la ma mchis sam phan phun du gyur na khas l [e] n [±3]

10 kho navi chung ma dzevu za bur tse mchid gyis vtshal zhi [ng] [±3]

11 bar bgyis // pavi dpang la [wa] ng kim kang dang cang ldong le [±4]

12 cang tsin hing la stsogs pavi dpang rgya dang kho navi sug rgya [±]

13 ma vjub vtshal btab pav /

14 （一枚朱砂印记和签名）hevu da [r] tse

汉译文

1-2 龙年夏，悉董萨部落的侯达子（hevu dar-tse），先向安春勒（an [chu] ng-legs）借大麦两汉硕。

2-3 归还时间，双方商定不晚于［本年］秋八月之末。

3-6 如果［借方］不能按期［归还］，［或者］他［试图］不还，抵押物一间空房和土地，从南到北［…五…］，从东到西二十尺，将被［没收？…］，［偿还数量］将加倍，

6-8 且屋外牛群，屋内财务，不管是债务方屋内的［什么财务］，将按照本项契约内容由债权方进行没收，不得争讼。

8-11 如果［借方］不在家中，或经济状况不佳，保人即借方的妻子曹氏佛子（dzevu-za bur-tse），将负责偿还。

11-13 立契见人印章：王金刚（wang kim-kang），张顿勒（cang ldong-legs），张进兴（cang tsin-hing）等，及借方的私章和指印附录。

14 （借方签名及私印：）侯达子①

这是一份便麦契（编号为 Xt.4），根据武内绍人先生介绍，它属于科兹洛夫收藏的藏文文献②。我们从汉译文看，第 1~2 行首列契约时间（龙年）、契约主体双方（侯达子、安春勒）和所借标的物（大麦）、数量（两汉硕），其中侯达子是属于悉董萨部落，这个部落同阿骨萨、悉宁宗是吐蕃占领敦煌后于 820 年对汉人编制的军部落，③另有一个通颊军部落。④所借标的物大麦说明在当时还有小麦、青稞、粟等其他谷物。尽管此时敦煌隶属于吐蕃管辖，但是民间交易度量衡制仍沿用汉硕，显然这是发生在汉人之间的借贷。第 2~3 行是对归还时间的规定，为本年秋八月之末，关于这一归还时间，在其他契约中都有类似描述，只要是谷物借贷，还期基本上是七、八月。

第 3~8 行是违约受罚措施，不仅偿还加倍（至于还多少倍没有具

---

① ［日］武内绍人著，杨铭、杨公卫译，赵晓意校：《敦煌西域出土的古藏文契约文书》，乌鲁木齐：新疆人民出版社，2016年，第217页。
② 俄罗斯收藏的吐蕃文献，主要由科兹洛夫、奥登堡、彼得洛夫斯基、马洛夫等人收藏。
③ ［日］山口瑞凤：《沙州汉人による吐蕃二军团の创立とmkhar tsan 军团の位置》，《东京大学文学部文化交流研究施设研究纪要》第4号，1980年，第31页。金滢坤：《吐蕃统治敦煌时期的部落使考》，《民族研究》1999年第2期，第73—77页。陆离：《关于吐蕃统治敦煌时期部落使的几个问题》，载杜文玉主编《唐史论丛》第十九辑，西安：三秦出版社，2014年，第50—66页。
④ 杨铭：《通颊考》，《敦煌学辑刊》1987年第1期，第113—117页。

体说，但在其他契约中看受罚多是一倍），而且带有房屋、土地、牲畜抵押，抵押的房屋是一间空房，土地"四至"记述很详细，牲畜为羊群，我们在其他同类契约文书中也发现有类似抵押的情况。它与汉文契约"质典"不同的是，"债务人不赋予债权人任何财产，但债务人一旦不能按期偿还，就会承认债权人有权支配其家财"①，由此可知，抵押物的价值远高于债务额，如此才能保证债权人利益不受损失。同时，为了限制债权人对债务人家财价值额的过度索取，官府律令规定："收质者非对物主不得辄卖，若计利过本不赎，听告市司，对卖有剩还之"②，但这对远在吐蕃统治下的敦煌民间借贷而言收效甚微，债权人照样掣夺家资，且"不得争讼"，已经从"私契"层面明确了抵押的范围。

第8~11行是关于担保人的文字，这是在违约受罚的基础上，进一步保障债权人的利益，保人明确写为"借方的妻子曹氏佛子"，担保的前提是债务人不在家中（我们可以理解为逃亡），或者经济状况不佳（可以理解为无力偿还）的情况下，保人负责替债务人偿还。通观其他同类契约，我们得知吐蕃文契约中的保人数量很少，平均下来每份契约为两个保人。学界一般在讨论担保的前提条件时，多认为只有在"负债者逃"③的情况下保人代偿，否则，"只要债务人不逃亡，

---

① ［法］童丕著，余欣、陈建伟译：《敦煌的借贷：中国中古时代的物质生活与社会》，北京：中华书局，2003年，第152页。
② ［宋］窦仪等撰，吴翊如点校：《宋刑统》卷二六《杂律》"受寄财物辄费用"条，北京：中华书局，1984年，第413页。
③ ［宋］窦仪等撰，吴翊如点校：《宋刑统》卷二六《杂律》"受寄财物辄费用"条，北京：中华书局，1984年，第413页。

无论其是否有偿债能力,保人原则上均无须代偿"①,并称之为"留住保证"②,对此笔者以为债权人为了保障其利益不受损失,只要债务人无力偿还或者逃亡,其债务皆有保人承担。而且上述契约内容中明确就有"如果借方不在家中,或经济状况不佳,保人即借方的妻子曹氏佛子(dzevu—za bur—tse),将负责偿还"的说法,怎么可能"只要债务人不逃亡,无论其是否有偿债能力,保人原则上均无须代偿"呢?若真要那样,债权人岂不损失大了?因此,在担保人这一方面,值得商榷,具体在后面相关章节再细论。

第11~14行为吐蕃文契约的末尾,是关于证人("见人")、借方的印章,借方还需附有指印、签名,但未见债权人签字画押,可见这是一份"单契"③,明显带有"强者"④留存"单契"的烙印。在同时期的汉文借贷契约中,证人多写于契约主体后面,但吐蕃文契约中书写顺序则相反,且没有债权人签字画押;同时期的汉文契约末尾很少

---

① 侯文昌:《敦煌吐蕃文契约文书研究》,北京:法律出版社,2015年,第195页。
② 罗彤华:《唐代民间借贷之研究》,北京:北京大学出版社,2009年,第279页。霍存福:《论中国古代契约与国家法的关系——以唐代法律与借贷契约的关系为中心》,《当代法学》2005年第1期,第48页。
③ 张传玺:《中国古代契约形式的源和流》,《文史》第十六辑,北京:中华书局,1982年,第21—34页,收入张传玺著《秦汉问题研究》,北京:北京大学出版社,1995年,第180页。张先生指出"单契"大约发生在南北朝中期,唐代是单契使用最普遍时期,买卖契约几乎全用单契。
④ 笔者在阅读中发现,很多契约文书尤其是借贷契约,契约主体双方的地位并不像乜小红先生等人所说的是一种平等的关系,即使有,也是具体文书具体分析。如果是买卖契约,我们可以看到契约双方有公平交换、买卖的现象;但是在借贷、雇佣、赁租契约类中,契约主体双方的地位并不是平等的,我们不能照搬或挪用西方契约论中的那一套理论来探讨中国古代西北契约中主体双方的地位。因此,笔者将其概括为"强者""弱者"。美国学者韩森女士也有类似提法,她指出"这些契约往往冠以弱小一方的名字,而经常忽略强势的一方",这与笔者不谋而合。见[美]韩森著,鲁西奇译:《传统中国日常生活中的协商:中古契约研究》,南京:江苏人民出版社,2008年,第10页。

见有印章，但吐蕃文契约末尾见有借方使用印章的现象。尽管这份文书是用吐蕃文来书写，但是其文书格式与同时期的汉文契约文书格式相差无几，只是略有几处不同，如干支纪年法的使用、抵押而不是"质典"、契约末尾没有债权人签名画押、使用私人印章等。

（二）买卖契约文书格式

有一份从新疆米兰遗址（今属若羌县）出土的买奴契约，编号为M.L.xliv.7，这份买卖契约文书的格式、内容相对完整，基本上能看到文书的全貌。文契末尾有圆形朱砂印章痕迹，其中六枚印章比较清晰，还有指印和签名痕迹，武内绍人先生认为这是一份契约原件，日期可能为9世纪上半期。现将其汉译文转录如下：

1 ［？］年，当大尚论论帕桑（blon dpal-bzang）在小罗布召集［萨毗］军帐会议。

1-2 上阿骨赞（rgod tsang-stod）部落的一人，以前俗名为吴塘萨穷（vu-tang gsas-chung），后出家取法名向曲扎西（byang-cub bkra-shis），洛俄塞（gnyos vo-se）从此人那里［买］男性契约奴仆一名；

2-3 ［虽然奴仆］的唐人世系未查清，但他的签名为汉名普则（phu-tsab），大约五十岁。

3 先前战乱时，洛俄塞（买方）与和尚（卖方）及仆役从事［…］，［从此奴仆］便相处（？）并为洛俄塞役使。

3-4 今洛俄塞永远购买［奴仆］，并且立即全额支付和尚三两dmar的价格。

4-6 普则［从现在起］将永远归属洛俄塞，如果有诉讼声称

[交易] 无效，或发生普则从 [洛俄塞处] 逃亡，按照本契，无论出现任何纠纷，和尚（卖方）负责处理，立即将一名同等价格的奴仆提供给买方，代替原先契约所涉之人——如此签署。

6-7 [届时] 如和尚不在，[他的] 保人（空白处填写姓名）将按照上述要求处理此事；

7-9 立契见人印鉴：论达扎（blon stag-sgra），节儿论达达赞（rtse-rje blon stag-stag-rtsan），论怕桑（blon dpal-bzang），都督节（[to？-do] g rje）……，论格热塔布赞（blon dge-bzher lha-vbrug-brtsan），营田吏（zhing-pon）塔桑拉贝（stag-bzang lha-spe），东本多贡（ldong-preng mdo-gong）等的保证，并附 [卖方] 和保人私印。

10 （六枚私印）[①]

从文书格式看，大致为时间、契约主体、标的物（比较特殊，是人，含有姓名、身份、年龄）、交易数额、契约声明（包括违约受罚、担保人）、证人、签署画押。契约背面还写有一个简短标题——普则的契约。

从内容上看，这是一份买奴契约，抄写时间为羊年（吐蕃占领敦煌后有五个羊年，分别是 791 年、803 年、815 年、827 年、839 年，根据契文中相关的职官名称推测应为 803 年左右），卖方为罗布地区上阿骨赞部落的人，俗名叫吴塘萨穷，法名为向曲扎西，买方为洛俄塞，其身份、籍贯不清楚。买卖双方所交易的是一名汉人，名叫普则，

[①] [日] 武内绍人著，杨铭、杨公卫译，赵晓意校：《敦煌西域出土的古藏文契约文书》，乌鲁木齐：新疆人民出版社，2016 年，第 166—167 页。同见郑炳林、黄维忠主编：《敦煌吐蕃文献选辑·社会经济卷》，北京：民族出版社，2013 年，第 16—17 页。

年龄50岁，推测应属于战争俘虏，反映了唐与吐蕃争夺西域的状况。买方洛俄塞以三两dmar的价格从和尚向曲扎西那里买了普则，此处dmar应为银钱，而不是谷物之类；虽然吐蕃文契约中支付方式多以谷物进行，银钱支付很少，[①]但因为是买战争俘虏，而且是在罗布地区，所以理解为银钱较为合适。同时，我们从吐蕃简牍417号"赔偿一头怀孕的母驴需要银四两，一头公驴银三两"[②]得知，该名洛俄塞用三两银钱买来的汉人奴仆普则竟然还不如一头母驴的价格高，可见其地位之低。

第4~7行是关于双方遵守契约的声明，文契指出从签约之日起，洛俄塞对普则有绝对拥有权，不管任何纠纷发生，由卖方向曲扎西负责，如有赔偿，则卖方须提供一名同等价格的奴仆给买方。这里既有佉卢文买卖契约中的影子，即一方对标的物拥有所有权，又有汉文契约中的"全权责任"，如"一仰某方承担"，同时反映了等价赔偿的情况。另外，若产生纠纷时，卖方向曲扎西不在的话，则由保人按照契约要求替卖方履行义务，体现了契约的担保措施。契约末尾是证人、保人的印章，这些证人带有一些身份特征，如"节儿"（吐蕃统治时期各军镇最高执行长官，此处应为小罗布泊的节儿）、"都督"（借用汉人官制，是敦煌汉人部落的最高官吏）、"营田吏"等，既反映了官府参与立契的事实，又说明吐蕃取代唐廷在罗布泊地区统治后的相关制度情况。

---

① [日] 池田温著，张铭心、郝轶君译：《敦煌文书的世界》，北京：中华书局，2007年，第128页。作者指出"以游牧为主、农业为辅的吐蕃人社会里，不用说还停留在实物经济的阶段。在占领广阔的汉人领地后，依然维持着与钱货几乎无缘的传统。唐朝的公廨钱和税钱都消亡了，公课也以谷物或布帛来缴纳了"。

② 王尧、陈践编著：《吐蕃简牍综录》，北京：文物出版社，1986年，第71页。

从以上两份文契来看，尽管契约种类不同，但是吐蕃文契约的格式一般为：日期（十二生肖纪年）、契约主体（买方、卖方，借方、贷方，雇方、佣方等）、交易内容（根据契约种类又有不同，如买卖契约附有交易价格，借贷契约、租赁契约规定偿还期限，雇佣契约要求支付方式等）、毁约规定（多为双倍赔偿，还有等价赔偿、官方赔偿，另有没收抵押家财等，还要担保人负责）、签章（证人、保人，契约主体一方签名）、附录（多为契约"弱势"一方私印）。与佉卢文契约相比较，吐蕃文契约因地缘的关系，尤其是吐蕃占领敦煌后的一段时期，受汉文化的影响，对汉文契约的借鉴与吸收比较明显一些，如保人的身份不论是在汉文契约还是吐蕃文契约，都有着承担履行条款的责任，而且文书套语除了个别吐蕃人名、部落建置作了变动外，其他与同时期的汉文契约一样。对此杨公卫先生说，吐蕃文契约文书格式"遵循严格的格式，很可能参照了汉文契约的格式发明而来，只是采用传统藏文表达。与汉文契约基于卖方的视角不同，吐蕃文契约以第三方中立的视角描述整个交易过程，而且它的见证人多由数位官员担任，具有官方特点"[1]。

---

[1] 杨公卫：《西域丝路契约精神：武内绍人"中亚出土古藏文契约"的研究》，《民族学刊》2016年第2期，第86页。

第四节 吐鲁番出土回鹘文契约文书格式

回鹘文契约文书大多出自新疆吐鲁番地区，敦煌等地亦有少量发现，数量约 400 份，① 这些契约文书的时间大致在 10—14 世纪。② 关于回鹘文契约文书的格式，日本学者山田信夫、森安孝夫、護雅夫、梅村坦等人有过相关研究，如山田信夫《回鹘文借贷契约文书格式》③《回鹘文契约文书中的私人签字、画押》④，森安孝夫《丝路东段出土回鹘文契约文书格式》⑤《回鹘文书札记（其一）》⑥ 等。我国学者刘

---

① 关于回鹘文契约文书的数量，学界说法不一，参见韩树伟：《吐鲁番、敦煌出土回鹘文契约文书研究述要》，载周伟洲主编《西北民族论丛》第十九辑，北京：社会科学文献出版社，2019 年，第 255—277 页。

② 关于回鹘文契约的年代，山田信夫认为 9 世纪末至 14 世纪，刘戈先生认为 13—14 世纪，笔者认为 10—14 世纪为宜。分别参见［日］山田信夫著，小田寿典、［德］茨默、梅村坦、森安孝夫编：《ウイグル文契約文書集成》第一册，大阪大学出版社，1993 年，第 36 页；刘戈：《回鹘文契约文书初探》，台北：五南图书出版有限公司，2000 年。

③ ［日］山田信夫（Nobuo Yamada）：《ウイグル文貸借契約書の書式》（*The Forms of the Uighur Documents of Loan Contracts*），《大阪大學文學部紀要》第十一卷，日本：大阪大学，1965 年 3 月，第 87—216 页。作者分序论、第一章（消费借贷文书）、第二章（租赁文书，分两节为土地租赁文书、家畜租赁文书）、结语、参考文献、略号、文书索引，文末附有 6 张图片。感谢敦煌研究院杨富学先生供阅纸质版。

④ ［日］Nobuo Yamada（山田信夫）. *The private seal and mark on the Uiyur documents*. Aspects of Altaic Civilization. Uralic and Altaic Series, Vol. 23, 1963. pp.253—259.

⑤ ［日］森安孝夫（Takao MORIYASU）：《シルクロード東部出土古ウイグル手紙文書の書式（前編）》（*Epistolary formulae of the old Uighur letters from the eastern Silk Road (Part 1)*），《大学院文学研究科紀要》第五十一卷，日本：大阪大学，2011 年 3 月。该书共十二章，前 6 章主要探讨了回鹘文书的发现、历史背景、套语格式、分类和敬语等，该书含日、英文，前半部分为日文（第 1—31 页），后半部分为英文（第 32—86 页）。

⑥ ［日］森安孝夫：《ウイグル文書劄記（その一）》，神户市外国语大学外国学研究所编《内陸アジア言語の研究》Ⅳ，1989 年，第 51—76 页。

戈先生对回鹘文契约文书的格式亦有相关研究。[①]为此，笔者在以上前辈研究的基础上，对回鹘文契约的格式再做简单的讨论，以便与其他契约文书的格式做一对比。

下面以一份借贷文书为例，来看看回鹘文契约文书的格式：

1 ud yïl ikinti ay bir yangïqa manga
2 b ü d ü š tutungqa napčikda kidiz krgäk
3 bolup arslan sïngqur oγulta bir kidiz altï
4 bözkä altïm birlä barmïš arqïš yanmïšta
5 altï böz birip ïdurmän arqïštïn ïdmasar-
6 män birär ay birär böz asïγ birlä köni bor ü r-
7 män qač ay tutsar bu oq yangča asïγï
8 birlä köni bir ü rmän böz birginčä yoqbar bolsar
9 äwt)ä)kilär köni birz ü n tanuq yigän taš oγul
10 butamγa män b ü d ü š tutungnung ol.

汉译文

1 牛年二月初一日我Budush Tutung
2 因需要Napchik地的毡子
3 从Arslan Singqur处以六个棉布借了一个毡子。
4 当一块去的商队返回时

---

① 刘戈：《回鹘文买卖文书纪年月日研究》，《民族研究》1998年第5期，第91—96页；《回鹘文买卖文书的格式套语与断代问题》，《西北史地》1999年第1期，第46—53页。另参见刘戈《回鹘文契约文书初探》，台北：五南图书出版有限公司，2000年；《回鹘文买卖契约译注》，北京：中华书局，2006年；《回鹘文契约断代研究》，北京：中华书局，2016年。

5 我将送回六个棉布。如未从商队送去，

6 就以每月一个棉布的利息一起如数

7 归还。借用多少月，就按此连同利息

8 一起归还。归还之前，如发生什么，

9 就让我的家人如数归还。证人Yigan Tash Oghul.

10 这个印章是我Budush Tutung的。①

从文书格式看，第一行首列契约的时间，用的是十二生肖纪年。借入方名叫"Budush Tuyung"，带有第一人称"我"；贷出方名为"Arslan Singqur"。借贷的原因是 Budush Tuyung 需要"Napchik"地的毡子，所以才向 Arslan Singqur 处用6块棉布借了此毡子，可见棉布是充当了货币的功能。棉布、官布、金锭、纸钞是10—14世纪吐鲁番地区出土的回鹘文契约中比较常见的货币形式。②第4~5行是借方 Budush Tuyung 承诺贷方 Arslan Singqur，在商队返回贷方那里时，他将送去6块棉布，似乎是预先借贷。第5~8行同样是借以"我"的口吻在承诺：若没有按时送去，则以每月一块棉布的利息如数归还，借用多少月，就按照这个约定连同利息一起归还，利息是"一月一块棉布"，显然是有点高。而且从很多契约中表明，类似这样的套语似乎是一个约定俗成的习惯，汉文契约通常称为"乡约"。第8~9行是

---

① 引文转自耿世民：《回鹘文社会经济文书研究》，北京：中央民族大学出版社，2006年，第190—191页。同见李经纬：《回鹘文社会经济文书辑解》（上册），兰州：甘肃人民出版社，2012年，第50—51页。

② 其中棉布、官布这类货币尺寸有规格，上面有印章。可参郑炳林、杨富学：《敦煌西域出土回鹘文文献所载 qunbu 与汉文文献所见官布研究》，《敦煌学辑刊》1997年第2期，第19—27页；杨富学：《回鹘文书所见高昌回鹘王国的纸钞与铸币》，《中国社会经济史研究》1992年第1期，第8—14页；刘戈：《回鹘文买卖契约译注》，北京：中华书局，2006年，第23页。

担保措施，即借方 Budush Tuyung 若在归还前发生什么意外的话，债务则由其家人如数归还，证人为"Yigan Tash Oghul"，最后是借方 Budush Tuyung 的印章，并且注明这是"我"的。

从文书内容看，似乎是以"我"的语气在写这份契约，交代了交易的时间、交易性质、交易原因，对方姓名，所借物品以及数量、价格，承诺归还时间，以及违约后的借贷利息、担保措施等；契约末尾是见证人、自己的印章，整个事项交代非常完整，和汉文契约有一些相似之处，但是也带有吐鲁番地区的特色。

唐文宗开成五年（840年），原生活在蒙古高原的回纥为黠戛斯所败，部族离散，[1]其中一支在高昌建立西州回鹘，12世纪隶属西辽，[2]13世纪归附蒙古[3]。因此，吐鲁番出土的回鹘文契约时间，不仅有西州回鹘时期，而且有蒙元时期。请看下面这份养子契约文书的格式：

1 狗年十一月二十六日我Qyytso Tutung

2 因需通用的财物，以半锭（银子）的奶水钱

3 把我名叫Titso的儿子寄养给Chintso尊者为子。

4 这个名叫Titso的儿子在Chintso尊者

5 活着的时候，要细心伺候尊者。

---

[1] [后晋]刘昫等撰：《旧唐书》卷一七四《李德裕传》，北京：中华书局，1975年，第4521页。[宋]欧阳修、宋祁撰：《新唐书》卷二一七《回鹘传》，北京：中华书局，1975年，第6130页。

[2] [元]脱脱等撰：《辽史》卷三《太宗本纪》，北京：中华书局，1974年，第27页。[元]脱脱等撰：《金史》卷一二一《忠义列传·粘割韩奴》，北京：中华书局，1975年，第2637页。[清]赵尔巽等撰：《清史稿》卷七六《地理志·新疆》，北京：中华书局，1977年，第2373页。

[3] [明]宋濂等撰：《元史》卷一二二《巴而朮阿而忒的斤传》，北京：中华书局，1976年，第2333页。[清]柯劭忞撰，张京华、黄曙辉总校：《新元史》卷二九《氏族表》下，上海：上海古籍出版社，2018年，第531页。

6 当尊者百年之后，他完全自由，可按自己的意愿行事。

7 我Chintso尊者的弟、兄、儿子、

8 亲属不得找麻烦（直译：挂拉）。如要找麻烦，

9 让他们话不算数，并依照王法要受到惩罚。

10 对我Qyytso的Titso，以我为首，我的弟、兄、

11 亲属不得凭借官势

（背面文字）

12 把他弄出。他们的话不算数。（否则要向）

13 窝阔台皇帝陛下交纳二头白骆驼，向Ambi

14 城达鲁花交纳可乘马（一匹），

15 向Chintso尊者交纳双倍的（赔偿），

16 并受到重罚。证人Qutrulmish。证人Buyan Tonga。

17 证人Kad Burxan。我Qyytso Tutung亲手写（此文书）。

18 这个印章是我们二人的。如我Titso没有像文书中规定的

19 那样伺候好我的师傅，我将受到文书中规定的惩罚。

20 这个印章是我Titso的。①

李经纬先生将这份文书定名为"过继亲子契"，亦不无道理。从文书格式看，首列契约时间，接着是主体方以"我"的口吻阐述过继对象、原因、价格，以及过继对象需要履行的职责，然后是契约主体双方同样用"我"的语气说明交易的有效性，并对亲属带来的不确定性纠纷

---

①引文转自耿世民《回鹘文社会经济文书研究》，北京：中央民族大学出版社，2006年，第133—134页。另见李经纬《回鹘文社会经济文书辑解》（上册），兰州：甘肃人民出版社，2012年，第239—242页。

作了预防声明，还规定了违约处罚措施。契约末尾是证人，最后是交易双方、过继对象的印章，文书是交易中的"我"Qyytso Tutung 书写。这是文书格式的大致情况。

从契约内容看，时间使用十二生肖纪年，所有的回鹘文契约皆有这一特点。契约主体为 Qyytso Tutung 和 Chintso，交易对象为 Qyytso Tutung 的儿子 Titso，原因是 Qyytso Tutung 因需要财物，所以将儿子 Titso 过继给被称为"尊者"（似乎与宗教有关）的 Chintso，价格是半锭银子（作为"奶水钱""奶费"）。关于银锭，《南村辍耕录》载"至元十三年，大兵平宋，回至扬州，丞相伯颜号令搜检将士行李，所得撒花银子，销铸作锭，每重五十两，归朝，献纳。世祖大会皇子王孙驸马国戚，从而颁赐，或用货卖，所以民间有此锭也。"[①]接着，契约说明过继人 Titso 在 Chintso 活着的时候，需要悉心伺候尊者，直到尊者仙逝以后才能获得自由，这相当于是一个期限。为了防止亲属干涉，Qyytso Tutung 和 Chintso 双方皆以"我"的口吻作了声明，限制亲属凭借官势或者其他借口找麻烦，否则要向元代统治者交纳两头白骆驼，还要向达鲁花赤交纳一匹可以乘骑的马，同时要给 Chintso 尊者双倍赔偿，并依照王法受到重罚。

这个惩罚内容含有多层信息：第一，防止亲属干涉，不仅是在这份契约，而且在土地买卖契约中也有类似规定，说明违约的一方往往可能是受其亲属影响，反映了聚族而居的普遍现象；第二，违约后不仅要给未违约方双倍赔偿，还要向当时的蒙元统治者交纳牲

---

① ［元］陶宗仪：《南村辍耕录》卷三十《银锭字号》，北京：中华书局，2004年。另有"国初以中统钞五十两为一锭者，盖别乎银锭也。"见［清］柯劭忞撰，张京华、黄曙辉总校《新元史》卷一九三《郑介夫传》，上海：上海古籍出版社，2018年，第3878页。

畜、罚金①，像契约中的"蒙古的皇帝""亦都护""达鲁花赤""沙律"等都是与元代有关的词语，这也是判断契约年代的重要线索；第三，对违约受罚物中的骆驼还有毛色说明，对毁约方而言，要赔白骆驼、马本身就不易，还要根据王法受到重罚，可见是通过很严厉的手段来杜绝毁约行为；第四，此处的"王法"当"违契不偿"理解为宜，反映了民间习惯法中，对官府律令的吸纳。

契约的末尾有3个证人，还有Qyytso Tutung、Chintso和过继人Titso的印章，附带说明这份文书是其中一方Qyytso Tutung书写的，并对Titso不履行职责的违约行为做了强调。在很多契约中，有的文书是专门请"司书"来书写，有的文书是其中一方书写，这既与官府干涉的情况有关，又与交易人文化水平的差异不无关联，主要是根据契约的具体内容加以分析。

以上两份契约分别代表了吐鲁番出土的西州回鹘时期、蒙元时期的契约文书样式，契首皆以十二生肖纪年，然后以"我"的第一人称语气说明交易的原因、交易对象，强调交易后双方需要遵守的事项，对其中一方的违约行为规定了严厉的惩罚措施，以保证契约的法律效力；契约末尾不仅有证人，而且还有契约主体人的印章等。如果排除内容中的个别词语，单从格式套语看，高昌回鹘、蒙元时期的回鹘文契约文书与唐西州时期的汉文契约文书有很大的相似性。

---

① 我们在其他契约文书中发现有罚金，如一份葡萄园买卖契约。见耿世民《回鹘文社会经济文书研究》，北京：中央民族大学出版社，2006年，第159—161页。李经纬《回鹘文社会经济文书辑解》（上册），兰州：甘肃人民出版社，2012年，第169—172页。

第五节 黑水城出土西夏文契约文书格式

西夏是中国古代党项族在今宁夏、甘肃等地建立的一个地方政权，自宋宝元元年（1038年）李元昊称帝建国，[①]至西夏保义二年（1227年）被蒙古所灭，[②]享国近190年。当蒙元为前朝修纂历史时，唯独没有西夏，导致后人研究西夏时史料匮乏，尽管《宋史》等传世史料有一些零星记载，但非常有限。而大量西夏文书的发现，丰富了西夏历史文化的相关研究，尤其是西夏文契约文书的整理和面世，补充了传世文献中的不足和空白，具有重要的意义。

西夏文契约文书主要出土于黑水城，从时间上看，既有西夏时期，又有蒙元时期。根据史金波先生最新统计，西夏文契约文书数量达126份。[③]他将西夏文契约分为六大类型：买卖契约、借贷契约、雇佣契约、赁租契约、交换契约、众会契约，其中借贷契约最多，数量为75份，占总数一半多。先来看一份俄藏西夏文《天庆午年（1198年）

[①] [元]脱脱等撰：《宋史》卷一〇《仁宗纪》，北京：中华书局，1985年，第205页。[元]脱脱等撰：《金史》卷一三四《外国·西夏》，北京：中华书局，1975年，第2865页。

[②] [元]脱脱等撰：《金史》卷一一一《撒合辇传》，北京：中华书局，1975年，第2448页。[清]柯劭忞撰，张京华、黄曙辉总校：《新元史》卷一一五《特薛禅传》，上海：上海古籍出版社，2018年，第2650页。

[③] 此处数据是根据史金波先生《丝绸之路出土民族契约文献集成（西夏文卷）》（待刊稿）。感谢史先生授权供阅电子版。

换畜契》（编号为 Инв.No.4195）：

汉译文

1 天庆午年正月十日，立契者没移铁

2 乐，将原自属一全齿花牛与梁守护铁讹

3 一全齿白牛互换，白牛增加一石杂

4 粮。畜谷各自并无悬欠。若畜谷有

5 官私同抄子弟其余诸人等诉讼者

6 时，铁乐管。个人有反悔不实时，

7 罚交二石杂粮。本心服。

8 　　立契者铁乐（押）

9 　　同立契儿子盛铁（押）

10 　　同立契儿子显令（押）

11 　　知人吴隐藏山（押）

12　　知人移契老房（押）[1]

该文书首列契约时间，以西夏皇帝年号"天庆"加地支"午"来表达。"天庆"是西夏桓宗李纯祐的年号，"天庆午年"即1198年。接着是契约主体人"没移铁乐"和"梁守护铁讹"，前者是这份文书的立契者，后者是交换人"梁守护铁讹"。标的物为一全齿花牛与一全齿白牛，全齿花牛属于立契人"没移铁乐"，全齿白牛属于交换人"梁守护铁讹"，文书不仅写明了标的物的年龄、毛色，而且还说明了二牛的价值差。从文契可知，全齿白牛可能没有犬齿花牛值钱，所以交换中"没移铁乐"多得一石杂粮。交易完成后，双方"各无悬欠"。

与前述汉文契约、回鹘文契约不同的是，西夏文契约没有写交换的原因。为了保证契约的有效性，规定个人若有毁约的情况，则罚交二石杂粮，即"一罚二"，这应该是依据当时的习惯法进行。在其他一些文书中我们发现是根据《天盛律令》中的相关规定执行，可见官方法律对民间习惯法的干预与渗透。契约中写明"若畜谷有官私同抄子弟其余诸人等诉讼者时"，由立契者"没移铁乐"承担，可知违约的干扰因素有来自亲属，这一点和前述汉文契约、回鹘文契约相同，并将出现纠纷后的责任留给立契者处理，是典型的"弱势"一方义务。对于契约中的立契人义务，惯用了"本心服"这样的套语词，这是西夏文契约的一大特点。

契约末尾是立契者的画押，还有两名同立契者的儿子盛铁和显令

---

[1] 俄罗斯科学院东方研究所圣彼得堡分所、中国社会科学院民族研究所、上海古籍出版社编，史金波、魏同贤、克恰诺夫主编：《俄藏黑水城文献》第十三册，上海：上海古籍出版社，2007年，第195页。录文转自史金波：《西夏经济文书研究》，北京：社会科学文献出版社，2017年，第369—370页。

的画押，这属于担保人的范畴，最后是两名证人（"知人"）吴隐藏山、移契老房的画押。显然，这份西夏文交换契约具备前述一些契约的共性，即首列契约时间，效仿汉文契约使用皇帝年号加地支纪年方式。然后是交换双方姓名，以及交换标的物及其年龄、毛色，对交换物价值进行了谷物补差价，声明了预防毁约措施、惩罚内容。最后是立契者及其有亲属关系的保人画押，还有"知人"做证。不同的是，没有说明交换的原因，使用了"本心服"这样的套语，来保证该契约是立契者在心甘情愿的前提下进行。关于开头语中的"立契者"，与前述在黑水城发现的汉文契约格式中的"立契者"相同，可见同时期的汉文、西夏文契约的共性。

再来看一份出土于武威的借贷粮食契约（编号为G31·004[6728]）：

1 乾定申年二月二十五日立契约者
2 没水隐藏犬，今于讹国师处已借一
3 石糜本，一石有八斗利，自命
4 屈般若铁处取持。全本利一齐于
5 同年九月一日本利聚集，当还讹国师
6 处，若过期不还来时，先有糜数偿还
7 以外，依官法罚交七十贯钱，本心服。
8 　　　立契约者没水隐藏犬（押）
9 　　　相借者李祥和善（押）
10 　　　相借者李氏祥和金（押）

11　　　　　　知人李显令犬（押）①

前已提及，西夏文契约中以借贷契居多。这份借粮契不论是格式还是内容，相较其他借贷契约显得更加完整、规范。契首写有西夏皇帝李德旺乾定年号，"乾定申年"即1224年，接近西夏晚期。立契者为"没水隐藏犬"，他于"讹国师"处借了一石糜，利息为八斗；按照"一石十斗"换算的话，半年时间内，多还八斗，相当于一倍。归还时间为同年九月一日，连本带利还给"讹国师"处。如果"没水隐藏犬"过期未还，那么糜数不仅要增还，而且"没水隐藏犬"要依官法罚交七十贯钱。我们知道，在西夏文契约中，谷物作为支付方式的频次很多，钱的使用却很少，而将罚钱纳入违约受罚中，正好说明惩罚的严厉。此处的"官法"应该是"违契不偿"，显然是西夏法律借鉴和承袭了唐宋律典《唐律疏议》《宋刑统》。尽管如此，文契依然使用了"本心服"的惯用语，来保证贷方"讹国师"的利益。此人疑与寺院有关，我们在其他一些契约中发现，有一些粮食借贷也发生在该寺院内，和敦煌寺院"便贷历"有点相似；所不同的是，敦煌"便贷历"多为集体向寺院借贷，而黑水城借贷多为个人借贷，借贷的时间多为春夏，还期为秋天，符合西北地区典型的"春借秋还"。

通过以上两份契约可知，西夏文契约文书的格式一般为：首列时间，使用皇帝年号加地支纪年；第二，交代契约的性质，说明"立契者"

---

① 宁夏大学西夏学研究中心、国家图书馆、甘肃五凉古籍整理研究中心编，史金波、陈育宁主编：《中国藏西夏文献》第十六册，兰州：甘肃人民出版社、敦煌文艺出版社，2005年，第389页。录文转自史金波先生《西夏经济文书研究》，北京：社会科学文献出版社，2017年，第214—215页；同见史金波《丝绸之路出土民族契约文献集成（西夏文卷）》（待刊稿）第189—191页。

与交易方的关系，点明交易标的物及其相关细节；第三，规定契约的有效性和违约受罚措施，使用"本心服"的套语，保证"强势"一方的利益；第四，立契者及其保人的画押，保人与立契者的关系多为亲属，画押中很少见与立契者交易的另一方；第五，是证人画押。从契约格式与内容看，很多契约属于"单契"，是由交易的另一方来持有，并以此作为凭据，保证持契方的利益不受损失。

第六节 立契时间与纪年惯例

在西北出土的诸民族契约文书中，文书格式的开头大多为立契时间。稍有不同的是，有的契约是使用皇帝在位时期的年号，如佉卢文、汉文、西夏文契约；有的契约使用干支纪年，如吐蕃、归义军时期的敦煌汉文契约、吐蕃文契约；有的契约是使用十二生肖纪年，如吐蕃文契约、回鹘文契约、蒙古文契约。在以上所举契约中，汉文契约的时间几乎纵贯于其他几种民族契约史，因此更具有可比性，而且汉文契约的时间在不同阶段经历了契首——契中——契尾的发展变化。

一、以国王在位/皇帝年号纪年

（一）以国王在位年份纪年

佉卢文契约的书写格式一般有如下特点：立契时间位于契首，纪年方式通常以当时国王在位多少年来记录时间，如佉卢文契约Kh.592号"兹于伟大国王、上天之子夷都伽·阿没笈伐迦陛下在位之32年

12月20日"①,点明立契时间为夷都伽·阿没笈伐迦陛下在位之32年,特殊的是在日期前附有惯用的套语"伟大国王、上天之子",这是佉卢文契约时间表达中普遍的现象。夷都伽·阿没笈伐迦也就是安归伽,是汉晋时期可考证的鄯善国第四个王,介于白毗耶、摩习犁之间,在位38年。据林梅村先生考证,安归迦17年为284年,因此"夷都伽·阿没笈伐迦陛下在位之32年"为299年,即佉卢文契约Kh.592号的立契时间为299年。②这种纪年方式在佉卢文契约中比较常见,它以当时王在位多少年来记录立契的时间,类似于汉文契约、西夏文契约中的皇帝年号。也有学者通过一些佉卢文契约时间中的"侍中"③称呼,来断定佉卢文契约的"汉式化",并引用传世史料认为当时的鄯善国对晋廷有臣属关系。④尽管如此,佉卢文契约时间的表达方式仍显得比较特殊,是以带有祝福、赞美语的国王在位年份作为立契时间。

注意的是,我们在粟特文契约、于阗文契约中也发现有跟佉卢文契约时间相似的纪年方式,如粟特文契约"岁在神圣的希利发高昌王延寿十六年、在中国说是猪年五月廿七日,粟特历十二月"⑤;于阗

---

① [英] T.Burrow, *A Translation of the Kharoṣṭhī Documents from Chinese Turkestan,* London: The Royal Asiatic Society, 1940, pp. 126—127. 王广智译:《新疆出土佉卢文残卷译文集》,载韩翔、王炳华、张临华主编《尼雅考古资料》(内部刊物),乌鲁木齐:新疆社会科学院,1988年,第255页。
② 关于鄯善王的考证,详见林梅村:《佉卢文时代鄯善王朝的世系研究》,《西域研究》1991年第1期,第39—50页。
③ 林梅村编:《楼兰尼雅出土文书》,北京:文物出版社,1985年,第86页。土登班玛:《鄯善佉卢文书所见王号考——兼论所谓"侍中"》,《中国边疆史地研究》1992年第3期,第79页。
④ 乜小红、陈国灿:《对丝绸之路上佉卢文买卖契约的探讨》,《西域研究》2017年第2期,第74—75页。
⑤ [日] 吉田豊、森安孝夫、新疆ウイグル自治区博物館:《麹氏高昌国時代ソグド文女奴隷売買文書》,《内陸アジア言語の研究》IV,1989年,第1—50页;中译文见[日]吉田丰、森安孝夫、新疆博物馆合著,柳洪亮译:《麹氏高昌王国时代粟特文买卖女奴隶文书》,《新疆文物》1993年第4期,第108—115页。

文契约"慈悲的圣天于阗王尉迟信诃（visa´simhyi）陛下执政之第四年二月五日"[①]"吉祥！5年8月16日(？)，这是仁慈的主尉迟毗利耶(？)统治时期"[②]，这两种契约的时间不仅位于契首，而且皆以当时执政王所在年份纪年，尽管粟特文契约大致在7世纪左右，于阗文契约在9世纪，但是其纪年方式与3—4世纪的佉卢文契约并无二致。

另外，笔者还注意到3份古希腊、罗马时期的立契时间，其纪年方式与佉卢文、粟特文、于阗文契约有相似性。前两份是古希腊土地抵押文书：

德迈特里**任执政官之年**（前309年或前308年）
房宅之债碑，该房以**700德拉克马典**予埃拉尼斯特[③]

在克列阿尔赫**任执政官之年**
房宅之债碑，嫁妆之**担保**。[④]

两份文书都有立契时间，即执政官在位时间，这与佉卢文契约的立契时间相似。还有标价、担保等字样。

---

① [德] R. E. Emmerick, A new Khotanese documents from China, Studia Iranica, Tome xiii, 1984, pp. 193—198. 殷晴：《一件新发现的于阗语文书——兼析古代塔里木南端的社会经济情况》，《民族研究》1987年第6期，第95—96页。
② 段晴、王炳华：《新疆新出于阗文木牍文书研究》，载《敦煌吐鲁番研究》第二卷，北京：北京大学出版社，1997年，第7—8页。
③ 巫宝三主编，厉以平、郭小凌编译：《古代希腊、罗马经济思想资料选辑》，北京：商务印书馆，1990年，第229页。
④ 巫宝三主编，厉以平、郭小凌编译：《古代希腊、罗马经济思想资料选辑》，第230页。

第 3 份是古罗马雇佣契约（达契亚，164 年）：

玛克林与凯尔斯**执政年之5月18日**，弗拉维·塞昆廷应阿斯克列庇之子梅米之请求（因梅米自称不通文墨）立据如下：自即日起至本年之11月13日止，梅米将自身及其劳力交付奥利略·阿德尤托尔，从事金矿工作，以换取70迪那里及在此期间之膳食。他应向上述雇主提供本人劳动，不遗余力。他若违反雇主意愿离开金矿或停止工作，**则须**每天交付5塞斯退斯，从报酬中扣除。**若**水患妨碍工作，**他应作**相应之清算。**若雇主在**雇佣期满后滞付报酬，**则应在**3天后按同样条件支付罚金。①

这份文书很详细地记载了立契时间是玛克林与凯尔斯执政年之5月18日，且位于契首，该契约是司书弗拉维·塞昆廷应梅米之请所写。这份文书与中国西北出土的诸民族契约不同的是，文契对双方的权利和义务规定得很清楚；最难能可贵的是，对雇主的违约行为作了预防性处罚措施，这在佉卢文契约、于阗文契约、粟特文契约中是很少见的。但是，仅就契约文书的格式与立契时间而言，它们与塔里木盆地出土的佉卢文契约、于阗文契约、粟特文契约有相似之处。

众所周知，汉代对西域的经营，代表人物有班超、班勇父子，班超去世后不久，东汉安帝撤回西域驻兵，直到班勇担任"西域长史"，出屯柳中，再次管理西域。然自东汉灵帝熹平四年（175年）后，《后汉书》再无关于西域的记载，而东汉仍延续至汉献帝建安二十五年（220年）。因此汉末对西域失控的时段，正好被出土的上千份佉卢文书所

---

① 巫宝三主编，厉以平、郭小凌编译：《古代希腊、罗马经济思想资料选辑》，第391页。

填补，此文字是因贵霜王朝使用，后被带至塔里木盆地南缘，正好这种文字在晋以后的汉文献中有相关记载。故而西域在文化领域发生了巨大的变化，不排除汉文化在西域的继续留存和沿用，但是出土文献却证实了贵霜文化对塔里木盆地的影响。1—2世纪，正是贵霜王朝强盛之时，渐次受到萨珊波斯攻击而消亡。因此，当贵霜文化渗透到塔里木盆地时，印欧契约文化中的一些特点，如契首对君王的修饰词"伟大""胜利""公正"等，随之对当地的契约文书产生了深远影响[①]，这也使得佉卢文契约呈现出一些自己的特色。

（二）以皇帝年号纪年

汉文契约中时间多以皇帝年号纪年（除了敦煌出土的蕃占时期契约）。在吐鲁番出土的汉文契约中，契约的时间多置于契首。在8世纪的一些买卖契约中，出现有契约的时间放在标的物之后的情况，如《唐上元二年（761年）高昌姚令奇卖牛契》：

```
1    黑犍牛一头五岁
2 上元二年七月廿 日六，马寺尼法□□□□
3 遂于西州市买焉耆行□□□□
4 前件〔牛〕，准作钱〔壹〕□□□□
5 其钱及牛，即□交相分〔付〕□□□□
6 〔若〕后有寒〔盗〕及有人识□□□□
```

[①] 马雍:《佉卢文》，中国民族古文字研究会编《中国民族古文字》（专题资料汇编），1982年，第161—162页。[英] 克力勃著，姚朔民编译:《和田汉佉二体钱》，《中国钱币》1987年第2期，第31—40页。张广达、荣新江:《敦煌文书P.3510（于阗文）〈从德太子发愿文（拟）及其年代〉》，张广达、荣新江著《于阗史丛考》，北京：中人民大学出版社，2008年，第64页。刘文锁:《沙海古卷释稿》，第30页。以上学者对此称呼皆有相似的论述。

7 主、保知□，不关买人之事。□

8 〔不〕许□后诲（悔），如有先〔诲者，罚〕□

9 壹阡伍佰文〔入不〕诲人。□□〔共〕

10 面平章，画指为记。

11 扶车人，辛□年卅　牛主　姚令奇年□□

　　　　　　　　　丨丨丨

12　　　　　　　保□

13　　　　　　　保□

14　　　　〔保〕□

〔后缺〕①

不过从整体上看，立契时间仍然位于契约的首部。但是，到了13世纪之后，立契的时间位于契约后半部，即立契人和保人、证人的前面，这在黑水城出土的蒙元时期的汉文契约文书中比较明显。

最近笔者参观了中国民族博物馆展出的铁木尔先生捐赠的"土默特金氏蒙古家族契约文书"②，发现其中就有汉文、汉满双文双面契约文书多份；从契约文书的格式看，其立契时间位于契约的末尾，已接近在中国东南地区发现的同时期的汉文契约格式，这是汉文契约时间位置的一个发展变化。

西夏文契约也是以皇帝年号纪年，且置于契首，如一份俄藏编号为Инв.No.6377-16（1）的西夏文契约中立契时间为"光定卯年三月

---

① 张传玺主编：《中国历代契约粹编》（上），北京：北京大学出版社，2014年，第204页。
② 还收藏有清朝时期的契约文书125份，目前这些契约文书还未整理出版。在此感谢兰州大学敦煌学研究所白玉冬先生的分享与赐教。

六日立契约者梁十月狗":

1 光定卯年三月六日立契约者梁十月
2 狗,今于兀尚般若山自本持者 老房势处借
3 一石五斗麦,每石有五斗利,共算为二
4 石二斗五升,期限同年八月一日
5 当聚集粮数来。日过时,一石还二石。
6 本心服。　文书上所载当还。
7　　立契约者梁十月狗(押)
8　　同借(者)兀尚老房狗(押)
9　　同借(者)梁九月狗
10　　同借(者)李满德(押)
11　　知人杨老房狗(押)
12　　知人杨神山(押)①

光定是西夏神宗嵬名遵顼仅有的年号,而西夏神宗在位共十三年(1211—1224年),由此可知这是一份西夏神宗光定卯年(1219年)的贷粮契约。在西夏文契约中,除了光定,还有天庆、乾定、天盛等年号,这都是判断文书年代的关键。此外,在一份带有十二生肖纪年的西夏文契约中,暗示我们并不是所有的西夏文立契时间皆以皇帝年号纪年,现将这份954号文书摘录如下:

---

① 俄罗斯科学院东方研究所圣彼得堡分所、中国社会科学院民族研究所、上海古籍出版社编,史金波、魏同贤、克恰诺夫主编:《俄藏黑水城文献》第十四册,上海:上海古籍出版社,2011年,第145页。录文转自史金波《西夏经济文书研究》,北京:社会科学文献出版社,2017年,第211页。

遵项(光定)(纪年)**羊年四月二十六日**(一二一一年六月八日)。应阿华•柯大山〔申请〕立〔此〕文书。今日，他向金格霍•阿格西耶宁瓦依〔典押〕借得各种〔粮食〕共三"恩得日依阿"(斛)。计本〔所借粮食〕息〔总数〕应为四"恩得日依阿"(斛)五"努"(斗)。①

据克恰诺夫介绍，这份文书是聂历山发现并登记入册的。正文共13行，第1行有借债人的名字阿华•柯大山，第2行写有债主金格霍的姓名，至于他跟最后1行的行政官员是否为一人，从格式来看应该是两人。第2行还写有所借份额、利息：四斛五斗，我们知道一斛等于十斗，借贷期限三个月，月息大约为17%。从度量衡来看，西夏承袭自唐朝。这份文书的年代属于13世纪初，跟其他文书的格式类似，开头是日期，然后是借债双方，接着是标的物及利息、期限，最后是保人、见证人、立文人，还有官员在场做证。单从立契时间看，这与多数西夏文契约仅使用皇帝年号纪年有点不同，故此份写有皇帝年号加十二生肖"羊年"的西夏文契约就显得格外特别。

总体而言，汉文契约、西夏文契约的时间表达方式多以皇帝年号纪年，而且普遍位于契约的首部。

二、干支纪年

契约文书中使用干支纪年的情况，在敦煌石室出土的汉文契约中比较多见，尤为吐蕃、归义军统治时期。如编号为P.3124的文书记载"甲午年八月十八日，邓善子欠少匹物，遂于邓上座面上借生绢一

---

① [俄]克恰诺夫著，霍升平译，杨秀琴校:《黑城出土的西夏文典押借贷文书》,《宁夏社会科学通讯》1984年第2期，第8—12页。

匹，长三丈八尺五寸"①，沙知先生录校时，将甲午年标注为934年。在吐蕃占领敦煌时期的汉文契约中，契首的时间有以下表达方式："巳年二月十日，康悉杓家令狐善奴为粮用，今于龙处便苅价麦一头六斗"②"卯年四月一日悉董萨部落百姓张和和（子）为无种子"③，其中时间采用的是地支纪年。

还有敦煌出土的归义军时期的"干支纪年"文书，如"丙子年（856年）敦煌沈都和卖舍契""丁酉年（937年）敦煌阴贤子买车具契""丁巳年（957年）敦煌唐清奴赊买牛契"，等等。④

干支纪年法是中世纪和近代的藏文文献中最广泛使用的三种纪年法之一，而且这种纪年法源于汉地。⑤因此，蕃占敦煌时期的契约文书中，立契时间有使用干支纪年法。

三、十二生肖纪年

在西北出土的诸民族契约文书中，除了以上几种纪年方式外，还有十二生肖纪年，并且立契时间位于契首。

---

①上海古籍出版社、法国国家图书馆编：《法藏敦煌西域文献》第二十一册，上海：上海古籍出版社，2002年，第341页。引文转自沙知录校：《敦煌契约文书辑校》，南京：江苏古籍出版社，1998年，第194页。

②P.2964v《巳年二月十日令狐善奴便苅价麦契》。详见上海古籍出版社、法国国家图书馆编：《法藏敦煌西域文献》第二十册，上海：上海古籍出版社，2002年，第274页。引文转自沙知录校：《敦煌契约文书辑校》，第146页。

③S.6829v3《卯年四月一日悉董萨部落百姓张和子预取永康寺常住造芘蓠价麦契》。详见中国社会科学院历史研究所、中国敦煌吐鲁番学会敦煌古文献编辑委员会、英国国家图书馆、伦敦大学亚非学院合编：《英藏敦煌文献》（汉文佛经以外部分）第十一卷（斯六三〇八——六九七三），成都：四川人民出版社，1994年，第198页。引文转自沙知录校：《敦煌契约文书辑校》，第107页。

④张传玺主编：《中国历代契约粹编》（上），第214、224、227页。

⑤[匈]乌瑞著，王湘云译：《干支纪年法在吐蕃的应用》，收入中国敦煌吐鲁番学会编：《国外敦煌吐蕃文书研究选译》，兰州：甘肃人民出版社，1992年，第228—250页。

（一）吐蕃文契约

在敦煌出土的 8—9 世纪吐蕃文契约中，契首使用十二生肖纪年，如法藏吐蕃文契约 P.1094 号记载："鼠年冬十一月，论可足卜登（blon gtsug—brtan）与论绮力心热（blon khri—sum—bzher）、论悉诺心热（blon stag—sum—bzher）在宝门（pevu—mun?）召开瓜州军帐（kva—cu khrom）会议之时"①，契约中的时间为十二生肖"鼠"年。

（二）回鹘文契约

在吐鲁番出土的 10—14 世纪回鹘文契约中，契首也是用十二生肖纪年，如一份买卖奴隶文书记载："龙年八月二十六日。我阿体都统因需要通用钞，把我的一个名叫斌通的契丹（或汉族）男奴以九锭钞……卖给秀赛大师"②，立契时间为十二生肖"龙"年。

值得注意的是，蒙古文契约与之有近似性。在黑水城出土的 13—14 世纪蒙古文契约中，契首也是使用十二生肖纪年，如"猪儿年三月二十九日。我们申尕儿只，给这些乌密即兀束，温迪省忽里，鲁即赛斋，拽臼失吉，李省吉们五人开具收据"③，立契时间为十二生肖"猪"年。

另外，在前已述及的粟特文契约中，契首也带有十二生肖，现将该契转录如下：

---

① 王尧、陈践译注：《敦煌古藏文文献探索集》，上海：上海古籍出版社，2008 年，第 265—266 页。同见［日］武内绍人著，杨铭、杨公卫译，赵晓意校：《敦煌西域出土的古藏文契约文书》，乌鲁木齐：新疆人民出版社，2016 年，第 24 页。

② 耿世民：《回鹘文社会经济文书研究》，北京：中央民族大学出版，2006 年，第 99 页。同见李经纬：《回鹘文社会经济文书辑解》（上册），兰州：甘肃民族出版社，2012 年，第 215—218 页。

③［日］吉田顺一、チメドドルジ编：《ハラホト出土モンゴル文书の研究》，东京：雄山阁，2008 年，第 36 页。引文转自［日］松井太著，白玉冬译：《黑城出土蒙古语契约文书与吐鲁番出土回鹘语契约文书——黑城出土蒙古语文书 F61:W6 再读》，《北方文化研究》第七卷，2016 年，第 205 页。

岁在神圣的希利发高昌王延寿十六年、在中国说是猪年五月廿七日，粟特历十二月。

在高昌市场众人面前，张姓'wt'的儿子沙门y'nsy'n用波斯铸纯度很高的银钱一百二十文，向tws'kk的儿子wxwswβyrt，买了cwy'kk姓的女人在突厥生的康国的女奴隶，名字叫作'wp'ch。

沙门y'nsy'n买回的女奴无欠债，不再是原主的财产，不能追夺，不得非难，作为永久财产包括她的子孙后代都被买下了。因此沙门y'nsy'n及其子孙后代，可以任意支配女奴，包括打她、虐待、捆绑、作人质、出卖或赠送。如同世传家生奴、旁生奴及用银钱买回之财产一样，卖主对此女奴不再有约束力，脱离一切旧有关系，不得再过问。此买女奴券对行者、居者、国王、大臣均有效、有信服力；拥有此券者，即可收领、带走此女奴。写在女奴文书上的条件，就是这样。

在场的有cwn'kk的儿子tysr't；xwt'wc的儿子米国的n'mòr；krz的儿子康国的pys'k；nnykwc的儿子箴赤建国的nyz't；何国的[　　]。 此券经书记长pt'wr许可、经女奴同意、在买主要求下，由书记长之子wxw'n书写的。高昌书记长pt'wr的印。

（背面书写）

女奴文书　沙门 y'nsy'n。①

关于契首中的"猪年"，林梅村先生将其译为"己亥岁"②，刘戈先生认为是十二生肖"猪"年，③乜小红先生曾撰文对"十二生肖说"提出质疑，认定是"干支纪年法"，④笔者亦曾发文支持乜先生观点，⑤但结合粟特文文书所处的历史背景及其出土地点，笔者认为"十二生肖说"似乎更有说服力，在此对之前的论点作一矫正。

以上诸民族契约文书中，相同的是，契首皆为立契时间。不过，汉文契约的立契时间比较特殊一些，在 8 世纪之后的敦煌买卖契约中，出现有立契时间位于标的物之后的情况；到了 13 世纪之后的黑水城汉文契约中，立契时间转移到契约尾部，而且很普遍，但立契时间在立契人、证人之前；从清代汉文契约看，立契时间完全置于文末了。⑥

---

①引文转自乜小红：《从粟特文券契看高昌王国奴婢买卖之官文券》，《西域研究》2009 年第 4 期，第 39 页。日译文见［日］吉田豊、［日］森安孝夫、新疆ウイグル自治区博物館：《麴氏高昌国时代ソグド文女奴隷売買文書》，《内陸アジア言語の研究》IV，1989 年，第 1—50 页；中译文见［日］吉田丰、森安孝夫、新疆博物馆合著，柳洪亮译：《麴氏高昌王国时代粟特文买卖女奴隶文书》，《新疆文物》1993 年第 4 期，第 108—115 页。

②林梅村：《粟特文买婢契与丝绸之路上的女奴贸易》，《文物》1992 年第 4 期，第 51 页。

③刘戈：《回鹘文契约文书初探》，台北：五南图书出版有限公司，2000 年，第 56 页；《回鹘文买卖契约译注》，北京：中华书局，2006 年，第 162 页。

④乜小红：《从粟特文券契看高昌王国奴婢买卖之官文契》，《西域研究》2009 年第 4 期，第 40 页。

⑤韩树伟：《丝路沿线出土诸民族契约文书格式比较研究》，《敦煌学辑刊》2019 年第 2 期，第 180 页。侯文昌先生亦撰文发表持"十二生肖说"，见侯文昌：《中古西域民族文契约之立契时间程式研究》，《陇东学院学报》2019 年第 1 期，第 75 页。

⑥刘戈、侯文昌二位先生也对汉文契约文书的时间变化做了研究，分别见刘戈：《回鹘文买卖契约译注》，第 160—162 页；侯文昌：《敦煌吐蕃文契约文书研究》，北京：法律出版社，2015 年，第 72 页。

不同的是，在立契时间的纪年方式上，出现了王位/皇帝年号纪年、干支纪年、十二生肖纪年等多种方式。第一，汉文、西夏文契约时间多采用皇帝年号纪年；佉卢文（粟特文、于阗文）契约时间采用王位纪年。第二，敦煌出土的吐蕃时期汉文契约中，立契时间使用干支纪年。第三，吐蕃文契约、回鹘文契约（蒙古文契约）时间采用十二生肖纪年。

其中，佉卢文契约的契首特殊一些，即王位纪年还带有对国王的赞美语，而且在个别立契时间前面加"此一有关……之文件，由……为保存。此系……之印"的文书主题语及封印的字样说明。同样，粟特文契约的立契时间更特殊，既有佉卢文契首那样的赞美词，又有君王年号，也有封赠荣号，如突厥为拉拢高昌王封增的荣号"希利发"，[①]还有粟特历，这是目前所见的诸民族契约中比较典型的立契时间，反映出丝绸之路上不同文化间的交流与融合，体现了粟特文契约的特色。

与君王年号相比，以十二生肖纪年的契约，在对文书的断代上显得难度大一些，即使是完整的契约，如果没有其他相关联的契约做辅助，或者在契约内容上找不到突破口的话，就很难判定该契约的时间。即使是有年号的契约，因历史上有些皇帝的年号相似或者其他原因，也很难确定到底是属于哪个帝制时期的文书。因此，契首的立契时间显得格外重要，对文书进行断代起关键作用。

---

①陈国灿：《斯坦因所获吐鲁番文书研究》，武汉：武汉大学出版社，1995年，第440页。

第七节 契约主体内容所见东西方习惯法之异同

在西北出土的诸民族契约文书中，不仅写有立契时间，还写有契约主体或者双方当事人、标的物及交易方式、权利与义务、违约处罚、证人画押等。在契约主体中，根据契约的性质，既有两个人之间的交易，又出现有多人以上的交易活动。交易时，明确写明交易的标的物，如土地、房屋、粮食、牲畜，甚至是奴隶等，后标明是买卖、借贷，或是租赁、雇佣、交换、领养等交易方式；按照不同的契约种类，又附加有价格、日期期限、土地的"四至"等不同的具体条件。为了保证契约的有效性，文中还强调契约主体的权利与义务，同时明确指出若有人反悔，则毁约方将受到等价赔偿、双倍赔偿、多倍赔偿，甚至体罚等多种受罚措施。从内容看，大部分的契约都是倾向于保护"强势"一方的权益。对于违约后的处罚力度，在不同的民族契约中是有差异的，有的契约仅需要违约者进行双倍赔偿，而有的契约除了给对方赔偿，还要向官府赔偿。以上是诸民族契约文书内容反映出的共同特点。

然细究内容，也不乏相异之处。在前述中，我们发现佉卢文契约不仅仅是立契时间比较特殊，而且其中一些内容反映出当地官府对契约签订的强制干预，契约一方对标的物拥有绝对的所有权，且"权限如生命，长达百年"，这种习惯用语还在粟特文、于阗文契约的内容中有相同的体现，这显然与汉文契约是不同的，并不像有些学者所说的那样，完全受汉文契约的影响。在吐鲁番出土的汉文契约、回鹘文契约，尽管出土地点相近，但时间上有可比性，而且其文书格式和内容还是有一些不同之处。另外，出土于敦煌的汉文契约、吐蕃文契约，即使是在吐蕃占领敦煌时期，但仍有各自的特点。西夏文契约亦是，在受汉式契约影响的同时，保持着自己的特色。因此，诸民族契约在有着共性的一面之外，还有各自鲜明的特色，下面从习惯法的视角，对佉卢文契约、汉文契约、吐蕃文契约、回鹘文契约、西夏文契约的内容做一比较，其中，因汉文契约的时间跨度久这一特点，会分散在其他民族契约中讨论。

一、佉卢文契约与汉文契约

本章第一节对佉卢文契约、汉文契约的格式做过举例与展示，基本上对其异同有了大致的了解。但是，因为学界在讨论这一异同时，口径显得较为笼统，甚至有些学者断定汉文契约对佉卢文契约产生了决定性的影响。为此，笔者在前辈研究的基础上，进一步对其进行分析，旨在说明佉卢文契约的出土地楼兰、鄯善确实曾在历史上与中原发生过密切的交往，肯定汉文化对楼兰、鄯善的影响；但同时指出，楼兰、鄯善依然保持了自己的一些文化特色，认为佉卢文契约与西北出土的早期汉文契约仍有鲜明的不同之处。

有3份佉卢文契约文书，编号分别为Kh.569、Kh.571、Kh.715，第1份是养子女契约（Kh.569），转录于此：

此一有关从妇女齐那阿处过继舍摩没内罗之文件，由鸠尼多妥为保存。

此系cozbo索没阇迦之印。

兹于伟大国王、上天之子夷都没伽·摩希利耶陛下在位之13年2月10日，有一妇人，名叫齐没那阿。其幼子舍摩没内耶曾由摩尼多过继为子。该妇人齐没那阿从鸠尼多处将舍摩没内耶带走。现彼等已提出控诉。cozbo索没阇迦及探子莱钵多审讯此案。舍摩没内耶归鸠尼多所有，作为彼之嗣子。奶费现已付给。彼等现已作出判决。现已给amklatsa骆驼一峰作为奶费。此事之证人为vasus奥钵吉耶·迦翅耶及舍楼吠耶，arivaga凯摩伽，sadavida迦钵吉耶，钵伐多（parata后汉作休密——中译注）之剑支吉耶，vuryaga布楼，女孩凯笺及sadavida凯内耶。被嗣养之该舍摩没内罗不得作为奴隶，既不得出卖，也不得抵押。应待彼如同嗣养之人。此文件系由余，sothamga楼偷之子，司书耽伽凯奉执政官之命并根据鸠尼多、妇人齐没那阿及僧人菩地啰之请求所写。其权限为一百年。①

后2份是土地买卖契约，择其一（Kh.571）转录于此：

此一有关收到柯那耶之misi之收据（pravamnag），由司书罗没索蹉妥为保存。

兹于伟大国王、上天之子夷都伽·阿没笺伐迦（Amguvaka）陛下在位之15年12月8日，有一男人，名科那耶。彼愿将misiya地连同地上之树一起卖给司书罗没索蹉。该地作价价值50（穆立）之二岁骆驼一峰。该骆驼，柯那耶已收取。另收到之atgamuli（附加费用）为酒10希。柯那耶从罗没索蹉处总共收到地价60（穆立）。该地之播种量为3米里马juthi。双方在此公平之条件上达成协议。罗没索蹉对该misi地有权耕种、播种、作为礼物送给他人、交换、为所欲为。

---

① ［英］T.Burrow, *A Translation of the Kharoṣṭhī Documents from Chinese Turkestan*, London: The Royal Asiatic Society, 1940, p.113. 王广智译：《新疆出土佉卢文残卷译文集》，载韩翔、王炳华、张临华主编《尼雅考古资料》，第247页。林梅村《沙海古卷》无此文书。

今后，无论何人在vasus及agetas面前提出该事，彼之翻案在皇廷均属无效。双方在执政官面前同意如此。此事之证人为kitsaitsa伐钵，kala迦罗没蹉，kuhaneci cozbo 鸠昆内耶，vasus阿注尼耶、凯地耶及伐毕迦，apsus僧凯及毕多伽，tomgha迦罗没蹉，耽没支瞿，agetas菜钵多伽、鸠那及鸠昆内耶。今后，无论何人再提出该事，将罚阉割之牲畜一头并责打70大板。此收据系由余，司书耽摩色钵之子、司书莫伽多奉执政官之命所写。其权限如生命一样，长达百年。此收据系根据柯那耶之请求所写。Tomgha僧凯断绳。[1]

通过观察以上文书，文书的格式大致为：首先是对契约文书的主题语及封印的说明。第二，以一长串的赞美祝福语带出国王在位年号作为立契时间。第三，交易双方姓名。第四，标的物，其中度量衡单位有"硒""穆立""弥里码"。第五，声明交易是在公平的前提下达成的。第六，强调交易完成后契约一方拥有对标的物的绝对所有权。第七，违约规定，大多是等价赔偿，多为牲畜赔偿，还有体罚。第八，证人数量较多，2~12人不等。第九，有专门的司书，而且其职业表现出世袭。第十，对契约的法律效力作了"权限如声明，长达百年"的强调说明。第十一，在执政官主持下举行最后的签约仪式"断绳"。这些具有特色的套语格式，显然与早期汉文契约是不一样的。

然而，有学者认为佉卢文契约的套语格式完全受汉文契约的影响，如乜小红、陈国灿二位先生通过对23份土地买卖契约和9份人口买卖契约进行分析后指出，佉卢文契约中的矩形"封检"形制源自汉代

---

[1] ［英］T.Burrow, *A Translation of the Kharoṣṭhī Documents from Chinese Turkestan,* London: The Royal Asiatic Society, 1940, p.114．王广智译：《新疆出土佉卢文残卷译文集》，载韩翔、王炳华、张临华主编《尼雅考古资料》，第248页。林梅村《沙海古卷》无此文书。

的"封检题署",并从"契式""鄯善国的内属""经济交往"三方面力证佉卢文契约对中原汉式契约的跟进与效仿。[①]另外,一些佉卢文契约中王号带有"守侍中、大都尉、奉晋大侯"[②]等字样,还有佉卢文书中借自汉语的"尺牍"(hasta—lekha)、"主簿"(cozbo),以及"书吏"(divira)的后一半"—bīr/—vira"借自汉语的"bi"(笔),[③]更使得他们坚信汉文契约对佉卢文契约的绝对影响。

单从传世文献考证而言,他们的观点没有问题,但是从佉卢文契约的内容看,并不像他们所说的那样"完全是受汉式契约的影响"。它们之间的不同,除了笔者前面所讲的佉卢文契约格式套语外,在其他相关习惯法方面也与汉文契约有明显相异:

第一,关于"鄯善"之名,据学者研究源自伊朗语"Nuava",意为"王中王",出自龟兹的木牍可以说明。[④]鄯善作为国名要晚于"楼兰"(佉卢文对音为"Krorayiṃna"),关于鄯善国之更名,《汉书》记之甚详:

> 介子遂斩王尝(安)归首,驰传诣阙,县首北阙下。封介子为义阳侯,乃立尉屠耆为王,更名其国为鄯善,为刻印章,赐以宫女为夫人,备车骑辎重,丞相[将军]率百官送至横门外,祖而遣之。王自请天子曰:"身在汉久,今归,单弱,而前王有子在,恐为所杀。国中有伊循城,其地肥美,愿汉遣一将屯田积谷,令臣得

[①] 乜小红、陈国灿:《对丝绸之路上佉卢文买卖契约的探讨》,《西域研究》2017年第2期,第64—78页。

[②] 林梅村编:《楼兰尼雅出土文书》,北京:文物出版社,1985年,第86页。

[③] 段晴:《公元三世纪末鄯善王国的职官变革》,段晴、才洛太著《青海藏医药文化博物馆藏佉卢文尺牍》,上海:中西书局,2016年,第37页。

[④] [哥伦比亚]王臣邑(DiegoLoukota):《和田博物馆藏源于龟兹国的一件佉卢文木牍》,《西域研究》2016年第3期,第65—74页。

依其威重。"于是汉遣司马一人、吏士四十人田伊循以填抚之,其后更置都尉。伊循官置始此矣。①

是见,汉昭帝元凤四年(前77年),楼兰兼并小宛、精绝、戎庐、且末后,妄自称大,远汉而近匈奴,傅介子遂奉命刺杀楼兰王安归,而立尉屠耆为王,更国号"楼兰"为"鄯善"。②前已述及,汉末对西域记载空白,这段时期刚好是贵霜文化渗透至塔里木盆地,迁入后的月氏族人将鄯善更名为"Nuava",但晋之后的汉地史官仍在史籍中称之为"鄯善",却殊不知此"鄯善"非彼"鄯善",却是源自中古伊朗语的"Nuava"。

第二,佉卢文契约中的"王中之王"的称呼源自两河流域文明,经波斯、贵霜王朝沿用,直至佉卢文书中对王的称呼亦如是。据段晴先生介绍,有些于阗王也拥有这样的称号,但并非一直拥有,只有当某任国王确实有所作为,实现了兼并其他邻国时,才自称"王中王";如果他们被打败,则要取消"王中王"的称号。③同时,在新疆和田地区出土的"汉—佉二体"钱币上面的"众王之王",亦是受到了两河流域文明的影响。④

第三,佉卢文契约中频繁出现有"dramga"一词,学者释义为"衙

---

① [汉]班固撰:《汉书》卷九六《西域传》,北京:中华书局,1962年,第3878页。
② 高启安:《傅介子刺楼兰事迹综理》,《石河子大学学报》2016年第2期,第1—9页。
③ 段晴、侯世新、李达:《于阗语大案牍——新疆维吾尔自治区博物馆藏初唐案牍研究》,载《唐研究》第二十二卷,北京:北京大学出版社,2016年,第371—400页。
④ 参见李潇:《帕提亚"众王之王"钱币的起源、发展及影响》,《西域研究》2019年第3期,第36—47页。

门""官署"。①由古印度藩王的城堡"Koṭṭa"②得知,"draṃga"是级别更低的藩王要塞,而且通过佉卢文文书"draṃga"透露出"Nuava"君主之所踪。

第四,佉卢文契约中有对女性的一些记录,如收养女孩(Kh.39),买卖(Kh.589)、交换(Kh.551)、赐予女奴(Kh.380),用女儿交换婚姻(Kh.279),等等。其中关于女性财产的继承权值得关注,如Kh.474号文书记载,只要母亲的婚姻是合法的,那么她的儿女可以均分她的财产。据印度学者阿格华尔介绍,在古印度,女方的父母通常会将彩礼的大部分返还给女儿作为婚后的财产。同样,在古巴比伦、古埃及,妇女是有财产继承权的,母亲和父亲一样拥有自己的财产,这与中国古代女儿和妻子很难拥有这种权利明显有别。③佉卢文契约中的妇女享有充分的财产权,并可参与各种交易活动,户外活动不受限制。可以拥有牲畜(如Kh.421、Kh.516、Kh.600),也可以买卖地产,"与吐鲁番出土回鹘文、汉文土地买卖契约确保买主权益的条款极为接近,然而与魏晋乃至北朝时期中原地区妇女授田仅享有土地使用权的情况却颇有不同之处。"④

第五,佉卢文契约中的复合词"书吏"("divira"),其中"divi"

---

① 段晴:《精绝、鄯善古史钩沉》,载《欧亚学刊》第七辑,北京:中华书局,2007年,第21—34页。

② [英] M.A.Stein, Kalhana's Rajatarangini, *A Chronicle of the Kings of Kashmir,Translation,* Delhi: Gulshan Books, 2007, pp.291—292.

③ [印] 阿格华尔著,徐烨、文俊红译,杨富学校:《新疆出土佉卢文简牍所见妇女的处境》,载达力扎布主编《中国边疆民族研究》第八辑,北京:中央民族大学出版社,2015年,第229—238页。

④ 文俊红、杨富学:《佉卢文书所见鄯善国妇女土地问题辨析》,《石河子大学学报》2015年第2期,第40—44页。

为"公文、档"之义,据辛姆斯考证,源自"古波斯的 dipi—,埃兰语的 tuppi,巴比伦语的 ṭuppu"①。

第六,佉卢文契约由官方插手民间交易(但后期官府干预减少),汉文契约是"任依私契,官不为理",只有在发生纠纷的时候"官为理"。二者明显有别。

第七,佉卢文契约中的违约受罚措施,除了"等价赔偿""一罚二",还有受到官府体罚的情况,如 Kh.571 契约提道:"将罚阉割之牲畜一头并责打七十大板。"②但是汉文契约多为"一罚二"、掣夺质典家资,很少有体罚的规定。

第八,中原汉文契约通常是一式二份(不过也有"单契"的现象),双方各执一份并作为凭据,而佉卢文契约仅有一份,经密封、官员"断绳"后作为收据保存在"强者"手中,这是佉卢文契约与汉文契约的不同之处。关于"封检"形制,刘文锁先生建议"我们应当注意佉卢文简牍在形制上的多样性和特殊性……佉卢文书的书写体系是相对独立的。"③相对于前述乜氏说法,后者的论点较令人信服。

丝绸之路上的文化交流是双向的。笔者并不否定汉文化在塔里木盆地的存在和影响,但是对于"佉卢文契约完全是受汉文契约的影响"的绝对性观点,笔者保留自己的拙见。彼时的塔里木盆地,从"诸古代遗址考古发掘的结果看来,此地在回教进入以前,文明上的特征乃

---

① [英] Nicholas Sims—Williams, *Ancient Afghanistan and its invaders:Linguistic evidence from the Bactrian documents and inscripions,* Proceedings of the British Academy, 116, The British Academy 2002. p.227.
② [英] T.Burrow, *A Translation of the Kharoṣṭhī Documents from Chinese* Turkestan, London: The Royal Asiatic Society, 1940, p. 114. 王广智译:《新疆出土佉卢文残卷译文集》,第 248 页。
③ 刘文锁:《沙海古卷释稿》,第 17 页。

是由中国、波斯以及印度三种文化势力混合而成的一种产物。这种混合开始的一个阶段，可以确定地说是同中亚交通在同一个时期。现在所得那种文明最古的遗物都不能比此地所得还早。但是我有许多理由可以相信当中国同西域最初交通开始，住在塔里木盆地沙漠田中的那些人民，同我们从西元三世纪时废弃的遗址中所找出的那些用另一种印欧语（Indo European）的人是同一种民族，用同一种语言。"①此说不无道理，塔里木盆地周边生活的人们不单单只跟中原发生交往，也同时与其他地区之间往来，因而说它还受到了其他文化的影响，佉卢文契约也有同样的道理。我们可以说，正是因为塔里木盆地南缘在对待外来文化时反映出无奈与兼容的态度，才使得尼雅、精绝、于阗等地出现了多种文化并存的现象，这种情况或许是丝路沿线要塞出土文物中所体现出来的共性。

二、吐蕃文契约的特点

敦煌出土的吐蕃文契约因其特殊的时代性，所以受同时期的汉文契约影响较深，但是因汉文契约本身就具有可比性，所以此处不妨将吐蕃文契约纳入与吐鲁番、黑水城等地出土的汉文契约比较中。

前述章节中对吐蕃文契约的书写格式有过大致展示，尽管我们知道，契约因性质、内容的不同而表现出多种类型，但是其共有的特点是显而易见的。第一，在吐蕃文契约中，有度量衡单位如"突""驮""硕""克""采"，部落名称如"通颊""悉董萨""阿骨萨""悉

---

① ［英］斯坦因著，向达译：《西域考古记》，北京：商务印书馆，2020年，第27页。

宁宗""丝绸部落",职官名称如"论""节儿""千户长",这具有吐蕃化的特点。第二,吐蕃时期寺院经济发挥了重要作用,借贷契约较多,赁租契约较少,因物资匮乏,像借用生活中的小刀、杯具等都要写在契约里。第三,在牲畜买卖契约中,并没有对牲畜年龄的描述,这与汉文契约不同。第四,支付手段以谷物为主,货币流通有限,跟西夏文契约有点相似。第五,在赔偿中出现有吐蕃原始习惯法的特点,如P.T.1071《狩猎伤人赔偿律》、P.T.1073《纵犬伤人赔偿律》、P.T.1075《盗窃追赔律残卷》,[①]违约受罚中有使用皮鞭的体罚。第六,担保措施中,抵押家财的现象比较普遍。第七,在新疆发现的吐蕃文契约中,使用驴、羊的频次高于使用骆驼。第八,契约末尾的签字画押环节,除了署名,多使用私人印章,而汉文契约多为"画指为记";并且吐蕃文契约的签名顺序与汉文契约不同,立契人在保人之后,而汉文契约则相反。

三、回鹘文契约的特点

回鹘文契约内容丰富,格式也显得很独特。尽管刘戈先生将回鹘文契约与汉文契约进行比较后认为,回鹘文契约中的一些习惯用语借自汉语,但是回鹘文契约本身所具有的特色不容置疑。

第一,回鹘文契约体现赤裸裸的金钱关系,这是给人最深的印象,也是它的一大特色。在契约中将"强势"一方的相关利益规定得非常明确、具体,如债务人的担保人就写为家人、亲属,证人是两人以上,也使用印章。第二,回鹘文契约有着时间上的区别,即高昌回鹘时期

[①] 王尧、陈践译注:《敦煌吐蕃文献选》,成都:四川民族出版社,1983年,第30、35、38页。

（9—12世纪）和蒙元时期（13—14世纪），①其中蒙元时期的回鹘文契约出现有"中统宝钞""罚贡"（毁约方不仅要赔偿未毁约方，还要被当时的统治者处罚相关东西，其中蒙古贵族的地位优先于高昌"亦都护"）等现象。而在高昌回鹘时期，交易时支付方式多用"官布""棉布"（不仅有尺寸规定，而且有官府印章，假若掉色了后，重新洗后再盖章使用）。第三，高利贷现象比较突出。第四，土地买卖契约中，对土地的"四至"规定很严格，这也是高昌回鹘时期的特点。第五，回鹘文契约的签订比较自由，并不像佉卢文契约、汉文契约（虽有"民从私契，官不为理"；但是到唐代之后，逐渐"官为理"，尤其是"市券"出现，再到宋后，"红契"流行起来，都是"官为理"的体现）、吐蕃文契约那样受到官府的干预。第六，对于契约双方参与者的称谓，书契人是以第一人称"我"的口吻书写的。②这一点在蒙古文契约文书的称谓中也有，如 F61:W6：

猪儿年三月二十九日。

我们㲽儿只，给这些乌密即兀束，温迪省忽里，鲁即赛斋，拽白失吉，李省吉们五人开具收据。

这五人处，搬运仓粮的番役已经到达。五石五斗白米，由我㲽儿只运送至注入仓粮的地方。运送这些米产生的损耗，每石各给一斗。其工钱合计五十五锭钞，我当日直接确认领取了。其工钱，在运至彼处之前，若出现任何怠慢或过失，我㲽儿只偿还。还有，此

---

① 刘戈：《回鹘文契约断代研究》，北京：中华书局，2016年，第19—67页。同见乜小红：《试论回鹘文契约的前后期之分》，《西域研究》2016年第3期，第24—29页。

② 张铁山、崔焱：《回鹘文契约文书参与者称谓考释——兼与敦煌吐鲁番汉文文书比较》，《西域研究》2017年第2期，第79—84页。

后运来（仓粮）时，若再讨要工钱，则将领取的锭，一个上加一个奉还，依圣旨治重罪。

为此，给了这份证文。

按五石五斗给五斗仓粮（计算？）

此花押是申尕儿只（的）。此花押是给予证文的同伴（就是同立文字人）…（的）。证人我沙加巴。证人［我……］。［证人，我］昔儿失。①

从这份契约看，立契时间为猪年，与回鹘文契约、吐蕃文契约的十二生肖纪年一样。称谓词和回鹘文契约类似，也是使用"我"的口吻叙述。申尕儿只不仅负责开收据，而且承包了以前由五人转流搬运地租（五石五斗已经脱去皮壳的谷物）的差事，由申尕儿只一人负责把地租运到接受地租人那里。契约的末尾有此人的花押。可见，"蒙古人在书写文化、文书文化和各种契约惯行上，受到了回鹘文化的很大影响"②。

值得注意的是，"若再讨要工钱，则将领取的锭，一个上加一个奉还，依圣旨治重罪"，类似《元典章》中的"一本一利"之规定。而且从"依圣旨治重罪"以及蒙元时期的法典规章制度看，元代对民间惯例的管控是相当严格的，如在土地交易中，"质压田宅依例立

---

① ［日］吉田顺一、チメドドルジ编：《ハラホト出土モンゴル文书の研究》，东京：雄山阁，2008，第36页。引文转自［日］松井太著，白玉冬译：《黑城出土蒙古语契约文书与吐鲁番出土回鹘语契约文书——黑城出土蒙古语文书F61:W6再读》，《北方文化研究》第七卷，2016年，第210页。

② ［日］松井太著，白玉冬译：《黑城出土蒙古语契约文书与吐鲁番出土回鹘语契约文书——黑城出土蒙古语文书F61∶W6再读》，第210页。

契"①"田宅不得私下成交"②"典卖田地给据税契"③等，体现出与回鹘文契约不同的地方。

日本学者松井太认为，契文中的"yanud（~ yanud）"是借自回鹘语"yanut"（~ yanud），汉译为"收据，票据"，而非人名"vabtan"（"瓦不坛"）。另有一些词借自其他语，如"šakyaba"借自藏语"sākya dpal"的人名"šakyabal"（>沙加班）的异体，"sirsi"来自汉语"禅师"的回鹘语"šenši"的借词。不仅如此，这份蒙古文契约中还表达有西夏语的一些词汇，如西夏姓氏"于弥，兀乜，乌密""鲁即;罗辑""拽臼;拽厥"，以及人名"即兀束"等。④反映了蒙古契约文书中受到其他文化因素的影响，彰显了丝绸之路沿线不同民族间的文化交流。

四、西夏文契约的特点

西夏文契约与汉文契约有很大的相似性，立契时间使用皇帝年号，文书格式与套语几乎与同时期的汉文契约文书无异。但是，西夏文契约也有一些特点：第一，契约中出工抵债的现象比较明显。第二，粮食借贷契约较多，具有典型的"春借秋还"特征，借贷多为有息借贷，且利息有年息、月息、日息。第三，和汉文契约不同的是，西夏文契约中没有提及交易原因。第四，寺院参与放贷，而且有些放贷者如"梁征喇嘛"，在很多契约中多次出现。第五，交易完成后，债务人需阐

---

①洪金富校定：《元典章》卷十九《户部五·田宅》，台北："中央研究院历史语言研究所"，2016年，第715页。

②洪金富校定：《元典章》卷十九《户部五·田宅》，第716页。

③洪金富校定：《元典章》卷十九《户部五·田宅》，第719页。

④［日］松井太著，白玉冬译：《黑城出土蒙古语契约文书与吐鲁番出土回鹘语契约文书——黑城出土蒙古文书F61:W6再读》，第208、205页。

明自己是在心甘情愿的前提下签署，使用的词语是"本心服"。第六，担保人多使用"同立契者""同借者""同知人"，证人书写为"知人"。以上大致是西夏文契约的一些特点，其他方面多与汉文契约相似。

综上所述，西北地区出土的诸民族契约在文书格式上既有着相似之处，又有一些自身的特点。第一，从以上列举的佉卢文契约、汉文契约、吐蕃文契约、回鹘文契约、西夏文契约的文书格式看，契首都是立契的时间。不同的是契约时间的纪年方式有差异，佉卢文契约、于阗文契约使用君王在位年号，契首带有赞美国王的祝福语，类似于今天我们在写报告书时使用"尊敬的"一样；在立契时间前面写有契约的主题语及封印的说明，这是与其他契约不同的地方。汉文契约、西夏文契约的立契时间使用皇帝年号。敦煌出土的一些汉文契约时间使用干支纪年法。吐蕃文契约、回鹘文契约和蒙古文契约的立契时间比较相似，都是使用十二生肖纪年。粟特文契约的立契时间比较特殊，既有封号，又有君王年号，也有十二生肖纪年，还有粟特历，凸显了不同文化的交流与互融。这是关于诸民族契约文书的立契时间的异同。

第二，诸民族契约的实质性内容，表现出丰富的内涵和契约精神。虽然这些契约在使用时间上有着前后的差距，如佉卢文契约多为汉晋时期，粟特文契约为北朝至唐，吐蕃文契约为唐代，回鹘文契约、蒙古文契约为唐至蒙元时期，还有西夏至元的西夏文契约。但从文书格式以及内容看，却有一些相似之处。不论是借贷契约、买卖契约，还是赁租契约、雇佣契约，或是养子契约，它们的文书格式大致主要分为：立契时间、契约双方、交易性质或方式、标的物（既有土地、房屋、牲畜，又有粮食、银钱，甚至是奴隶），规定有违约受罚措施，以及担保措施（人的担保、物的担保），契约末尾为见证人、签署画押等。

1. 在土地买卖契约中，汉文契约、回鹘文契约、西夏文契约往往标明土地的"四至"。有的土地买卖连同地上的房屋、果园一起出卖。

2. 在汉文契约、吐蕃文契约、回鹘文契约、西夏文契约中，非常明确地写明债务人的义务，如果债务人无力偿还，则由债务人的亲属，也就是汉文契约中提到的"保人"来偿还。有趣的是，关于债务人的亲属关系，在粟特文契约中也有提及，比如，买者为张姓"'wt'"的儿子"y'nsy'n"，卖者为"tws'kk"的儿子"wxwswβyrt"，都有亲属关系的文字性说明。这体现了契约的家族承担制度，或者说保证制度。

3. 在佉卢文契约、吐蕃文契约中，利息现象表现得不太明显。但在回鹘文契约、西夏文契约、蒙古文契约中，利息现象较明显，尤其是回鹘文契约，放高利贷特别盛行，甚至出现专门形容这一现象的术语"羊羔利"。

4. 为了保障债权人的利益不受损失，保证契约的有效性，对违约行为做了处罚规定，如佉卢文契约中的"等价赔偿"，汉文契约、吐蕃文契约、西夏文契约中的"一罚二"，吐蕃文契约还有多倍赔偿，回鹘文契约中规定毁约方除了给未毁约方赔偿外，还要给蒙古皇帝和当地执政者"罚贡"、上交官府，佉卢文契约（杖刑）、吐蕃文契约（鞭刑、杖刑）、回鹘文契约甚至还有体罚。汉文契约多为"一罚二"，西夏文契约也有罚交官府。

5. 关于书契人，佉卢文契约、粟特文契约都反映是奉执政官之命而写，说明官府参与民间交易，管控逐渐加强。而这一特点在蒙古文契约、西夏文契约中表现得更明显。唯独回鹘文契约显得比较自由，书契人是以契约双方"我"的口吻书写，只要契约主体双方达成协议，再有保人、见人做证，便可形成交易。

6. 契约的最后是证人、见人、保人，文末还要签字画押。

第三，从诸民族契约文书的内容分析的话，它们又具有各自的特点，如佉卢文契约、粟特文契约、于阗文契约具有明显不同于汉文契约的特色。本节既归纳了诸民族契约书写格式的特点，也说明这些特点是诸民族契约书写格式之间的不同之处。

第四，通过比较契约文书的格式、内容，我们发现在西北出土的诸民族契约文书中，既有本民族内习惯行用的契约模式，又有互相借鉴、互相吸收的一面。其中，西夏文契约、回鹘文契约、吐蕃文契约受汉文契约的影响较大，而蒙古文契约又受回鹘文契约、西夏文契约的影响较深。但是，佉卢文契约、粟特文契约受印欧契约文化的影响较大，如贵霜文化在塔里木盆地的渗透，粟特人在丝绸之路上活跃的贸易，都有可能将西方的契约文化带入丝路沿线一带。而汉文化的高度发达，又对这一杂糅性的契约文化起到了规范与完善，以至于这些契约文书彰显出相似的一面，又显现出不同的特色。虽然我们不能尽说所有的民族契约文书格式皆受汉文契约的影响，但可以肯定的是，丝绸之路沿线出土的诸民族契约之间所体现出的契约精神值得今天的我们继承和发扬。

第三章 契约所见西北诸族借贷利率之民间习惯法

在西北出土的诸民族契约文书中，借贷契约的种类普遍较多，而且借贷利息是一个饶有趣味的话题。如西夏文借贷契约中既有年息，还有月息、日息；汉文契约中有月息10%左右的情况，尽管唐代官方律令规定月息不能超过5%或者6%，但是民间仍有超过此规定的现象。另如在回鹘文契约中，其"羊羔利"比较盛行，一度成为高利贷的代名词。笔者经过对比后发现，契约的内容中仍有很多问题需要做进一步的探讨。接下来的三章将围绕契约文书中的借贷利息、违约纳罚和担保人做一析论，以便更好地再现契约文书的全貌，了解契约文书背后的习惯法。

虽然西北出土契约是用不同的文字记录当时人们的经济交往和社会活动时的场景，但都不同程度地涉及了借贷利息这一普遍的现象。不得不说，对契约文书借贷利息的研究，将有助于对古代西北地区民族以及政治、经济、社会、文化等方面深入的了解，对研究西北诸民族契约文书之契约精神，乃至民间社会习惯法大有裨益。

本章根据契约文书的时间先后顺序，重点选取佉卢文契约、汉文契约、吐蕃文契约、回鹘文契约、西夏文契约，着重对其借贷利息这一现象做一比较分析。

第一节 佉卢文书所见鄯善国借贷利息惯例

佉卢文契约约有 50 多份，其中买卖契约最多，借贷契约所占分量不多，涉及借贷利息的文书也相对较少，这与其他民族契约稍有不同。但是这并不影响对佉卢文借贷利息的讨论，因为仍有一些契约涉及债务纠纷，而且契约中提到了有关利息的文字。下面将有关借贷利息（或者涉及债务纠纷）的文书制作表格如下：

表 3

卷号	页码	主要内容	参考文献[①]	备注
Kh.6	36/186	索左罗等欠人骆驼一峰	林本/王译本	
Kh.24	44/188	左勒向沙毗伽索要马债	林本/王译本	
Kh.35	50/190	阻止苏耆陀清查丝债	林本/王译本	商贾来自汉地
Kh.59	266/192	已贷放出去之谷物到期须还	林本/王译本	
Kh.62	60/193	乌波格耶给黎弥耶借马一匹	林本/王译本	继承人拒还马
Kh.68	62/193	应将谷物及附加物一起追回	林本/王译本	追债
Kh.100	270/195	谷物借贷，分期支付利息	林本/王译本	不得再拖延
Kh.113	273/196	差役/债务人	林本/王译本	二者释读有异
Kh.130	23/275	原来之债务	贝罗本/林本	王译本Kh.128
Kh.140	277/199	贷放之谷物，利息	林本/王译本	记录详细
Kh.142	66/199	借粮食一弥里码一硒	林本/王译本	借一还二

---

① 分别参见：[英] T.Burrow, A Translation of the Kharoṣṭhī Documents from Chinese Turkestan, London: The Royal Asiatic Society, 1940. 王广智译:《新疆出土佉卢文残卷译文集》，载韩翔、王炳华、张临华主编《尼雅考古资料》(内部刊物)，乌鲁木齐：新疆社会科学院，1988年。林梅村:《沙海古卷——中国所出佉卢文书（初集）》，北京：文物出版社，1988年。

第三章　契约所见西北诸族借贷利率之民间习惯法

续表

卷号	页码	主要内容	参考文献	备注
Kh.162	282/202	关于酥油赊欠，欠税/欠债	林本/王译本	
Kh.165	284/202	有欠税现象，按数赔偿	林本/王译本	记录详细
Kh.195	36/205	应以价值相等之骆驼偿还	贝罗本/王译本	祭祀，有年号
Kh.209	39/206	妇女卖价为七岁之骆驼一峰	贝罗本/王译本	有年号，违约
Kh.211	288/207	利息，酥油	林本/王译本	
Kh.272	81/213	对战事期间债务的规定	林本/王译本	信息含量多
Kh.295	88/214	日友起诉陆都借用女孩鸠迪	林本/王译本	
Kh.345	66/221	借谷30弥里码，借酒15硒	贝罗本/王译本	司法案例
Kh.357	99/223	战事期间债务	林本/王译本	类似272号
Kh.370	298/226	楼兰人，债务人	林本/王译本	
Kh.378	300/227	借到thubadauna	林本/王译本	
Kh.393	108/229	一男子在特罗县欠款20穆立	林本/王译本	
Kh.420	85/232	欠骆驼一峰，还清后的凭据	贝罗本/王译本	又疑似抵押
Kh.468	117/235	赔偿，绝不可抬价过高	林本/王译本	牟利现象
Kh.494	124/238	金债，于阗人抢劫前的债务	林本/王译本	记录详细
Kh.502	125/239	借水，排水口，赔偿损失	林本/王译本	
Kh.506	98/239	借用奴隶，赔偿奴隶	贝罗本/王译本	刘本引用[1]
Kh.509	126/240	苏伐耶借马给人猎鹿致马亡	林本/王译本	私有财产
Kh.530	131/243	谷物及利息，骆驼	林本/王译本	谷物与骆驼价

---

[1] 刘文锁先生从债的角度，认为该文书是一份有关债的复杂案例，指出奴隶从本质上被视为物，并做了详细说明。详见刘文锁：《沙海古卷释稿》，北京：中华书局，2007年，第217页。

续表

卷号	页码	主要内容	参考文献	备注
Kh.539	232/244	酒、谷物的利息	林本/王译本	秋天
Kh.567	139/247	酒债，赔偿	林本/王译本	
Kh.570	113/248	因欠债转手骆驼一峰，后亡	贝罗本/王译本	赔偿
Kh.588	124/254	已付清全部债款	贝罗本/王译本	付清债后契约
Kh.629	142/257	在龟兹作难民时欠人之债	林本/王译本	债主不得索要
Kh.719	147/265	欠债后被债主将其妇女强奸	林本/王译本	女为私有之物

文书中的弥里码（milima）、硒（khi）皆为货币单位，据学者研究，1弥里码相当于20硒。[①]货币单位进而又演化为度量衡单位，如Kh.142有"借粮食一弥里码一硒"之谓，意思即为借价值为一弥里码又一硒的粮食。

由表3可见，涉及借贷或者与债务有关的佉卢文书约有36份。虽然它不像其他文字书写的借贷契约那样有完整的记录借贷物、买卖双方、归还期限、利息、违约纳罚、保人、见证人等信息，但通过对零散的各份文书联系比较，可以找寻出佉卢文借贷契约及其借贷利息的一些相关信息：

第一，欠债是一个普遍的现象，这不仅在表3里的文书中有体现，而且在其他类文书中亦有明显地反映。如上表Kh.59号文书：

[①] 可参林梅村：《沙海古卷——中国所出佉卢文书（初集）》，第156页。杨富学：《佉卢文书所见鄯善国之货币——兼论其与回鹘货币之关系》，《敦煌学辑刊》1995年第2期，第88页。段晴：《中国国家图书馆藏BH5—31佉卢文买卖土地契约》，载朱玉麒主编《西域文史》第六辑，北京：科学出版社，2011年，第1—16页。

（封牍正面）

致人皆爱慕之亲爱……（封牍背面）

1 已由彼送去，应在那里核查……税收业已登记，全部税收应从速交

2 司税阁尔格、税吏安耆和蹉伽送来。关于税收和人名，

3 现已登记。每人各自之货物须分开带来。至于已贷放出去之谷物，

4 到期须还者亦应一并带来。

又如表 3 Kh.100 号文书：

（矩形木牍背面）

1 鸠波信陀谨祝人神崇敬、人皆爱慕、亲爱之州长林苏兄

2 身体健康、万寿无疆，并致函如下：汝处

3 有余借贷出的谷物。关于汝，色尼伽和苏耆陀……汝处谷物……

4 余虽如此说，但彼却说，汝处有两笔分期支付之利息，不得再拖延一年，汝处

5 那笔利息系两笔分期支付的利息……和色尼伽之谷物……还有，余现派詹贝耶前去，无论……处之谷物……

（矩形木牍正面）

1 汝得调查这一切。此外……谷物，现在这笔谷物在众军手中……

2 众军声称，这些谷物未和其他谷物一同入帐，务必让众军

3 将这些谷物和其他谷物一同入帐；还须让彼将谷物从司帐昆格耶处领回并作清查。

4 汝应注意，汝手中的谷物和众军手中的谷物。

从这两份文书看，拖欠债务比较常见，借贷出去的多为谷物，而且是有利息，这个借贷利息是分期付款，这一点给了我们启示：其他民族契约中的借贷利息为何那么高，债务人是否也有通过分期还款的可能。

笔者注意到，佉卢文契约多与司法判例有关，一份文书既是经济文书，又是法律文书，最能体现当时当地的习惯法。这两份文书表明，借贷出去的谷物是有归还期限的，至于期限多少没有具体说明，但从其他文书，如上表 Kh.527 号和 Kh.539 号文书推测谷物归还期限应该是"秋天"，如 Kh.527 号文书：

> 兹于16年12月20日，苏笈多（Suġuta）及色伐迦（Svaka）关于12手长之地毯（carpet）及6米里马（milima弥里码——笔者注）谷物（corn）提出诉讼。关于该事，曾由色伐迦发誓（oath）。苏笈多曾当主簿（cozbo）耽没阇迦（Taṃjaka）之面阻止色伐迦发誓（sworn）。为此，色伐迦放弃12手长之地毯，6米里马谷物应由苏笈多付给色伐迦。现在应付谷物3米里马，（其余之）3米里马**谷物于秋天**（autumn）**付清**。关于12年手长之地毯，双方均不付款。①

关于佉卢文文书中的"cozbo"，学术界有多种说法，一种意见来自伊朗语 čizdahvant，意为"阐释者"②；另一种意见认为来自汉语的"侍

---

① ［英］T.Burrow, *A Translation of the Kharoṣṭhī Documents from Chinese Turkestan*, London: The Royal Asiatic Society, 1940, p. 104. 王广智译：《新疆出土佉卢文残卷译文集》，第243页。引文作了改动，下同。

② ［英］T. Burrow, *The Language of the Kharosthī Documents from Chinese Turkestan*, Cambridge at the University Press, 1937, p. 91.

中"①；第三种意见译为"州长"②。段晴先生利用在青海等地新发现的佉卢文书，以"cozbo Sojaka"（索哲伽）为例，认定"cozbo"实际上是从汉地借来的官衔名称，恢复为汉语，正是"主簿"。③可从。

是知，这是一份关于12手长之地毯与6弥里码谷物的诉讼文书，而且"发誓"成为口头担保的重要组成部分，这在其他文书中也常见。"手长"作为一种长度单位，1"手长"相当于43厘米左右，④古代一般被用来度量布匹、地毯等物资。诉讼结果为6弥里码谷物分期支付，当时先付3弥里码，剩下的在秋天支付。上表Kh.539号文书也记载了谷物归还的期限为秋天：

1 ……文书，来自……波格耶（Pǵaya）和阿般那（Apena）取酒八硪（khi），谷物三弥里码，羊一头。

2 ……**于秋天**取酒四硪。第二次，酒之利息为四硪，**谷物利息**（interest）为……三硪，谷物三弥里码。

3 **秋天**……总值共计十九。**于秋天十月份**……

4 ……一目厘。乌波格耶……⑤

---

①参见土登班玛：《鄯善佉卢文书所见王号考——兼论所谓"侍中"》，《中国边疆史地研究》1992年第3期，第79页。林梅村编：《楼兰尼雅出土文书》，北京：文物出版社，1985年，第86页。

②林梅村先生在《沙海古卷——中国所出佉卢文书（初集）》中多次使用"州长"这一概念。

③段晴：《公元三世纪末鄯善王国的职官变革》，段晴、才洛太著《青海藏医药文化博物馆藏佉卢文尺牍》，上海：中西书局，2016年，第41—45页。

④［日］吉崎伸：《ニヤ遗迹における尺度について》，载日中共同ニヤ遗迹学术考察队编著《日中共同尼雅遗迹学术调查报告书》第二卷，京都：中村印刷株式会社，1999年，第215—222页。

⑤林梅村：《沙海古卷——中国所出佉卢文书（初集）》，第232页。

这里不仅提到了酒，还有谷物、羊。酒和谷物都有利息，谷物的利息因文字残缺不得而知，但酒的利息在第二次为4硒，第一次有"取酒八硒""取酒四硒"，假设第一次借的酒为8硒，没有利息，第二次借的酒为4硒，利息为4硒，那么总共借了12硒，共还16硒，相当于第一次借的一倍。换句话讲，第一次没有利息，借8硒还8硒，第二次利息翻一倍，借4硒，还8硒。文中出现有"硒"（chous）、"弥里码"（medimous）、"目厘"（mūlya）的计量单位，"弥里码"在文书中常跟"硒"同时出现，其单位似乎比"硒"要大，1"弥里码"等于20"硒"，多用于谷物类，有人指出"1弥里码等于20公斤谷物"[①]。"硒"多用于酒类，但二者的使用范围并不局限于此，有时谷物也会用"硒"，"弥里码""硒"源于希腊语。佉卢文、于阗文中的"目厘"似乎皆源于梵语，也是一种度量衡单位，但它单独使用，似乎与容量或重量无关。不过，1"弥里码"也相当于1"目厘"，即1"目厘"等于20"硒"。[②]需要注意的是，文中加粗、斜体为所借之物的归还日期。

有一些文书反映了"牟利"的现象，为此当地官府加以干涉，如上表Kh.468号文书规定"诸领地彼此间做得都不合法。有势力的领地虐待某些领地……不论大小有多少包，按此方式将或多或少……绝不可抬价过高……"[③]。还有文书显示欠债还清后立有契据，如上表Kh.420、Kh.588号文书，其中Kh.420号文书记述了鄯善王马希利

[①] 段晴：《中国国家图书馆藏BH5—31佉卢文买卖土地契约》，载朱玉麒主编：《西域文史》第六辑，北京：科学出版社，2011年，第1—16页。同见段晴《元孟八年土地买卖楔印契约》，段晴、张志清主编《中国国家图书馆藏西域文书：梵文、佉卢文卷》，上海：中西书局，2013年，第193—201页。

[②] 参见林梅村：《沙海古卷——中国所出佉卢文书（初集）》，第156页。刘文锁：《沙海古卷释稿》，第317—328页。

[③] 林梅村：《沙海古卷——中国所出佉卢文书（初集）》，第117页。

（Mayili，295—324年）在位之27年的契据：

> 兹于伟大国王、上天之子夷都伽摩夷利陛下在位之27年1月24日，korara剑阇迦（Kaṃjaka）欠ari舍罗色钵（Śaraspa）vyala骆驼一峰。当ari舍罗色钵（Śaraspa）将要死时，彼留一命令（injunction）给彼姊妹舍利耶（Śariyae），要彼索取剑阇迦（Kaṃjaka）所欠之骆驼。现剑阇迦愿将四岁之骆驼一峰交回给舍利耶（Śariyae）及色伐利没摩（Śrivaṃma）。为此（？）剑阇迦（Kaṃjaka）取返putǵetsa一峰及六arohaǵa muli。证人为阿利娑（Ariśa），妇女犀伐色利耶（Sevaśrryae）；第二次之证人为kala注伽比（Cuǵape），舍摩耶没那（Ṣamayaṃna），啰苏（Larsu）及vasu鸠尼多（Kuňita）。并已断线为凭（The thread was cut）。自今以后，舍利耶（Śariya）及苏伐没耶（Suvaṃma）〔……①

上表中Kh.588号文书也是鄯善王马希利（Mayili）在位时期的一份文书，是典型的欠债还清后的契据，现将其摘录如下：

> 此一有关收到毕多伽（Pitǵa）之财产之文件，由司书苏难多（Sunaṃta）妥为保存。
> 此系vasu莫祇（Moǵi）及毕多伽之印。
> 兹于伟大国王、上天之子夷都伽·摩夷利陛下(majesty)在位20年10月17日，有一男人毕多伽。彼对司书苏难多要求还款。现毕多

---

① 引文依据贝罗本，对王译本有改动。见［英］T.Burrow, *A Translation of the Kharoṣṭhī Documents from Chinese Turkestan*, London: The Royal Asiatic Society, 1940, p.85. 王广智译：《新疆出土佉卢文残卷译文集》，第232页。

伽及司书苏伽没多已作了和解。双方现已同意。司书苏难多**现已付清全部债款**，毕多伽**已将债款收讫**。自今以后，毕多伽无权再向苏难多要求偿款，并不得取财产。证人为贵人vasa莫祇耶（Mogiya）及杰耶迦（Jeyaka），tasuca凯都吉耶（Catuġeya），僧人僧伽罗支（Saṃgharachi），钵列耶（Pleya）及达米凯（Dhameca）。①

第二，借贷的物品大多是谷物、酒、酥油、水等，还有动物如骆驼、马，骆驼和马出租要收取租金，但当时法律规定"将他人私有之物借予别人，殊不合法"，多指官家牲畜，这说明：1. 当地政府颁布法律对个人的私有财产进行保护；2. 法律禁止将属于皇家所有的畜群私自借予他人。值得注意的是，奴仆也有被借的现象，如 Kh.209、Kh.295、Kh.506 号文书，一般是被借去干活，但 Kh.719 号文书显得比较特殊，显示是女仆主人欠了债，因没有及时还债，结果引来债权人将该女仆强奸，进而提起诉讼：

1 威德宏大、伟大之国王陛下（majesty）敕谕，致元老陆都耶谕令如下：今有黎弥那（Lýimiṃna）向本廷

2 控告，有一vesi女子，名曰詹檀若耶（Caṃtaṃnoae），被沙迦贝耶（Saġapeya）和伏伽（Pġo）从彼处无理拉走，并将其强奸。关于此事，此处已再三发出楔形泥封木牍（sealed wedge-tablet）。

3 时至今日，汝尚未作出任何裁决，这样实在不妥。当汝接到此楔形泥封木牍时，应即刻对此案详加审理。该女子詹檀若（Caṃtaṃnoae）系私有之物，

---

① ［英］ *T. Burrow, A Translation of the Kharoṣṭhī Documents from Chinese Turkestan*, London: The Royal Asiatic Society, 1940, pp.124—125. 王广智译：《新疆出土佉卢文残卷译文集》，第254页。

4 应交还黎弥耶（Lýimiṃna）。**彼欠**沙迦贝耶（Saġapeya）和伏伽（Pgo）**之物，亦应偿还**。若并非如此，汝不能澄

5 清此案，应将彼等拘捕，送至本皇廷。①

第三，战事期间所欠的债，债务人不得索要，等战事平息后再论。如上表 Kh.35、Kh.272、Kh.357、Kh.494、Kh.629 文书等，其中 Kh.35 号文书是关于汉地商贾的丝债，封牍正面写有"致州长怖军和税监黎贝（Lýipeya）"，封牍背面写着"应阻止苏耆陀（Suġita）。现在没有商贾（merchants）自汉地来，可不必清查（investigated）丝债。至于橐驼之事，应烦劳檀支那（Taṃcina）负责。待自汉地来的商贾抵达时，务必清查丝债。若发生纠纷（dispute），朕将于王廷（royal court）亲自裁决。"②Kh.357 号文书针对当地百姓"因旧债务纠缠不休"，国王给州长索阇伽（Soṃjaka）敕谕"应禁止彼等。待国家安定时，再作清算。关于国境被掠后债务偿还问题，须调查彼等如何解决此类事宜。和以前一样，由汝处派遣税监和随从人员"，③说明了处理债务偿还的相关细节。Kh.494 号文书是关于帕耆那（Paġina）"向修爱（Mochapriya）索取国境被掠以前欠下的金债"，为此，国王敕谕祭司、州长："法律规定，于阗人抢劫国境以前的债务，不能清算。"④Kh.629 号文书提到"在龟兹当难民时欠下的债务，关于这笔债务，债主不得索要。"⑤

---

①引文依据贝罗本，对林本有改动。见［英］T. Burrow, *A Translation of the Kharoṣṭhī Documents from Chinese Turkestan*, London: The Royal Asiatic Society, 1940, pp.143—144. 林梅村：《沙海古卷——中国所出佉卢文书（初集）》，第147页。

②林梅村：《沙海古卷——中国所出佉卢文书（初集）》，第50页。

③林梅村：《沙海古卷——中国所出佉卢文书（初集）》，第99页。

④林梅村：《沙海古卷——中国所出佉卢文书（初集）》，第124页。

⑤林梅村：《沙海古卷——中国所出佉卢文书（初集）》，第142页。

上表 Kh.272 号文书同样提到了以上文书中的债务处理问题，还透露了当时地区间的紧张关系，似乎存在政令不达或者执行不力的情况，反映了信差的租金由政府支付，并允许役使官方牲畜；尤其是对于战争期间所欠的债务，规定战后再处理，信息含量之大，兹录于下：

（皮革文书正面）

1 威德宏大、伟大之国王陛下（majesty）敕谕州长索阁伽（Soṃjaka），汝应知悉朕所下达之

2 谕令（command）。……州邦之百姓

5 任其自由，但彼等不可在城内骚扰。去年，皇家之苏克（śuka）酒已在汝处征收。现传闻税监（tax-collectors）和差役（officials）已将征收到的酒全部饮完（used up）。当汝接到此命令书时，应即刻从速全部

6 征收去年之苏克酒和今年之酒，并应倒在一起。司税（yatma）派帕尔怙陀（Parkuta）在汝处征收kuvana, tsaṃghina和koyimaṃdhina三种谷物，并存放于城内所有官府。现在

7 应征收kuvana, tsaṃghina和koyi……谷物并……于城内。是时，若有信差（letter-carriers）因急事来皇廷，应允许彼从任何人处取一头牲畜（beast），*租金*（the hire）*应按规定租价*（regular rate）*由国家支付*。

8 国事无论如何不得疏忽。饲料紫苜蓿（lucerne）亦在城内征收。caṃdri、kamaṃta、rotaṃ茜草（madder）和curoma均应日夜兼程，速送皇廷。据传闻，汝州之百姓正为*旧账*（old debts）

9 相互敌仇（harassing）。*应阻止富人纠缠*（persecuting）*负债*

者。*当汝处安定下来*，没有于阗进犯而国境巩固时，*彼等再偿还债务*。还传闻

10 汝处出身名门之公职人员（serviceable）不服从州长索阇伽（Soṃjaka），彼等这种行为，殊不妥当。朕现已将汝州交给索阇伽一人管理，州中之事不能每人都来治理。今后，不得拒不服从彼。凡不服从州长索阇伽者，

11 应送至皇廷，于此受到处罚。

兹于11月7日。

（皮革文书背面）

致州长索阇伽①

第四，从一些带有利息字样的文书可以得知，佉卢文借贷契约是有利息的，如上表 Kh.100、Kh.140、Kh.142、Kh.211、Kh.468、Kh.530、Kh.539 号等文书。其中，Kh.100 号文书提到"汝处有两笔分期支付之利息，不得再拖延一年"②、Kh.140 号文书"这笔谷物和利息应向众军（Saṃghasena）讨还。关于 vaṣḍhigaiṃ 之谷物和来自耕地之谷物，应分别立账。Panimcana 之谷物为十硒。这笔账目应和利息一起登记。关于以前之谷物，账目应逐年详细登记"。③ Kh.211 号文书"还有，去年之税收……以及汝前日交鸠那色那（Kunasena）之利息，并非酥油（ghee）五硒。此处仅收到酥油二硒，尚欠

---

① 林梅村：《沙海古卷——中国所出佉卢文书（初集）》，第81页。
② 林梅村：《沙海古卷——中国所出佉卢文书（初集）》，第270页。
③ 林梅村：《沙海古卷——中国所出佉卢文书（初集）》，第277页。

二硒"。① Kh.530 号文书"当汝接到此楔形泥封木牍时，应即刻对此亲自详细审理，确认是否如此，承诺此事已有多年，应给橐驼一头，或归还谷物及利息"。②

虽然很多文书提到了相关"利息"字样，但很少有完整的文字，即使如 Kh.539 号文书中记有"酒之利息为四硒,谷物利息为……三硒,谷物为三弥里码"③，仍因前后文字残缺不得而知。唯有 Kh.142 号文书提到了"借一还二"，并且说这是"按照惯例"，可见当地借贷契约应有"借一还二"的习惯法，兹录于下：

封牍正面

致州长车摩耶（Jihmaya）和税监黎贝耶（Lýipeya）

封牍背面

1 黎贝耶曾借粮食一弥里码一硒。**按照惯例借一还二**，务必按此方式

2 将粮食还给税监黎贝耶。④

该文书虽短短数语，却为我们揭示了黎贝耶所借的粮食利息相当于一倍，而且从"按照惯例借一还二"来看，这是当时当地借贷粮食时遵循的一种习惯法，因此，该文书显得极其珍贵，具有重要的史料价值。

另外，我们在一些文书中发现有放贷者鸠波信陀（Kupṣiṃta，如 Kh.100、Kh.140、Kh.345）、黎贝耶（Lýipeya，如 Kh.83、Kh.142）、

---

① 林梅村：《沙海古卷——中国所出佉卢文书（初集）》，第288—289页。
② 林梅村：《沙海古卷——中国所出佉卢文书（初集）》，第131页。
③ 林梅村：《沙海古卷——中国所出佉卢文书（初集）》，第232页。
④ 林梅村：《沙海古卷——中国所出佉卢文书（初集）》，第66页。

苏怙陀（Suǵuta，如 Kh.524、Kh.526、Kh.530、Kh.538、Kh.542、Kh.551）等人多次出现，这是值得关注的。

第二节 汉文契约所见唐元时期民间借贷之利率

关于汉文借贷契约的利息研究，学界多与借贷契约的种类联系起来，如玉井是博将借贷物质分为借钱、借绢、借粮、借地、雇驼等[1]；仁井田陞将借贷物分为动产、不动产和人质，并称民间借贷为消费借贷[2]；堀敏一将借贷分为粮食、布帛、诸寺诸色破除历、诸便麦牒[3]。以上分类主要是围绕敦煌、吐鲁番等地出土的汉文借贷契约内容做的划分。谢和耐、童丕、韩森亦有相关的研究，其中，谢和耐对敦煌出土文书中寺院经济进行了研究[4]；童丕对借贷主体与粮食借贷、织物借贷阐释了自己的观点[5]；韩森提到了吐鲁番出土文书中的高利贷"红人"左憧憙，以及蒙元时期之后的汉文契约情况。[6]国内

---

[1]［日］玉井是博：《支那西陲出土の契》，《京城帝国大学創立十周年紀念論文集（史學篇）》，1936年，收入玉井是博著《支那社會經濟史研究》，东京：岩波书店，1942年，第291—340页。

[2]［日］仁井田陞：《中國法制史研究》第四册，《土地法、取引法》第十章《敦煌發現の唐宋取引法關係文書》，东京：东京大学东洋文化研究所，1960年。

[3]［日］堀敏一：《唐宋間消費貸借文書私見》，《鈴木俊先生古稀紀念東洋史論叢》，1975年，第365—389页。

[4]［法］谢和耐著，耿昇译：《中国五—十世纪的寺院经济》，兰州：甘肃人民出版社，1987年。

[5]［法］童丕著，余欣、陈建伟译：《敦煌的借贷：中国中古时代的物质生活与社会》，北京：中华书局，2003年。

[6]［美］韩森著，鲁西奇译：《传统中国日常生活中的协商：中古契约研究》，南京：江苏人民出版社，2008年。

学者陈国灿《唐代的借贷》一文对敦煌、吐鲁番出土的汉文借贷契约做了分类，并对生息举取以及"便""贷"等限内、限外生利等问题做了考证。[1]罗彤华从官方、民间两方面，分别对唐代的借贷做了研究，[2]等等。

从汉文契约的内容看，确如以上学者所言，他们的研究成果皆有可取之处。因西北汉文契约的出土情况，借贷契约中的利息表现有不同变化。很多学者多关注到敦煌、吐鲁番的情况，很少顾及黑水城出土的汉文契约，因此，关于汉文借贷契约的利息仍有补充的余地。故笔者在前辈研究的基础上，重点对吐鲁番、敦煌、黑水城三地出土的汉文契约的借贷利息做一梳理与补充：

一、吐鲁番汉文借贷契约利息

在吐鲁番出土的汉文借贷契约中，所借之物多为银钱、铜钱、练、大麦等，多数契文内容显示借贷是有利息的，而且相关规定非常透明，尤其是"举取"银钱、练一类的契约中，明确写明所借之物的利息，如银钱契，有很多份契约反映出来是按照月息计算，并且是10%，即契文中所说的"月别生利钱一文"。但是，因所借数额及借贷期限、借贷原因等多种因素，这些借贷契约的利息有不同的规定。下面是一份《唐乾封三年（668年）高昌张善熹举钱契》：

---

[1]陈国灿：《唐代的民间借贷——吐鲁番敦煌等地所出唐代借贷契券初探》，载唐长孺主编《敦煌吐鲁番文书初探》，武汉：武汉大学出版社，1983年，第231页。《唐代的经济社会》第六章，台北：文津出版社，1999年，第183—185页；《陈国灿吐鲁番敦煌出土文献史事论集》，上海：上海古籍出版社，2012年，第430页。

[2]罗彤华：《唐代民间借贷之研究》，北京：北京大学出版社，2009年；《唐代官方放贷之研究》，桂林：广西师范大学出版社，2013年。

1 乾封三年三月三日，武城乡张善熹于

2 崇化乡左憧憙边**举取银钱贰拾文**，

3 **月别生利银钱贰文**。到月满，张即须

4 送利。到左须钱之日，张并须本利酬还。

5 **若延引不还**，听左拽取张家财杂物，平为

6 本钱直。身东西不在，一仰妻儿保人上（偿）钱使

7 了。**若延引不与左钱者**，将中渠菜园半亩，

8 与作钱质，要须得好菜处。两和立契，

9 获指为验。左共折生钱，日别与左菜伍尺园，到菜干日。

10　　　　　钱左主

11　　　　　举钱人张善熹（指印）

12　　　　　保人女如资（指印）

13　　　　　保人高隆欢（指印）

14　　　　　知见人张轨端（指印）[1]

从文契看，前两行是关于武城乡人张善熹向崇化乡人左憧憙借的银钱数额及月利息，吐鲁番契约中多用"举取"。此处虽然跟其他文书中的"举取银钱十文，月别生利银钱一文"数额不同，但是其利息是一样的，为月息10%。至于"月满"，是指三月底还是某月底，不得而知。后两行虽然是属于违约受罚的范围，但也是对借贷利息的另一种保证，因为一旦债务人无法还债，则债权人可将其抵押的家财或者土地折价补债，保证债权人的利益不受损失，实际上所"拽取"或

---

[1] 国家文物局古文献研究室、新疆维吾尔自治区博物馆、武汉大学历史系编，唐长孺主编：《吐鲁番出土文书》录文本第六册，北京：文物出版社，1985年，第422—423页；图版本第三卷，1996年，第219页。

者"掣夺"的这些家资价值，胜过债务的价值，因此在很多契约中普遍见有这样的情况。契末尽管有钱主签字，但是未见其画指，仅有举钱人及其保人签字、画指，可知该契是由钱主保存作为凭据，体现了契约主体间的不平等。

再看一份《唐龙朔元年（661年）高昌龙惠奴举练契》：

1 龙朔元年八月廿三日，安西乡人龙惠奴
2 于崇化乡人右（左）憧憙边**举取练叁**
3 **拾疋，月别生利练肆疋**。其利若出
4 月不还，**月别罚练一疋入左**。如憧
5 憙须练之日，并须依时酬还。若身
6 东西无，仰妻儿收后者偿。人（官）有正（政）
7 法，人从私契。两和立契，获（画）指为信。
8 　　　　　　练主左
9 　　　　　　举练人龙惠奴（指印）
10 　　　　　　保人男隆绪（指印）
11 　　　　　　知见人魏左（指印）
12 　　　　　　知见人樊石德（指印）
13 　　　　　　保人康文熹（指印）[1]

该举练契是安西乡人龙惠奴向崇化乡人左憧憙借练三十匹，利息是月息四匹，约为13%，比前一份契约中的月息还高。该契还规定，如果超过了约定日期，则每月另罚练一匹，这虽属于违约受罚的内容，

---

[1] 《吐鲁番出土文书》录文本第六册，北京：文物出版社，1985年，第408—409页；图版本第三卷，1996年，第211页。

但也是利息的后续部分,即"限外生利"。契尾是"官有政法,民从私契",意味着官府虽已制定相关律令,但是民间依然遵循的是习惯法。据《唐会要》记载:

> 长安元年十一月十三日敕:负债出举,**不得回利作本,并法外生利**,仍令州县严加禁断。
>
> 开元十五年七月二十七日敕:应天下诸州县官,寄附部人兴易及部内放债等,并宜禁断。
>
> 十六年二月十六日诏:比来公私举放,取利颇深,有损贫下,事须厘革。自今以后,**天下负举,只宜四分收利,官本五分取利**。
>
> 二十年九月二十九日敕:"绫、罗、绢、布、杂货等,交易皆合通用,如闻市肆,必须见钱;深非通理。自今后与钱货兼用,违者准法罪之。"
>
> 元和五年十一月敕:"应中外官有子弟凶恶,不告家长,私举公私钱,无尊长同署文契者,其举钱主并保人各决二十,仍均摊货纳。应诸色买卖相当后,勒买人面付卖人价钱,如违,牙人重杖二十。"京兆尹王播所奏也。
>
> 宝历元年正月七日敕节文:应京城内有私债,经十年以上,**曾出利过本两倍**,本部主及元保人死亡,并无家产者,宜令台府勿为征理。①

又《宋刑统》卷二六"受寄财物辄费用公私债负 官吏放贷"条引唐《杂令》记载:

---

① [宋] 王溥撰:《唐会要》卷八八《杂令》,上海:上海古籍出版社,2006年,第1919页。

诸公私以财物出举者，**任依私契，官不为理。每月取利不得过六分**，积日虽多，**不得过一倍**。若官物及公廨，本利停讫，每计过五十日，不送尽者，余本生利如初，**不得更过一倍。家资尽者役身**，折酬役通取户内男口，**又不得回利为本**。其放财物为粟麦者，亦不得回利为本，及过一倍。若违法积利，契外掣夺，及非出息之债者，官为理。收质者非对物主不得辄卖，**若计利过本不睬**，听告市司，**对卖有剩还之**。如负债者逃，保人代偿。①

从以上两段文字看，唐长安元年（701年），官方曾对"回利作本""法外生利"的现象作了敕文规定，意在禁止借贷中将利息作为本金继续生利的情况。开元十六年（728年）针对"公私举放，取利颇深"的现象，规定民间借贷利息为"四分收利"，官贷"五分收利"，前者利息为4%，后者利息5%。据此反观上面两份契约中的利息10%和13%，明显高于官方规定的利息，为此有人认为唐代有两种借贷利率：法定利率和约定利率，②不无道理，其中约定利率指的就是这种民间私契中的利息。宝历元年（825年）记述有一桩案例，即一笔欠了十年的民间私债，其利息已经过本金两倍，而部主及保人皆已去世，债务人家中也无家财。可见，连京城内都有民间私放高利贷的现象，更何况"山高皇帝远"的唐代西州。同时也从法律条文中为西北出土借贷契约中为何有抵押

---

① ［宋］窦仪等撰，吴翊如点校：《宋刑统》，北京：中华书局，1984年，第412—413页。天一阁博物馆、中国社会科学院历史研究所天圣令整理课题组校证：《天一阁藏明钞本天圣令校证：附唐令复原研究》，《杂令》卷第三十，北京：中华书局，2006年，影印本（上）第234页、校录本（下）第430页。

② 罗彤华：《唐代民间借贷之研究》，第232页。

家财的情况找到了答案。

第二段文字尽管出台了民间私契取利"不得过六分"（6%）的规定，但是"家资尽者役身，折酬役通取户内男口"的文字却为"典身"或力役偿付提供了"官法"依据。一旦债务人未按时偿付，且在债权人回利为本的情况下，则债务人很有可能失去人身自由。即便有"收质者非对物主不得辄卖，若计利过本不赎，听告市司，对卖有剩还之"的规定，但最后的处置和"解释权"仍为债权人拥有。这也透露出官方律令与民间习惯法矛盾的一面。

下面是一份有关"乡法"的《高昌赵丑胡贷练契》：

1 麟德二年八月十五日，西域道征人赵丑
2 胡于同行人左憧憙边**贷取帛练**
3 **叁疋**。其练回还到西州**拾日内**还
4 练使了。到**过其（期）月不还，月别依**
5 **乡法酬生利**。延引不换，听拽家财
6 杂物，平为本练直。若身东西不在，
7 一仰妻儿还偿本练。其练到安西
8 得赐物，只还练两匹；若不得赐，始
9 还练三匹。两和立契，获指为验。
10 　　　　练主左
11 　　　　贷练人赵丑胡
12 　　　　保人白秃子
13 　　　　知见人张轨瑞

14　　　　　　　　知见人竹秃子①

从文契内容可知，这是一份"限外生利"之贷练契，即赵丑胡须在麟德二年（665年）八月二十五日向同行人左憧憙还帛练三匹，若十日后未还，则每月按照"乡法"惯例月生利。此处的"乡法"应与当地习惯行用的月息有关，或许为同类契约中反映出的月息10%，也有可能是10%左右。我们在传世文献中，也找到了与之相近的词条，如《唐律疏议》卷二七《杂律》"非时烧田野"条记载：

> 诸失火及非时烧田野者，笞五十；非时，谓二月一日以后、十月三十日以前。**若乡土异宜者，依乡法**。延烧人舍宅及财物者，杖八十；赃重者，坐赃论减三等；杀伤人者，减斗杀伤二等。
>
> ［疏］议曰："失火"，谓失火有所烧，及不依令文节制而非时烧田野者，笞五十。其于当家之内失火者，皆罪失火之人。注云"非时，谓二月一日以后、十月三十日以前。若乡土异宜者，依乡法"，谓北地霜早，南土晚寒，风土亦既异宜，各须收获总了，放火时节不可一准令文，故云"**各依乡法**"。②

这虽是关于"非时烧田野"的律文，但是说明"乡法"是民间的一种传统习惯法。在其他同类契约文书中，还有与"乡法"相近的词语，如"乡原生利""乡元生利"，其中，关于"乡原生利"，《宋会要辑稿》

---

① 《吐鲁番出土文书》录文本第六册，北京：文物出版社，1985年，第412—413页；图版本第三卷，1996年，第213页。
② ［唐］长孙无忌等撰，刘俊文点校：《唐律疏议》，北京：中华书局，1983年，第509页。

"宋熙宁五年（1073年）十二月二日诏令"条记载："许州县劝诱物力人出钱借贷，依乡原利出息，官为置簿，及时催理"①，可见这种"乡原"指民间原有惯例。

以上主要是对吐鲁番出土的汉文契约中的借贷利息情况作了举例说明，但需要强调的是，并不是所有的借贷利息皆如上举契中之利息，但肯定是银钱契、贷练契所占数量比较多，而且利息明显高于唐代律令中规定的6%。尽管唐廷不断禁止放高利贷现象，但是远离京城的唐代西州民间借贷利息依然遵从的是"乡法"，即当地民间习惯法，透露了民间习惯法与官法违背的一面。

二、敦煌汉文借贷契约利息

敦煌出土的汉文借贷契约，贷出者既有寺院，也有官方和个人，但寺院几乎是当地居于首位的便借之主，而且是粮食的最大供应者，区别是9世纪的粮食便贷契主要是出自寺院，10世纪之后的契约出自个人。从契约的种类看，贷钱契比较少，如果有出门远行等重要的事情的话，就会向私人借贷生绢等，这可能与吐蕃占领敦煌后，阻断金属货币的流通有关，随后支付方式被绢、谷物代替。10世纪之后，不管是寺院借贷，还是个人，都突然提高了利率，并增加偿还利息的条文，而且其利息多为"限外生息"，即在规定的时间之内是没有利息，在期限之外，开始计息。值得注意的是，敦煌出土的借贷契约中，常见有抵押家财或掣夺家产，以及役力偿付的现象，其中后者在吐鲁番借贷契中很少见。多数情况下，敦煌借贷契约反映的是"借一还二"，

---

① [清]徐松辑：《宋会要辑稿》食货七之二五，北京：中华书局，1957年，第4918页。

即为"限外生利"。

下面是一份吐蕃占领敦煌时期的汉文借贷契约：

1 年三月廿七日，阿骨萨部落百姓赵卿卿为（少）

2 （种）子，今于灵图寺佛帐家物内**便麦两汉硕**。

3 （其）麦自限**至秋八月**内送纳寺仓足。**如违**，其麦（请

4 **倍）为肆汉硕**；仍任不著领六（令律），掣夺家资杂物

5 （用）充麦直。有剩不在论限。如身东西，一仰保人

6 （代）还。

7 　　　　　　便麦人赵卿卿年卅（指印）

8 　　　　　　保人武光儿年册（指印）

9 　　　　　　见人李意意①

这份出自敦煌的吐蕃某年赵卿卿便麦契，是从灵图寺借了两汉硕的麦，契约规定，在秋八月还至寺院仓库，可见期限内并没有利息。然而，过了这个规定的日期，则要还四汉硕，也就是原来借的数额的一倍。所谓"倍称之息"②，除了多倍之息的含义外，笔者认为还包含一倍的利息。

---

①中国科学院历史研究所资料室编：《敦煌资料》第一辑，北京：中华书局，1961年，第389—390页。同见唐耕耦、陆宏基编：《敦煌社会经济文献真迹释录》第二辑，北京：全国图书馆文献缩微复制中心，1990年，第89页。沙知录校：《敦煌契约文书辑校》，南京：江苏古籍出版社，1998年，第122页。

②原文为"唐初，州县官俸，皆令富户掌钱，出息以给之；息至倍称，多破产者。秘书少监崔沔上言，请计州县官所得俸，于百姓常赋之外，微有所加以给之。从之。"见［宋］司马光编著，［元］胡三省音注：《资治通鉴》卷二一二《唐纪》"玄宗开元六年（718年）"条，北京：中华书局，1956年，第6853页。

再看一份乙未年（935年？）《敦煌张定住贷绢契》：

1（乙）未年八月七日立契。龙勒乡百姓张定住，伏缘家中欠少

疋帛，今

2遂于莫高乡百姓张定奴面上**贷帛生绢壹疋**，长叁仗（丈）柒尺，

3（幅）阔贰尺。**其绢利头，现麦粟四硕**。其绢限至来年今月

4于日数（当须）填还。若不还者，看乡元生利。若定住身不在，

5仰口承男德子取上好绢者。（押）

6　　　贷绢张定住

7　　　贷绢人德子

8　　　知见人好子

9　　　知见人定兴①

契文中借者张定住来自龙勒乡，贷者张定奴来自敦煌乡，前者向后者借生绢一匹，其尺寸为长七尺、宽二尺，期限一年，利息为麦粟四硕。由此可见，敦煌当地借贷一匹生绢一年的利息为麦粟四硕。如果在规定的时间没有偿还，则依据"乡元生利"，可能为"借一还二"。绢帛类借贷主要集中在归义军时期，是当时敦煌价位较高的织物，但它并不作为当时官府的税物和一般百姓的日常生活必需品，除非是有较大需求或远行等其他特殊目的，一般用不到这些物品。

以上两例文书的借贷利息，大多反映了敦煌汉文借贷契约的利息情况，其中第一份借贷契约的利息也是吐蕃占领敦煌时期比较普遍的现象。

---

①上海古籍出版社、法国国家图书馆编：《法藏敦煌西域文献》第二十六册，上海：上海古籍出版社，2002年，第66页。同见沙知录校：《敦煌契约文书辑校》，第201页。

三、黑水城汉文借贷契约利息

学界对于黑水城汉文契约的借贷利息关注较少，目前仅见韩森利用传世文献以及中国南方的契约讨论了蒙古统治时期及以后的契约，聚焦点落在买地券方面，因此还是有值得补充的余地。从黑水城出土的汉文契约看，与利息有关的契约还是有一些，如一份编号为F209:W18 的残契：

1 今借小麦，亦集乃东关住人
2 张宝奴今为缺少口粮，别无
3 借处，今于赵译使处借到**行利**
4 市斗**小麦伍斗，每月伍升**。
5 逐用支取本人要物之日即
6 便归还，如物人东西，代同人替还
7 恐后凭此为用
8 　至正廿五年　月　日，借麦人张宝奴
9 　　　　　　□□人李□儿①

从这份文书看，张宝奴借自赵译使那里的小麦是根据市场通用的斗称量的，数额为伍斗，利息也是按照当时的市场行价计算的，即"每月伍升"，这是月息。如果按照"一斗等于十升"计算的话，那么月息为10%。由此可见，张宝奴的债务负担不轻。另外，从"逐用支取本人要物之日即便归还"看，张宝奴似有抵押之物。

---

① 李友逸编著：《黑城出土文书（汉文文书卷）》，北京：科学出版社，1991 年，第186 页。笔者对录文作了部分句读，下同。

又如一份编号为 F95:W1 的借麦契：

1 立文字人任黑子，今为大麦使用，别
2 无借处，今问到别尚拜边处，借讫得
3 大斗内**四石，每月每石上行息**
4 **一斗，按月计算**。交还数不令
5 拖欠，如本人见在不办闪趍失
6 走一面，同取代保人替还无词
7 立此文字为凭照用
8 　皇庆元年正月初一日立文字人任黑子
9 　　　　　　同取人敢的
10　　　　　　代保人安通
11　　　　　　知见人猪乃
12　　　　　　知见人景直□
13　　立用行者①

由文契看，借者任黑子从别尚拜那里借了大麦四石，利息是按照月息计算，每月每石一斗，按照"一石等于十斗"计算的话，那么任黑子所借大麦的月息为2.5%，这个利息比起前面一份契约中的利息较低，同时比唐代律令规定的4%都要低。这是黑水城出土汉文借贷契约中利息较低的一种情况。

第三种情况为"借一还二"，即100%，如一份编号为F20:W45的借锭残契：

---

①李友逸编著：《黑城出土文书（汉文文书卷）》，第187页。

1 立文字人亦集（乃）住人刘卿，今□

2 到拜颜帖木□，元统三年正月至十二□

3 终一周岁，□赤历单状文凭面书

4 不到□，议定立文钱**中统**□

5 □**拾定（锭）**文，凭钱数不得，系刘帷

6 **情愿□还一倍**

7 □□罚钞□拜颜帖木立等使

8 词恐后□（凭此）为用①

契文中加粗、斜体文字即是借者刘帷卿在违约后情愿还一倍的说明，这与前面所讲的"借一还二"有相似性，基本上遵循了当时的传统习惯法。这是黑水城汉文借贷契约利息的第三种情况。

总之，汉文契约的借贷利息因为所处的时间、地点，以及借贷对象的不同，表现有不同的利息。以上主要是选取了吐鲁番、敦煌、黑水城三地的相关借贷契约，探讨了不同时期三地的借贷利息情况，虽不是所有契约的范式，但代表众多借贷契约中普遍共有的特点，因此，在研究时还得针对某份契约进行具体分析。

第三节 敦煌吐蕃文契约所见借贷利率以及与唐朝情况之比较

吐蕃文契约以借贷契最多，计有25份。借贷的物品主要有牲畜、

---

①李友逸编著：《黑城出土文书（汉文文书卷）》，第187页。

谷物、大麦、小麦、豆子、棉花、纸张、布匹、刀、杯子等，多为粮食与生活日用品。文书明确写有归还的期限，归还时间大多为收割时间，还有违约纳罚。至于借贷的利息，多与归还期限有关，即限外生息。根据笔者观察，吐蕃文借贷契约的利息有以下几种情况：

第一种，无息借贷。这种情况多与寺院有很大的关系，寺院作为放贷者，向债务人借贷粮食，贷出者规定在归还日期之内不收取利息。侯文昌先生曾对一些借贷契约的债权人作了统计后指出，"寺院为债权人情形最多，其次依次为僧侣、百姓"[①]，其说不无道理。吐蕃占领敦煌时期，不论是汉文契约，还是吐蕃文契约，都有这种特点，即寺院放贷占支配地位，正如罗彤华先生所言"吐蕃期是四个阶段中情况最特殊的一个。宗教类放贷的比例暴增96.43％，是唯一一期多于官民放贷者"。而且他认为，这种原因与"沙州陷蕃后，吐蕃独尊佛教有关。"[②]吐蕃统治敦煌时，敦煌的佛教较前期更为兴盛，僧侣享有的特权更多。沙州的寺院从最初的13所发展到中后期的17所，尤其是在赤祖德赞时期，"吐蕃的僧侣集团不仅拥有了土地和人口，而且以立法的形式规定了僧侣占有土地和人口的合法性，标志着佛教僧团在吐蕃社会中已从最初的一个单纯的被供养群体发展成为拥有自己的属民与土地的经济实力集团。"[③]请看下面这份借粮种契约（编号为P. t. 1297/1）：

1（空白）

2悉宁宗部落的华折折（hva dze-dzes），缺少种子和生活用品，

[①]侯文昌：《敦煌吐蕃文契约文书研究》，北京：法律出版社，2015年，第118页。
[②]罗彤华：《唐代民间借贷之研究》，北京：北京大学出版社，2009年，第77页。
[③]罗桑开珠：《吐蕃佛教的社会地位研究》，《中南民族大学学报》2010年第2期，第126页。

先**从永寿寺**（weng-shivu sivi）**佛帐物**中借支大麦和小麦八汉硕。

3 归还时间，双方定为本年秋八月三十日午，**送至永寿寺**格贵灵贤**和尚指定的任何寺库**。

4a 如果［借方］不能按时归还，或试图［不还，数量］将加倍，

5a 同时，屋内、屋外牛群、衣物、用具，不管折折屋内有［什么财物］，依据本契约，按成规没收，不得争讼。

5b 如折折不在，其子华冲勒（hva khrom-legs），将负责并按条款偿还。

6 立契人印章：王塔古（wang sta-gu），刘拉勒（livu lha-legs）（空白）等，附折折和保人的私章及签名。

7（两枚私章）①

从上文书看，华折折属于汉人军部落悉宁宗，因为需要粮食种子和生活物品，故向永寿寺借了大麦和小麦八汉硕。归还时间为本年秋八月三十日中午，归还期限内，没有利息，寺院只是要求到期归还即可。从"格贵灵贤和尚指定的任何寺库"看，永寿寺的社会网络关系很广，而且在当时的民间社会中起着为老百姓排忧解难的作用。所谓"佛帐物"，同法物、僧物被佛教经律称为寺院资财的"三宝物"，且不得互用。②

第二，有息借贷。这种情况就是指债务人在规定的期限内未能还掉债务，则将产生利息。吐蕃文契约中的有息借贷主要包括"借一还二"

---

① ［日］武内绍人著，杨铭、杨公卫译，赵晓意校：《敦煌西域出土古藏文契约文书》，乌鲁木齐：新疆人民出版社，2016年，第67页。

② ［法］童丕著，余欣、陈建伟译：《敦煌的借贷：中国中古时代的物质生活与社会》，北京：中华书局，2003年，第54—59页。

（即利息100%）、多倍、抵押等情况，这似乎与下一章谈到的赔偿问题有点像，但是这种赔偿的习惯法，也透露出借贷的实际情况。另外，笔者认为吐蕃文契约中的借贷利息，也有同汉文借贷契约相似的可能，因为吐蕃占领敦煌前后，汉人生活中的借贷现象依旧存在。首先我们来看吐蕃文借贷契约中的"借一还二"：

2 将头吴路吉（vgo klu gzigs）所属百姓［上交］税收不足量，［缺额］由各户承担。因为［粮食］还没收获，［他们］从尚赤吉（zhang khri-gzigs）家借大部分大麦。

3 **双倍的数量**，将在狗年秋八月之十五日归还粮库。

2′ 每人的缺额数量如下：

何路路（ha levu-levu）一驮，

王顺顺(?)（wang shun-shun）四驮，

张力求（cang li-kivu）四驮，

王昆迟（wang kun-ci）六驮，

张保兴(?)（cang pevu-hing）三驮，

吴金刚（vgo kim-kang）两驮，

石宝金（? sheg pevu-kim）三驮，

康登春（kang deng-tsun）一驮。

3′ 应按上述数量归还粮食。

4a 如果［借方］不按时归还，或试图［不还，赔偿数量］将翻倍，

5a 此外，［屋内］财物，［屋外］牛群，债权方按照成规，可予以没收，不得争讼；

6 立契见人，塔藏什丹（stag-bzang sivu-dam），末空顿（vbal

khong-rton），郭托托（ngom to-to），张科生（cang kog-tsheng）等的印章，附债务方私印及签字。

7（上下颠倒：）

石宝全指印。

何路路签名。

百姓张保兴的签名。①

这是一份吐蕃官吏出便麦历，编号为P.1101。引文中"驮"为吐蕃占领敦煌时期传入的一种计量单位。根据谢和耐的观点，它相当于汉人的0.87硕②，这一换算被姜伯勤先生所接受③。法国学者童丕认为，一硕大约相当于60公斤，这一度量单位写作"石"或"硕"，读作Shi（唐代为Sek），而不是有时人们所说的"担"，在另一份吐蕃借贷契约文书（P.t.1297R）中写作"Sheg"，一硕有10斗，一斗有10升。④

引文中加粗、斜体部分是说何路路等人因为粮食还没有收获，所以从尚赤吉家借了大麦，要求是在狗年秋八月十五日，以"双倍的数量"向贷出者尚赤吉归还，即在原来借的基础上多还一倍，尽管我们不知道借大麦的时间，但是从文字推测可能还是同年（即狗年），若如此的话，则该文书的利息率为100%。这在其他一些文书中亦有体现，贷出者只规定借还的总额数，如P.t.1115借种子契：

---

①［日］武内绍人著，杨铭、杨公卫译，赵晓意校：《敦煌西域出土古藏文契约文书》，第70—71页。

②［法］谢和耐著，耿昇译：《中国五—十世纪的寺院经济》，第104页。

③姜伯勤：《唐五代敦煌寺户制度》，北京：中华书局，1987年，第124页。

④［法］童丕著，余欣、陈建伟译：《敦煌的借贷：中国中古时代的物质生活与社会》，第85页。关于汉斗，有"十合为升，十升为斗"的记载，见［后晋］刘昫等撰：《旧唐书》卷四八《食货志》，1975年，第2089页。

1-2 蛇年春，悉宁宗［部落］的宋德德（song tig-tig），在康村（khan-cung）［拥有］**一突半**粮田，无力独自耕种，与合伙人王华子（wang hva-tshe）共同耕种；

2-3 华子*借来种子两汉硕。*

3-4 双方商定，因*秋季时需支付粮食四汉硕*，其中宋德德将在不晚于秋八月末，支付给华子两汉硕，必须足额，不得缺少一升或一合。

4-6 两汉硕粮食的抵押物，两扇门置于华子处。大麦［数量］将（翻倍？）。

6-7 如果宋德德不在，或是他经济状况不佳，保人薛氏十三娘（ser zashig-sam-nyang），即借方妻子，将负责债务。

7-8 立契见人，蔡英（tshevi in）、阴色色（im sevu-sevu）等的印章，及借方和保人的指印附录。

9（两枚私章。其中一枚印文为：）宋德

背面

1-2 蛇年春，先是宋德德从悉董萨部落王华子家借大麦两汉硕。

2 归还期限，双方商定不晚于本年秋八月末①

文书中的"突"（Dor）是吐蕃用于测量土地的一种单位，一突大致相当于十亩。②这是一份合伙共同耕种的文书，其中土地是宋德德的，王华子想办法借来种子两汉硕。文书加粗、斜体部分是说他们"借来种子两汉硕，秋季时需支付粮食四汉硕"，即到秋季时，二人要共还四汉硕。因土地是宋德德的，所以粮食产出后，还要给王华子支付两

---

① ［日］武内绍人著,杨铭、杨公卫译,赵晓意校:《敦煌西域出土的古藏文契约文书》,第224页。
② 姜伯勤:《突地考》,《敦煌学辑刊》1984年第1期，第10—18页。

汉硕,并不晚于秋八月末支付。还债时为四汉硕,并不是原来的两汉硕,可见多了一倍,所以利息为100%。归还的时间为秋季八月,这个时间在很多吐蕃借贷契约中出现,比较符合当地的气候,值得注意的是,这里的时间应为农历。

有趣的是,文书中出现了对抵押品的叙述,可以理解为借者为了能达成交易,答应给贷者以抵押自己所属物品的方式作为信用的保证,这也在很多契约中多次提及,即一旦违约(或者无法还债),则抵押品将属于贷者所有。这种抵押的家资,其价值应该高于债务价值。因此,借贷契约中的抵押家财,笔者认为也属于借贷利息的一种"特殊形式"。

第三,吐蕃借贷契约中,还有一种与违约纳罚有关的"多倍偿还"。即借贷文书多是在假设"违约纳罚"的情况下规定"赔偿数量将翻倍",如 P. t. 1088/2v 便麦契:

1—2 兔年春正月初,阿骨萨部落的索格丹(sag dge-bstan),先从悉董萨部落的张拉勒(cang lha-skyes)处借小麦四驮。

2—4 归还时间,不晚于本年[⋯]月之末,不短缺一升或一合,归还于拉勒家。

4—6 如果[借方]届时未能归还,或试图[不还,**偿还数量]将加倍**,且检查[归还]大麦成色,屋外牛群,屋内财物、用具、衣物,不管[何物],将按成规没收,不得争讼。

6—7 若格丹公差在外,或[无力]偿还,保人将负责并按条款偿还。①

---

① [日]武内绍人著,杨铭、杨公卫译,赵晓意校:《敦煌西域出土的古藏文契约文书》,第216页。

尽管偿还的数量是在假设的情况下采取的一种违约受罚措施，但是却也透露了借贷利息的民间惯例。从时间上看，兔年春正月初借，同年几月还未知，但是通过其他契约推测应为秋八月左右，如此借贷期限约为八个月。借方索格丹、贷方张拉勒，索格丹向张拉勒借入小麦四驮，并没有明确说还的数目，而且从预防性措施中可知，所谓的"偿还数量加倍"亦无明确说明数额，可见其契约的不平等性，就像今天的"解释权"一样，具体数额由债权人说了算。

第四，"半采为息"。这是在吐蕃文契约中发现的一份与借贷利息有关的契约草稿。文中提到了双方同意以"半采为息"，现将该文书转录于下：

鼠年孟夏月初：蔡托（Tshas-stobs）部落，鼠年孟夏月初：悉宁宗部落。阿骨萨（Rgod-sar）部落的索•格勒（Sag Dgelegs）向拉吉（Lha-skyes）借得小麦与青稞计三克（Khal）。关于归还时间，定于当年仲秋之月。至死（或一直）有效：已同意以**半采**（Bre）**为息**，这半采决不拖延，将如期于门前一次还清。如未按时归还，或图谋欺骗，所欠将加倍。在其房内的财物，连同其所欠的增值，即房外的耕牛及什物、工具、衣服，无论置于何处，皆可依成规占有，不得有半句话抗议。另外，如格勒不在家，或管事的上司（Rje-blas）商议后另作批示，那么契约的见证人和债务的担保人（在其住处）将根据所定契约的要求，代纳上述应交之物。

（证明印章，签字及其他附件。）①

---

① ［英］F·W·托玛斯编著，刘忠、杨铭译注：《敦煌西域古藏文社会历史文献》，北京：民族出版社，2003年，第45—46页。

这份契约草稿中有克（Khal）、采（Bre）的度量单位，据刘忠、杨铭二位先生研究，"采"为吐蕃"升"，"克"为吐蕃"斗"，另有"驮"（Khal）为吐蕃"石"，分别是译音，因吐蕃"斗""石"藏文为一字，所以汉文皆译为"驮"字。关于他们之间的算法，不同于汉区的十进制，是十二进制，即一驮等于20克，一克相当于20采。他们认为此债为春借秋还，利息可能为一克为半采，不会是一驮给半升。①

引文中加粗、斜体部分"半采为息"，便是鼠年阿骨萨部落索·格勒向拉吉借小麦、青稞的利息。关于这种利息，侯文昌先生亦曾有过研究，他以借贷期限五个月为着眼点，并根据刘忠、杨铭二位先生提出的"可能系一克为半采，不会是一驮给半升"的观点，认为"格勒借拉吉小麦与青稞三克，到期应还三克另加一采半，利率约为2.5%。"②其说有一定的说服力。需要补充的是，文书中反映的利息，如果跟其他契约文书中的利息相比，不是很高，也反映了当地人们所能承受的借贷生活水平。

从以上借贷契约可见，吐蕃文契约中的借贷利息没有汉文契约中的借贷利息那样规定明确，因此，我们不得不通过借贷物品的还贷期限，以及预防性措施，尤其是对违约受罚的规定，来推测吐蕃文契约的借贷利息。尽管只有一份"半采为息"的契约草稿，但也足以表明吐蕃文契约是有借贷利息的，而且不是很高。这可能与佛教寺院经济有一定的关联。总体而言，吐蕃文借贷契约遵循着一种传统的习惯法，

---

① ［英］F·W·托玛斯编著，刘忠、杨铭译注：《敦煌西域古藏文社会历史文献》，第46页。
② 侯文昌：《敦煌吐蕃文契约文书研究》，北京：法律出版社，2015年，第92页。侯先生在第四章详细罗列了余欣、罗彤华、玉井是博、仁井田陞、童丕等学者对借贷契约分类的不同依据，接着利用敦煌吐鲁番出土的汉文借贷文书，与吐蕃文借贷文书做了比较分析，介绍了陈永胜、余欣、罗彤华、唐耕耦等学者对利息的算法。

即"借一还二",另有"多倍赔偿"和抵押家财的习惯。同时,吐蕃文契约遵循了西北地区"春借秋还"的借贷习惯。此外,笔者认为吐蕃文契约可能遵循和沿用了汉文借贷利息的习惯法,而这在吐蕃统治敦煌时期的汉文契约中比较明显。所以,有关吐蕃文借贷契约的利息算法,正如同侯文昌先生认为的那样,应与敦煌吐鲁番出土的汉文契约做一比较分析,或许更能展现吐蕃借贷契约的全貌。

第四节 回鹘文借贷利息之高昂

在400多份回鹘文契约中,借贷契约约有32份,[①]内容含谷物、钱、布、酒、芝麻、毡、牲口等,其中与借贷利息有关的文字规定非常明了。根据笔者的观察,回鹘文借贷契约利息主要有以下几种情况:第一,"借甲还乙",如借布还酒、借谷还酒、借布还谷等。第二,"借一还二",即还一倍,利息100%。第三,"借甲还甲",即借什么还什么,其中含有"借甲还两倍甲"的情况。第四,月息约10%。第五,其他情况。当然,根据所借之物的不同,对利息的相关规定亦有不同,下面做一具体分析。

第一种,"借甲还乙"。回鹘文借贷契约中反映出的这种情况说明交换活动在当时比较普遍,既有契约主体双方各自拥有物品的情况,又说明当时人们生活水平的状况。这种用其他物替还的情况,多为借布还酒、借布还谷、借谷还酒、借牲畜还附租金。如下面这份"陀尔

[①] 杨富学先生统计为27份。详见杨富学:《吐鲁番出土回鹘文借贷文书概述》,《敦煌研究》1990年第1期,第77页。

奇借棉布契"① （8.Lo14）是借布还酒：

1 龙年二月
2 二十五日我Torchi因（买）甜（葡萄）酒，
3 需要棉布，（于是）从Qayimtu处**借取**
4 一个半棉布。秋初
5 我将**归还一袋三十秭的甜酒。**
6 如未如期归还，
7 我将按民间惯例
8 连同利息一起如数归还。
9 归还前如我发生什么，
10 由我子Tamur Buqa及家人
11 一起如数归还。证人
12 Qara Baxshi。证人Tamur。这个花押
13 是我Torchi的。我自己写（此文书）。②

文契中加粗、斜体文字即为"借布还酒"。下面这份"克伊尔雅库孜借棉布契"③（9.Lo15）是借布还谷：

1 蛇年三月初二日我
2 Qiryaquz因需棉布
3 从Waptu处**借取了二个**

---

① 李经纬：《回鹘文社会经济文书辑解》（上），兰州：甘肃民族出版社，2012年，第9页。
② 耿世民：《回鹘文社会经济文书研究》，北京：中央民族大学出版社，2006年，第197页。
③ 李经纬：《回鹘文社会经济文书辑解》（上），第11—12页。

4 ***棉布*** 。秋初我将归还

5 **二石谷子**。如我未如期归还，

6 将按民间惯例，连同利息

7 如数归还。归还之前，如我发生什么，

8 将把我在三道沟与Payni共有的

9 半苴子地中属于

10 我的一份

11 还给他。证人

12 Tapminsh。证人Misir。这个

13 花押是我Qiryaquz的。

14 我Torchi让Qiryaquz口述

15 写（此文书）。①

契文中加粗、斜体文字即为借债人Qiryaquz借棉布、还谷子。还有借谷还酒，如"窝格律思·铁木耳借粮契"（16.Lo23）②。

另有借牲畜还附租金，如"托列格·铁木耳租牛契"（12.RH14）③。下面是一份"萨喇胡赤租驴子契"④（11.RH13）：

1 马年六月初十日

2 我Sranguch因长途需用

---

① 耿世民：《回鹘文社会经济文书研究》，第199页。
② 李经纬：《回鹘文社会经济文书辑解》（上），第46页。耿世民：《回鹘文社会经济文书研究》，第206页。
③ 李经纬：《回鹘文社会经济文书辑解》（上），第57—59页。耿世民：《回鹘文社会经济文书研究》，第187—189页。
④ 李经纬：《回鹘文社会经济文书辑解》（上），第54—57页。

3 驮驴，以二十九

4 个 *bözgäk*（小棉布）

5 *租用了 Qibridu 的驴子十（天）*。

6 当从 Qudaba 回来后，

7 *我将把驴子连同租金*

8 *如数归还*。如我没把驴子

9 连同租金归还，那就让他

10 耕种使用我和 Maxmura 共有的 Srquy

11 处的二份耕地。如此驴子

12 在路上发生意外，

13 我赔偿一头五岁口的驴子。

14 在我归还驴子前，

15 让他享用我的田地。

16 这个花押是我画下的。

17 证人 Ⅱ Buqa。证人

18 Isigi。我 Qarim

19 让 Sranguch 口述三遍

20 写（此文书）①

契文中加粗、斜体文字即为借牲畜、还附租，是 Sranguch 因长途需要，以 29 个 "bözgäk"（小棉布）借用了债权人 Qibridu 的驴子，当他从远途归来之后，将驴子连同租金一起归还至债权人 Qibridu。这与佉卢文借贷契约中的租骆驼、租马等收取租金有点相似。

---

① 耿世民：《回鹘文社会经济文书研究》，第 186—187 页。

第二种，"借一还二"。我们从一些回鹘文借贷契约中发现，如果借出的东西是粮食、棉布或者酒的话，那么在规定的偿还期限前，出现有遵循"借一还二"的惯例。为了方便，现制表如下：

表 4

李经纬本	页码	主要内容	耿世民本	页码
"斯西等二人借棉布契"	13—15	"借了三个棉布，秋初时分……还六个棉布"	6.（Lo12）	195
"玛尔兰借棉布契"	15—17	"借了三个半粗棉布……还七个粗棉布"	7.（Lo13）	196
"米斯儿借谷子契"	29—31	"借了四斗谷子，如数偿还（他）八斗谷子"	13.（Lo20）	203
"百尔居迷失借小麦契"	33—34	"借给百尔居迷失九石九斗净细的小麦，（要求）付双倍的利息"	11.（Lo17）	201
"苏里雅西里借芝麻契"	35—37	"借了一斗芝麻。秋初时节，我将如实还他两斗芝麻"	19.（Lo26）	209
"喀兀西都借芝麻契"	37—38	"借了一斗芝麻。秋天我将还两斗芝麻"	21.（Lo28）	212
"屈里借芝麻契"	40—42	"借了一斗芝麻。新（芝麻下来）时，我将如数还（他）二斗芝麻"	18.（Lo25）	208
"克米尔借芝麻契"	43—44	"借了四升芝麻，秋初时我将如实还他八升芝麻"	17.（Lo24）	207
"于氏则等十人借粮契"	46—48	"借了一（石粮食）。秋初时，我们将用四（方形？）的斗还两石粮食"	无	
"蒙·铁木耳借酒契"	53—54	"借了半皮囊酒，秋初时节我将如实还他一皮囊"	23.（Lo30）	214

以上契约中，不管棉布、谷物，还是酒，都遵循了"借一还二"的习惯法，这一点与佉卢文、汉文、吐蕃文契约中的借贷利息情况大同小异。如表4中"于氏则等十人借粮契"：

1 猴年四月十八

2 日，我们玉氏则、阿尔斯兰•

3 不花、大•库伦、艾勒普、蒙•

4 不花、伊柯西里（？）、铁木耳、另一个

5 铁木耳、米斯儿（？）等十

6 人组的人们因需要粮食，

7 而从凯依姆图法师处

8 **借了一（石粮食）**。秋初

9 时，我们将用四（方形？）的斗

10 **还两石粮食。**

11 该花押是我们十人组的

这似乎是一个集体借粮食的契约，文契加粗、斜体部分是借、还粮食的数目，遵循了当时、当地"借一还二"的惯例。

第三种，"借甲还甲"，即借什么还什么。这些契约没有遵循"借一还二"的惯例，出现了"如数归还"的情形，也有多还的情况。将有关契约制表如下：

表5

李经纬本	页码	主要内容	耿世民本	页码
"赛萨杜都统借银契"	7—8	"借了十两银子，十月初十，我将按时偿还"	Lo 10	193
"伊纳勒•巴尔斯借官布契"	20—21	"需要一百官布，从岳赫提尔那里借了。明年，狗年六月初一，我把五十官布加在本金上，还（他）一百五十官布"	无	
"库特•阿尔斯烂相温的借契"	22—23	"处（借了）一百……，……月初一，（我将还他）一百五十……"	无	
"伊勒•铁木耳赊货物契"	24—25	"借了一（件）货物。该货物的价格计五十（个）粗棉布，我将在正月以内偿还"	10.（Lo16）	200

续表

李经纬本	页码	主要内容	耿世民本	页码
"统阿玛借谷子契"	26—27	"借了一石谷子,秋初时节我将如数还他一石半谷子"	14.（Lo21）	204
"依革德迷失借谷子契"	28—29	"借了两石谷子。在新（谷子下来）时,我将连应负担的利息一起如数偿还"	12.（Lo19）	202
"喀利姆杜借小麦契"	31—33	"借了两袋子半小麦。作为这些小麦（代价）十六岁（和）二十岁的女人两个（或）一个合适的人,我将于七月十五日让人送达高昌"①	无	
"库玛西里借芝麻契"	39—40	"借了二十钵芝麻。秋初时节我将如数偿还二十二钵芝麻"	20.（Lo27）	211
"于辛乃借棉花契"	48—49	"借了四担带利息的棉花。秋初时节我将如数偿还七担棉花"	22.（Lo29）	213
"哺度思都统借毡子契"	50—51	"以六（个）棉布（的租金）租了一条毡子。在同去的商队返回时,我将寄还六个棉布"	1.Lo6	190

通过表 5 可知,所借之物归还时仍为此物。如"赛萨杜都统借银契"②:

1 猪年二月

2 二十六日我Shiwsadu Tutung

3 需用银子,（于是）从Shinsun法师处

4 *借取十两银子。十*

5 *月初十我要归还。*

6 归还之前,我如发生什么,

---

①笔者认为这份文书属于役力偿还性质,即在借物的情况下,以人的役力代替偿还之物。在吐蕃文书中比较多见。而关于这种现象,笔者在现今农村也目睹过,即甲者借了乙者粮食或者牲畜,由于自己没有能力偿还,只有给甲者出力干活,作一抵消,不过它一般是邻里之间的一种行为,与该契特点不同。

②李经纬:《回鹘文社会经济文书辑解》（上）,第7—8页。

7 就由我弟Ozmish Toghril

8 如期归还。证人Arqayur Inal。

9 证人Sarigh Toyin。证人Okuz Toghril。

10 证人Kant Qaya。

11 证人Arti Inal。这个印章是

12 我们两人的。我

13 Shiwsadu Tutung让其口述写（此文书）。①

文契加粗、斜体部分，是债务人Shiwsadu Tutung借取银钱的数额。从内容可知，并没有借贷利息，仅仅是规定在归还的时间之内"如数归还"即可，换句话讲，债务人在借贷期限内是无息，借什么还什么。

不过，下面这份"百尔居迷失借小麦契"②比较特殊，尽管是"借甲还甲"，即借什么还什么，但是利息非常高，达到了两倍，是典型的"借甲还两倍甲"，兹录文于此：

1 马年八月二十六日我

2 Kuintu*以两倍的利息把九石九斗*

3 *纯净小麦*借给Bakumish。

4 我Bakumish从Kuibtu处收取了

5 *九石九斗*纯净小麦。

6 （来年）八月我将以*两倍的利息*

7 还给Kuintu。此事的证人是我兄Ar。证人

8 Tasik。证人wapdu。证人Qutlugh Bars。这个印章

---

① 耿世民：《回鹘文社会经济文书研究》，第193—194页。
② 李经纬：《回鹘文社会经济文书辑解》（上），第33—34页。

9 是我Barkuminsh的。①

从加粗、斜体文字可知，不论是贷出者Kuintu，还是借入者Bakumish，双方皆同意以双倍的利息还贷出者纯净小麦。这种双倍利息的规定在借贷契约中算是很高的了。

第四种，借贷按月息10%左右计算。这种情况多为借贷银钱，契文中明确写有"按月……的利息"字样，这就比前述佉卢文、吐蕃文借贷契约中有关利息的规定明显多了，与吐鲁番出土的汉文契约中相关借贷利息有点相似。下面是关于回鹘文借贷银钱按月息计算的表格：

表6

李经纬本	页码	主要内容	耿世民本	页码
"卜勒迷失借银契"（一）	3—4	"借了六两银子。我用几个月，我将连每月每两半钱银子的利息如实偿还"	2.（Lo7）	191
"卜勒迷失借银契"（二）	4—5	"借了三两银子。我使用几个月，将连每月（每两银子）各一钱（银子的）利息如数偿还"	3.（Lo8）	192
"卜勒迷失借银契"（三）	5—6	"借了四两银子。我将连每月每两各一钱银子的利息如数偿还"	4.（Lo9）	193
"奇兀葵借棉布契"	17—18	"（借了）一百棉布。借（几个）月，将（按）月连利息（一起如数偿还）"	无	
"依革德迷失借谷子契"	28—29	"借用了两石谷子。（秋）初将连同利息一起如数归还"	12（Lo 19）	201

从表6中可知，利息是按照月来计算。如表中第二份"卜勒迷失借银契"：

1 鼠年九月十二日我Bolmish

2 因付利息需用银子，（于是）从Ishira处*借取三两银子*。

---

① 耿世民：《回鹘文社会经济文书研究》，第200—201页。

3 **借多少个月，就按*月息一钱银子***

4 一起归还。归还前，如我发生什么，

5 就由我妻Tuzuk如数归还。证人Borluqchi。证人Bachara。这个印章

6 是我Bolmish的，我Yighina Tutung让其口述写（此文书）

文契加粗、斜体部分是说借钱者Bolmish因需要付利息，从Ishira那里借了三两银子，借多少月没有说，但是月息为一钱，按照"一两等于十钱"换算的话，月息为10%。这比汉文契约中规定的月息4%~6%更高。而且从借钱原因看，Bolmish似有多笔债，即他从Ishira那里借钱，用来支付以前自己借"甲"某的债务利息。假设"甲"某与Ishira为同一人的话，那么Bolmish的借贷就属于高利贷的范畴了。

通过对以上几种情况的分析，我们发现如果是实用物品，债务人若承诺短期借的话，就不会出现利息的规定，偿还的时候如数归还本金即可，但是借贷时间稍微长久或者不确定的话，那么多数按照惯例"借一还二"，甚至两倍的利息。另外，还有用他物来还此物的情况。当涉及钱币借贷的时候，一般会写明按月计算的规定，这使我们对回鹘社会经济活动中月息借贷的现象，以及钱币的流通职能有了深刻的认识。

关于回鹘文借贷契约中规定的借钱利息，杨富学、霍存福二位先生亦有过探讨，前者在对相关文书列表说明的基础上，认为"畏兀儿银钱借贷的月息多在10%~15%之间，合年利120%~180%，如果再以利出贷，则合年利200%~300%。比上文所谈的'羊羔利'还要高出许多。这只是银钱借贷，实际上还有利息更高的，那就是实物借贷。"[1]

---

[1] 杨富学：《吐鲁番出土回鹘文借贷文书概述》，《敦煌研究》1990年第1期，第82页。

不可否认的是，回鹘文借贷契约反映出来的借债利息确实高，就凭它在文契中明确利息字样就可以得知这种现象如此表现的程式化，而且从传世文献如"其年则倍之，次年则并息又倍之，谓之羊羔利，积年不已。往往破家散族，至以妻子为质，然终不能偿"[①]，得知蒙元时期的回鹘借贷利息具有偏高的现象，所谓的"羊羔利"并不是空穴来风，它实实在在地反映了当时的社会现实。因此，《元典章》中多次提及对这种现象的禁止与限制，如"民间私借钱债，验元借底契，止还一本一利。其间虽有续倒文契，当官毁抹，并不准使"[②]。霍存福先生在杨富学先生一文的基础上，同样以列表的形式（见霍文表7）对回鹘文借贷契约的利息率作了计算，他指出"在11件能计算出利率的契约中，最高的月息高达50%；其余的利率高于16.6%的有7件，利率为10%的有2件，只有2件契约分别是4.2%和5%"[③]，这与笔者的判断不谋而合。

更有趣的是，霍先生对几份《婚丧费用记录》文书做了分析，对当时是否存在"回利为本"的问题做了解答，可谓是真知灼见。因为这几份文书不仅反映了当时人们的民俗生活，而且也让我们清楚地了解到当时借贷的银钱、粮食的利息情况，笔者将这3份文书摘录于此，再做一分析，第1份文书是有关婚嫁时借贷利息的记录，内容为：

80 猪年支出账。Toghil因

81 嫁女嫁妆从Oysigha处

[①] 苏天爵编：《元文类》卷五七《中书令耶律公神道碑》，北京：商务印书馆，1958年，第835页。
[②] 洪金富校定：《元典章》卷二七《户部十三·钱债》，台北："中央研究院历史语言研究所"，2016年，第930页。
[③] 霍存福：《吐鲁番回鹘文借贷契约研究》，《吉林大学社会科学学报》2004年第6期，第104页。

82 取用二锭（银子）连同利息。

83 一锭从家中支出，（共）支出

84 三锭（银子的）嫁妆。

85 主要嫁妆（支出为：）四两银子

86 的白绸缎，一两半银子的

87 镶宝石的头冠和

88 一两银子的大小红化妆用品。

89 女婿Turmish的衣料十一两，

90 当地产(？)绸子二两，

91 共十三两，以及彩礼织物三两。

92 给送来姑娘的女士

93 二紫包，

94 （价值）六两（银子）。

95 支出婚礼用羊二十

96 两（银子）。给牵驴来的人

97 一紫包。作为嫁妆给的

98 二锭（银子）利息分二十三年

99 还给了。按习惯借取的一锭（银子的）利息

100 分十三年还给了。

101 还给了这三锭（银子的）本息，

102 共十四锭四十二两

103 银子。①

---

① 耿世民：《回鹘文社会经济文书研究》，第 257 页。同见李经纬：《回鹘文社会经济文书辑解》（上），第 377—378 页。

第 2 份文书是记录丧葬支出的内容：

104 蛇年三月初一日

105 我祖父Inanci举行葬礼

106 所用费用支出：我们从Alp Turmish四子的

107 Sayan处取用了半锭（银子），（年利）各五两

108 利息。从Toquz处取用了十二

109 两银子，每月各三钱利息。

110 从Ogrunch处取用了八

111 两（银子），（每月）各二钱利息。

112 从Chinguu处取用了七两（银子），六……葬礼用

113 八石粮食连同利息。

114 我们从Aruk处取用了一皮袋葡萄酒

115 作为八两银子的现金（birgu）(?)。付给了Sayan半

116 锭（银子）连同二十两利息。

117 付给Toquz十二两银子连同

118 利息六两银子

119 付给Ogrunch的八两银子连同

120 八两利息。

121 付给Chinguu奴七两（银子）。

122 我为我祖父的葬礼

123 返还借用的银子

124 本息共一锭四十二两（银子）①

第 3 份文书是有关丧葬借用粮食的记录：

125 羊年十月十一日，我外甥

126 Oghul Qurda死去，举行葬礼

127 所用费用（如下：）

128 我们从Baqigh处借用一锭（银子）。

129 我们从Chinguu处借葬礼用粮食十石

130 连同利息。我们为Odush Toqil

131 从Inglamish Shila借葬礼用粮食十石

132 连同利息。（加上）我祖父Inanchi的

133 葬礼费用，这三人的葬礼费用连同

134 所借粮食的利息，

135 合在一起，共一百石

136 粮食。②

以上 3 份关于婚丧嫁娶的支出记录，第 1 份文书写有"二十三年的利息""十三年的利息"，所借银子分别为 2 锭、1 锭，最后 3 锭银子连本带利共还了"十四锭四十二两"。根据霍存福先生的算法，"一锭等于50两，共合742两"。第 2 份文书所借银钱数额与月息、还额分别为：两个半锭，息 5 两，还了 20 两；又借 12 两，月息 3 钱，还

---

① 耿世民：《回鹘文社会经济文书研究》，第258—259页。同见李经纬：《回鹘文社会经济文书辑解》（上），第378—379页。

② 耿世民：《回鹘文社会经济文书研究》，第259—260页。同见李经纬：《回鹘文社会经济文书辑解》（上），第378—379页。

了6两；又借8两，息2钱，还了8两；又借7两6钱，息8石谷，还了7两，最后连本带利共还"一锭四十二两"。如此高的利息，出现"借贷利息的债，是沉重的负担，由于还不了债，利上加利甚多，总计是十七锭十七两（银子）。三次殡葬方面的费用家里还不起，利上再加利，还不了，利上又生利，已经还的、尚未还的合在一起（共）有七锭四十两（银子）"①，就不难理解了。因此，笔者赞同霍存福先生认为这几份文书的所反映出的年利息率为20%左右的说法。

第五节 西夏文借贷利息蠡测

在西夏文契约中借贷契约最多，约300份，内容主要涉及借贷粮食，还有贷钱契。借贷粮食契约中写有粮食的品种、数量。粮食品种有大麦、小麦、杂粮、糜、粟等。所借粮食之数量不等，多的有十几石，少的几斗之内。贷出者既有寺庙，也有个人，像梁姓就是西夏文契约中比较常见的私人出贷大户，从现存借贷契约看，寺院贷粮较多。

西夏文契约对借贷利息的规定亦比较明确，既有利息的计算方式，又有到期归还的本利总和数。贷钱契的数量比贷粮契明显少很多。与借贷利息有关的是粮食借贷契，多数为按照月息计算，有月息12%，也有月息20%，还有50%的情况。除了月息，另有年息、日息计算的契约。下面分情况做一分析：

第一种，"借一还二"，即还的数额是借的一倍，如《梁舅舅君贷

---

① 李经纬：《吐鲁番回鹘文社会经济文书研究》（上），第272—275页。

粮契》：

1　一人梁舅舅君及子巧盛等，**借五升麦还一斗**。
2　　　　　　　　　　借者舅舅君（画押）
3　　　　　　　　　　借者子巧盛（画押）
4　（上部）算码　五升麦①

该契约尽管内容残缺，既没有立契时间、债权人，也没有违约纳罚、证人等信息，但是却透露了借贷利息的重要事项。借入者为梁舅舅及子巧盛等，所借数额为五升，还期没有提及，但是规定了归还数额为一斗，根据"一斗等于十升"换算，该契利息为100％。在《西夏乾定申年（1224年）没瑞隐隐犬贷粮契》中，"借一石糜本，一石有八斗利"②，月息为80％。

第二种，按照月息50％计算。既有"借一石，还一石五斗"，又有"借二石，还三石"，也有"借七石，每石五斗利"，如下表所示：

---

① 史金波：《丝绸之路出土民族契约文献集成（西夏文卷）》（待刊稿），第198页。图版见《俄藏黑水城文献》第十四册，上海：上海古籍出版社，2011年，第206页。

② 史金波：《西夏经济文书研究》，北京：社会科学文献出版社，2017年，第215页；《丝绸之路出土民族契约文献集成（西夏文卷）》（待刊稿），第191页。图版见宁夏大学西夏学研究中心、国家图书馆、甘肃五凉古籍整理研究中心编，史金波、陈育宁主编：《中国藏西夏文献》第十六册，兰州：甘肃人民出版社、敦煌文艺出版社，2005年，第389页。

表7

出土文献	册号	页码	主要内容	史本页码①
《俄藏黑水城文献》②	第13册	217	"李犬吉借五石杂粮，成为七石五斗。限期八月一日当还"	195
		280	"梁老房有借一石麦，本利为一石五斗麦"	194
		280	"（曹肃州）借二石麦，本利为三石麦"	193
	第14册	24	"梁宝吉借二石麦，本利共计三石"	189
		25	"平尚兄弟小子借一石麦，本利共计一石五斗"	187
		145	"梁铁功宝借三石麦，每石有五斗利，本利共计四石五斗麦，日期同年八月一日当聚集粮食来"	181
		250	"骨宁老房花借七石大麦，其中每一石有五斗利，本利共计为十石五斗。日期年同八月一日"	177
		60	"息玉子功吉借五石六斗麦，及四石一斗杂。每石各有五斗利。自二月实典本利共计十四石五斗五升，日限九月一日，所典粮当抽还。"	169

从表7的主要内容可以看出，月息多为50%。值得注意的是，文契中除了规定月息外，还详细规定了借入者到期所还的粮食总和，这是西夏文借贷契约与其他诸民族借贷契约的不同之处。

第三种，按照月息20%计算。这一类的借贷契约最多，文契中大多写有"每月一斗二升"，这与有些契约中所提到的"每月每石一斗半"不同。如表8所示：

---

① 史金波：《丝绸之路出土民族契约文献集成（西夏文卷）》（待刊稿）。
② 《俄藏黑水城文献》，上海：上海古籍出版社，第十三册，2007年；第十四册，2011年。

表8

出土文献	册号	页码	主要内容	史本页码
《俄藏黑水城文献》	第14册	61	"梁那征茂借八石杂及九石麦。从二月一日起，每月一斗有二升利，及至本利相等。"	173
		60	"息玉子功吉借一石麦。从二月一日起，每月有一斗二升利，及至本利相等。"	168
		59	"恶恶氏卜麻借一石大麦。从二月一日起，每月一斗有二升利，及至本利相等。"	156
		58	"梁犬谦铁借一石大麦。从二月一日起，每月一斗有二升利，及至本利相等。"	148
		188	"史狗狗子借二石麦、二石谷、一石糜等，从二月一日起，每月一斗有二升利，及至本利相等。"	100
	第13册	279	"梁功铁借十石麦、十石大麦，自二月一日始，一月一斗有二升利，及至本利相等时还。"	94
		280	"梁羌德犬借三石麦、三石杂粮，一石粟，自二月一日始，每月一斗有二升利，及至本利相等时还。"	98

由表8可见，多数借贷契约的利息为"每月一斗二升"，即20%。不过，与之规定很相似的"每月每石一斗半"，其利息为15%，如《西夏乙亥年（1215年？）嵬移乐意贷粮契》：

1 乙亥年二月五日，立契者嵬移功谋，今因需

2 要麦，自嵬移阿俄等处以自平斗**借一石五斗麦，**

3 **每月每石一斗半**利数当还，已说，

4 需用完时，借者、相借者及担保者应交人当

5 聚集本利还，已说定。本心服。

6 　　　　　借麦立契者嵬移功谋（画押）

7 　　　　　相借者　子乐意小（画押）

第三章　契约所见西北诸族借贷利率之民间习惯法 | 247

8　　　　　　　担保者 律移慧照（画押）①

契首"乙亥年"在西夏时期有4个，按照西夏文契约文书多出土于西夏晚期，可推测该契时间可能为西夏神宗遵顼光定五年（1215年）。文契中的"每月每石一斗半"是为借贷利息，即月息15%。

第四种，按照月息12%计算。如《西夏天庆寅年二月十一日嵬移势功宝贷粮契》：

1 天庆寅年二月十一日，立契者嵬移势功宝
2 今自普渡寺属粮食经手人梁喇嘛及
3 梁那征茂喇嘛等处**借五石大麦**。从二月一
4 日起，**每月一石有一斗二升利**，及至本
5 利相等。期限过时依官法罚交三石麦。服。
6　　　　　　　立契者嵬移势功宝（画押）
7　　　　　　　同立契者子禅定宝（画押）
8　　　　　　　同立契者酪布老房犬
9　　　　　　　同立契者辣移氏弟白（指押）
10　　　　　　证人平尚讹山（指押）
11　　　　　　证人梁盛犬（指押）②

---

① 史金波：《丝绸之路出土民族契约文献集成（西夏文卷）》（待刊稿），第175页；《西夏经济文书研究》，第580页。图版见《中国藏西夏文献》第十七册，兰州：甘肃人民出版社、敦煌文艺出版社，2005年，第153页。

② 史金波：《丝绸之路出土民族契约文献集成（西夏文卷）》（待刊稿），第162页。图版见《俄藏黑水城文献》第十四册，上海：上海古籍出版社，2011年，第60页。

从文契内容可知，嵬移势功宝从普度寺那里借了五石大麦，月息为"每石一斗二升"，按照"一石等于十斗"换算下来，月息为12%。

第五种，按照月息10%计算。文契中通常写有"每月一石有一斗"，如《西夏天庆寅年二月四日酩布圣贷粮》①《西夏天庆寅年二月三日梁十月盛贷粮契》②《西夏天庆寅年（1194年）二月一日梁氏二盛乐贷粮契》③等。

第六种，按照日息计算。如俄藏 Инв.No.5812 借粮一石杂，"五日中有半升利"，即借一石粮五日半生利，日息1%。又俄藏 Инв.No.5812-3 借粮一石五斗，"石上每日一升利"，即借一石粮每天一升利，日息为1%。

通过以上几种借贷契约，我们发现，西夏文借贷利息大多是按照月息计算，有80%、50%、20%、12%、10%不等，其中"每月一斗二升"的文契最多，即月息20%，与之较近的规定有"每月每石一斗半""每月一石有一斗二升利"，前者为月息15%，后者月息为12%。月息之外，还有日息、年息。另外有"借一还二"的惯例，即利息为100%。这与回鹘文借贷契约在利息的规定有相似性，比唐宋时期的4%~6%的月息都要高。依据贷出者的身份判断，既有私人借贷，又有寺院借贷，寺院借贷与私人借贷的利息是不同的，据赵天英研究，"寺

---

①史金波：《丝绸之路出土民族契约文献集成（西夏文卷）》（待刊稿），第154页。图版见《俄藏黑水城文献》第十四册，上海：上海古籍出版社，2011年，第58页。
②史金波：《丝绸之路出土民族契约文献集成（西夏文卷）》（待刊稿），第150页。图版见《俄藏黑水城文献》第十四册，上海：上海古籍出版社，2011年，第58页。
③史金波：《丝绸之路出土民族契约文献集成（西夏文卷）》（待刊稿），第143页。图版见《俄藏黑水城文献》第十四册，上海：上海古籍出版社，2011年，第57—59页。

院的利率并没有低于私人借贷的利率,甚至比私人还高"。①如此高的利息,对于西夏底层社会苦不堪言。西夏有谚语曰:"二月三月,不吃借食,十一腊月,不穿贷衣"②,真实地反映了当时西夏社会的面貌。为了保障社会的安定,西夏政权明令规定:

> 全国中诸人放官私钱、粮食本者,一缗收利五钱以下,及一斛收利一斛以下等,依情愿使有利,不准比其增加。其本利相等仍不还,则应告于有司,当催促借债者使还。借债者不能还时,当催促同去借者。同去借者亦不能还,则不允其二种人之妻子、媳、未嫁女等还债价,可令出力典。若妻子、媳比所典钱少,及确无有可出典者,现持主者当还债。执主者不能时,其持主人有借分食前借债时,则其家中人当出力,未分食取债人时,则勿令家门人。若皆未能,则借债者当出工力,本利相等后,不允在应算利钱、谷物中收取债偿。若违律时,有官罚马一,庶人十三杖。所收债当归还。同去借者所管主人者,他人债分担数,借债者自己能辨时,当还给。
>
> 前述放钱、谷物本而得利之法明以外,日交钱、月交钱、年交钱,执谷物本,年年交利等,本利相等以后,不允取超额。若违律得多利时,有官罚马一,庶人十三杖。所超取利多少,当归还属者。③

---

① 赵天英:《黑水城出土西夏文借贷契长卷(7741号)译释研究》,《中国经济史研究》2017年第2期,第128页。
② 陈炳应:《西夏谚语——新集锦成对谚语》,太原:山西人民出版社,1993年,第13—14页。
③ 史金波、聂鸿音、白滨译注:《天盛改旧新定律令》,北京:法律出版社,2000年,第188—189页。

至于西夏文贷钱契,虽然相较粮食借贷契约要少很多,但它反映了西夏货币借贷的事实。关于贷钱契较少的原因,杜建录先生指出"谷典与钱贷是西夏高利贷的基本形式。一般来说,商品货币经济薄弱的边远地区以谷典为主,像黑城地区地处边陲,周围是戈壁沙漠,交通不便,外人罕至,当地生产又以游牧为主,商品货币经济难以发展,所以这一地区出土的典当文书全部为谷典"[1],可谓是一语中的。日本学者三宅俊彦根据对西夏出土的钱币汇总后认为,西夏地区无疑曾经流通过铜钱,[2]吉田顺一、齐木德道尔吉二位先生也持此说,他们认为此种"硬币"在当时很有可能作为某种货币于黑水城(哈喇浩特)一带流通使用。[3]杨富学、李志鹏二位先生认为西夏铜钱(或者说"硬币")的流通之所以有限,可能还与西夏政权专设铁钱区,颁布律令加强对铜钱的管理,以及销钱为器、官私蓄藏的政策不无关系。[4]

附:蒙古文契约之借贷利息探析

在内蒙古额济纳旗出土的文书里,除了汉文文书以及上文提到的西夏文书外,还有蒙古文书等。蒙古文文书中,既有行政文书、宗教文书,又有契约文书,后者又以谷物与家畜方面的借贷契约文书居多,时间大致在蒙元时期。根据吉田顺一、齐木德道尔吉等人的研究,在

---

[1] 杜建录:《西夏高利贷初探》,《民族研究》1999年第2期,第60页。

[2] [日]三宅俊彦:《中国の埋められた錢貨》,东京:同城社,2005年,第22—25页。

[3] [日]吉田顺一(YOSHIDA Jun'ichi)、齐木德道尔吉(チメドドルジ、Chimeddorji)编:《ハラホト出土モンゴル文書の研究(Study on the Mongolian Documents Found at Qaraqota)》,东京:雄山阁,2008年,第70—71页。

[4] 杨富学、李志鹏:《北宋"钱荒"之西夏因素考析》,《西夏研究》2014年第1期,第3—11页。

第三章　契约所见西北诸族借贷利率之民间习惯法 | 251

黑城（哈喇浩特）出土的借贷契约文书约有14份，这些文书大多有十二生肖纪年、所借物品以及数额，还有利息、惩罚措施等。①下面将与借贷利息有关的文书制作表格进行说明：

表9

序号	文书编号	主要内容	参考页码
1	F61:W9	"羊儿年正月初五……为要粮食使用，自咩布唆儿竹处（借迄）得十石小麦，十石大麦，共二十石口粮。（为此）将用北河灌溉之荒闲地作保与了咩布唆儿竹"	26—29
2	F61:W6	"猪儿年三月二十九日……将其五石五斗米……因运载此米有鼠耗，每石加了一斗，工钱共五十五锭钞"	36—38
3	F209:W69	"猴儿年正月初五日……为要口粮使用，问到奇帖木儿处借迄得行用升一石八斗升小麦，约定同年八月还毕" "猴儿年正月初五日……为要口粮使用，问帖木儿处借迄得行用升九斗升小麦。至将此小麦还毕"	41—43
4	MON01	"……石小麦……三石……白帖木儿两（年）……（无）利息，（又）……"	45—47
5	MON02	"为要绵羊使用，将自己的名叫阿卜堵剌的十五岁的亲弟，为四只三岁公绵羊，典当给了京保……猪儿年八月初四日……"	48—49
6	F79:W6	"一石半借得……月二十五日……钞，五斗（给与）"	51—53
7	F62:W19	"……依民人之例……"	54—55
8	F135:W80	"为要 kičir 骆驼使用，在昔宝赤之蒙古章爱马之忽喇台处取一峰四岁 kičir 骆驼。以单峰灰白色雌驼充其值。与了。"	55—57
9	F250:W3	"猴儿年正月初五，我张字阔为要粮食使用，于斡儿丁处用哈喇也蔑干（市）枡带息借得五米。利息每月一斗为份。"	59—60
10	F29:W1	"我李怯思为请榜式用，将买自孔克儿处之五岁儿驴，由桑拔都为一个半（qadirm_a）之故算与了（榜式）。"	62—63

① [日] 吉田顺一（YOSHIDA Jun'ichi）、齐木德道尔吉（チメドドルジ、Chimeddorji）编：《ハラホト出土モンゴル文書の研究（Study on the Mongolian Documents Found at Qaraqota）》，东京：（株）雄山阁，2008年。以下所举有关蒙古借贷契约的文书，皆参考此书。

续表

序号	文书编号	主要内容	参考页码
11	F17:W9	"牛儿年正月初一日，我牙忽儿失灰为要麦米使用，于古奴处借到一石小麦和一石白米。将此小麦和白米本年各计一斗行息。"	64
12	F79:W7	"……年五月初八日……为要大麦使用，借到市斗大麦……石。还毕此麦……至七月初一日还毕"	66
13	F224:W3	"一石（付）二十……八月二十七日……若罢了，一锭钞……"	68—69
14	F79:W5	"虎儿年四月……落失索那为要使钞用……于燕只吉赤处……为要钞……钞锭、小麦五斗……本年的硬币……该半锭……"	69—70

以上14份蒙古文借贷契约的纪年方式与吐蕃文契约、回鹘文契约一样，同为十二生肖纪年。文书明确写有借贷的原因，这与汉文契约、回鹘文契约有相似之处。从文书借贷的时间上看，与前述几种文字书写契约文书类似，亦为"春借秋还"，这似乎是跟西北的气候有很大关系。开春之际，借贷的粮食大多作为种子使用，少量是为解决口粮问题。到了秋收季节，粮食便开始用于还贷用途。一年下来，留在债务人手里的粮食其实所剩无几。《元史》卷125记载："真定富民出钱贷人者，不踰时倍取其息"[①]，为此"真定路官民所贷官钱，贫不能偿，诏免之"[②]。

表9中第1份文书实际上是借者将自己的一块土地作为抵押品，暂时抵押给了贷者，并换取了十石小麦和十石大麦，期限与条件是：这块土地在五年之内仍然为原拥有者耕种，但每年只能从土地的收成

[①] ［明］宋濂等撰:《元史》卷一二五《布鲁海牙传》，北京：中华书局，1976年，第3071页。
[②] ［明］宋濂等撰:《元史》卷四《世祖本纪》，第74页。

中获取一石小麦和一石大麦，剩余的皆为贷者所有。五年到期后，该土地归还原拥有者。这里涉及一个问题：五年之内，每年从土地所获的粮食除了一小部分为借者留用外，其余的全部作为利息归贷者所有，这其实是一种盘剥式的借贷活动。

第2份文书反映了运送粮食的一些情况，如运送的费用（工钱为一斗谷物一锭）、有关运送途中造成损失的赔偿问题等。第3份文书写有两项内容，即同一贷者给不同的两个人放贷粮食的情况，此放贷人叫帖木儿，此人在第4份文书（MON01）中同样出现，并写有利息字样，期限为二年，但由于文书残缺，所以第4份文书反映的信息不是很多。

第5份文书是借者将自己的弟弟抵押给了京保，然后借到了4只三岁的公羊。值得注意的是，纪年时间写在了文后。第6份文书从违约纳罚的假设来看，则要另外再支付利息。第7份文书中记有"依民人之例"（依照惯例），可知当时社会借贷契约已有传统的惯例存在。第8份文书为牲畜间的等值交换。

第9份文书（F250:W3）是这几份文书中难得的写明利息的文书，兹录文于下：

1 猴儿年正月初五，我
2 张字阔为要粮食使用，于斡儿丁处
3 用哈喇也蒇干［市］枡带息*借得五*
4 *斗米*。利息
5 *每月一斗*为份。［如此］
6 行息。若字阔

7 东西迷闪，

8 同取代保人依着我的

9 另一件文书结算

10 还毕。为此

11 立文。此手印 字阔（画押）

12 　　此手印 暴速（画押）

13 　　知见人 蒙哥秃（画押）

文契中写明，张字阔从斡尔丁那里借了五斗米，利息为每月一斗，这是按月计息的借贷文书。但可惜只写了借的时间（猴儿年正月初五），却没有写还的时间。我们按照"春借秋还"的惯例，假设当年八月还的话，那么到期连本带利共还13斗（5+1×8），月息为20%（即公式$5y×8=1×8$，其中5指借数五斗米，y是月息未知数，8指还期在8月份，通过换算，$40y=8$，$y=1/5$，也就是20%）；假设是五月还，那么连本带利共还利10斗，月息亦为20%，这比唐宋官方规定的4%~6%的月息要高，与回鹘文借贷契约利息相似。

第11份文书（F17:W9）中写有"各计一斗行息"：

1 牛儿年正月初一日，

2 我牙忽儿失灰为要麦米使用，

3 与古奴处**借到**

4 **一石小麦和一石白米**。

5 将此小麦和白米

6 本年……

7 **各计一斗行息**。

8 还此麦米前，［我失灰］

9 如东西迷闪……

借债人牙忽儿失灰，从古奴那里借了下麦和白米各一石，双方商定，"各计一斗行息"，即每个月支付一斗的利息，可知是按月计息，月息为 10%。

第 12 份文书写有借还的时间，即五月初八借，七月初一还，在两月里，也是按"照民约行事"，可见利息之高。第 13 份文书写有"一石支付二十"，虽然没有明确具体的内容，但推测应属于粮食借贷，而且也是秋还，时间为"八月二十七日"。第 14 份文书没有写利息，但同第 13 份文书一样，不仅写有谷物的字样，而且写有钞锭的字样，由此可以推测，蒙古文借贷契约中贷钱契的存在现象。由以上契约利息可见，蒙古文借贷契约利息也存在较高的现象，其与回鹘文借贷契约利息有点相似，尽管文书内容不像汉文、回鹘文借贷契约那样完整，但是透过第 9、11 份文书之利息，对蒙古文契约借贷利息大致有一个了解。

第六节 诸民族契约文书之借贷利率比较

通过以上分析，表明西北出土诸民族契约的借贷利息有一定的相似之处：第一，借贷契约中皆有"借一还二"的规定，如佉卢文契约 Kh.142 号文书"按照惯例借一还二"；吐蕃文契约"官吏出便麦历"

记有"双倍的数量";汉文契约不论是发现于吐鲁番、敦煌,还是出自黑水城,同样有倍还的情形;回鹘文契约如"借取三个棉布……归还六个棉布";西夏文契约如《梁舅舅君贷粮契》"借五升麦还一斗"。

第二,在一定的期限内"如数归还",这属于限内无息的情况下,多为粮食,即借多少还多少;尤其是在敦煌出土的寺院贷借粮食的文书中常见。在佉卢文契约中,如数赔偿比较多见,像甲方从乙方借了一峰骆驼,假设在归还期限内骆驼丢了或者死亡,那么乙方要求甲方如数赔偿骆驼一峰,不过对赔偿的骆驼年龄有要求。另如 Kh.6、Kh.62、Kh.165、Kh.195、Kh.506、Kh.509、Kh.570 等佉卢文文书,都与"如数赔偿"的规定相关。

第三,借贷物品虽五花八门,但是粮食借贷皆为诸民族借贷契约共有,尤其是在吐蕃文、西夏文契约中,粮食借贷比较显著。敦煌出土的汉文、吐蕃文借贷契约,黑水城出土的汉文、西夏文借贷契约有一些共同的特点。

第四,关于粮食借贷的时间,皆遵循了与西北气候有关的"春种秋收"的季节规律,契约显示债务人多是在二、三月借,七、八月还,即"春借秋还"。

第五,不论是哪种民族契约,其借贷利息似有"民间惯例"可循,尽管在契约规定上有不同的表述,但是都不同程度地提到了民间习惯法。

第六,回鹘文、西夏文契约文书的借贷利息大多按照总和计息、按月计息,还有按年计息,甚至有按日计息,有在半年之内利率高达 50% 的现象,有的甚至高达 100%。如果以唐宋时期官方规定的民间借贷 4%~6% 为月息的话,那么诸民族契约文书之借贷利息普遍高于这一官方规定,像吐鲁番出土汉文契约、回鹘文契约之借贷利息有

10%，黑水城出土西夏文契约出现有 12%。

第七，诸民族契约关于借贷利息的格式与套语有着惊人的相似性。从对借贷利息的描述语言看，汉文契约、回鹘文契约、西夏文契约、蒙古文契约都明确地规定了与借贷物品有关的利息，并且对归还期限也有清楚的提示。

同时，西北出土诸民族契约文书的借贷利息亦有不同之处：

首先，佉卢文契约、吐蕃文契约在有关借贷利息的出土文书数量上，明显少于汉文契约、回鹘文契约、西夏文契约，而且关于借贷利息的内容也相对残缺不全。

其次，在诸民族借贷契约利息中，回鹘文借贷利息之高最为突出，出现了形容这一现象的词语"羊羔利"。我们知道蒙元时期的高利贷活动盛行，因此元朝官方出台一系列相关政策，明令禁止高利贷的行为。即便如此，民间还是会按照惯例，在谷物、货币等借贷中收取高额的利息，一旦债务人出现违约的情况，则契约规定将有相应的惩罚措施。这些规定会致债务人债台累累、家破人亡，不禁让人想起《威尼斯商人》中的夏洛克。

第三，诸民族契约借贷物品侧重点不同。佉卢文契约借贷物品有粮食、牲畜、钱币，吐蕃文契约、西夏文契约多为粮食借贷，吐蕃文契约还有小刀、纸张、杯具等小物件的借贷，不得不令人想起《死魂灵》中的泼留希金；而且吐蕃文契约、西夏文契约有抵押借贷（如房屋、牲畜、土地）的现象。汉文契约和回鹘文契约借贷物品有银钱、粮食，汉文契约借贷还有练、布帛，回鹘文契约借贷有官布、棉布。

第四，关于契约借贷的原因，汉文契约、回鹘文契约以及蒙古文契约皆会有说明，而西夏文契约未提及借贷原因。

总之，透过这些西北出土的，用不同文字书写的契约文书之借贷利息，有助于我们深入了解当时的社会环境、民众的生活状况，对研究不同地区、不同民族、不同政权间的政治历史、社会经济、法律文化具有重要意义。通过比较这些借贷契约利息之间的异同，使我们对民间习惯法在丝路沿线的表征与内在联系有了进一步的认识。这也让我们深刻地明白：丝路沿线上用不同文字书写的契约文书，他们之间既有泾渭分明的区别，又有千丝万缕的联系。正是因为不同文化在相互碰撞与交流中兼容并包、相互借鉴，才使得不同文化之间既有自身的特点，又有共性的一面。

第四章　契约所见违约纳罚习惯法

在西北出土的契约文书中，对违约纳罚的记载非常清晰，即使有些契约残缺不全，但大多数留存的契约中，为了保证契约的有效性，皆对契约当事人双方作了违约后的惩罚规定。从现存的一些契约看，大多数契约规定双方当事人一旦出现有违约情况，那么违约的一方赔偿给未违约者同等价值的交易物，这种情况在很多契约中比较常见。但是，在另外一些契约中，除了规定赔偿同等价值的交易物，还出现有双倍惩罚、没收家产（如果是抵押物，则没收抵押物）、纳罚入官（回鹘文契约写有"罚贡"）、保人需承担责任继续赔偿（大多数情况为父子、兄弟、妻子或有亲属关系的人）；甚至有的契约中提及体罚（如鞭刑），一旦有了体罚，这就不仅仅是赔偿的问题了，用现在的法理学范畴讲，已经涉及刑事责任了。可见，违约的现象历来就有，为了防止这种现象的发生，保障契约双方的利益（其实大多数是为了保护债权人的利益），契约中对违约后的惩罚是相当严厉的（有经济赔偿，也有刑事处罚）。

从文书担保人、见证人、书写者参与的情况看，违约纳罚实际上也属于担保措施的范畴，但因其内容过于重要，且规定得非常明细，故在此将其单独列为一章专作讨论。很多契约是在官方干预的情况下进行的，契约中出现带有职官、代表身份地位的词语，同时文契中还明显地写有"按律……"，如西夏文契约文书中就记有按照《天盛改旧新定律令》对违约者惩罚的字样。

总之，这些不同文字的规定，最终解决的皆是一个问题，即保障契约双方的利益，维护契约的有效性，减少人们在社会经济活动中的矛盾和纠纷，维持社会秩序的安定。当然，从不同文字、不同地区、不同种类的契约文书看，又表现出一些不同的地方。下面笔者根据时间的先后顺序，重点对西北出土的佉卢文契约、汉文契约、吐蕃文契约、回鹘文契约、西夏文契约中的违约纳罚规定，做一对比分析，以此来展现古代生活在西北地区的人们的社会生活状况。

第一节 佉卢文简牍与鄯善国之违约纳罚习俗

从目前释读的佉卢文契约文书看，大部分文书中都有关于赔偿的文字，其中要数关于违约纳罚的契约文书最多，尤其是土地买卖契约。经过笔者的不完全统计，涉及赔偿（含补偿）的佉卢文契约达147份，其中属于违约纳罚性质的完整契约文书有70多份。我们知道，佉卢文书里面大多是法律判例、契约经济类文书。这些文书既有雇佣、租赁、买卖（土地、人口买卖）、借贷、抵押、养子（养女）等方面的契约，又有当地政府干预（如Kh.468）、法律保护私有财产性质的文书（如Kh.471、Kh.473）；既有经济方面的赔偿，又有刑事上的体罚。经济方面表现为等价的补偿、双倍的惩罚（包括利息），甚至还有三倍的赔偿附带刑罚 50 大板（如 Kh.676）。刑事上的体罚，少则 15 大板，多则 70 大板；既规定有土地的地界问题，又有关于战事期间的债务赔偿问题；既有执政官、司书的参与，又有证人、誓约的保障；既有人性化、民主化的一面，又有强制性、粗暴性的一面；既有法律的强制规定，又有传统习惯法的存在。

总之，通过这些形形色色的司法审判、经济纠纷案例，将古代塔里木盆地边缘的绿洲社会如同电影一般展现在当今读者的面前。由于学界对佉卢文书的生疏以及较少利用，现将其中有关违约纳罚的内容以表格的形式作一展示，以期能更好地了解古代鄯善、于阗、龟兹等地的情况。

表 10

卷号	页码	主要内容	参考文献[①]	备注
Kh.3	34/185	"彼曾买下一女子，出价织物41匹"	林本/王译本	不得非法占有
Kh.11	38/186	"据传统法律，认领养子者，须付酬款"	林本/王译本	养子
Kh.17	41/187	"无论彼等现有多少，必须偿还，不可违抗法律抵赖不还。"	林本/王译本	战时所取之物，无罪处理
Kh.24	44/184	"动用主人私有之物替奴仆抵债，殊不合法。"	林本/王译本	索要马债
Kh.27	45/189	"现在既未给牝马，也未给马驹"	林本/王译本	违誓约
Kh.31	47/189	"现在黎牟去世……奴仆及主人之（家人）皆不信守此项契约"	林本/王译本	养子；战时纠纷，战后再议
Kh.32	48/189	"现彼已将其妹许配他人，未给沙迦贝耶任何东西"	林本/王译本	违约；婚姻纠纷案
Kh.33	49/190	"曾将其拿走，彼要归还这些私有之物"	林本/王译本	

[①] 分别参见：［英］T.Burrow, *A Translation of the Kharoṣṭhī Documents from Chinese Turkestan*, London: The Royal Asiatic Society, 1940. 王广智译：《新疆出土佉卢文残卷译文集》；林梅村：《沙海古卷——中国所出佉卢文书（初集）》。

续表

卷号	页码	主要内容	参考文献	备注
Kh.39	51/190	"索取三岁之牝骡一匹或三岁牝马"	林本/王译本	养女；奶费
Kh.45	54/191	"判予三岁之马一匹作为抚养费"	林本/王译本	养女；司法案例
Kh.46	54/191	"将妇女柯奴摩判予毗陀县所有，而汝不明真相又将其判予誓蒂女神县"	林本/王译本	违令判例；丁男、女子之赋役
Kh.58	60/192	"如果……并非巫婆，人们必须赔偿该女子的身价由布伽和黎贝耶收讫"	林本/王译本[1]	非女巫需赔偿
Kh.62	60/193	"务必从中将此马速还乌波格耶"	林本/王译本	借马拒还
Kh.63	61/193	"应赔偿属黎贝耶所有之妇女之身价"	林本/王译本	巫婆；杀死妇女；同Kh.58号
Kh.128	23/198	原来之欠债……按照天下法律办事	贝罗本/王译本	交换；即Kh.130
Kh.144	67/199	"……以致死亡，也须偿还一人"	林本/王译本	玩忽职守；追责
Kh.160	281/201	"汝得先交纳水和种子费用"	林本/王译本	合作耕种
Kh.165	284/202	"从自己私人之庄园中如数赔偿"	林本/王译本	税收拖延
Kh.187	35/204	责打70大板，赔偿5distis高一男人	贝罗本/王译本	兄打弟，父打子
Kh.195	36/205	以价值相等之骆驼一峰偿还奥钵吉耶	贝罗本/王译本	祭祀
Kh.204	201/205	"罚彼等羊一头，并责打三十大板"	林本/王译本	元孟七年五月
Kh.209	39/206	今后，无论何人想要更改此项协议，双方将受同样之处罚，罚vito马一匹，责打70大板	贝罗本/王译本	妇女卖价七岁骆驼一峰
Kh.222	41/208	自今以后，cozbo索没阇迦对该土地有全权进行播种、耕种、交换以及为所欲为	贝罗本/王译本	土地换粗地毯
Kh.248	77/251	"务必现在即对其处罚并禁止"	林本/王译本	女巫

---

[1] 关于该文书，王译本合并到了57号文书中。

续表

卷号	页码	主要内容	参考文献	备注
Kh.272	81/212	"当汝处安宁下来,没有于阗进犯而国境巩固时,彼等再偿还债务"	林本/王译本	战时债务战后偿还;基层权力
Kh.295	87/214	"应即刻从速将鸠迪还给彼……"	林本/王译本	反驳借用女孩
Kh.309	90/216	"务必购买和该谷物等价之物品"	林本/王译本	谷税;追责
Kh.312	92/216	"其工钱已判给彼之左多陀和阿耶,并立有字据。"	林本/王译本	追责判例
Kh.322	60/218	今后,无论何人对……提出要求,皆无权要求偿还	贝罗本/王译本	有年号;于阗男子被转让
Kh.324	60/218	金币二枚和德拉克马二枚。……及弓一张……自今以后……	贝罗本/王译本	有年号;男奴被转卖
Kh.325	61/218	责打50大板。彼之胡须应全部剃掉	贝罗本/王译本	剃掉胡须
Kh.327	61/218	双方在执政官面前达成协议	贝罗本/王译本	奴隶卖价
Kh.328	62/219	今后迦多迦耶对此人有全部之所有权	贝罗本/王译本	内容残缺
Kh.331	62/219	今后关于该女孩……不得提出异议	贝罗本/王译本	奶费为一匹马
Kh.344	96/221	"彼若去世,务必将该物取回"	林本/王译本	
Kh.345	65/221	僧人将其奴作为赔价(100穆立、12马身长布匹)给申诉者啰苏州,并罚交法庭牝牛一头、交国库布30马身长	贝罗本/王译本	很复杂的一份文书,含有大量信息
Kh.348	67/222	无论何人若违犯此项协议,将付罚款布匹12马身长	贝罗本/王译本	出卖锅kalasa一只
Kh.357	99/223	"待国家安定时,再作清算"	林本/王译本	战事期间债务
Kh.401	82/230	应取骆驼一峰作为该骆驼之租费	贝罗本/王译本	十月备好租费
Kh.415	83/231	给马一匹作为奶费	贝罗本/王译本	养子
Kh.419	84/231	罚款为5匹,并处罚dhamta15大板	贝罗本/王译本	年号;葡萄园
Kh.425	87/233	今后,无论何人想要翻案而(惹起)争执……彼之申诉均属无效,并将处罚pimgatsa……	贝罗本/王译本	年号;互不偿付
Kh.434	88/233	第一年一匹…马,第二年一匹tirsa马	贝罗本/王译本	奶费赔偿
Kh.436	234	彼等不得取财产。彼此均无往来	贝罗本/王译本	年号;拐骗

续表

卷号	页码	主要内容	参考文献	备注
Kh.437	89/234	罚以四岁之阉割之牲畜gelding一只并责打50大板	贝罗本/王译本	年号；卖女孩
Kh.462	223/235	"责罚口粮十硒及十五大板"	林本/王译本	
Kh.482	121/237	"原有法律规定，活着的树木，禁止砍伐，砍伐者罚马一匹。若砍伐树权上则应罚母牛一头。"	林本/王译本	禁止砍伐树木
Kh.489	95/237	任何僧人不参加僧界之活动、posatha仪式以及身着俗服参加posatha仪式，各罚丝绢一匹；僧人殴打僧人，轻者罚丝绢五匹，不轻不重者罚丝绢十匹，重者罚丝绢十五匹	贝罗本/王译本	由国王当各级僧面规定僧界的规章；有年号。
Kh.492	96/238	未经主人许可而将主人之财产出售系属非法	贝罗本/王译本	抵押
Kh.502	125/239	"若排水口未曾准备好，则不能让阿波尼耶赔偿损失"	林本/王译本	水的管理
Kh.505	98/239	祖吉难摩无权要求ekhara莫祇耶财产	贝罗本/王译本	雇佣骆驼
Kh.527	104/242	应付谷物3弥里码，（其余之）3弥里码谷物于秋天付清。关于12手长之地毯，双方均不付款	贝罗本/王译本	谷物、地毯
Kh.530	131/243	"应给橐驼一头，或归还谷物及利息"	林本/王译本	借贷谷物
Kh.545	134/244	"彼将马拿走后，分文未给""应将该弓及其租金一并交还苏耆耶"	林本/王译本	借马；收弓
Kh.549	109/245	今后，无论何人对此有异议，彼之翻案在皇廷均属无效。	贝罗本/王译本	土地买卖
Kh.554	110/246	责打50大板	贝罗本/王译本	战俘；地名
Kh.568	112/247	今后，苏笈多对该绵羊有所有权，可以为所欲为。今后无论何人（再）提出这些绵羊之问题，均将无效，并将收处罚。	贝罗本/王译本	绵羊
Kh.569	113/247	给amklatsa骆驼一峰作为奶费	贝罗本/王译本	过继为子
Kh.570	113/247	给同年龄之kirsosa牝骆驼一峰，以代替该怀孕之牝骆驼	贝罗本/王译本	年号；骆驼转让致死

续表

卷号	页码	主要内容	参考文献	备注
Kh.571	114/248	将罚阉割之牲畜一头并责打70大板	贝罗本/王译本	土地连同树出售
Kh.572	114/248	今后，无论何人再提出该事，彼之翻案在皇廷均属无效。	贝罗本/王译本	种植大麦
Kh.573	115/248	自今以后，余等之任何亲戚或儿子，均不得占有该女孩	贝罗本/王译本	年号；卖女儿，作价一骆驼一马
Kh.574	115/249	秋天……rathi树及pamni皆由罗没索蹉从葡萄园取走，土地由kori牟啰德耶取去	贝罗本/王译本	耕地、葡萄园
Kh.580	119/251	处罚马一匹，责打70大板。	贝罗本/王译本	土地买卖
Kh.581	120/251	今后，无论何人……皆无权在皇廷反案	贝罗本/王译本	葡萄园买卖；买卖原因
Kh.582	120/252	今后，无论何人……皆无权在皇廷反案	贝罗本/王译本	土地买卖
Kh.583	121/252	今后，无论何人(对此有异议)双方均无款支付	贝罗本/王译本	骆驼
Kh.590	125/254	自今以后，司书罗没索磋对该妇人有所有权，可以……今后，无论何人对……彼之反案在皇廷皆属无效	贝罗本/王译本	似Kh.592、589、586、587、588；卖妇女
Kh.591	126/255	将受处罚(mudesa)，(罚款)为阉割之马一匹并责打50大板	贝罗本/王译本	购买男子
Kh.629	142/257	"彼在龟兹当难民时欠下的债务"	林本/王译本	
Kh.638	144/259	"彼从前仅有一头牡羊。现在彼等却向彼要两头牡羊"	林本/王译本	判决结果为只能要一头
Kh.661	137/261	将受国家法律规定之处罚	贝罗本/王译本	骆驼买卖
Kh.676	138/262	余等现已决定按原价三倍赔偿。……余等已答打彼等50大板	贝罗本/王译本	母牛被贼偷食
Kh.709	142/264	这些人彼此皆无权要求赔偿	贝罗本/王译本	国王亲自听案

从表10所列文书看，新疆出土佉卢文书有的是下级给上级的呈文，有的是上级给下级的命令，还有的是平级间的文书，但不管是哪一种，

都有相当规范的程式,这一点值得我们关注。佉卢文书的时间大致相当于汉晋时期,它有如此成熟、完善的文书格式,就说明已经按照习惯法使用了很长时间,由此我们可以推测当时社会经济的活跃程度以及法律的普适性。

文书既反映出政府对地方的强制性管控(如契约文书中执政官、司书、见证人的参与),又透露出地方官员的不作为、乱作为(Kh.7、Kh.262、Kh.272、Kh.396),甚至是抗命不遵(Kh45、Kh.46、Kh.144、Kh.211、Kh.310、Kh.312、Kh.358、Kh.359、Kh.387、Kh.538、Kh.562、Kh.719、Kh.729)的现象。

从文书中规定的一些法令看,法律不仅保护私有财产(Kh.24、Kh.31、Kh.62、Kh.328、Kh.471、Kh.492、Kh.509、Kh.555、Kh.621、Kh.677、Kh.678、Kh.709、Kh.750),而且对社会的方方面面都做出了规定,如对水的规定(Kh.157、Kh.160、Kh.310、Kh.347、Kh.368、Kh.376、Kh.396、Kh.502、Kh.639、Kh.722);对保护自然植被的规定(Kh.482);对养子(Kh.11、Kh.415、Kh.553、Kh.569)、养女(Kh.39、Kh.45、Kh.331)的规定;对寺院僧侣的管制(Kh.489);对租用骆驼、马匹的规定(Kh.83、Kh.524、Kh.545、Kh.639),等等。下面是一份关于收养女儿但未付"奶费"的契约(表10 Kh.39):

封牍正面

致州长勤军(Ṣamasena)和布伽(Puĝo)

底牍正面

1 威德宏大、伟大之国王陛下敕谕,致州长勤军和布伽谕令如下:

今有

第四章　契约所见违约纳罚习惯法 | 267

2 黎贝耶（Lýipeya）上奏本廷，彼等之婢女支弥伽（Cimikae）擅自将女儿送与迦波格耶（Kapģe）诸奴仆作养女。**该养女**

3 **由彼等抚养成人，抚养费用亦未支付**。当汝接到此楔形泥封木牍时，务必亲自对此案详细审理。若其婢女确实擅自作主，给迦波格耶一养女而未付抚养费用，

封牍背面

1 黎贝耶应向迦波格耶诸奴仆**索取三岁之牝骡一匹或三岁之牝马一匹**，而养女则完全为彼等所有。倘若再有何纠纷，

2 应依法作出判决。汝若不能澄清此案，应将彼等关押，送至本廷，在此再作裁决。

底牍背面

关于黎贝耶和迦波格耶之事。①

和其他收养子女文书一样，诉讼双方围绕"奶费"（the payment for milk）展开争论，起因是黎贝耶（Lýipeya）之婢女支弥伽（Cimikae）未经主人允许，擅自将自己女儿送与迦波格耶（Kapģe），但未付抚养费。因此黎贝耶将此事告于皇廷，最终的结果是迦波格耶赔偿黎贝耶三岁牝骡、牝马各一匹，养女为迦波格耶所有，双方达成协议。在其他契约中，我们也发现牲畜作为赔偿物比较普遍。

对战事期间的债务，法律规定等战争平息以后，债权人才能追债，如表10中Kh.272、Kh.357、Kh.629号契约。前章第一节也对其有所

---

① 林梅村：《沙海古卷——中国所出佉卢文书（初集）》，第51—52页。同见［英］T. Burrow, *A Translation of the Kharoṣṭhī Documents from Chinese Turkestan,* London: The Royal Asiatic Society, 1940, p.9. 王广智译：《新疆出土佉卢文残卷译文集》，第190页。

述及。

　　对一些谷物、粗地毯、酒等来说，其交换的功能比较明显，这与西夏文契约中的粮食交易很相似；谷物换地毯（Kh.527），或者谷物换酒（Kh.307）、衣物换粮食，又与回鹘文契约中的个别文书很相似；而从"报酬"的支付方式来看，多为谷物、绢布（Kh.3、Kh.25、Kh.122、Kh.222、Kh.327、Kh.335、Kh.382、Kh.387），最有力的证据就是Kh.532、Kh.431—2号了，明确写有将谷物作为工钱支付。至于文书中提到的钱币之类，有波斯银币，还有未释读的中亚甚至是西亚钱币，不过人们的日常生活还是以物物交换为主，这是佉卢文书反映出的最明显的一个事实。

　　佉卢文契约文书中，土地买卖契约比较多，有的土地契约中提到了地界（Kh.37、Kh.163、Kh.255、Kh.496），土地的买卖、转让、租借比较常见（Kh.422、Kh.495、Kh.549、Kh.579、Kh.582、Kh.648、Kh.652、Kh.654、Kh.655、Kh.677、Kh.678、Kh.713、Kh.715）。下面是一份土地买卖契约（表10 Kh.419）：

　　此一有关向菩地啰（Budhila）及菩达耶（Budhaya）（购买）之葡萄园一所之文件，由［……］及僧伽色利（Saṃgaśri）妥为保存。

　　此系僧人僧凯（Śaṃca）、苏阇多（Sujata）及达迷啰（Dhamila）之印（seal）。

　　兹于伟大国王、上天之子夷都伽·阿没克伐吉（Jiṭugha Aṃkvaǵe）在位之28年11月13日，śramaṃna阿塔莫（Aṭhamo）之两子菩地啰及次子菩达耶愿将4　Apcira之葡萄园一所及另一块在miṣi地内之letǵa kuthala地出卖。总共为五块地。阿难陀（Anaṃda）购买该五块地，**付地价金币1枚，另付2穆立**（*muli*），以后**又付12穆立**。双方在此公平之条件上达成协议。买卖双方皆很满意。此文件系根据菩地啰及菩达耶之请求，在凯度多（Caḍ'ota）僧伽比丘（bhikṣu-saṅgha）之面前所立。证人为：僧人菩达罗支（Budharaċhi），僧伽（saṅgha）之长老，僧人夷毕耶（Yipiya）［……］僧人及 *daśavida* 僧凯（Śaṃca），僧人达摩迷多罗（Dhaṃamitra）［……］，僧人达摩迦摩（Dhaṃa［kama］），法师利达犀那（Ridhasena）之仆人支祇多（Ciġita），僧人祖祇色多（Tsaġirsta）及舍那伽（Śanaġa）。此文件系由余司书阿钵吉耶（Apġeya）奉僧伽比丘（bhikṣu-saṅgha）及菩地啰（Budhila）和菩达耶（Budhaya）之命所写。其权限和生命一样，长达千年。今后，无论何人提出异议企图推翻此项协议，在僧伽比丘面前均属无效。企图推翻协议之**罚款为布匹5匹，并处罚**（dhaṃta=daṇḍa）**十五大板**。（其）权限已如此详细（规定）。期限无限。

僧人菩达伐摩（Budhavaṃa）和僧人跋多啰（Bhatra）为证人。①

该契约显示阿塔莫（Aṭhamo）的两个儿子将自家的葡萄园及另一块土地，共五块地出卖给阿难陀（Anaṃda），地价为金币1枚，随后两次又付14穆立（*muli*）。在众多僧伽面前完成协议后，若有人反悔，则毁约方赔偿未毁约方五匹布，另外承受15大板的体刑。

从违约后的惩罚措施来看，主要分经济赔偿和体罚两种：

---

① ［英］T.Burrow, *A Translation of the Kharoṣṭhī Documents from Chinese Turkestan*, London: The Royal Asiatic Society, 1940, pp.84—85. 王广智译：《新疆出土佉卢文残卷译文集》，第232页。

第一，经济赔偿方面，无非是借了骆驼、马，得给管理者交一定的租金；借了粮食，如果没有粮食还可以用其他物来代替，如酒、牛、羊、马、骆驼，一般是等价换算，按数赔偿（Kh.165、Kh.212、Kh.213、Kh.217、Kh.309）。下面是一份赔偿奴隶的文书（上表 Kh.144）：

底牍正面

1 威德宏大、伟大之国王陛下敕谕，致州长索阇伽（Soṃjaka）谕令如下：今有

2 司土黎贝耶（Lýipeya）上奏本廷，**彼之奴仆**，名迦左那（Kacana），遭索迦那（Saġana）殴打，于第八日被打死。

3 汝，州长索阇伽已接到过指令，

封牍正面

1 务必命证人起誓。**如果迦左那确系为索迦那打死，须偿还一人**。汝对此事

2 竟然如此玩忽职守，迄今未作出任何决定，当汝接到此楔形泥封木牍时，应立即命证人起誓。如果索迦那殴打迦左那后，未作处理……**以至死亡，也须偿还一人**。

4 汝若不明真相……写于信内。①

该文书虽是司法判例，但是同样反映出当地遵循的一种习惯法，即将奴仆殴打致死，则须赔偿同样的一名奴仆。从文书可知，黎贝耶（Lýipeya）的奴仆迦左那（Kacana）被索迦那（Saġana）殴打致死，

---

① 林梅村：《沙海古卷——中国所出佉卢文书（初集）》，第67页。同见［英］T.Burrow, A Translation of the Kharoṣṭhī Documents from Chinese Turkestan, London: The Royal Asiatic Society, 1940, p.26. 王广智译：《新疆出土佉卢文残卷译文集》，第199页。

经起诉后，判决结果为索迦那须为黎贝耶赔偿一人（同样为一奴仆）。

这是在没有违约的前提下。一旦违约了，那么情况就变得大为不同，既有"一罚二"，如 Kh.68、Kh.142 号文书；又有罚官，如 Kh.345 号文书。还有"一罚三"的情况，如下面这份偷食母牛之契约（表 10 Kh.676）：

> 此一有关被贼偷食之一头母牛之文件，由齐摩耶（Tsimaya）妥为保存。
>
> 此系 korl 布啰蹉耶（Pultsaya）及 tasuca 达祗耶（Ḍhaġiya）之印。
>
> 兹于伟大国王［……］陛下在位之38年12月2日，kori 布啰蹉耶、tasucas 那罗摩犀那（Naramasena）及达祗耶审讯此案。齐摩耶、波蹉耶（Portsaya）、伐比耶（Varpeya）、耽米凯（Tameca）、罗支吉（Racġe）及佐度（Tsordhoe）已起诉。彼等（即波蹉耶等）曾偷食一头属于齐摩耶之**六岁之牛一头**。皮及肉（？）。因此，余等现已决定**按原价三倍赔偿**。该赔款之四分之一，（即）六岁怀胎之母牛一头应由波蹉耶、耽米凯及伐比耶三人支付。（其余之）四分之三，（即）三岁怀胎之母牛一头应由罗支吉耶及佐度交付。**全部赔款**应由诸贼交给齐摩耶。余等已**笞打彼等五十大板**。①

该契约是对母牛被人偷食之后的法律赔偿，牛主人为齐摩耶（Tsimaya），偷食者为波蹉耶（Portsaya）、伐比耶（Varpeya）、耽米凯（Tameca）、罗支吉（Racġe）、佐度（Tsordhoe）5人，偷食的牛为一头六岁母牛。当齐摩耶起诉后，判决结果为波蹉耶等五人给牛主人齐

---

① ［英］T.Burrow, *A Translation of the Kharoṣṭhī Documents from Chinese Turkestan*, London: The Royal Asiatic Society, 1940, p.138. 王广智译：《新疆出土佉卢文残卷译文集》，第 262 页。

摩耶按照原价三倍赔偿，其中四分之一的赔款由波蹉耶、耽米凯、伐比耶支付，四分之三由罗支吉和佐度支付，明确了各自承担的赔偿比例。另外，5人还受到了各50大板的笞刑。

第二，刑事责任方面，体罚的现象多次出现（Kh.187、Kh.209、Kh.325、Kh.419、Kh.437、Kh.462、Kh.554、Kh.676），责打少则15大板，多则70大板（Kh.571、Kh.580、Kh.591）。单从这一点而论，佉卢文契约的毁约惩罚是相当严厉的，它不仅是对肉体上的惩罚，更是精神上的折磨。其中Kh.325号文书提到了剃掉胡须："……责打五十大板。彼之胡须应全部剃掉。诸证人为……"[①]，这是典型的对违约者精神层面的惩罚。

从体罚的程度来看，当时的社会上人们欠债不还的现象应该是普遍存在的。换句话讲，人们的生活水平是极其低下的，正是因为他们生活于贫困之中，加上当时地区战事不断发生（Kh.17、Kh.31、Kh.69、Kh.86、Kh.88、Kh.119、Kh.126、Kh.133、Kh.139、Kh.212、Kh.214、Kh.248、Kh.272、Kh.283、Kh.329、Kh.341、Kh.349、Kh.351、Kh.357、Kh.358、Kh.362、Kh.368、Kh.376、Kh.387、Kh.423、Kh.471、Kh.515、Kh.541、Kh.548、Kh.555、Kh.713、Kh.722），因此时有难民出现（Kh.136、Kh.161、Kh.217、Kh.248、Kh.292、Kh.296、Kh.333、Kh.355、Kh.403、Kh.471、Kh.629、Kh.675、Kh.735）。如此一来，很有可能致使人们生活无着落，或者无力偿还债务，变身为奴仆（Kh.24、Kh.26、Kh.33、Kh.36、Kh.39、Kh.45、Kh.49、Kh.56、Kh.133、Kh.143、Kh.144、Kh.152、Kh.161、

---

① ［英］T.Burrow, *A Translation of the Kharoṣṭhī Documents from Chinese Turkestan*, London: The Royal Asiatic Society, 1940, p.61. 王广智译：《新疆出土佉卢文残卷译文集》，第218页。

Kh.216、Kh.241、Kh.358、Kh.364、Kh.491、Kh.492、Kh.528、Kh.550、Kh.551、Kh.561、Kh.564、Kh.585、Kh.621、Kh.666、Kh.696、Kh.719、Kh.769），其中包括一些养子、养女，甚至还有沙门（Kh.69、Kh.130、Kh.152、Kh.203、Kh.265、Kh.288、Kh.385、Kh.473、Kh.474、Kh.475、Kh.491、Kh.492、Kh.502、Kh.552、Kh.553、Kh.564、Kh.606、Kh.621、Kh.646、Kh.706），这也是为何一些文书中反映个别地方官员没有遵循国王所传达的命令来执行案件的原因之一吧。

总之，从佉卢文契约中的违约纳罚条款来看，古代鄯善、于阗、龟兹等地人们的生活水平不是很高，且税目繁多，欠税、欠债的现象普遍。地方政权对各辖区域的控制不力，加上不时面临外敌的侵袭，所以佉卢文契约背后反映出整个塔里木盆地社会秩序不是很安定，至少从债务人的刑事责任来看，处罚力度是相当的大，这也是为了保证契约能被有效执行。

第二节 敦煌、吐鲁番汉文契约所见唐代违约纳罚惯例

在吐鲁番、敦煌、黑水城等地出土的汉文契约中，有关违约纳罚的内容丰富。尽管多种类型的契约文书在内容规定上有一些区别，但是在违约纳罚的条款上却大致相同。根据笔者观察，汉文契约中的违约纳罚主要由以下几种：

第一种，"一罚二"。我们在众多契约中注意到，契约主体双方交易有土地、粮食、牲畜、金钱、布匹，甚至奴婢等，契约规定交易双

方不得反悔，若出现有反悔，则毁约方赔偿未毁约方一倍的标的物，如《北凉承平八年（450年？）高昌石阿奴买婢契》：

1 承平八年，岁次己丑，九月廿二日，翟绍远从石阿奴
2 买婢壹人，字绍女，年廿五。交与**丘慈锦三张半**。
3 贾（价）则毕，人即付。若后有何（呵）盗仅（认）名，仰本
4 主了。不了部（倍）还本贾（价）。二主先和后券。券成
5 之后，各不得返（反）悔。**悔者，罚丘慈锦七张，入不**
6 **悔者**。民有私要，要行二主，各自署名为信。
7 券唯一支，在绍远边。倩书道护。①

该买婢契出自哈拉和卓99号墓，对契约时间"承平八年"存有两种争议：北凉年号（450年）或高昌王麴嘉年号（509年），此处以前者计。契约明确规定，翟绍远从石阿奴那里买了一位叫绍女的奴婢，年龄25，标价丘慈锦三张半。双方当日交付。紧接着文契声明，券成之后，各不得反悔，悔者，罚同样的丘慈锦，但数额变为一倍，即在原来标价三张半的基础上倍罚七张，给没有毁约的人。该契为"单契"，由买者翟绍远妥为保存。这是一份出自吐鲁番的买婢契约对违约者"一罚二"的规定。

下面看一份出自敦煌的《后唐清泰三年（936年）杨忽律哺卖舍契》：

（前缺）

1 修文坊巷西壁上舍壹所，内堂西头壹片，东西并基壹仗（丈）伍

---

① 《吐鲁番出土文书》录文本第一册，北京：文物出版社，1981年，第187—188页；图版本第一卷，1992年，第92页。

东至杨万子，西至张欺忠，

2 寸，南北并基壹仗伍尺。　　　　　又院落地一簌（条），　　　　南至邓坡山，北至薛安住。

3 东西壹仗肆尺，南北并基伍尺。**东至**井道，**西至**邓坡山，**南至**坡山及万子，**北至薛安**

4 昇及万子。又井道四家停支（止）出入，不许隔截。时**清泰叁年**丙

5 申岁十一日廿三日，百姓杨忽律哺**为手头阙乏**，今将父祖口分舍

6 出卖与第薛安子、弟富子二人，断作舍贾每地壹尺，断物壹

7 硕贰斗，兼屋木并枕，都计得物**叁拾叁硕**。其舍及

8 物当日交相分付讫，更无玄（悬）欠。向后或有别人识认者，一仰

9 忽律哺祇当。**中间如遇恩 敕大赦流行，亦不许**

10 论理。两共面对平间（章），准法不许休悔。如**先悔者，罚青麦**

11 **拾伍驮，充入不悔人**。恐人无信，立此文书，用为后凭。田

12 主兼字（押）

13 　　　　出卖舍主杨忽律哺 ｜左头｜指

14 　　　　出卖舍主母阿张　 ｜右｜中指

15 　　　　同院人邓坡山（押）

16 　　　　同院人薛安昇（押）

17 　　　　见人薛安胜 （押）

18 　　　　见人薛安住 （押）

19 　　　　见人吴再住 （押）

20　　　　　　　见人押衙邓万延（押）

21　　　　　　　邻见人高什德

22（押）□□□□□□□□□□　　邻见人张威贤（押）①

虽然该契契首残缺，但大部分内容可读。文契开头为交易房舍的方位、"四至"，记录非常详细。然后是契约时间，为五代之后唐清泰三年（936年），这与吐鲁番出土的立契时间置于契首显然不同。接着说明杨忽律哺卖舍的原因是"手头阙乏"。房舍卖给了薛安子、薛富子二人，文书上说明买卖双方的关系是兄弟，二人在买舍宅方面有优先"亲临权"。最后双方交易标价为三十三硕七斗，虽未提及是何种谷物，但是通过后面的违约规定，推知谷物为"青麦"，即青稞。契尾声明，若毁约，则先悔者罚给未毁约方青麦十五驮。需要注意的是，宅舍买卖后的计价单位使用的是硕，而罚交粮食条款中使用的单位是驮。笔者认为应是番硕番驮，若如此，按照驮、硕之间的换算关系，一番驮等于二番石（硕），则十五番驮相当于三十番硕，差不多是当初的卖舍计价。如此一来，对毁约方而言，所罚数额已经相当沉重了。

在一些契约中，赔偿的标的物是有变化的，出现有"交易甲，赔偿乙"的情况，如《后周显德四年（957年）敦煌吴盈顺卖地契》：

1 南沙灌进渠中界有地柒畦，**共叁拾亩**。东至官蘭，西至吴盈住，南至沙，北

2 至大河。于时**显德肆年**丁巳岁正月廿五日立契，燉煌乡百姓吴盈顺伏缘

---

① 中国科学院历史研究所资料室编：《敦煌资料》第一辑，第312—313页。唐耕耦、陆宏基编：《敦煌社会经济文献真迹释录》第二辑，第9页。沙知录校：《敦煌契约文书辑校》，第21页。

3 上件地水田种、**往来施功不便**，出卖与神沙乡百姓琛义深，断作**地价每尺（亩）**

4 **两硕**，干湿中亭，**生绢伍疋，麦粟伍拾贰硕**。当日交相分付讫，并无升合

5 玄（悬）欠。自卖以后，永世琛家子孙男女称为主记为准。有吴家兄弟及

6 别人侵射此地来者，一仰地主面上，并畔觅好地充替。中间或有恩赦流

7 行，亦不在论理之限。两共对面平（章）为定。准法不许休悔。如

8 **若先悔者，罚上马壹疋，充入不悔人**。恐人无信，故立斯

9 契，用为后验。（押）①

该卖地契先交代了土地位置、总亩数、"四至"。接着是立契时间，为后周显德四年（957年）。文契介绍吴盈顺卖地的原因，是由于离土地较远，管理不方便，因此卖给了琛义深。合计地价为生绢五匹、麦粟五十二硕，当日便交易付讫。文契规定自立契之日起，不得反悔，若有人滋扰侵求，找吴盈顺，与买者琛义深无关。双方商定，根据乡法不许反悔，悔者罚好马一匹，"充入不悔人"。可见，违约纳罚的对象为上等好马一匹，是属于"交易甲，赔偿乙"的范畴。

下面这份出土于黑水城的雇工契（编号为 F38:W1），反映了当时违约后克扣工资的情况：

---

①中国科学院历史研究所资料室编:《敦煌资料》第一辑，第312—313页。唐耕耦、陆宏基编:《敦煌社会经济文献真迹释录》第二辑，第11页。沙知录校:《敦煌契约文书辑校》，第30页。

1 立雇身文字人小张，今为身闲别无营

2 生，自愿雇与古二处作杂色酒店内

3 使唤，**每月言定工钱中统钞弍拾两**，按

4 月计算，如人天行时病、逃亡走失，一切违

5 碍并不干雇主之事，同雇人一面承管

6 一写已后，各无番悔。**如有先悔者，罚钞**

7 **壹拾两**与不悔之人受用。恐后无凭，

8 故立此雇人文字为照用。

9 　至正元年八月初四日，立雇身人小张

10 　　　　　　同雇人太黑内

11 　　　　　　　　　□□□①

从加粗、斜体文字可知，立雇身文字者小张与店家老板古二商定，每月工钱中统钞二十两，按月计算。如果出现反悔的情况，那么罚钞十两，即月工钱的一半，这应该主要是针对小张而言。由此可知，这份"打工契"的违约罚款非常高。

第二种，"听揲家资""掣夺家资"。这种情况多发生在带有抵押借贷的契约中，但在买卖契、租田契中亦可见。下面是《高昌延昌癸卯年（583年）道人忠惠等八人举麦券》：

1 延昌水（癸）卯岁四月十四日，（罗）□举大（麦）拾贰斛，次举小麦

2 拾伍斛；次卫□□举小麦□斛究（九）斗，次举大麦柒

---

① 李友逸编著：《黑城出土文书（汉文文书卷）》，第188页。

3 斛伍斗；次道人忠惠举小麦拾叁斛，次道人（众保）举

4 小麦拾斛，次……举小麦拾伍斛，次张京子举小（麦）

5 贰斛，次曾（僧念）举小麦拾叁斛贰斗，次八斗。**合八**

6 **人，从杨（宣明）边举小麦**。壹斗生壹半，要到八

7 月内，价麦生本史（使）毕。若不毕，壹斛麦价上生

8 壹斗。若身东西无后，仰妇价史（使）毕。**若不毕，听掣**

9 **家才（财），平为麦直**。二主佫（各）得返悔。**悔者一罚二，**

入不

10 悔者。民有私要行二主，各自署名信。故（沽）各半。

11　　　　　　请（倩）书张京子

12　　　　　　时见　张显□①

通过文契内容可知，该契为多人借麦契。契约末尾加粗、斜体部分文字为借贷声明，即所借小麦须在秋八月还清，否则月外生息，一旦债务人逃亡或闪失，则找相关担保人来偿还。若债务没有还清，则债务人家中值钱的财物，任由债权人掣夺处理，直至平价为债务价值。

下面是一份出自敦煌的租地契约，同样也对违约行为提到了"掣夺家资"的情况：

1 索海朝租僧善惠城西阴安渠地**两突**，每

2 年价**麦捌汉硕**，仰海朝八月末已前，依数

3 填还了。**如违（限）不还，及有欠少不充，任将此**

4 **帖掣夺家资，用充麦直**。其每年地子，三分

---

① ［日］山本达郎、［日］池田温编：《敦煌吐鲁番社会经济史文献Ⅲ——契券篇》，东京：东洋文库，1986年，第16页。

5 内二分亦同分付。　　　　酉年二月十三日索海朝立帖
6 身或东西不在，仰保填还。　　见人及保弟晟子
7　　　　　　　　　　　　　　见人及保兄海奴
8　　　　　　　　　　　　　　见人□□
9　　　　　　　　　　　　　　见人
10　　　　　　　　　　　　　 见人
11　　　　　　　　　　　　　 见人①

该契被学者认为是吐蕃酉年（829年）一份租地契，索海朝租了善惠城西的两突地，每年给善惠八汉硕麦，于秋八月底之前给付。如果超过这个期限，或者缺少斤两，那么任由僧人善惠从索海朝家中拿走值钱的物资，以充麦的价值。文契中出现有"地子"一词，据学者研究为突地的突税。②这份敦煌租地契与上面吐鲁番举麦券相似，皆对违约行为作了"听拽家财""掣夺家资"的处罚规定。

第三种，违限生利。在规定的期限内，契约双方按照契约的规定正常履行各自的义务，但是一旦债务人超过了规定的期限，没有按照契约规定如实履行自己的义务，那么他所交易的标的物，会产生额外的债务，最直接的便是产生利息。这种情况多发生在贷钱契、贷粮契中，不过，在买卖契约中也有发生，如《丁巳年（957年）敦煌唐清奴赊买牛契》：

1 丁巳年正月十一日，通颊百姓唐清奴，**为缘家中欠**
2 **少牛畜**，遂于同乡百姓杨忽律元面上**买伍**

---

①唐耕耦、陆宏基编：《敦煌社会经济文献真迹释录》第二辑，第23页。沙知录校：《敦煌契约文书辑校》，第319页。
②陈国灿：《唐代的经济社会》，台北：文津出版社，1999年，第159页。

3 **岁耕牛**壹头，断作价直**生绢壹疋**，长叁丈

4 柒尺。其牛及价**当日交相分讫为定**。用

5 为后凭。（押）其绢限至（戊）午年十月，利头填还。**若于时限不还者，看乡元生利**。

  6   买牛人唐清奴（押）

  7   买牛人男定山（押）

  8   知见人宋竹子（押）[①]

  契约开头是立契时间。接着说明了唐清奴是因为家中缺牛畜，才向同乡百姓杨忽律元那里买了一头五岁的耕牛。牛的价格为生绢一匹。但令人不解的是，文书提到双方于当天交相付了，后来却又"绢限至戊午年十月"，不知何故。最后强调，若在戊午年十月不还，则依照民间惯例"生利"，反映了与违约期限有关的"限外生利"。

  同样的情况亦出现在吐鲁番出土的契约中，下面是一份《高昌义熙五年（409年）道人弘度举锦券》：

  1 义熙五年甲午岁四月四日，道人弘度

  2 从**瞿绍远**举西向**白地锦半张**，长四尺，广

  3 四尺。要到**十月卅日**还偿锦半张，即交

  4 与锦生布八纵壹疋。**若过其（期）不偿**，

  5 **一月生布壹丈**。民有私要，要行二主，

  6 各自署名为信。沽各半。倩书道护

  7 若弘度身无，仰申智偿。

[①] 唐耕耦、陆宏基编：《敦煌社会经济文献真迹释录》第二辑，第37页。沙知录校：《敦煌契约文书辑校》，第70页。

8　　　　　　　　　　　　时见①

这份契约中的卖主翟绍远与前述买婢契中的翟绍远实为一人，而且倩书道护相同，本份即为前述《翟绍元买婢契》之另一面，同出于哈拉和卓99号墓。从文契内容看，佛僧弘度于四月四日向翟绍远借锦半张，双方约定于同年十月三十日，弘度还布八纵一疋（匹）。如果过期不还，那么每个月产生的利息为布一丈。这与前面《敦煌唐清奴赊买牛契》皆是针对"违限生利"的惩罚措施。

第四种，"官为理"，即官方介入。尽管很多契约写有"民从私契，官不为理"的规定，但是一旦发生纠纷，尤其是当双方僵持不下或者解决不了之时，往往会通过官府来决断。下面是一份《后周显德三年（956年？）敦煌宋欺忠卖舍契》：

1 叁年丙辰岁十一月廿八日，兵马使**张骨子**为

2 无屋舍，遂买兵马使宋欺忠上件准尺

3 数舍居住。断作舍价物，计斛㪷（斗）**陆拾**

4 **捌硕肆㪷**，内麦粟各半，其上件舍价物，

5 立契日并舍两家各还讫，并无升合欠

6 少，亦无交加。其舍一买后，任张骨子永

7 世便为主记居住。中间或有兄弟房

8 从及至姻亲**忓恡**（gān lìn）、称为主记者，一仰舍

9 主宋欺忠及妻男邻近稳便买舍充

10 替，更不许异语东西。**中间若有恩赦，亦**

---

① 《吐鲁番出土文书》录文本第一册，北京：文物出版社，1981年，第189页；图版本第一卷，1992年，第94—95页。

11 **不在论限。人从私契。**一买已后，更不许休

12 翻悔。***如先悔者，罚黄金叁两，充入官***

13 ***家。***恐后无凭，故立此契，用为验耳。

14 　　　〔画押〕　　　　舍主兵马使宋

（后缺）①

尽管该契约末尾内容残缺，但还是蕴含了丰富的信息。首先是立契时间，然后是立契双方、立契原因，接着是标的物及交易结果，即张骨子从宋欺忠那里买了屋舍，计价六十八硕四斗，含有麦粟各半。最后是对契约的声明，其中包括违约纳罚措施，规定若有先悔者，则罚黄金三两，充入官府，反映了此契是双方在官府见证的情况下签订的。不仅如此，该契还对"恩赦"、姻亲忓㤿等情况作了预防说明，其中"忓㤿"是指扰乱侵侮，是一个同义并列式复合词，在传世文献中很少使用，但是在很多契券，尤其是买地券中多次出现。②尽管"（官有政法），人从私契"，但为了保障契约的有效性，立契者还是将"官法"写进了契约之中，体现了"官为理"的思想和官方介入民间私契的现象。

以上三种情况，主要是针对契约中的违约行为采取的措施。如果再细分的话，那么有一点值得注意，即文契中提到，一旦出现有一方的亲属、近邻对所立契约内容不认可，或者标的物被第三者识出，那

---

① 中国科学院历史研究所资料室编：《敦煌资料》第一辑，第300—301页。唐耕耦、陆宏基编：《敦煌社会经济文献真迹释录》第二辑，第4页。沙知录校：《敦煌契约文书辑校》，第26页。

② 关于"忓㤿"，毛远明、董志翘、赵家栋等先生做了释义。分别见毛远明：《释"忓㤿"》，《中国语文》2008年第4期，第378—380页；董志翘：《也释"忓㤿"——兼及"占㤿（㐁）""占护""㤿护（㤿护）""障㤿（㐁）"等词》，四川大学汉语史研究所编《汉语史研究集刊》第十二辑，成都：巴蜀书社，2009年，第285—292页；赵家栋：《忓㤿释义复议》，《宁夏大学学报》2011年第1期，第20—22页。

么由此引发的纠纷或者争议,所产生的后果将由"弱势方"负责,如《西晋泰始九年(273年)高昌翟姜女买棺约》中"若有人名棺者,约当召栾奴共了"①,又如《安环清卖地契》中"如后有人忓悓识认,一仰安环清……"②,文契都强调了某一方的义务,一旦发生纠纷,则与另一方无关。类似这样的情况在买卖契约中比较常见,前面列举的契约文书中也多有体现,笔者认为这种情况也属于违约纳罚的预防措施范畴。

第三节 敦煌吐蕃文契约中的违约纳罚

从敦煌出土的吐蕃文契约中,我们发现与违约纳罚有关的内容主要有四种情况:第一种是赔偿同等价值的标的物,这与佉卢文契约中的等价赔偿有点相似,尤其是在吐蕃文买卖契约的惩罚措施中规定违约的一方给未违约方赔偿同等价格的东西;第二种是双倍赔偿,这与佉卢文契约、汉文契约中的"一罚二"现象相同,不仅在借贷契约中要求违约方双倍赔偿,而且在雇佣契约中也表现为双倍赔偿;第三种是债权人掣夺债务人抵押的家财,这与汉文契约中的"听拽家财""掣夺家资"类似;第四种是与刑事责任有关的体罚,如鞭刑、杖击,这与佉卢文契约中的体罚相似,不过吐蕃文契约中的体罚工具多使用皮

---

① 新疆维吾尔自治区博物馆:《吐鲁番县阿斯塔那——哈拉和卓古墓群清理简报》,《文物》1972年第1期,第9、22页,收入新疆维吾尔自治区博物馆编《新疆出土文物》,北京:文物出版社,1975年,第26页。

② 中国科学院历史研究所资料室编:《敦煌资料》第一辑,第293—294页。唐耕耦、陆宏基编:《敦煌社会经济文献真迹释录》第二辑,第1页。沙知录校:《敦煌契约文书辑校》,第1页。

鞭，佉卢文契约中的体罚多是笞多少板。同时，在吐蕃占领敦煌时期，吐蕃文契约、汉文契约中的违约纳罚内容有相互借鉴的痕迹，如吐蕃文契约的惩罚措施提及，一旦违约方无力偿还，则由违约方（债务人）的保人负责赔偿，而且违约纳罚中有罚金。从这些带有预防性的、保证契约有效性的条款项目中，我们可以窥探到吐蕃文契约的特点。下面试举几例作以补充说明：

第一，赔偿同等价值的标的物。这在很多契约中比较普遍，即等价赔偿，或者用"补偿"更确切一些，我们来看一份规定有同等价值赔偿的契约文书：

1 兔年冬十一月

2 王光恒(wang gvang-hing)从吐谷浑(va-zha)麻嘎多庆(ma-ga-do-cin)部落的a）郑奴古本(zing nu-ku-spong)处c)买公牛一头；

3 其毛发特点和角状为：弯角黑牛，前胸底部毛发有斑点；已支付，

4a 此后，如果有人声称此牛为其所有，引起相关大小诉讼，

4b［买方］将不负任何责任，概由奴古本(卖方)负责。

4c *如果因起诉导致［买方］未能买得此牛，奴古本将立即补偿一头同龄公牛，或至少相当价值的母牛或乳牛一头；*

4c 如果奴古本不在，其弟郑沙楚克(zing sha-cu-skyes)作为保人，*将负责前述［赔偿］事宜；*

6 立契见人印鉴，包括论拉藏拉通(blon lha-bzang lha-ston)，王兴子(wang hing-tse)，安现子(an heng-tse)，张润润(cang zhun-zhun)等，附加牛主人(卖方)和保人的私印。

5a *此外，买卖成交后如有违约，先违约一方须立即支付履约一*

方大麦四驮,作为惩罚。

  7 (六款私印。一方印的铭文为:张 [润润],这是一名证人的名字。其他印鉴难以辨认。)①

  这是一份买卖契约。买方名叫王光恒(wang gvang—hing),卖方名叫郑奴古本(zing nu—ku—spong)。交易物为公牛一头,值得注意的是,吐蕃文契约中对牲畜的毛色、年龄及其他体质特征作了详细的描述。契约规定,交易达成后若有人诉讼或者产生纠纷,则与买方无关,由卖方郑奴古本(zing nu—ku—spong)负责。而且因为此纠纷导致买方产生的损失,全由卖方郑奴古本负责,并赔偿一头同龄的公牛,或至少相当价值的母牛或乳牛一头。

  我们在有些契约(包括佉卢文契约)中多次见到了赔偿牝牛、牝马的现象,根据牝牡的判断,母牛、母马的价值在古代的交易中似乎价格不菲,因为它可以产仔。加粗、斜体的第一部分的文字说明,除了赔偿一头同龄公牛外,也可以赔偿至少一头相当价值的母牛或乳牛。

  文契又加了一条规定,说成交后如有违约,那么先违约的一方要支付给没有违约的另一方大麦四驮。按照前文所述,一驮相当于一汉石,而唐代一石约53公斤,我们以60公斤计,则四驮相当于240公斤,又等于480斤。如果单从一头公牛的计价而言,如此违约赔偿似乎也不算多,但是对于买卖交易中的贫困家庭来说,这四驮的大麦是很大的一笔数量。所以,从违约后的惩罚结果考虑,处罚力度是不轻的。

  第二,双倍赔偿。在有些契约中,尤其是借贷契约,双倍赔偿被

---

① [日] 武内绍人著,杨铭、杨公卫译,赵晓意校:《敦煌西域出土的古藏文契约文书》,第28—29页。

用作违约处罚的规定，如下面这份《借绢契》（编号为 Hedin 2）：

1 […] 年冬，当论（blon）［…］在［…］；

2 李萨宗（li sar-zong）从［安…］科洛（an? Ngo-log）处借半［…］及绢半匹

3 归还时间，双方定于冬十月之十五日。

4 *如果借方届时未能归还，须双倍赔偿。*下次归还的时间，双方定于冬十一月之十五日；

6 ［契约双方］的［保人］，坦章拉赞（sthang-bzang lha-brtsan），萨波杨伯米（spa yang ber-myi），德麦沙（vde mye-sa）等的［印章］，及李萨宗的指引附后。

8 提供给所有者这份［

7（颠倒:）李萨宗［签名］。

（一枚私印和一枚于阗卍印）①

这是一份出土于新疆和田老达玛沟地区的契约，借贷时间不得而知，所借物品为绢，债务人名叫李萨宗。他与另一方约定，于冬十月十五日归还。如果届时未能归还，则债务人李萨宗需要给债权人双倍的赔偿。比较特殊的是，契约末尾出现有私印和于阗卍印。

第三，除了加倍赔偿，还有"掣夺家资"。下面列举一份莫高窟出土的吐蕃契约文书：

A

1–3 ［…］地区的贾再昇（kav dze-shing）［和］氾氏十三娘（bam-

---

① ［日］武内绍人著，杨铭、杨公卫译，赵晓意校：《敦煌西域出土的古藏文契约文书》，第 59 页。

zashu bsam-nyang）从曹英子和尚（ban-de dzevu-ing-dzeb）负责的寺库中借两驮。

3-4 归还时间，不晚于本年秋八月之十五日，还于［债权人］手中，不得短缺。

4-7 如果［借方］不按时归还，或试图［不还，**偿还数量］将加倍**，同时，检查［偿还］大麦成色，**屋外牛群、屋内［财物］、［…］衣物，不管债务方再昇屋内有［何财物］，将按成规没收**，［不得］争讼；

7-9 如果再昇和汜氏十三娘不在，或［…］，保人令狐格珍（leng-ho ge-zhen）将按以上条款担责。

9-10 立契见人马星昆（vbav shing-kun），古折梅耶（sgub-tse sme-ye）和（空白）等印章，和［借方］私章及指印随附。

10（三枚私印，字迹模糊）

B

1-2 ［悉］宁宗［部落］的曹玛赞（dzevu rma-brtsan），先从和尚曹英子负责的榆林寺（yu-lem lha ris）所属粮库中借大麦［…］汉硕。

2-3 双方商定，不晚于本年［…］之十五日［…］归还寺院粮库，不得短缺。

4-6 如［借方］不按时归还，或试图［不还，**偿还数量］将加倍**，同时，检查［偿还］大麦成色，归寺院所有［…］，**屋外牛群，屋内［财物］、工具，不管借方屋内有［何财物］，予以没收**，不得争讼；

6-8 立契见人令狐（leng-［po..］），折梅耶（［…］tse rme-ye）

等的私章，及借债人玛赞私章及签［名］［附］。

8（四枚私印，字迹模糊）①

这是一份借贷契约，贷出者名叫曹英子，是一名和尚。借入者 A 应为夫妻俩贾再昇和氾氏十三娘；借入者 B 名为曹玛赞。文契规定债务方须在秋八月十五日之前归还，还要检查所还大麦的成色。如果届时未能归还，那么所借粮食数量将翻倍，而且要没收债务人的一切财产，如屋外等价牲口、屋内财物、工具等，债务人不得争讼。

关于"掣夺家财"，没收抵押财产的规定，在吐蕃文契约中比较常见，另如：

A

1 猪年春正月

1-2 通颊色通人（thong-kyab se-tong-pa）部落的克甲藏兑兑（vkal-rgyav-bzang tevu-tevu），其粮田位于波普玉巴普仁（pog-pevu yu-ba-phu-reng）；

2-3 兑兑因无耕牛农具，将与比丘张灵贤（dge-slong cang-leng-hyen）［和其兄］伙种。

3 灵贤出耕牛农具，贤兑兑出耕田。

3—4 种子与人工也将均摊。

4 兑兑负责定期守卫，［防止偷盗］。

4—5 不管秋季［收成］大麦数量多少，各［方］将［均分］；

5—6 **若有牲畜生病、农具毁损［…］诉讼，兑兑负责赔偿**；立契

---

① ［日］武内绍人著，杨铭、杨公卫译，赵晓意校：《敦煌西域出土的古藏文契约文书》，第 234 页。［英］F·W·托玛斯编著，刘忠、杨铭译注：《敦煌西域古藏文社会历史文献》，第 51 页。

见证，

6—8 如收入不立行分配，或略施诡计，则加倍偿还，**户外牲口，户内所有财产、什物均将被没收**，不得争议半点。

8—9 无论遭受何种损失，如无[相当]物品，债务方须立即赔付与债务（即损失）等值的数额，不用遵从官方价格。

10 立契后，债务方需遵守并履行，保证不隐瞒或引发争议。

11—13 如果分成未按时进行，则据惯例执行，**[其]家庭所有物品、农具、衣物等，均归[债主]**，不得争讼。此人（即债务人？）须履行如下契约。

13-14 如[卖方]无权出卖[该物品]或另一物主出现，则卖方被剥夺该[物品]，一件相同物品和外观以及年份[

14 [买主]被剥夺该物品，或者……

B

1-2 猪年春二月，先是阿骨萨部落的何山子（ha shan-zhi）[从]张贪勒（cang brtan legs）处借大麦一驮；

2-3 在本年秋季收割小麦和大麦，[收成]三汉突（dor=亩？）[田地]。

3-5 收获之中，若[山子]蓄意，不能在[规定]时间履行职责，或[他]转向[…]大麦收割，合并田地[收割]劳作，将由山子负责。

5 不管大麦[收成]如何，将以双倍[数量]支付[借出方]。

6-7 如[支付]不及时，**屋外等价牲口，屋内财物、衣物等所有财产、将被没收**，不得争讼。

7 如山子服官差在外，或生病……

第四章　契约所见违约纳罚习惯法 | 291

C

1 狗年夏九月十日，比丘张灵贤棉一卷……

D

1 商定猪年夏七月十日午［麦酒］

2-3 先是查扎楚潘拉子（tshar-zav mchums-phan-lag-zig）借小麦和大麦三驮；应在本年秋七月初一归还

3 张贪勒……①

这四份文书写在同一张纸上，A、B、C写在正面，D写在文书背面。书写者应为同一人。从比丘张灵贤放贷粮食看，这是一份涉及寺院借贷粮食的契约。当事人为色通人部落的克甲藏兑兑和寺院比丘张灵贤。二人是合伙种地，农具、人工均摊。

文契中明确规定，一旦发生违约行为，则违约方的"房屋、土地和工具直到布匹，无论放置何处"，均可被履约方占有，并且不得争议。文契中还规定加倍偿还，加罚倍数虽不得而知，但这对违约方而言惩罚力度已很重。

第四，刑事处罚。这种体罚的情况多体现为杖击或者用皮鞭打，在吐蕃文契约文书中也会作为违约的惩罚措施，即违约方需承担一定的刑事责任，如下面这份出土于敦煌莫高窟的契约文书：

已经命令打十五汉式皮鞭。

还有对其余者的**惩罚**，凡是所作劳工与花费的金额不相等者，

---

① ［日］武内绍人著，杨铭、杨公卫译，赵晓意校：《敦煌西域出土的古藏文契约文书》，第343—344页。［英］F·W·托玛斯编著，刘忠、杨铭译注：《敦煌西域古藏文社会历史文献》，第145页。

要给很重的惩罚。经决定，对没有遵从命令者要**进行惩处：罚金应是黄金三两**（Strang）、**蔬菜**（sngon-mo）**三驮**（khal），每个人还应**打汉式皮鞭十五下**。重罚正在执行；经决定，**提供一只绵羊**，宰杀后款待执法人等。①

契文中规定"打十五汉式皮鞭"，后面又补充说是"每个人还应打汉式皮鞭十五下"，皮鞭的滋味可想而知，还是汉式皮鞭，可见体罚的残酷性。不仅如此，还要求受罚者罚交黄金三两、蔬菜三驮，并提供一只绵羊，绵羊是给执法人享用的，可见吐蕃文契约在违约纳罚方面有官方介入的现象。

除了以上四种违约纳罚，还有一种情况值得关注，即对债务人的保人进行追究。如下面这份借什物契约：

1—3 鸡年春，军士（rgod）令狐林六（ling-ho ling-lug）之妻宋三娘（song sam-nyang），与令狐什德（ling-ho shib-［tig］）的一名女佣布赞（bevu-zhan）签约，从什比（shib-bir）处借用［以下］物件：杯子四只、记账牌三枚和旧棉线团一个；

3—4 归还期限，不晚于狗年春三月之第五日，地点在令狐什比家。

4—6 **如果［借方］届时未能归还，［归还］数量将翻倍**，以及**大麦、铜具或杯子**，及借用人屋内［其他财物］**悉数取走**，不得抗言。

6—8 再者，棉布三尺半、大麦四升须在狗年春二月之十日以前［归还］，以赎**抵押物**门锁和一把钥匙；

8 **如果届时未归还，门锁和［钥匙］将被没收。**

---

① ［英］F·W·托玛斯编著，刘忠、杨铭译注：《敦煌西域古藏文社会历史文献》，第 348—349 页。

8—11 ***[契约]的保人，***张古古（cang gu-gu）、罗来乐（la legs-lod）、高张功（khevu bzang-gong）和（空白）等的印章，并附宋三娘和她丈夫令狐林六签押，宋三娘的指印。

12a (颠倒:)丈夫令狐林六签名。

12b (颠倒:)[高]张功（证人）签名。

12c (颠倒:)宋三娘指印。①

该契约中除了前面述及的翻倍赔偿、掣夺家资外，还提及保人。文契中加粗、斜体部分文字为契约的保人，为多个人，并附有令狐林六夫妇签押，以及宋三娘的指引。

由文契看，宋三娘从什比处借了杯子、记账牌、棉线团。借的时间是春季，但不确定是几月份，可从还的时间"春三月"来推测，应该是二月左右；而且后面有一句"再者，棉布三尺半、大麦四升须在狗年春二月之十日以前归还"，可知借的时间应该是正月底到二月初无疑。从所借的物品来看，是记账牌、杯子、棉线团，都是与经营店铺有关的小物件，所以还的期限也相对短一些。

如果没有履约的话，那么除了翻倍赔偿、财物被没收外，保人还要承担一定的责任，虽然文契中没有具体说明，但是我们可以由文书格式大致能获取相关信息。如果我们再查阅其他契约的话，发现保人多与债务人有着亲密的关系，如父子、妻子、兄弟等家人。由此可知，在吐蕃文契约有关违约纳罚中，保人具有一定的赔偿责任，一旦违约方逃跑、死亡，或者因为其他原因没有兑现的话，那么这种后果将有保人来承担。关于保人的其他相关信息，笔者将在下一章再论。

---

① [日]武内绍人著，杨铭、杨公卫译，赵晓意校:《敦煌西域出土的古藏文契约文书》，第 203 页。

综上所述，在吐蕃文契约中，一旦有一方违约，那么他将受到不同程度的赔偿，有的是以同等价值的交易物偿还给履约方，有的是双倍惩罚，或者多倍惩罚。在惩罚中还有没收违约方私有财产的情况，如上举案例中，有些违约方的财产像房屋、土地、布匹、钥匙、锁子等皆被履约方收走。此外，有些契约规定罚金入官，即将一定数量的金额罚交到官府，这表明官方参与了契约双方的交易。同时，从一些契约中的体罚措施来看，吐蕃文契约跟佉卢文契约有一定的相似性，即对违约者在刑事责任上的追责相当严厉，这也是为了保证契约双方能够遵守规定，保证契约的有效性，也是为了维护官方的法律尊严，保障社会秩序的安定。

第四节 高昌回鹘违约纳罚及其独特性

回鹘文契约中的违约纳罚比起佉卢文契约、吐蕃文契约要丰富多了。从现存的契约文书看，回鹘文契违约纳罚主要有四种情况：第一种是等价赔偿，这在租赁契约中比较常见；第二种是双倍赔偿，这在买卖文书中也比较多见，尤其是土地交换和土地买卖，以及奴隶买卖文书；第三种是按照民间惯例连同利息一起归还，如果归还前债务人发生什么意外的话，那么债务由债务人的家人（妻、兄弟或者儿子）来偿还，多见于借贷契约中；第四种是纳罚入官，即要向当时的高昌王交纳一定的银锭。最值得关注的是，还要给当时的元朝统治者交纳"罚贡"，体现了官方的参与、干涉。在契约中的称呼表现在语序上，先为"皇帝陛下"，接着是王子，然后才是亦都护、爱护赤，最后还要重罚。至于如何重罚，没有明说，但从一些文书看，应该免不了体罚，如打 57 鞭，或者杖 300 大板。

第一种，等价赔偿。这种现象多见于赁租契约中，即一旦出现有违约的情况，那么违约方将赔偿未违约方同等价值的交易标的物。如下面这份回鹘文租牛契约：

1 马年二月

2 初九日我Tolak Tamur

3 因需要拉车的牛，

4 于是租用了Umar

5 的一头花斑牛。

6 这牛的租金

7 是秋初还给

8 二石粮食三石

9 谷子。*如此牛*

10 *死掉，*

11 *我Umar还给一头，*

12 *如丢失*，也由我负责。

13 我小心使用

14 此牛

15 直到十月。

16 证人Nom Quli。证人

17 Kokus Qaya。这个花押

18 是我的。我Tolak Tamur

19 自己写（此文书）①

契约开头为十二生肖马年二月。租借人名叫 Tolak Tamur，租出者名叫 Umar。租借的原因是需要拉车的牲畜。租借的标的物是牛畜，而且是一头花斑牛。租金为二石粮食、三石谷子。归还日期为秋初。

加粗、斜体文字部分为违约纳罚内容。文契规定，一旦牛主人 Umar 的花斑牛在租用期间死亡或者丢失，则由租借人 Tolak Tamur 负责赔偿同等价值的一头牛。

这种情况在另外几份文书中也有类似规定，如"买卖奴隶文书"（6.（Sa19—1—2）），②"买卖交换土地文书"（1.（Sa01））、（2.（Sa02））、（13.（Sa18）），③"租借文书"（11.（RH13）），④都是违约后要求赔偿同等价值的交易标的物。

第二种，双倍赔偿。同前述佉卢文契约、汉文契约、吐蕃文契约一样，回鹘文契约中对违约行为也有双倍赔偿的规定。这基本上是诸民族契约表现出来的共有的违约赔偿措施。下面将回鹘文契约中有关违约行为的双倍赔偿内容用表格展示：

---

①耿世民：《回鹘文社会经济文书研究》，第188—189页。注：第11行耿先生在注释中认为 Umar 应为 Tolak Tamur，笔者赞同，否则前后语义无法理解。同见李经纬：《回鹘文社会经济文书辑解》（上），第57—59页。

②耿世民：《回鹘文社会经济文书研究》，第107—108页。李经纬：《回鹘文社会经济文书辑解》（上），第212—214页。

③耿世民：《回鹘文社会经济文书研究》，第139—141、141—142、163—165页。李经纬：《回鹘文社会经济文书辑解》（上），第136—140、127—128、176—179页。

④耿世民：《回鹘文社会经济文书研究》，第187页。李经纬：《回鹘文社会经济文书辑解》（上），第54—57页。

表 11

标号	页码	主要内容①	李本页码②	备注
2	98—99	若有谁借官员或外来使节的力量要赎买的话，加让他付这个奴隶的双倍价钱来赎取。让赎买者丢脸，秀赛大师不丢脸。	215—218	阿体将斌通卖给秀赛大师
8.（Sa21,r,v）	110—112	如若争执，就得给相当于这个奴隶的两倍价钱来赎买。	208—211	买卖奴隶文书
9.（Sa22,1.and r.）	112—113	如若争议，就得付此奴隶两倍之价来赎取。赎买者要蒙受损失，持有此文书者依纳齐不受损失。	203—206	买卖奴隶文书
10.（Sa23）	113—115	如谁凭借官势要争议赎买的话，就得付出这奴隶的双倍价钱给Anichuk来赎买。赎买者要受到损害。	199—203	买卖奴隶文书
12.（Sa26）	117—118	如若争议，就要给出这人的双倍价钱。他们的话不算数。	184—187	买卖奴隶文书
14.（S28）	122—124	谁若凭借官员、使者的势力，引起争议，要赎买的话，那他们就要付这Qudlugh的两倍价钱，他们的话不算数。引起争议者要受损害。	179—183	买卖奴隶文书
15.（Sa29）	124—127	谁若凭借官员、使者的势力要赎买的话，那就让他付出这人的两倍价钱，他们的话不算数。	192—196	买卖奴隶文书
3.（Sa03）	143—144	如凭借官员的势力要买回的话，那就要赔给同样的两块土地。……若违反此约，那就要向内署各交纳三百五十的罚金。	128—133	买卖交换土地文书
4.（Sa04）	145—146	如若过问，让他们的话不算数。若有人凭借官势要赎回的话，那就让他用在这渠上、能灌溉的两倍土地来赎回。赎买的人要受损害。	133—136	买卖交换土地文书

①内容以及前面标号、页码，皆引自耿世民：《回鹘文社会经济文书研究》。
②李经纬：《回鹘文社会经济文书辑解》（上）。

续表

标号	页码	主要内容	李本页码	备注
5.(Sa05)	147—148	如想争议，就得用相当于这葡萄园两倍的葡萄园来向Basa赎买。	162—164	买卖交换土地文书
6.(Sa06)	148—150	如若过问……或要凭借官势买回的话，那就要赔偿在此水渠上同样的两倍土地。要买回的人受损害，Basa Toghril不受损害	121—124	买卖交换土地文书
7.(Sa07)	150—152	如若过问，他们的话不算数。再有，如有人凭借官府势力要买回此地的话，就让其用在此渠上的两倍土地来买回。买的人受损害，安柱不受损害。	116—120	买卖交换土地文书
8.(Sa08)	152—154	谁若凭借官势来争议，那就要以双倍这样的土地来赎买。赎买的人受损害，……不受损害。	173—176	买卖交换土地文书
9.(Sa09)	154—156	谁若凭借官势，要赎买争议的话，那就让他赔偿这渠上同样的两倍土地。让赎买的人受损害，持有此文书的不受损害。	110—116	买卖交换土地文书
14.(Sa16)	166—167	如有人凭借官人、使节势力，要赎买的话，就让他赔给双倍的葡萄园，并让他的话不算数。让挑起争议的人受损害。	157—161	买卖交换土地文书
19.(Ex01)	173—175	如要赎买惹起争议，那就得赔偿Okuz Qaya法师他们双倍的土地。让赎买的人受损害。	101—105	买卖交换土地文书

由上表可知，16份回鹘文契约中，既有买卖土地，又有交换土地，还有买卖奴隶，大多是买卖契约文书。从契约内容可知，一旦有违约行为，或者倚仗官方势力毁约的话，那么毁约方的话不仅不算数，而且还需向未毁约的另一方进行双倍赔偿。为了能更好地了解文书全貌，现将表11中3.(Sa03)文书内容转录于下：

1 羊年斋月（十二月）二十三日我们

2 Yrp Yanga（和）Adgu二人因需要通用的官布，

3（于是）把在上渠上的、可灌溉的、能下七石（种子）的土地

4 完全卖给Qutadmish。我们谈妥了卖价是：

5 今日市场上通用的两端有护边、

6 中间盖有印章的三千二百五十官布。

7 在立约的当天，我Qutadmish全部付清了这些官布。

8 我Yrp Yanga和Adgu也全部收取了。

9 今日以后，这块土地直到千年万日

10 归Qutadmish所有。他愿意，有他自己持有，他不愿意，

11 可转卖他人。我Yrp Yanga和Adgu

12 的兄弟、亲属、儿女不得

13 过问。*如若过问，让他们的话*

14 *不算数。如凭借官员的势力*

15 *要买回的话，那就要赔给这水渠上*

16 *同样的两块土地*。这块土地的四至（四周边界）是：

17 东边为官田，南边为官田，

18 西边为官田，北边

19 为Kichikya的土地隔开。在这块地的timsay taypu

20 水渠边上，在yazi kichik上有一大块耕地和一qansan在一起，证人Qulunchung Tutung,

21 证人Taz，证人Qanturmish，证人Abichuq。

22 我Sutaghi Bizi让他们口述

23 写（此文书）。这个印章是我Yrp Yanga和Adgu的。

24 我们中**谁若违反此约，那就要向内署各交纳**

25 **三百五十的罚金。**

26（背面）此为从Yrp Yanga那里买地的契约。①

　　契首为时间，羊年腊月二十三，接着是卖地原因、土地价格，约定当日付清。文契声明土地自交易完成后属于买者拥有，其中"直到千年万日"的说法，跟佉卢文契约中的"其权限长如生命""长达一百年"的用语极其相似，而且对于买方的所有权描述，亦如佉卢文契约中的"自今以后，（某人）对该地有权播种、耕种、作为礼物赠送他人、交换、为所欲为"。同时，对亲属干涉的预防措施又与汉文契约极其相似。

　　关于违约行为的预防措施，文契反映了三种情况：第一种违约行为是指卖者（Yrp Yanga）的亲属若"过问"，则他们的话不算数；第二种违约行为是仗着某官员的支持毁约，则应对的措施为赔偿两块同样的土地，这说明因为官方的介入，契约遭到了破坏，因而未毁约方进行了妥协，但条件是毁约方须对未毁约方进行双倍的赔偿；第三种违约受罚为向"内署"上交罚金，也就是向官方各交纳"三百五十的罚金"，这显然又与官方介入扯在一起。

　　这份契约不仅格式规范，而且内容完整，通过违约纳罚条款反映了诸多事实，首先是当时存在着大量亲属干预交易的违约现象；其次是官方的介入，当然这是到了蒙元统治时期；第三是受罚的程度较重，目的是杜绝违约行为的发生。

　　第三种，"按民间惯例连同利息一起归还"。这种违约纳罚规定，

---

① 耿世民：《回鹘文社会经济文书研究》，第143—144页。李经纬：《回鹘文社会经济文书辑解》（上），第128—133页。

多为借贷文书,而且多与保人绑定在一起,像"如果归还前,如我发生什么,就让我的家中人归还"的套语比比皆是。回鹘文的这种违约纳罚,不仅涉及上一章谈到的借贷利息问题,而且也与本章上一节的吐蕃文契约违约纳罚中所论述的保人继债务人违约后承担赔偿的问题相仿。现将类似违约纳罚形式以表格展示如下:

表 12

主题	李本页码	主要内容①	耿本页码②
卜勒迷借银契(一)	3—4	由我妻突孜于柯如实偿还	191
卜勒迷借银契(二)	4—5	由我妻子突孜于柯如数偿还	192
卜勒迷借银契(三)	5—6	由我弟弟喀尼克塔奇如数偿还	192—193
赛萨杜都统借银契	7—8	由我弟弟奥孜迷失·陀赫里勒如数偿还	193—194
陀尔奇借棉布契	9—10	如果我推迟不还,将按民间惯例我得连增利一起如数偿还。如果在偿还之前我不在,将由我儿子铁木耳不花(及)家里的人们一起如数偿还	197—198
克伊尔雅库孜借棉布契	11—12	如果我推迟不还,按民间惯例我得连其(增)利如数偿还。在偿还之前我若不在,就把我位于三道沟的与巴依有同等份额的一半茬子地中属于我的那份儿土地用来偿还	198—199
斯西等二人借棉布契	13—15	如果我们推迟不还,按民间惯例,我们得连增利一起如实偿还。如果在偿还之前我们不在,将由我们的弟弟奇孙(和)萨阿与家里的人们一起如数偿还	194—195
玛尔兰借棉布契	15—17	我若推迟不还,按民间惯例,我得连增息一起如数偿还。如果在偿还之前我有什么意外,将由我弟弟苏里雅西里同其家人一起如数偿还	196—197
奇兀葵借棉布契	17—18	在偿还之前,我若有什么意外,将由我家里的(人如数)偿还。	无

①内容以及前面标号、页码,皆引自李经纬《回鹘文社会经济文书辑解》。
②耿世民:《回鹘文社会经济文书研究》,北京:中央民族大学出版社,2006年。

续表

主题	李本页码	主要内容	耿本页码
阿比赤借官布契	21—22	在偿还之前我阿比赤若有意外，（将由）…艾奴柯跟…一起如数偿还。	无
库特·阿尔斯兰相温的借契	22—23	若偿还之前，我有什么好歹，将由我儿子塔尔杜（和）昆阿尔斯兰两个人如数偿还不得有争议。	无
伊勒·铁木耳赊货物契	24—25	如果我不还推迟，我将加倍偿还。如果在偿还之前我不在，将由阿里赫·的斤家里的人们如数偿还	199—200
统阿玛借谷子契	26—28	我若推迟不还，按民间惯例将要连增息如数偿还。如果在偿还之前我有什么好歹，将由我弟弟巴尔恰克（和）家人一起如数偿还。	203—204
依革德迷失借谷子契	28—29	如果在偿还之前我不在，将由我儿子喀兀松如数偿还。	201—202
米斯儿借谷子契	29—31	我若推迟不还，按民间惯例我得连增息一起如数偿还。若偿还之前我有何意外，将由我弟弟铁木耳如数偿还。	202—203
喀利姆杜借小麦契	31—33	若不按日交付，我必将连每日的租金一起偿还。在偿还之前我若有什么好歹，将由我弟弟恰纳西里（和）家人一起如数偿还。	127—128
苏里雅西里借芝麻契	35—37	偿还之前我若不在了，将由我家里的人们如数偿还。	209—210
喀兀西都借芝麻契	37—38	如果我推迟不还，按民间惯例，我得连其增利一起偿还。如在偿还之前我不在了，将由我弟弟喀舒克与家里的人们如数偿还。	211—212
库玛西里借芝麻契	39—40	如果我推迟不还，按民间惯例我要连其增利如数偿还。如果在偿还之前我不在了，将由我弟弟…	210—211
屈里借芝麻契	40—42	如果我推迟不还，按民间惯例我得连（增）息一起如数偿还。在偿还之前如果我不在了，将由我儿子喀喇·库什与家里的人们一起如数偿还。	207—208
可米尔借芝麻契	43—44	在偿还之前我若有何意外，将由我弟弟伊大巴同家里的人们一起如数偿还。	206—207

续表

主题	李本页码	主要内容	耿本页码
窝格律思•铁木耳借粮契	44—46	如果在偿还之前我有什么好歹,将由我弟弟库希(和)家人一起如数地偿还。	205—206
于辛乃借棉花契	48—49	在偿还之前我若不在了,将由我弟弟卜德路家里的人们一起偿还。如果我推迟不还,按民间惯例我将连同其增利一块儿偿还。	212—213
哺度思都统借毡子契	50—51	我若不通过商队寄还,我将连同每月一个棉布的利息如数偿还我用几个月,我将按这样连利息如数付给。如果在偿还之前我不在,由家里的人们如数偿还	190—191
伊勒铁借酒契	51—52	若在……之前,皮袋子破裂(或)驮兽受伤,由我阿尔特迷失负责。该甜酒……由克尔雅库孜如数付给。	无
蒙铁木耳借酒契	53—54	如果我推迟不还,按民间惯例我将连增利一起如数偿还。如果在偿还之前我不在了,将由诺姆•库利与家里的人们一起如数偿还。	213—214

表12中26份回鹘文契约文书,在涉及违约行为时,契约规定若有人反悔,或者过期没有还清债务,则债务人按照民间惯例,将连同增加的利息一起如数偿还,而且为了防止债务人因出现意外无法偿还,债权人还要求其担保人替债务人担责偿还,如表12中"蒙铁木耳借酒契"[①]：

1 羊年三月二十二日

2 我Ming Tamur因付利息需葡萄酒

3（于是）从Turi师处借取半皮袋

4 葡萄酒。秋初如数还给一皮袋

[①] 李经纬：《回鹘文社会经济文书辑解》（上），第53—54页。

5 甜（葡萄酒）。*如未及时归还，*

6 *就按民间惯例连同利息*

7 *一起如数归还*。在归还前，

8 *如若我发生什么，就让Nom Quli及家人*

9 *如数归还*。证人

10 Tusak。证人Buldan。这个花押

11 是我Ming Tamur的，我Turminsh

12 让Ming Tamur口述写（此文书）。①

  这份签订于羊年的借贷契约，虽然只有短短十二行，但是透露出对违约纳罚的重要信息，即债务人到期没有及时归还的情况，债务人将面临限外生息。同时，为了预防债务人有意外发生，文契又规定，债务人的担保人，也就是债务人的家属需要连带承担债务。这种按照民间惯例连同利息如数归还的情况在回鹘文契约中比较多见。

  第四种，纳罚入官。这种情况一般发生在蒙元时期，也就是后期的回鹘文契约中。违约方不仅要赔偿未毁约方，还要向当时的统治者"皇帝陛下"和高昌王"亦都护"交纳一定的银锭。②在蒙元时期，回鹘百姓大多时候对蒙古贵族的尊崇态度要高于回鹘王亦都护，关于这一原因，崔博认为是当时蒙元统治者在回鹘地区的特殊地位所决定的。③此说不无道理。试看下面这份回鹘文契约文书：

1 ……年三月初九日

---

 ①耿世民：《回鹘文社会经济文书研究》，第213—214页。

 ②［日］梅村坦：《違約納罰官文言のをゐウイグル文書——とくにその作成地域と年代の決定について》，《东洋学报》58卷，1977年，第1—40页。

 ③崔博：《元代回鹘违约纳罚入官现象考析》，西北民族大学硕士学位论文，2016年5月。

2 我……把Aday姑娘……

3 给了……

4 讲好，为Aday姑娘

5 ……**二锭二十两银子**……

6 返还给……Aday姑娘

7 我Qutlugh Tonga连同她的所有什物

8 将领有Aday姑娘。

9 从今以后，对其什物不论什么，不论谁，

10 Inachi、其弟、

11 其子不得争议

12 我Qutlugh Tonga的兄弟、

13 子女、亲族、甥

14 舅，不论何人都不得

15 引起争议。**如争议，那就向**

16 **皇帝陛下交纳五个金锭，向兄弟**

17 **王子各交纳一个金锭的罚金，**

18 **向亦都护交纳一个金锭，**

19 **向高昌城爱护赤交纳一个银**

20 **锭，(并)将受到重罚。**

21 证人Tamur。证人Inagh Quli。证人Bukun T///。

22 证人Toghan。这个印章是我Qutlugh Tonga的。

23 我Bag Bars让Qutlugh Tonga口述写（此文书）[①]

---

①耿世民：《回鹘文社会经济文书研究》，第245—247页。同见李经纬：《回鹘文社会经济文书辑解》（上），第278—281页。

契约加粗、斜体文字部分是对违约行为的处罚措施，既要向"皇帝陛下"（uluɣ süü）、各"兄弟王子"（aqa ini tägid-lär）交纳罚金，又要给高昌王"亦都护"（ïduq-qut）、"爱护赤"（ayɣuči）交纳金锭，可见纳罚入官的范围已扩大到了蒙元统治上层。① 其中，"兄弟王子"（aqa ini tägid-lär）可能为察合台汗国的后裔；"亦都护"（ïduq-qut）为高昌回鹘王，据学者研究，该词原为拔悉密酋长的称号，意为"神圣威武"，是回鹘借自突厥语，最早见于突厥鲁尼文书写的《毗伽可汗碑》②。"亦都护"（ïduq-qut）在回鹘语中使用的年代大致在公元 9世纪。③ "爱护赤"（ïduq—qut）意为"谋臣""副官"等，④ 在《元史》中又写为"爱护持"。⑤ 在契约中的称呼语序上，表现为"皇帝陛下"在前，接着是王子，然后才是亦都护、爱护赤。

令笔者新奇的是，"罚贡"这一现象在回鹘文契约文书中的作用，似乎在西北出土的某些民族契约文书中亦有同样的功能。如果将这种把高层统治者纳入回鹘文契约中的情况，跟佉卢文契约格式中的修饰语"伟大国王、上天之子……"、粟特文契首"神圣的……"套语作

---

① 关于这一问题，山田信夫、刘戈等学者亦有论说。参见［日］山田信夫著，［日］小田寿典、［德］P.Zieme、［日］梅村坦、［日］森安孝夫编：《回鹘文契约文書集成》第 2 卷，大阪：大阪大学出版社，1993 年，第 130—132 页；刘戈：《回鹘文买卖契约译注》，北京：中华书局，2006 年，第 21 页。

② ［美］Talat Tekin, *A Grammar of Orkhon Turkic*, Indian University Publication, Mouton and Co, 1968, p. 243. 耿世民：《古代突厥文碑铭研究》，北京：中央民族大学出版社，2005 年，第 159 页。

③ 杨富学、牛汝极：《从一份摩尼文文献谈高昌回鹘的几个问题》，《喀什师范学院学报》1990 年第 4 期，第 50—51 页。

④ 相关论述可参：［英］G.Clauson, *An Etymological Dictionary of Pre-Thirteenth Century Turkish*, Oxford, 1972, p.271.［匈牙利］L.Ligeti, *Sur quelques transcriptions sino-ouigoures des Yuan*, Ural—Altaische Jahrbücher Bd. 33, 1961, pp.235—244.［日］山田信夫：《ウイグル文奴婢文書及び养子文书》，《大阪大学文学部紀要》XVI, 1972 年，第 228 页。［日］梅村坦：《13 世紀ウイグリスタンの公权力》，《东洋学报》第 59 卷，1977 年，第 4—6 页。

⑤ ［明］宋濂等撰：《元史》卷三六、二〇二，北京：中华书局，1976 年，第 803、4520 页。

一对比的话，我们就会发现回鹘文契约中的纳罚对象，如"皇帝陛下""诸王子"等，或许是契约当事人为了避免违约行为的发生，逐渐形成了这样的修饰语，如此让契约显得更加严肃、有效、正式。这一点罗海山说得更确切，"'官罚'的内容只是格式套语，并不具有实际履行性，其真实目的是强调契约的效力，'官罚'内容既有发生纠纷时呈交官府处理的内涵，也具有威吓和震慑的意义。这一做法无一不是为了保障契约的顺利履行"①。

由上观之，回鹘文契约文书中的违约纳罚有好几种形式，根据不同的契约类型，又具有不同的特点。第一种是同等价值的赔偿，它在租赁契约中比较常见；第二种是双倍赔偿，在买卖文书中比较多见，尤其是土地交换契约、土地买卖契约，以及奴隶买卖契约；第三种是按照民间惯例连同利息一起归还，这雷同于汉文契约文书中的"限外生利"，如果债务人无法偿还，则由保人（如妻、弟或子）来偿还，多见于借贷契约中，这是回鹘文契约违约受罚内容中附带的条款。前三种与吐蕃文契约也有很多相似性，尤其是保人被纳入违约纳罚的体系中；第四种是纳罚入官，需要注意的是"罚贡"现象，它不仅体现了官方在交易中的参与、干涉行为，也体现了回鹘文契约的特点，如同佉卢文契约、粟特文契约一样，更多的是一种格式套语。

第五节 黑水城出土西夏文契约所见违约纳罚释例

西夏文契约种类繁多，含有粮食、牲畜借贷契约，土地、牲畜、

---

①罗海山:《回鹘文契约"官罚"内容研究》,《贵州社会科学》2011年第9期,第123—127页。

人口买卖契约,租赁契约(租地)、雇工、雇畜契约,换畜契、众会契(社邑社条)等。根据史金波先生的释读与研究,西夏文契约中的违约纳罚根据不同的契约类型具有不同的特点,如借贷契约,他认为有两种处罚方法:第一种是按照借粮多寡,罚以不等的粮食;第二种是按比例罚粮。①关于买卖契约,尤其是土地买卖,他认为处罚的规定更为详细,首先是按地价加倍罚赔,其目的是要杜绝土地买卖中的纠纷,对毁约的罚金不是以粮食计算,也不是以普通货币计算,而是以黄金计算。至于罚金的多少与成交量的多寡有关,但并不是严格按比例进行。②对于租地契,史金波先生认为处罚力度没有土地买卖契约那样细致、严格;对包租契而言,契约考虑的主要是能否交纳地租以及是否反悔,若过时不交纳,则以租地价为准,一石罚交二石;对于反悔者,鲜有提及反悔处罚问题,只有一份租地契明确提出罚一两金。③至于雇佣契约的惩罚规定,无非也是一石当还二石、按西夏官府的法律罚交字样。④

除此之外,赵彦龙先生从民事责任、刑事责任两方面,论述了西夏契约的违约处理。他指出,从西夏法律规定可知西夏契约的违约行为主要有欺诈、迟延、不履行(或不如约履行)。他认为在民事责任上,违约首先要承担一定的民事责任,如"从契约"处罚、债务抵押、官为理索,其次是债权人方面的刑事责任;在刑事责任上首先是债务人

---

① 史金波:《西夏经济文书研究》,第233页;同见杜建录、史金波:《西夏社会文书研究》,第130页。
② 史金波:《西夏经济文书研究》,第282页;同见史金波:《黑水城出土西夏文卖地契研究》,《历史研究》2012年第2期,第63页。
③ 史金波:《西夏经济文书研究》,第345页。
④ 史金波:《西夏经济文书研究》,第352页。

根据债务数量的多少而进行刑事处罚，其次是债权人违约需要承担的刑事责任，并附带论述了意外情况下的处理。[1]赵天英在谈及黑水城出土的借贷契长卷（7741号）时指出"违约只有一种，即超过归还期限，要罚交'麦'或者'杂'。……罚交是依'官法'，……是官法对这种'罚交'的认可。"[2]罗将根据史金波先生公布的12份西夏文卖地契，对契约文书中的违约责任制表做了简要分析，认为违约具有"自愿原则""加重处罚违约行为""违约处罚的刑事化""违约责任条款不可缺"等特点，并与唐代敦煌契约中的违约条款作了对比，认为黑水城卖地契与党项民族个性、西夏人普遍信仰佛教、等级森严致使重金处罚违约者以维护阶级利益、吸取中原汉式契约有很大的关系。[3]

综合以上学者的研究，笔者认为西夏文契约文书中的违约纳罚大致有以下两种情况：第一种是罚交粮食，在借贷契约中比较普遍，通常为"一罚二"，即"借一石，还二石"[4]，如《西夏天庆寅年（1194年）正月二十九日麻则犬子乐贷粮契》：

1 寅年正月二十九日立契者麻则小狗乐
2 今自普渡寺中粮食经手人梁喇嘛等处**借二石麦、**
3 **五石杂**。从二月一日起，每月一斗有二升
4 利，及至本利相等。**期限过时依官法罚交四石麦，**

---

[1] 赵彦龙：《西夏契约研究》，《青海民族研究》2007年第4期，第108—110页。
[2] 赵天英：《黑水城出土西夏文草书借贷契长卷（7741号）研究》，《中国经济史研究》2017年第2期，第126页。
[3] 罗将：《黑水城出土西夏文卖地契中的违约条款探析——兼与敦煌契约比较》，《青海民族研究》2018年第1期，第216—221页。
[4] 租地契、雇畜契的罚交也具有这种特征。

5 本心服。

6	立契者麻则小狗乐（画押）
7	同立契者积力赤有（画押）
8	同立契者梁老房酉（画押）
9	同立契者妻子梁氏显令（画押）
10	同立契者大兄小驴有（画押）
11	证人恧恧禅定善（画押）
12	证人梁老房乐（画押）①

文契加粗、斜体文字部分显示，麻则小狗乐从梁喇嘛那里借了二石麦、五石杂，如果到期没有归还，那么按照官法罚交四石麦。可见，西夏文借贷契约多为"一罚二"，罚交的是粮食。

除了罚交粮食"一罚二"，还有"一罚不等"，如《西夏天庆寅年（1194年）正月三十日积力隐藏子贷粮契》：

1 寅年正月三十日立契者积力隐藏子，今自普渡
2 寺中粮食经手人梁那征茂及喇嘛等处**借四石**
3 **麦、四石大麦、二石粟**。从二月一日起，每月一斗
4 有二升利，及至本利相等。**期限过时依官法罚交五**
5 **石麦**，心服。

6	立契者隐藏子（画押）
7	同立契者妻子千耶舅舅弟（画押）
8	同立契者兄善宝（画押）

---

① 《俄藏黑水城文献》第十四册，上海：上海古籍出版社，2011年，第188页。引文转自史金波：《丝绸之路出土民族契约文献集成（西夏文卷）》（待刊稿），第126页。

9	同立契者恧恧舅舅势（画押）
10	证人平尚讹山（指押）
11	证人梁丑接犬（指押）①

这份契约中的违约纳罚，虽然罚交的仍是麦，但是数额有变化。文契显示，债务人积力隐藏子从普渡寺梁那征茂及梁喇嘛那里借了四石麦、四石大麦、二石粟，规定若归还日期违限，则债务人积力隐藏子须根据官法多罚交五石麦。这是"一罚不等"的情况，另有一些借贷契约中出现借穈等谷物类，但还的依然是麦的情况。②其中麦作为罚交谷物很普遍，而且贷出者梁那征茂、梁喇嘛等人在诸多借贷契约中频繁出现。

第二种是不仅罚交粮食，而且还要罚金不等。卖地契、卖畜契③符合这种情况，但不管是哪一种，都有一个共同的特征，即皆"依官法罚交……本心服"或者"按律承罪，还依官府罚交……金，本心服"，这可以说是西夏文契约的一个特色。至于"按官法罚交"究竟是像回鹘文契约中的"皇帝陛下""诸王子"那样为格式套语，还是按照西夏法典《天盛改旧新定律令》的规定操作？按照目前学界的研究是为后者，因为《天盛改旧新定律令》中明确载有相关条文，如：

---

① 《俄藏黑水城文献》第十四册，上海：上海古籍出版社，2011年，第190页。引文转自史金波：《丝绸之路出土民族契约文献集成（西夏文卷）》（待刊稿），第106页。

② 在粮食借贷契约中，根据借贷的不同物种进行罚交，但不管借了什么，罚交的多为麦。如在契约中有"借二石麦、二石谷、一石穈等。期限过时依官法罚交三石麦"的纳罚情况，详见《俄藏黑水城文献》第十三册，上海：上海古籍出版社，2007年，第217—218页。同见史金波：《西夏经济文书研究》，第555—557页。

③ 卖畜契罚交的多为杂粮。这一点值得关注。

诸人买卖及借债，以及其他类似与别人有各种事牵连，各自自愿，可立文据，上有相关语，于买价、钱量及语情等当计量，自相等数至全部所定为多少，官私交取者当令明白，记于文书上。**以后有悔语者时，罚交于官有名则当交官，交私人有名则当交私人取。承者有官罚马一，庶人十三杖。若全超过，有特殊者，勿入罚之列，属者当取。**[①]

而在另一份卖地契约中写有：

1 寅年二月二日立契约者每乃宣主等，今
2 向普渡寺属寺中粮食经手者梁那征茂及梁喇
3 嘛等自愿出卖五石撒处地一块，议定价
4 六石杂粮及一石麦，价地等并无参差。
5 若其地上有官私二种转贷时，由宣主等管，那征茂
6 等不管。**若何方违约时，不仅依《律令》承罪，**
7 **还应罚交一两金。**本心服。 四至界上已令明
8 　东与官地为界　南与官地为界
9 　西与灌渠为界　北与鲁？？麻铁地为界
10 　　有税五斗，其中一斗麦　细水
11 　　　　　　　立契者每乃宣主(押)
12 　　　　　　　同立契弟势乐铁(押)
13 　　　　　　　同立契妻子薮浞(zhuó)氏？？(画指)
14 　　　　　　　知人梁势乐娱(押)

[①] 史金波、聂鸿音、白滨译注：《天盛改旧新定律令》，北京：法律出版社，2000年，第189—190页。

15　　　　　　　　　知人恧恧（nǜ）显盛令（画指）①

　　观二者可知，西夏文契约的违约纳罚严格遵循了西夏法典的规定，体现了西夏社会法治化的一面，这也是很多学者信以为然的。然而，我们知道西夏文契约不仅有官方认可、盖有朱印的"红契"，还有未加盖官方朱印的"白契"，而且红契是当地买卖税院的收税印章，因此笔者认为，西夏文契约中的"按官法罚交……本心服"的惩罚规定，有可能在西夏晚期的契约中成了格式套语，我们不妨将其还原到现实生活中，试想有谁会在立契的时候自愿交税？大多是逃税情况。而目前我们看到的这些西夏文契约中，不是没有白契的情况（如俄藏 Инв. No.6377-13 买卖税账、俄藏 Инв.No.7630-2 光定酉年卖畜契）。因此，西夏文契约在严格遵循西夏法典条文的同时，会有为了逃税但又将其作为契约一部分的格式套语的情况存在。如果我们把法典的规定和司法实践倒过来的话，我们将发现西夏法典中明显载有"庶人十三杖"的刑事责任；但在西夏文契约违约处罚措施中并未见体罚，这又与佉卢文契约、吐蕃文契约、回鹘文契约有所不同。我们再将二者回正过来看：既然法典中有杖刑，这就说明当时的社会中存有杖刑的现象发生，至于西夏文契约为何没有杖刑，则不得而知；但从"同立契者"看，应该是债权人一方在法律的保障下有信心将其标的物收回。

　　为此，笔者有必要赘述两个问题：第一个问题是西夏文契约的一大特色——"本心服"。根据史金波先生的解释，它是指"立契约的

---

① 《俄藏黑水城文献》第十四册，上海：上海古籍出版社，2011年，第19页。引文转自史金波：《西夏经济文书研究》，第261—262页。

卖主对契约内容的认可，对违约处罚心服的承诺"①。此说甚确，然笔者觉得除此之外，它还应具有一种"格式套语"的象征意义，而并非只有"心服口服"之类的含义。第二个问题是"同立契者"，实际上等同于"保人"。西夏文契约文书中的"同立契者"跟吐蕃文契约、回鹘文契约中的"保人"相比，没有明确的承担赔偿责任。它虽然出现在契约的末尾，但并没有吐蕃文契约、回鹘文契约规定地那么清楚，可能是多人借贷的缘故，这是值得注意的。

另外，翻阅《天盛改旧新定律令》发现，西夏法典中规定：如果债务人不通过家长、不告知兄弟去借债，一旦无法还债，其家人没有必然的连带义务。且看此法典规定：

同居饮食中家长父母、兄弟等不知，子、女、媳、孙、兄弟擅自借贷官私畜、谷、钱、物有利息时，不应做时而做，使毁散无有时，**家长同意负担则当还，不同意则可不还。**借债者自当负担，其人不能，则同去借者、执主者当负担。其人亦不能办，则取者到还债者处以工抵。同去借债者，执主者已食拿时，则当入出工抵债中，未分食则勿入**以工抵债**中，其中各已用、分者，家长未知，亦当不助还债。若违律时，与不还他人债相同判断。②

如此一来，西夏文契约违约纳罚中的保人承担的责任，便没有吐蕃文契约、回鹘文契约中的"保人"那么重了。这又是三者之间的一些差异。

---

①史金波：《西夏经济文书研究》，第315页。
②史金波、聂鸿音、白滨译注：《天盛改旧新定律令》，第190—191页。

文契加粗、斜体文字部分还透露了西夏文契约中出工抵债的情况，这说明债务人若无力偿还债务，可以以役力替代偿还债务，这又是西夏社会民间交易中比较灵活的一种违约处理措施。

综上所述，西夏文契约文书中的违约纳罚主要有两种情况：第一种是罚交粮食，第二种是既罚交粮食，又交罚金。二者皆遵循了西夏《天盛改旧新定律令》的规定，同时形成了具有西夏契约特色的格式套语。虽然西夏法典中有违约受杖刑的规定，但在西夏文契约中并未见得。相比吐蕃文契约、回鹘文契约中的保人在违约处罚中负有强制性的连带义务，西夏文契约文书中的"同立契者"则显得自主化一些。另外，西夏社会出工抵债的现象比较明显，这是西夏社会民间交易中比较灵活的一种违约受罚措施。不论何种假设、何种情况，都反映出西夏社会的法治化和官府干涉契约的一面。

附：蒙古文契约文书之违约纳罚

从黑水城出土的蒙古文契约文书看，对违约纳罚的规定比较简单，没有汉文契约、吐蕃文契约、回鹘文契约、西夏文契约那么详细。但其格式套语与其他文书有相似性，如在契首会写明交易的原因，这种表达方式跟汉文契约、回鹘文契约是一样的。蒙古文契约开头的时间跟吐蕃文契约、回鹘文契约一样，是用十二生肖纪年。如果细读其违约处罚的内容，含有双倍赔偿、抵押家财、违限生利息、"代保人"替还等方式，体现出官方参与、干涉的特征，反映了"按照民约"的习惯法。契约的末尾还有"牙人"字样。为了更好地阐释说明，下面请看一份文书（F61:W9）：

01 羊儿年正月初五，

02 我等，斡失火亦立、子怯伯

03 又子索竹鲁，我等三人，

04 **为要粮食使用**，自咩布唆儿竹处［借运］得

05 十石小麦、十石

06 大麦，共二十石口粮。［为此］

07 **将用北河灌溉之荒闲**

08 **地作保**与了咩布唆儿竹。

09 此地地界，南到

10 也可坤都令界，西与野蒲

11 唆占布之界接，北接此

12 斡失火亦立之界，东接

13 野蒲乞叭札儿灰之界，四

14 边境界如此。将此以

15 行用枡可种四石种子

16 之地与了。此地耕种

17 期限为五年。

18 由该种粮每年收

19 小麦一石、大麦一石。

20 将其余粮食全支与，

21 方收回土地。在此五年间，

22 **若谁食言，须向广积仓**

23 **抵押五石米。**

24 以此言立据。

25 此米以市斗取了。

26 此地之水渠，税和役，我等

27 三人承担。为此

28 与了担保文字。

29 此［可种］四石［种子］之地之地税

30 我斡失火亦立将五年的地税

31 计以全得了。

32　　　此手印 我斡失火亦立。

33　　　此手印 我儿子怯伯。

34　　此手印 我儿子索竹鲁。

35　　　　　知见人 我叔父亦思答。

36　　　　　知见人 我兀古失塔罕秃。

37　　　　　知见人 我野蒲唆占布。

38　　　　　知见人 我罗儿失脱黑帖木儿。①

这份文书是一份抵押土地的契约文书，抵押物为可种四石种子的荒闲地。契首写有抵押原因，契中对抵押的土地"四至"做了详细说明，这与汉文契约、回鹘文契约、西夏文契约中的土地"四至"说明极其相似。借方为父子三人，贷方为咩布唆儿竹，所借粮食为十石大麦、十石小麦。抵押期限为五年，五年之内仍由土地主人斡失火亦立耕作使用，但每年只能从中留取一石大麦和一石小麦，其余皆归贷方咩布唆儿竹所有；五年之后，土地归主人斡失火亦立。

---

① ［日］吉田顺一（YOSHIDA Jun'ichi）、齐木德道尔吉（チメドドルジ、Chimeddorji）编：《ハラホト出土モンゴル文書の研究（Study on the Mongolian Documents Found at Qaraqota）》，东京：（株）雄山阁，2008年，第26—29页。

如果有一方违约，那么他得向官仓（广积仓）抵押五石米（而不是麦，米贵于麦）。契约的末尾有借方父子三人手印，可见是保人共同担责。很多蒙古文契约文书中写有"同取人""代保人"，实际上等同于保人，仁井田陞先生曾对此做过研究，他指出，将共同债务人（同借人）称"同取人"；债务人超过借款期限而不能返还时，称代理返还的人为"代保人"。[①]从这份契约看，既有纳罚入官，体现了官府的参与，又有保人连带义务，和汉文契约、吐蕃文契约、回鹘文契约、西夏文契约一样，保人具有代还义务。

下面是一份涉及运输官粮的文书（F61:W6），透露出很多信息：

1 猪儿年三月二十九日

2 我们申朵儿只，此等兀迷修失、

3 温迪省忽里、罗儿赛赛斋、畏苦

4 失吉、里省吉等五人根底

5 瓦不坛立文书：此五人

6 值运送地税之番。

7 将其五石五斗米

8 我朵儿只承运至掌地税之征税人处。

9 *因运载此米有鼠耗，*

10 *每石加了一斗。*

11 工钱共五十

[①]［日］仁井田陞：《中国法制史の研究》，东京：东京大学东洋文化研究所，1960年，第770—771、548—551页。

12 五锭钞，于同年已有我一人

13 强行取得。其工钱，将运至

14 彼处之前，**如有任何闪失，**

15 **我朵儿只将赔偿。**又，

16 以后而运至，

17 **再索要工钱，则将所取之锭以**

18 **双倍退还，并**

19 **依圣旨治重罪。**

20 为此立文。

21 　　　于五石五斗…五斗

22 　　　　　　么道…

23 　　　此手印 申朵儿只。

24 　　　此手印 立文人那可儿亦鲁赤。

25 　　　　　知见人 我沙吉儿八。

26 　　　　　知见人…

27 　　　　　…昔儿失。①

该文书记录了一位叫申朵儿只的人承包了以前由兀迷修失、温迪省忽里、罗儿赛赛斋、畏苦失吉等五人轮流搬运地税的差事。

从文书规定可知，运输官粮费用五十五锭，从所运五石五斗米可

---

① ［日］吉田顺一（YOSHIDA Jun'ichi）、齐木德道尔吉（チメドドルジ、Chimeddorji）编：《ハラホト出土モンゴル文書の研究（Study on the Mongolian Documents Found at Qaraqota）》，东京：（株）雄山阁，2008年，第36—38页。

知，双方商定的运费是一斗米一锭①；如果中途有何闪失，则有申朵儿只承担。因运载此米有"鼠耗"②，故每石加了一斗。需注意的是，《元典章》二十一"收粮鼠耗分例"规定"每石带收鼠耗分例七升内"：

至元（三）〔二〕十三年（1286）三月，中书省：

为江浙行省咨，拟到租税带收鼠耗粮米事。送户部照拟得：

江南民田税石，合依例每石带收鼠耗分例七升内，除养赡仓官、斗脚一升（内）〔外〕，六升与正粮一体收贮。如有短折数目，拟依腹里折耗例，以五年为则，准除四升：初年一升二合，次年二升，三年二升七合，四年三升四合，五年（其）〔共〕破四升。余上不尽数目，追征还官。若有不及所破折耗，从实准算，无得多破官粮外，官田带（取）〔收〕鼠耗分例，若依行省所拟，比民田减半，每石止收三升五合，却缘所破折耗粮米，如五年之上已是支破五升，窃恐侵破正粮，拟合每石带收鼠耗分例五升相应。

得此。议得除民田税石，依准部拟外，据官田，拟依行省所拟

---

① 1石（斛）=10斗，1斗=10升，1升1.25斤。即1石（斛）=10斗=100升=125斤。元代粮食的量器沿用了宋，"至元二十（九）年，御史台咨：照得至元二十年四月十六日（1283.5.14），准御史中丞牒：官司所用斛槛，底狭面阔，吏卒收受概量之际，轻重其手，弊倖多端。亡宋行用文思院斛，腹大口狭，难于作弊。今可比附式样，成造新斛，颁行天下。此不可但施于官，至于民间市肆，亦合准官斛制造，庶使奸伪不行，实为公私两利。准此。五月二十五日（1283.6.21），御前看过新斛样制，钦奉圣旨：'是有。说的有体例。交这般行者。'钦此。呈奉中书省札付：令工部造到圆斛一十只，较勘相同，每处发斛样一只，咨发各处行省。宣慰司依样成造、较勘、印烙，发下合属行用。咨请各道、察院严加纠察施行"。详见洪金富校定本《元典章》第二册《户礼兵部》，《典章二十一·户部卷之七》，台北：中研院史语所，2016年，第758页。

② 古代在征收粮食时，因运输、库藏中有损耗，故以"鼠耗"的名义多征收。

减半收受。咨请依上施行。①

而前一份蒙古文契约文书（F61:W6）中为"每石加了一斗"，按"一斗等于10升"可知，文契中的鼠耗远远高于江南地区，对老百姓而言负担加重。如此大批粮食要运输到征税人那里任务不轻，难怪负责此差事的申朵儿只在文契中言明"如有任何闪失，我朵儿只将赔偿"，若"再索要工钱，则将所取之锭以双倍退还，并依圣旨治重罪"。

我们从一些蒙古文契约文书中的惩罚措施看，大多为官方要求立契，否则依"札撒"治罪，如编号为F135:W80的蒙古文契约文书②。关于"札撒"的问题，最近朝克图先生结合《元朝秘史》《史集》中的资料，阐明了札撒之蒙古帝国初期的本义，并指出"札撒"所指的概念既包括"临时性的命令""长时期的命令"，又包括"某种程度上的永久性的制度"等，具有广泛性。③不过也有一些文书是按照"民约"行事，如编号为F79:W7的蒙古文契约：

1 …年五月初八日。

2 …**为要大麦使用**，借到市斗

---

①洪金富校定本：《元典章》第二册《户礼兵部》，《典章二十一·户部卷之七》，台北："中研院史语所"，2016年，第758页。

②［日］吉田顺一（YOSHIDA Jun'ichi）、齐木德道尔吉（チメドドルジ、Chimeddorji）编：《ハラホト出土モンゴル文書の研究（Study on the Mongolian Documents Found at Qaraqota）》，东京：（株）雄山阁，2008年，第55—57页。

③チョクト（朝克图）：《チンギス·カンの大ジャサの内容に関する考察》，《史滴》25，2003年，第130—115页；《<モンゴル秘史>におけるジャサグについて》，《日本モンゴル学会紀要》35，2005年，第1—16页；《モンゴル帝国期におけるジャルリグについて——<モンゴル秘史>に見えるジャルリグとジャサグの関係を中心に》，《内陸アジア史研究》21，2006年，第1—16页。转自［日］吉田顺一（YOSHIDA Jun'ichi）、齐木德道尔吉（チメドドルジ、Chimeddorji）编：《ハラホト出土モンゴル文書の研究（Study on the Mongolian Documents Found at Qaraqota）》，东京：（株）雄山阁，2008年，第59、178页。

3 大麦…石，还毕此麦

4 …至七月初一日还毕

5 …**如不按期还毕，照民约**

6 **行事。**此手印 落失修加

7 　　　此手印 失儿秃火札。

8 　　　知见人 我兀木札儿赛。①

　　吉田顺一、齐木德道尔吉二位先生参照敦煌、吐鲁番出土汉文借贷契约所见的"依乡法酬利""看乡原生利""便于乡例生利""于看乡元，逐月生利""准乡元例生梨""于看乡元生利""便青乡元生利"等词语②，将该文书以及编号为F62:W19的蒙古文契约中出现的"irgen—ü yosuγar"翻译成"乡村的习惯""民间的常规"。③此契中"民约"即为民间习惯法，王启涛先生称为"乡法"④亦有道理。

　　但是，很多蒙古文契约中的违约惩罚并没有像佉卢文契约、汉文契约、吐蕃文契约、回鹘文契约、西夏文契约那样明确，是一种笼统的描述。不过，我们可以从同样出土于黑水城的蒙元时期的汉文雇佣契约文书中找到一些线索。如本章第二节所引文书（F38:W1）：

---

① [日]吉田顺一（YOSHIDA Jun'ichi）、齐木德道尔吉（チメドドルジ、Chimeddorji）编：《ハラホト出土モンゴル文書の研究（Study on the Mongolian Documents Found at Qaraqota）》，东京：（株）雄山阁，2008年，第66页。

② 张传玺：《中国历代契约汇编考释》（全二册），北京：北京大学出版社，1995年，第337、384、397、644、646、647页。

③ [日]吉田顺一（YOSHIDA Jun'ichi）、齐木德道尔吉（チメドドルジ、Chimeddorji）编：《ハラホト出土モンゴル文書の研究（Study on the Mongolian Documents Found at Qaraqota）》，东京：（株）雄山阁，2008年，第67—68页。

④ 王启涛：《吐鲁番出土文书词语考释》，成都：巴蜀书社，2005年，第616—617页。

第四章 契约所见违约纳罚习惯法 | 323

1 立雇身文字人小张,今为身闲别无营
2 生,自愿雇与古二处作杂色酒店内
3 使唤,每月言定**工钱中统钞二十两**,按
4 月计算,**如人天行时病、逃亡走失**,一切违
5 碍并不干雇主之事,**同雇人一面承管**
6 一写已后,各无番悔。**如有先悔者,罚钞**
7 **一十两与不悔之人受用**。恐后无凭,
8 故立此雇人文字为照用。
9 至正元年八月初四日立雇身人小张
10   同雇人太黑内
11   □□□①

该契文规定如果被雇者小张有何闪失,与雇主并不相干;文契订立后,如果谁先反悔,那么罚钞十两,即月工资的一半给未毁约方。由此我们得知,在蒙元时期订立契约的双方违约后的惩罚情况,同时也可以参照此汉文雇佣契约,有助于理解和阐释同时期的蒙古文契约中关于违约惩罚的规定,由此可推,蒙古文契约中的违约纳罚是借鉴和沿用了汉文契约、西夏文契约中的违约纳罚。

因此,我们可以认为,蒙古文契约中的违约纳罚情况同佉卢文契约、吐蕃文契约、回鹘文契约(后期)、西夏文契约一样,皆受官府的控制与干涉,甚至过犹而不及。如果说,从西夏文契约中的惩罚措施能看出西夏法典《天盛改旧新定律令》的影响的话,那么从蒙古文

---

① 李友逸编著:《黑城出土文书(汉文文书卷)》,北京:科学出版社,1991年,第188页。笔者对录文作了部分句读。

契约文书中的惩罚规定也能透析出《元典章》的缩影来。但西夏、蒙元时期的律令和典章制度又不同程度地参照和引用了唐宋时期的律令、典章制度。除此之外，民间习惯法的盛行，照样在蒙古文契约文书中能显现出来，上举一份契约文书，它就是按照"民约"来规定违约行为的。蒙古文契约同其他契约一样，既有双倍惩罚的情况，也有抵押家财、违限生利的现象，还有保人代偿的连带义务。

第六节 从违约纳罚契约看西北民族习惯法之个性特点

契约文书的签订，既有契约主体人自始至终的遵守，又有其中一方的毁约。当契约主体人遵守契约的相关规定时，那么这份契约不仅达到了双方预期的目标，而且有力地体现了法律的效力。相反，一旦契约签订后有一方出现毁约的情况，那么这份契约就面临着失效的可能；也会涉及未毁约方的利益，进而对契约关系乃至社会秩序产生小小的波动和影响。为此，契约主体人在签订契约时，为避免出现失信、毁约的可能，不得不在契约内容里添加一些预防违约行为发生的条款，以及处置违约行为的一些措施。

从西北出土的诸民族契约文书看，有关违约纳罚的内容非常丰富，尽管是用不同的文字书写，但是在预防违约行为的规定上，诸民族契约文书体现出来的契约精神却殊途同归，具有异曲同工之妙。在以上几节的分析中，既对诸民族契约之违约纳罚的不同点做了甄别，又通过诸民族契约之违约纳罚反映出一些共同点。

一、诸民族契约文书之违约纳罚的相同之处

第一,"借一还二",不论是佉卢文契约、汉文契约,还是吐蕃文契约、回鹘文契约,或是西夏文契约,其违约纳罚的内容中都有"借一还二"的规定,而且多是债权人要求债务人在规定的期限之外所偿还的数额翻倍。这一点几乎是西北地区民众普遍遵循的一种习惯法。

第二,"限外生利"。这种现象在汉文契约之违约纳罚中最为典型,而且规定的非常详细。佉卢文契约、吐蕃文契约、回鹘文契约、西夏文契约都有同样的规定,即在约定的归还时间之后,债务人所借之物会产生相应的利息,这种利息既含有粮食等谷物,又包括金钱等其他赔偿物。总之,就是在规定的期限之外产生额外的利息。

第三,保人连带义务。在信用担保、物的担保之外,出现了人的担保,这既是对债权人利益的再次保障,又说明契约关系在发展中透露出诚信的缺失,极需要构建起多重担保,才能更好地保证契约的有效性。除了佉卢文契约,我们在汉文契约、吐蕃文契约、回鹘文契约、西夏文契约中无一例外地都找到了保人连带义务,即债务人无力偿还债务时,则债权人找其保人替还债务。关于这一点,我们在下一章再作讨论。

第四,"官为理"。虽然民间契约是人们根据彼此的需求,按照民间的惯例,在双方自愿的前提下达成的协议,即"任依私契,官不为理"。但是当出现违约纠纷,无法自决的时候,就会申请官方介入,私契由"官不为理"变为"官为理",由官方对契约主体之违约行为进行判决。如佉卢文契约是在官方的主持下签订,强调若出现违约,即使是在"皇廷",仍然按照契约的规定执行。汉文契约的"官为理",多见于唐代

之后的契约中。吐蕃文契约、回鹘文契约、西夏文契约之违约纳罚，皆有"官为理"的现象，都具有官府控制、干涉、参与的特点，如"纳罚入官""依照官法""依律令治罪""依札撒治罪"等。这可能与官方为了避免产生无据诉讼，以及为了收取一定的税有关。

二、诸民族契约文书之违约纳罚的不同之处

第一，抵押家财。佉卢文契约、回鹘文契约很少见有抵押家财的情况，而在汉文契约、吐蕃文契约、西夏文契约中常见抵押家财的情况，尤其是汉文契约、吐蕃文契约和西夏文契约，对于抵押家财的规定十分明确。在汉文契约中多使用"听揿家财""掣夺家资"的专用词来形容债权人对债务人家财的取用平值现象。吐蕃文契约中抵押的家财包括牲畜、衣服，甚至是钥匙、锁子，记述非常详细，将当时人们的日常生活展现无遗。

第二，罚交物品。佉卢文契约罚交物既有粮食，又有牲畜，还有金钱等。汉文契约罚交物则五花八门，既有粮食（品种较多），又有布帛、金钱，还有牲畜等。吐蕃文契约、西夏文契约罚交物多为粮食，鲜有罚交金钱。回鹘文契约罚交物多为金钱，也有罚交粮食。从罚交物品可以看出，不同地区人们的生活状况以及社会形态。

第三，刑事处罚。佉卢文契约、吐蕃文契约、回鹘文契约多见杖刑、皮鞭刑的惩罚；汉文契约少见，一旦出现契约双方无法解决的纠纷，多为"官为理"。西夏文法典《天盛改旧新定律令》、蒙元法典《元典章》尽管有刑事处罚的规定，但在西夏文契约、蒙古文契约中却未见体罚的现象。

第四，罚交对象。罚交对象多为个人，即未毁约方。也有罚交官府，这在汉文契约、吐蕃文契约、西夏文契约中多见，其中"本心服"是西夏文契约的特色。还有"罚贡"现象，这是回鹘文契约后期的一大特点，违约方不仅要给当地的高昌王"亦都护"罚交银锭，还要向当时的蒙元统治者"皇帝陛下"罚交银锭。

综上所述，西北出土诸民族契约文书之违约纳罚既有共性，又有各自鲜明的个性。从共性看，它们对违约行为皆呈现出"借一还二""违限生利""官为理"和保人替还的惩罚措施。从个性看，汉文契约、吐蕃文契约、西夏文契约多见抵押家财的现象，而佉卢文契约、回鹘文契约少见；回鹘文契约罚金现象明显，且"罚贡"成为回鹘文契约的一大亮点；"本心服"是西夏文契约的一大特色。吐蕃文契约、西夏文契约罚交物多为粮食，佉卢文契约除了罚交粮食，还有牲畜、金钱等，汉文契约的罚交物种类最为多样。如果说这些契约中的罚交物多为经济处罚的话，那么刑事处罚在佉卢文契约、吐蕃文契约、回鹘文契约中有所体现。罚交的对象除了未毁约的一方外，还有罚交官府。总之，通过这些违约纳罚的情况来看，当时的社会呈现出等级森严、阶级明显、土地兼并严重、寺院把控经济的诸多现象。民间社会为了保证契约的有效性，保障社会秩序的稳定，将违约行为的惩罚措施纳入民间习惯法，甚至是官方律令体系中，说明当时的契约文书已经具有成熟、完善、发达的特点，彼此之间又具有借鉴、沿用的关系。

第五章　西北出土诸民族契约之担保习俗

第一节　前贤研究及存在的问题

在中国西北出土的契约文书中，担保人现象屡见不鲜，担保人数2~10人不等，与口头担保、物的担保，皆属于契约文书的重要组成部分。保人通常在契约的末尾同证人一并出现，而且在不同的时期、不同文字书写的民族契约文书中具有不同的称谓，但作用一直没变，无非是契约毁约方一旦违约后，保人起到连带偿还债务的义务，同时兼有证人的作用。

纵观西北出土的诸民族契约文书，我们发现保人一般与契约主体的一方有密切的联系，尤其是债务方，他们往往是债务人的家属、邻居等。这与当代社会我们所理解的担保人必须具备一定的经济能力、社会地位才能担保还是有一定的差别。古代的契约交易中，担保人通常是从当地找一些德高望重、具有一定话语权的人来作保。

关于古代契约文书中的担保人，前人有一些研究，但大多数学者都把关注点聚焦在敦煌、吐鲁番出土的汉文契约上，鲜有人从整体上把握、宏观上论述丝绸之路东段出土的其他民族契约文书中的担保人。

如高潮、刘斌依据中国社会科学院历史研究所所编的《敦煌资料》第一辑，对其中的 25 份买卖契约从内容、形式，及其相关问题做了初步研究，作者在第二部分提到"这批契约所反映出的法律责任主要是卖方的担保责任、违约责任和亲属及保人的代偿责任。"[1]敏春芳从语言文字学考证的角度入手，依据《中国历代契约会编考释》，重点对敦煌契约文书中有关"证人"和"保人"在不同时期（汉晋时期、高昌时期、隋唐五代）的不同称呼（旁人、任者、时人、时见；保人、口承、保见、保知、见人、知见人）进行了考察，进一步揭示了契约的本质，展示了唐代敦煌地区的借贷状况。[2]高学强指出，中国古代契约中人的担保和物的担保并存，形成了一个完整的契约担保体系。[3]董永强以吐鲁番出土的契约为例，从担保方式（含有瑕疵担保[4]）、保人身份的认定（既有亲属、同乡、官吏，又有胡人担保）、保人的责任（一旦债务人逃走或身死，其债务便由保人偿还）三方面对唐代的担保文化进行了论述。[5]张可辉立足敦煌、吐鲁番出土的文书，对"中人"作了说明，即"凡在契约中签名画押的当事人双方以外的其他人"，其中就包括保人；作者指出"中人"在地权交易契约中具有担保、说合、

---

[1] 高潮、刘斌：《敦煌所出买卖契约研究》，《中国法学》1991 年第 3 期，第 112—116 页。
[2] 敏春芳：《敦煌契约文书中的"证人""保人"流变考释》，《敦煌学辑刊》2004 年第 2 期，第 99—112 页。
[3] 高学强：《试论中国古代契约中的担保制度》，《大连理工大学学报》2009 年第 4 期，第 70—75 页。
[4] 关于瑕疵担保，刘玉堂、陈绍辉从物的瑕疵担保和权利的瑕疵担保两方面论述了唐代瑕疵担保制度。详见刘玉堂、陈绍辉：《略论唐代瑕疵担保制度》，《武汉大学学报》2002 年第 1 期，第 20—24 页。
[5] 董永强：《论唐代的担保文化——以吐鲁番契约为例》，《理论导刊》2009 年第 6 期，第 104—105、107 页。

调解的责任,并对"中人"的角色、秩序、影响做了分析与说明。①

也有一些学者对敦煌、吐鲁番出土的诸民族契约文书中的相关担保人做了论述。如吐蕃契约,杨惠玲对敦煌民间私契中的保人、口承人等分别以列表的形式做了论证,对保人的年龄、与被保人的关系、保人的身份、性格作了阐述,对保人与口承人的异同做了说明,有助于我们了解吐蕃归义军时期的敦煌民间私契的特点。②何志文对吐蕃统治敦煌时期的雇佣契约从年代、内容、性质、种类做了分析,并与吐蕃统治之前及归义军统治时期的雇佣进行了比较,指出唐五代时期的雇佣契约形式具有连续性,而吐蕃统治时期的雇佣具有明显的时代与民族特色,这对研究吐蕃文契约文书中的保人具有参考意义。③

如果说保人也有充当见证人的话,那么刘戈先生对回鹘文契约文书中证人套语的研究具有重要的参考价值,并且将这种证人套语与敦煌、吐鲁番出土的汉文契约中的证人套语做了比较研究,有助于我们认识契约文书中的证人套语。④霍存福先生、章燕对吐鲁番出土的回鹘文借贷契约中的保人做了论述,指出保人大多是债务人的亲属。⑤张铁山先生、崔焱对回鹘文契约文书中的参与者称谓做了考释与分析,并

---

① 张可辉:《从敦煌吐鲁番文书看中人与地权交易契约关系》,《西域研究》2011年第2期,第63—72页。
② 杨惠玲:《敦煌契约文书中的保人、见人、口承人、同便人、同取人》,《西域研究》2002年第6期,第39—46页。
③ 何志文:《吐蕃统治敦煌西域时期的雇佣问题探析——兼与陷蕃之前及归义军统治时期雇佣比较》,《中国农史》2017年第5期,第67—77页。
④ 刘戈:《回鹘文契约证人套语研究》,《民族研究》2004年第5期,第55—63页。同见刘戈:《回鹘文买卖契约译注》,北京:中华书局,2006年,第217—241页。
⑤ 霍存福、章燕:《吐鲁番回鹘文借贷契约研究》,《吉林大学社会科学学报》2004年第6期,第95—106页。亦可参霍存福、王宏庆:《吐鲁番回鹘文买卖契约分析》,《当代法学》2004年第1期,第5—18页。

与敦煌、吐鲁番汉文文书做了比较研究，有助于我们对回鹘文契约参与者保人的认识。①

关于西夏契约文书，于光建以《天盛律令》为中心对西夏文契约之典当条文做了整理研究，指出西夏律法已制定了完备的债务保障体系，不仅有签订条约、违约处罚，而且有同借者代偿、出工抵债等措施来保障债权人的利益。②

还有一些学者从法制史的角度，结合敦煌、吐鲁番出土的契约文书，对古代契约做了阐述。如陈永胜先生对敦煌契约文书中的 33 份买卖契约从形式、内容以及反映的契约制度进行了论述。在第三部分指出，买卖契约的保证制度有保人担保制度（如保人的身份、年龄；可为一人，亦可为数人；保人的身份应为品质优良、身份清楚；保人对债务清偿承担责任）、担保责任制度（有标的物无瑕疵、权利瑕疵担保和无欺诈担保、恩赦担保制度），认为敦煌买卖契约构成了我国古代民商法律制度的一部分，萌生出"官有政法、人从私契"的公法与私法之法律的基本分类。③将法学引入契约文书进行研究的霍存福先生以唐代法律为中心，结合敦煌、吐鲁番出土的借贷文书与田宅、奴婢买卖契约文书，探讨了中国古代契约与国家法的关系，指出借贷契约文书在签订时是按照当时法律规制进行的，但在实践中却出现遵守与抵触两种情形；尤其是在契约的履行方式、利息限制、保人代偿等问题上冲突比较明显。作者通过列举《唐会要》《庆元条法事类》《宋刑统》等唐宋时期相关保人的律例，对保人代偿做了说明，同时对买

---

①张铁山、崔焱：《回鹘文契约文书参与者称谓考释——兼与敦煌吐鲁番汉文文书比较》，第79—84页。

②于光建：《〈天盛改旧新定律令〉典当借贷条文整理研究》，宁夏大学博士学位论文，2014年。

③陈永胜：《敦煌买卖契约法律制度探析》，《敦煌研究》2000年第4期，第95—104页。

卖契约中保人的保证内容、责任等做了举例说明。①李祝环就"中人"称谓的演变等进行了探讨，分析了"中人"出现的历史原因及法学价值。②钟莉通过对传统契约概念的考察，指出契约与国家法、契约与社会秩序之间的关系，对"中人"含义及作用做了解释，提出中国传统社会的秩序结构是由纵向上的身份认同和由横向上的契约社会两个维度共同组成。③另外，近年一些博、硕士学位论文也对契约文书中的保人作了相关论述，值得关注，兹不赘。④

---

①霍存福：《论中国古代契约与国家法的关系——以唐代法律与借贷契约的关系为中心》，《当代法学》2005年第1期，第44—56页；《再论中国古代契约与国家法的关系——以唐代田宅、奴婢卖买契约为中心》，《法制与社会发展》2006年第6期，第125—135页；《敦煌吐鲁番借贷契约的抵赦条款与国家对民间债务的赦免——唐宋时期民间高利贷与国家控制的博弈》，《甘肃政法学院学报》2007年第2期，第1—11页。在这之前，霍先生与他人合署发表的文章，对敦煌、吐鲁番出土的买卖契约文书中卖方的担保责任、亲属及保人的代偿责任做了分析。见霍存福、李声炜、罗海山：《唐五代敦煌、吐鲁番买卖契约的法律与经济分析》，《法制与社会发展》1999年第6期，第51—54页。
②李祝环：《中国传统民事契约中的中人现象》，《法学研究》1997年第6期，第138—143页。关于"中人"的研究，毛永俊、王帅一亦分别做了论述，前者以清代的土地买卖契约为例，探讨了古代契约"中人"现象的法文化背景；后者从六个方面论述了明清时期的"中人"现象及其与契约秩序的关系，实则突出"中人"在契约秩序中的作用，不失为一种妙论。参见毛永俊：《古代契约"中人"现象的法文化背景——以清代土地买卖契约为例》，《社会科学家》2012年第9期，第107—110页。王帅一：《明清时代的"中人"与契约秩序》，《政法论坛》2016年第2期，第170—182页。
③钟莉：《中国传统社会契约与秩序之间的关系》，《中山大学学报论丛》2006年第12期，第31—35页。
④博士论文主要有：张域《担保法律制度与习俗的文化解读——以中国历史上的人保为中心》，吉林大学博士学位论文，2007年；刘志刚：《宋代债权担保制度研究》，河北大学博士学位论文，2008年；徐秀玲：《中古时期雇佣契约研究——以敦煌吐鲁番出土雇佣文书为中心》，南京师范大学博士学位论文，2011年；杨淑红：《元代民间契约关系研究》，河北师范大学博士学位论文，2012年。硕士论文主要有：燕海雄《敦煌吐鲁番借贷契约比较研究》，陕西师范大学硕士学位论文，2006年；康彩云：《古代契约文书的中保人称谓词语演变研究》，陕西师范大学硕士学位论文，2013年；张琦：《吐鲁番出土汉文文书中的保人研究——以买卖、租佃、借贷三类契约为例》，陕西师范大学硕士学位论文，2013年。

以上研究成果虽然从宏观上论述了古代契约中的保人或担保制度，但论点仅限于敦煌、吐鲁番出土的汉文契约文书，且有的文章对于保人只是轻描淡写，一笔带过，并没有做过多地论述；或者个别论点仍有扩充、夯实的空间。鉴于此，笔者在前人研究的基础上，选取西北出土文献中的佉卢文契约、汉文契约、吐蕃文契约、回鹘文契约、西夏文契约等，重点对丝路沿线东段出土的诸民族契约文书中的担保人做一论述。

第二节 官员担保——佉卢文简牍之个性

从目前公布的佉卢文契约文书看，没有一份契约文书带有"保人"的字样，但这并不是说佉卢文契约中不存在保人现象。实际上，从佉卢文契约的参与者来看，除了订立契约的双方外，还有执政官、司书，以及一些有地位的证人。有趣的是，文书中带有很明显的政府干预契约的痕迹，并有"其权限如生命一样，长达一千年"的惯用语，如下面 Kh.579 号佉卢文契约：

> 此一有关莫伽多之土地之收据，由司书罗没索蹉妥为保存。
> 兹于伟大国王、王中之王，伟大、胜利、公正、正确执法之阿没克伐迦陛下在位之9年6月15日，有一男人，名叫莫伽多之探子。彼愿将能种1米里马10希adimni籽种之akri地一块卖给司书罗没索蹉。得价价值12穆立之13手长之地毯1条。故司书罗没索蹉对该地有权播种、耕种、作为礼物赠送他人、为所欲为。***此地之买卖，系***

彼等在诸执政官面前所作。此事之证人皆为皇家行政官，kitsaitsa毕特耶，kala迦罗没蹉，apsus阿钵尸耶及僧凯；其他人尚有togha鸠伐耶，vasu凯地，apsu迦罗没蹉，cozbo楼色都，vuryaga钵吉多，tsaghinava迦波多，kori色钵啰耶耶之侍从尸罗婆。*今后，无论何人对该事件进行告发或发生争执，对此事之翻案在皇廷均属无效。*此收据系由余司，书耽摩色钵之子、司书莫伽多奉执政官之命所写。*其权限如生命一样，长达一千年。*

kitsaitsa之侍从色郎伽及karsenava索廷伽断绳。①

该契约为土地买卖后的契据，由买者兼司书罗没索蹉保管。罗没索蹉还在其他交易文书中出现过，可见他是当地比较活跃的参与者。证人通常在佉卢文书中表现为多人，这份契约的交易是在证人见证下进行的，证人有4人，皆为皇家行政官，文契中写明：今后若有人对此发生争执，即使状告到皇廷皆属无效，而且其权限永久不变。类似这样的文字性说明，在其他契约文书中多见，既属于一种格式套语，也算是契约中具有"担保"性质的文字。而地方执政官的参与是保证契约有效进行的保障。

我们发现，在佉卢文契约文书中，并不像汉文契约、吐蕃文契约、回鹘文契约、西夏文契约那样有明确的"保人"字样。至于原因，笔者推测可能是由于皇廷的干预、法律的渗透，因此不需要有保人；同时该契约的交易应该属于永久性的交易，发生毁约的可能性较少。如果一旦毁约，则未毁约方可依据契据通过司法途径解决，因为契约的

---

① ［英］T.Burrow, *A Translation of the Kharoṣṭhī Documents from Chinese Turkestan,* London: The Royal Asiatic Society, 1940, p: 118—119. 王广智译：《新疆出土佉卢文残卷译文集》，第250—251页。

参与者，尤其是证人一般为当地有一定威望的人，多为地方执政官。因此，鉴于这样的特殊背景，违约方是熟知违约后果的。正如刘文锁先生所言，"佉卢文契约文书的一个显著特点是其官方化色彩"[①]。

那么，为什么佉卢文契约文书有显著的官方化色彩呢？原因在于它所处的地理环境，佉卢文契约出土于新疆塔里木盆地南缘尼雅、于阗等地，这些地方在历史上多为绿洲。古代绿洲的特点是地盘狭小，人们的活动范围比较集中，交易通常在集市进行。进行交易时参照当地的习惯法，其交易流程简单、便捷，若发生纠纷，能很快引起官方重视，司法效率会更高。

正如乜小红先生在论证"佉卢文买卖契约对汉地'契式'的跟进"时指出，"佉卢文契存在着一种由官府主宰的文件，向民间契约过渡的一种趋势"[②]，希望在以后的研究中能有新文献的发现，来佐证佉卢文契约民间私契的存在。

值得注意的是，在佉卢文司法判例文书中，一些类似于"誓言"（Kh.6、Kh.17、Kh.51、Kh.144、Kh.315、Kh.358、Kh.384）、"誓约"（Kh.7、Kh.9、Kh.12、Kh.13、Kh.15、Kh.18、Kh.20、Kh.21、Kh.27、Kh.54、Kh.240、Kh.286、Kh.297）的文字性表述，不得不让人相信口头保证制度的存在，如其中一份佉卢文书（Kh.7）："当如接到此楔形泥封木牍时，务必亲自速将此项争讼连同誓约（oath）、人证

[①] 刘文锁：《佉卢文契约文书之特征》，《西域研究》2003年第3期，第86页。
[②] 乜小红、陈国灿：《对丝绸之路上佉卢文买卖契约的探讨》，《西域研究》2017年第2期，第72页。

一起详细审理。依照皇廷上判案之法,依法作出判决。"①

从文书内容看,这是一份上级下发给地方的谕令,要求当地执政官檀阁伽(Taṃcġeya)按照皇廷之前的判例,将阿尔施那(Arsina)的两头孕牛判给税监(ṣoṭhaṃga)黎贝耶(Lýipeya),并指出如果檀阁伽无法做出判决,那么会将阿尔施那之誓约及当事之证人送至皇廷来处理。由佉卢文文书"誓约"可知,这是一种口头保证制度,属于古老的发誓行为。

综上所论,佉卢文契约文书之担保人不像其他民族契约文书中的担保人那样明了,因文书多有当地执政官的参与,故体现出带有当地法律性质的判例文书,民间私契很少见。但是,这并不说佉卢文契约中没有担保人。相反,笔者认为口头担保是佉卢文契约的重要组成部分,这种古老的发誓行为,仍起着诚信担保的作用。另外,佉卢文契约文书中的执政官及证人,不仅在契约签订的过程中起到监督、见证的作用,而且在某种程度上又起到了担保的效果,因为可以让毁约方严格按照契约规定如约履行或者如约赔偿。

第三节 汉文契约文书之担保人

如果说一份契约的签订需要基本的担保措施的话,那么汉文契约基本上囊括了与之有关的规定。早期的汉文契约尽管没有担保人字样,

---

① 林梅村:《沙海古卷——中国所出佉卢文书(初集)》,第36页。[英] T.Burrow, *A Translation of the Kharoṣṭhī Documents from Chinese Turkestan,* London: The Royal Asiatic Society, 1940, p.2. 王广智译:《新疆出土佉卢文残卷译文集》,第186页。

却有"任者"这样的称呼,实质就是担保人,而且早期的汉文契约担保多表现为口头式保证,这与佉卢文契约有相似之处。笔者相信这种"誓约"制度在古代社会交易中同样起着担保的作用。随着私有化的发展,跨地区、跨民族的交易变得越加普遍,口头式的担保不可避免地出现了违约、毁约现象;为此,担保人逐渐被广泛地运用到契约的诚信体系中。不仅如此,因纸张的普及,汉文契约变得更加完善,不论是格式,还是内容,都比早期汉文契约更加规范、成熟,越来越多的"旁人""时人""时见""临坐""知见人""见人"等证人,以及司书"倩书人"常充斥于契约的末尾。当然,关于证人的称呼在不同的时期、地区文书中都有变化,不过这些证人在笔者看来,同样起到了维护契约有效性的作用,因为他们在某种程度上见证、督促债务人主动履约。

除了口头担保、众人监督,汉文契约中最常见、也最有效的担保措施莫过于人和物的担保。我们在吐鲁番、敦煌等地出土的汉文契约中发现,人的担保规定通常在前,物的担保在后,而且保人多出现在借贷契约中。在各式契约中,人的担保出现的频率高于物的担保。在吐鲁番出土的汉文契约中,人的担保通常与物的担保同时出现。出自敦煌的汉文契约中,物的担保比较多见,但这种情况并不是绝对的。

关于物的担保,无非就是在债务人无力偿还的情况下,债权人将其抵押的家产拿走冲抵债务。关于人的担保,不论债务人是逃亡,还是死去,只要债务人无力偿还债务,则债权人都有找保人替偿的权力,这一点是笔者与他人观点不同之处。

在担保措施中,有一比较特殊的情况,即"恩赦担保",这是债权人为了不使自己利益损失,将"恩赦"债务的突发情况纳入契约的预防条款中，要求债务人即使遇到"恩赦"，债务亦不受论限，仍要按时还债。这与佉卢文契约之"彼之反案在皇廷皆属无效"、回鹘文契约之"若有人凭借官势，引起争议"的预防措施非常相似，表明西北地区不同民族间的契约精神是相通的。

担保人的数量根据契约的性质以及具体的情况，表现出不同的数量，一般少至2人，多则10人以上。担保人多是与债务人有关联的人，很少见给债权人担保的情况。担保人与债务人的关系主要为家人亲属，也有近亲、邻居，另有乡里、官员、同事等。家人之外的担保人，多是当地有身份、有名望的人作保，其社会作用是既让债权人放心的放贷给债务人，又解决了债务人一时之需或者燃眉之急。因此，围绕这些论点，下面作以具体案例的分析。

第一，早期汉文契约之"任者"。关于保人，《睡虎地秦墓竹简》记载"邦中之繇及公事官舍，其叚公，叚而有死亡者，亦令其徒、舍人在任其叚"[1]，其中，"繇"通"徭""官"通"馆""叚"通"假"，文句大致为若有债务人死亡，则让经手借贷官物的舍人和与债务人同徭役的众徒，作为债务之担保人，"任"即担保之意[2]。早期的契约中很少有保人字样，但这并不代表没有保人之实。笔者在几份文书中发现带有"任者"的契约，如《西汉元平元年（前74年）敦煌禽寇卒冯时赊卖橐络契》：

元平元年七月庚子，禽寇卒冯时卖橐络六枚杨柳所，约至八月

---

[1] 睡虎地秦墓竹简整理小组编：《睡虎地秦墓竹简》，北京：文物出版社，1990年，第70—71页。

[2] [汉]郑玄注，[唐]贾公彦疏：《周礼注疏》卷三六《秋官·大司寇》载有"使州里任之，则宥而赦之"。

十日与时小麦

盖卿任（正面）

七石六斗。过月十五日，**以日斗计**。

鞠小麦（背面）①

这份契约除了前已述及的"违限生利"外，文末还有"盖卿任"之"任"，即担保人之意。又下面这份《汉临邑县古胜贳（shì）卖九椶（zōng）曲布券》：

终古燧卒东郡临邑高平里古胜，字淳翁，贳卖九椶曲布三匹，匹三百卅三，凡直千。觻得富里，张公子所，舍在里中二门东入。**任者同里徐广君**。②

契约中"终古燧"是烽燧名，"贳"指贷、出租、出借，"觻（lù）得"是县名，属张掖郡，在今甘肃张掖县西北。文契是说高平里的古胜用九椶曲布买了觻得县张公子的房舍，担保人是古胜的同乡徐广君。关于同乡担保的契约，又见于《汉代居延县戍卒孔定贳卖剑券》：

1 戍卒东郡聊成孔里孔定

2 贳卖剑一，直八百。觻得长杜里郭穉君所，舍里中东家南入。

任者，同里杜长完前上③

这份契约记录的是孔定卖剑，交易人为郭穉（zhì），此人仍为张

---

① 吴礽骧、李永良、马建华：《敦煌汉简释文》，兰州：甘肃人民出版社，1991年，第150页。
② 张传玺主编：《中国历代契约粹编》（上），北京：北京大学出版社，2014年，第35页。
③ 甘肃省文物考古研究所、甘肃省博物馆、文化部古文献研究室、中国社会科学院历史研究所编：《居延新简》，北京：文物出版社，1990年，第178页。

掖郡觻得县人。担保人同样是其同乡。

第二，人的担保。在吐鲁番出土的汉文契约中，高昌国时期的担保人多在文契中间，常用语句多为"若身东西无，仰妇儿偿"。到了唐西州时期，担保人转至契约末尾，并以"保人"字样出现。下面是一份《高昌麹鼠儿等夏田举粟合券》：

（前缺）

1 （儿）边夏中渠常田壹亩半，亩交与夏

2 价银钱陆拾文。田要迳（经）壹年。赀租佰役，

3 □（悉）不知；若渠破水譎，麹郎悉不知。夏田价

4 □□□，（仰）污子为鼠儿偿**租酒肆斛伍斗**。酒

5 □□多少，麹悉不知，仰污了。二主合同，即共立（券）。

6 （券）成之后，各不得返悔。悔者一罚二，入不悔者。民有

7 私要，要行二主，各（自署名为信）。

8 （污）子边举粟（伍斛，到十月内）……

9 （壹）斗。**麹郎身东西无，粟生本仰妇儿上**（偿）。

10 倩书　　索僧和

11 □□□□（僧）①

从酒租"肆斛伍斗"可知，此契属麹氏高昌国时期。契约末尾第九行写有"麹郎身东西无，粟生本仰妇儿上（偿）"字样，这实际就是契约的担保措施，即麹郎若有意外，无法偿还债务，则由其妻子和孩子替还。再看一份唐西州时期的《张潘鐅卖草契》：

---

① 《吐鲁番出土文书》录文本第五册，北京：文物出版社，1983年，第157—158页；图版本第二卷，1994年，第251页。

1 总章元年六月三日，崇化乡人左憧憙交用银

2 钱肆拾，（从）顺义乡张潘堆边取草玖拾韦。*如到*

3 *高昌之日不得草玖（拾）韦者，还银钱陆拾文。*

4 *如身东西不到高昌者，仰收后者别还。若*

5 *草好恶之中，任为左意。如身东西不*

6 *在者，一仰妻儿及保人知（支）当。*两和

7 立契，获指为信。如草□高昌□。

8　　　　　　　钱主左

9　　　　　　　取草人｜张｜潘｜堆
　　　　　　　　　　｜　｜　｜

10　　　　　　**保人**竹阿阇利
　　　　　　　　　　｜　｜　｜

11　　　　　　**保人**樊曾□

12　　　　　　同伴人和广护①

该契含有多项信息，其一，双方交易后，"如到高昌之日不得草玖（拾）韦者，还银钱陆拾文"，这是说左憧憙如果到了高昌的那一天，却没有得到约定的九十韦草，那么这个责任"仰"张潘堆"还银钱陆拾文"。同样，如果左憧憙没有按约定的时间到达高昌，那么"仰"收张潘堆"别还"，这两种假设皆是预防性的说明，重在强调契约主体人的权利和义务。

其二，"若草好恶之中，任为左意"，即是说如果草的质量出现任

---

① 《吐鲁番出土文书》录文本第六册，北京：文物出版社，1985年，第424—425页；图版本第三卷，1996年，第220页。

何问题，任由左憧熹之意。这应属于"瑕疵担保"的范畴，指出交易标的物若有瑕疵，其责任在某一方，与另一方无关。就像有些卖牛契，强调三日内若牛有问题则拿卖主是问，与买主无关。这都属于"瑕疵担保"范畴，类似这样的文字性说明，在其他契约中比比皆是。

其三，"如身东西不在者，一仰妻儿及保人知（支）当"，即是对债务人的担保人义务做了介绍，说明家人是债务人的担保人。同时，契约的末尾还有两位"保人"，由此看出，担保人除了债务人的家属外，还有其他保人作保，并且出现在契约格式的末尾。最后一行出现的"同伴人"亦值得关注，假设当债务人的家人和两位保人都无法还清债务，想必"同伴人"的家人也会沦为担保人，或许契约末尾的两位保人中就有"同伴人"的家属。这是吐鲁番出土汉文契约中担保人的情况。

在敦煌出土的汉文契约中，担保人数量普遍增多，且位于契约格式的末尾，如下面这份《唐天宝十三载（754年）龙兴观道士杨某便麦契稿》：

1（天）宝十三载六月五日，龙兴观常住为少（种）
2 粮，今于□□边直便小麦捌硕。其麦限至八月还
3 纳了，**如违限不还，一任□□牵掣常（住）**
4 **车牛杂物等，用充麦直。**官有政法，人从
5 私契。两共平章，画指为验。
6 　　　　麦主
7 　　　　便麦人龙兴观道士杨□□
8 　　　　**保人道士**□□□
9 　　　　**保人**

10　　　　　　　　**保人**①

由契文末尾可见，保人数量为3人，其中一人与借入者同为龙兴观道士，其他二人可能也为龙兴观道士。从文契看，格式已相当的规范，不仅有期限，而且有预防条款，还有契约双方、担保人。文契第3~4行为物的担保，涉及牵扯债务人家财的情况。

第三，物的担保。为了保证契约的有效性，除了限外生利、违约纳罚外，担保措施成了契约最重要的保障环节。物的担保仅次于人的担保，尤其是在吐鲁番、敦煌出土的契约中。在上一份契约中，我们已经看到了将物作为担保的字样，但这种物并不是债务人自愿抵押的担保"物"，而是债务人在无力偿还债务的情况下，被债权人强制掣夺其家财的结果。家财的价值在某种意义上而言，能为债权人带来债务上的平价值和心理上的平衡。因契约主体双方在实际交易中所处的不同地位，决定了债权人在契约关系中处于主动的地位，而债务人为了能达到自己的诉求，不得不让步于债权人，久而久之，这种被债权人掣夺家资或者抵押家财的做法便成了民间惯例。因此，这种现象常出现在汉文契约中，如《高昌延和十年（611年）田相保等举大小麦券》：

1 延和十年辛未岁二月一日，**合右七人从赵松柏边举大小麦。**大（麦）□□

2 壹兜（斗）生作兜（斗）半；小麦壹兜（斗）生作壹兜（斗）陆升。田相保取大（麦）□□

---

① 《法藏敦煌西域文献》第三十一册，上海：上海古籍出版社，2005年，第46页；唐耕耦、陆宏基编：《敦煌社会经济文献真迹释录》第二辑，第77页。沙知录校：《敦煌契约文书辑校》，第82页。

3 □□□兜（斗）；田何憗取大麦贰觓（斛）；范养祐取大麦仟觓（伍斛）……

4 仟兜（斗）；赵众僧取大麦贰觓；王何相取大麦捌觓；张何悦取小

5 麦壹觓；羊欢伯取大麦拾觓，次取小麦壹觓；麹酉相取大麦肆

6 觓。大麦到五月内偿麦使毕，小麦到七月内偿小麦（使毕）。

7 （若过月不）上（偿），壹觓生麦壹兜（斗）。**若八人申（身）（东西无，仰妇儿偿。若**

8 **前却）不上（偿），听挩家财，为麦直。**九主（和同）立卷（券）券城（成）之后，各

9 （不）得返悔。悔者一罚二，入不悔悔（者。民有私要，要行）二主，

10 各自署名为（信）。

11　　　　　　　□□　□□

12　　　　　　　时见　胡礼①

这是一份8人合借麦券，从文契内容可知，若过了偿还的期限，不仅要一斛生麦一斗的利息，而且悔者"一罚二"。如果借麦的8人消失不见，则由他们的妻儿替偿，若妻儿无法偿还，则任由债权人"听挩家财"，折算成债务值。我们将这种"听挩家财"为债务值的做法亦算作"物的担保"范畴。至于家财与债务间的价值差，文契没有再提，但从债务人的做法来推测，即使家财值超过债务值，债务人亦无

---

① 《吐鲁番出土文书》录文本第三册,北京:文物出版社,1981年,第44—45页;图版本第一卷,1992年，第322页。

权要回,这显然有悖于官方的法律规定"诸负债不告官司,而强牵财物,过本契者,坐赃论"①,对于折算家财过剩的价值,"对卖有剩还之"②,官方法律规定应还给债务人,但在契约实践中形同虚设。即是说,只要债务人失信于债权人,则其家财不得不由债权方处置。

第四,恩赦担保。这是比较特殊的一种担保方式,也是债权人为了不使自己的利益受到损害,提前在契约中注明的预防性措施,目的就是杜绝债务人因"恩赦"而脱逃债务。这是典型的民间应对国家律令的习惯法。如下面这份《丙子年(856年)敦煌沈都和卖舍契》:

1 慈惠乡百姓沈都和,断作舍物,每尺两硕贰斗伍升,准地皮尺数,算者舍椟物

2 贰拾玖硕伍斗陆升九合五圭干湿谷米。其舍及,当日交相付讫,并无

3 升合玄(悬)欠。**自卖以后,一任丑挞男女收余居,世代为主。**若右(有)亲因(姻)论治

4 此舍来者,一仰丑挞并畔(判)觅上好舍充替一院。**或遇恩赦大赦流行,亦**

5 **不在论理之限。** 两共对面平章为定,准格不许休悔。如若先悔

6 者,罚楼机绫壹足,充入不悔人。恐人无信,故立私契,用为后凭。

7 **丙子年三月一日立契僧智进自手题之耳记也。**③

---

① [唐]长孙无忌等撰,刘俊文点校:《唐律疏议》,第485页。
② [宋]窦仪等撰,吴翊如点校:《宋刑统》,第413页。
③ 中国科学院历史研究所资料室编:《敦煌资料》第一辑,第298页。

由文契内容可知，慈惠乡百姓沈都和将自家院舍卖给了丑挞，除了一些违约纳罚的声明外，还特地强调了"恩赦担保"，即契约签订后，若遇上"恩赦大赦流行，亦不在论理之限"，其目的就是为了保障债权人的利益不受损失，保护契约的有效性。针对此说明，契约双方做出了"两共对面平章为定，准格不许反悔"的承诺。这是"恩赦担保"的情况。需要注意的是，契约末尾的立契时间比较特殊，它并没有位于契首，这说明当时的立契时间开始向契约末尾过渡，而在11—14世纪的黑水城，立契时间位于契约的末尾已经开始流行。

综上所述，汉文契约的担保人包括多重含义，既有口头上的担保，又有物的担保，更主要的是人的担保。担保人的数量少至2人，或10人以上。担保人与债务人的关系，多数情况为亲属关系，文契中常见"妇儿"或者"妻儿"。除债务人的家人外，还有近亲、同乡，甚至是官员作保的现象。针对具体文书，担保人呈现出不同的细节，有的担保人是具有社会地位、有偿还能力的人作保；而有的担保人无法还债，迫不得已时债务人让其家人担保。还有在一些多人借贷粮食的契约中，出现了互相担保的情况。在担保的事项上，有瑕疵担保、恩赦担保的特殊措施。但不论是哪种形式的担保措施，其目的皆是为了保护契约的有效性，保障债权人的利益，不管债务人是逃避，还是去世，只要他无力偿还债务，那么债权人就会让担保人替债务人偿还债务。从主观上看，担保人的规定使得债权人的利益得到了补救的机会；从客观上讲，担保措施推动了契约的正常运转，促进了契约关系的发展，进而维护了社会秩序的稳定。

第四节 吐蕃文契约文书中的担保画押

敦煌出土的吐蕃文契约文书，不论是格式还是内容，都表现出受汉文契约文书影响的一面，这一点毋庸置疑。因此，关于吐蕃文契约之担保人，某种程度上而言与前述汉文契约之担保人有相似之处。目前学界虽对其有过一些论及，如侯文昌先生在论述吐蕃文借贷契约时，提到了文书中的担保人，但其中的个别论点，仍值得商榷。另外，杨铭先生的团队译介的武内绍人论著，为我们研究吐蕃文契约文书提供了重要的参考文献，然译著中个别论点过于烦琐。为此，笔者在前人研究的基础上，进一步对吐蕃文契约之担保人作一简要扼述，并阐发自己的拙见。

吐蕃文契约有"保人"的记载，而且规定很清楚，保人不仅作为见证人存在，更主要的是作为契约一方的担保人在其违约后承担债务。一般情况下，文契中写明若债务人"出差或不在"，则由保人来偿还债务。

还有另外一种情况，即保人为契约双方的保人，而不是单独一方的保人，这就明显带有见证人的意味了，可知保人的义务还是存在的。有的契约出现多个债务人向同一贷出方借贷的情况，而这些债务人每人需要有一个保人，这就不免出现债务人"互保"的情况，即他们有可能既是债务人，又是他人的保人。

契约的末尾不仅有债务人的印章，还有保人的印章，也就是说保人需要在契约的末尾加盖自己的私印。据学者研究，这些印章除了刻有本人的姓名外，还有一些诸如动物、莲花和卍字符的图案，如 P.1078、

P.1084、P.1096文书中就有这种私章的情况；在吐蕃文契约中有七类印章和签名被个人用于确认文书，其中吐蕃官吏和一些拥有私印的人使用私章或私印，私印通常是圆形的朱砂印，这很可能是受了汉族影响，但中原地区在契约中很少使用私章（最常见的方法是签名、指印和简单的私章），即使有一些圆形私章，也仅限于吐蕃统治时期，这形成了吐蕃文献的一大特色。同时，吐蕃文契约末尾签署画押时，姓名和指印上下颠倒签署。吐蕃文契约中有三种指印通常是由无私印的人使用，尤其是当地居民，私章和三种指印是吐蕃文契约中最常见的具有地方化色彩的使用方法。另外还有签名、卐字符印章的使用，局限于非吐蕃人群，如书写汉字的汉族（包括书写员、僧人），使用卐字符印章的于阗人等。[①]从某种意义上论，吐蕃文契约中私章的使用方法、类型，与汉地契约是不同的。[②]见证人（主要是吐蕃官吏）、保人通常使用私章，没有私章的人使用指印和画押。在敦煌出土的汉文契约中，我们发现契约末尾画押通常为指节印或者笔迹潦草的"花押"，

[①] [日]武内绍人著，杨铭、杨公卫译：《敦煌西域古藏文契约文书中的印章》，载《魏晋南北朝隋唐史资料》第三十辑，上海：上海古籍出版社，2014年，第264—272页。
[②] [日]藤枝晃：《印章》，《亞洲历史史集典》卷一，东京：平凡社，1959年，第232—236页。

甚至是含有某种意义的"鸟形押"①。关于指印，应与立约当事人的文化水平低有关。而"花押"反映了当时民间百姓无镌刻私章的习惯，②而印章也有为官方、寺院所持有并使用的情况③。

从担保人的身份看，大致以亲族为主④，既有兄，又有弟，也有儿子、妻子，但没有父亲，反映了父权制的特点。由此可见担保仍然还是家

---

① 关于"鸟形押"，法国学者艾丽白（Danielle Eliasberg）提出了四种："简单鸟形押""画在辶字偏旁中的鸟形押""长千鸟形押""尚书鸟形押"，并指出鸟形押主要出现在"与归义军节度使最高权力机构往来的物资供应报告中"，且是在"那些致下属、行政管理人员和各种低级官吏的文书中"。至于鸟形押所蕴含的意义，澳大利亚学者刘易斯·梅奥（Lewis Mayo）认为"这种带有装饰性质的正式鸟形签名的标识，表明象征性权力与实际权力的结合。"赵贞在前人研究的基础上，继续考究了"鸟形押"的类型，并对其渊源和象征意义做了分析。分别参见［法］艾丽白著，耿昇译：《敦煌汉文写本中的"鸟形押"》，郑炳林主编《法国敦煌学精粹》Ⅱ，兰州：甘肃人民出版社，2011年，第262—282页。［澳］Lewis Mayo, *Birds and the hand of power: A political geography of avian life in the Gansu corridor, ninth to tenth centuries,* Geremie R Bamé, East Asian History, November 24, December 2002, pp: 1—66. 赵贞：《归义军曹氏时期的鸟形押研究》，《敦煌学辑刊》2008年第2期，第10—28页；赵贞：《归义军曹氏时期的鸟形押补遗》，载《敦煌吐鲁番研究》第十六卷，上海：上海古籍出版社，2016年，第231—248页。

② 姜洪源：《敦煌契约文书的签押手续》，《浙江档案》1994年第5期，第43页。

③ 陈祚龙曾对古代敦煌及其周边地区的公私印章做了记录，其中既有官方的，又有寺院藏书印章。丘古耶夫斯基也对俄藏敦煌汉文写卷中的官印、寺院印章作了探讨，指出其中一份盖有印章的文书是"关于清查牧羊人康定奴所牧羊群数量"，显然是一份雇佣文书，其年代为吐蕃统治敦煌以后，而且有私人印章。杨森曾对21份敦煌社邑类文书画押作了统计与研究，指出"在借贷契据后常见到僧人替人做'见人'和保人。分别参见陈祚龙：《古代敦煌及其他地区流行之公私印章图记文字录》，陈祚龙著《敦煌学要龠》，台北：新文丰出版公司，1982年，第319—347页。［俄］丘古耶夫斯基著，魏迎春译：《俄藏敦煌汉文写卷中的官印及寺院印章》，《敦煌学辑刊》1999年第1期，第142—148页。杨森：《敦煌社司文书画押符号及其相关问题》，《敦煌学辑刊》1999年第1期，第85—90页。

④ ［日］池田温：《敦煌の便穀暦》，收入《日野開三郎博士頌寿記念論集——中國社会·制度·文化史の諸問題》，福冈：中国书店，1987年，第385页。罗彤华：《唐代民间借贷之研究》，北京大学出版社，2009年，第289页。

族内部事务①，这些带有亲属性质的保人是家族共财观念在债权中的反映②。少量的契约有侄子、姻亲、邻居和朋友作保。也有僧人借贷的情况，但他们往往是让同门作保人和证人，僧人向自己的寺院借贷也不享受任何特别的优惠。③为了能收回这些出家人的债务，主要是依靠他们的信仰和虔诚，而不是借助于威胁手段。担保人的身份除了亲属、僧人外，还有官员。

关于担保人何时担保，该尽哪些义务，在敦煌出土的汉文契约是这样规定的："如身东西，一仰保人代还""如身东西不在，一仰保人代还""若身东西不平善者，一仰口承人"。即是说，如果债务人有什么不测，则债务转移到保人身上，由保人来偿债。我们知道，保人制度的法治化是在唐代，《唐律疏议》记载：

> 诸保任不如所任，减所任罪二等；即保赃重于窃盗，从窃盗减。若虚假人名为保者，笞五十。
>
> ［疏］议曰：保任之人，皆相委悉。所保既乖本状，即是"不

---

① ［法］童丕著，余欣、陈建伟译：《敦煌的借贷：中国中古时代的物质生活与社会》，北京：中华书局，2003年，第80页。

② 侯文昌：《敦煌吐蕃文契约文书研究》，北京：法律出版社，2015年，第201页。关于家族共财，中田薰、仁井田陞、滋贺秀三、大塚胜美、戴炎辉有不同的看法中田薰认为"家族财产是公同共有，因家长教令权大，故可自由处分之"（中田薰：《唐宋时代の家族共產制》，收入《法制史論集》卷三，第1309—1336页）；仁井田陞也持家族共产制的观点，但认为父子间为不对称之共有关系（仁井田陞：《中國身分法史》，东京大学出版会，1983年，第435—443页。林茂松编译：《中国法制史新论》，台北：环宇出版社，1976年，第109—115页）；滋贺秀三反对公同共有说，而刻意区别共同所有与同居共财两个概念（滋贺秀三：《中國家族法の原理》，东京：创文社，1981年，第69—81页）；大塚胜美则认为家族专有意识与父子共产意识并存（大塚勝美：《中國家族法論》，东京：御茶の水书房，1985年，第49—51页）；戴炎辉从法律上看认系家族共财，从民间习惯上看则以为家产为直尊单独所有（戴炎辉：《中国法制史》，台北：三民书局，1979年，第214—215页）。

③ ［法］童丕著，余欣、陈建伟译：《敦煌的借贷：中国中古时代的物质生活与社会》，北京：中华书局，2003年，第80页。

如所任",减所任之罪二等。"其有保赃重于窃盗,从窃盗减",谓保"强盗""枉法"及"恐喝(吓)"等赃,本条得罪重于窃盗,并从窃盗上减二等。不从重赃减者,以其元不同情,保赃不保罪故也。"若虚假人名为保者",谓假用人名,或妄以他人姓字以充保者,并笞五十。有五人同保一事,此即先共谋计,须以造意为首,余为从坐;当头自保者,罪无首从。①

可见,保人与债务人之间是熟悉的,这保证了契约的有效性。一旦"负债者逃,保人代偿"②。如果债务者逃亡属实,则保人尽哪些义务呢?从汉文契约规定可知,保人既有瑕疵担保,还有恩赦担保,而吐蕃文契约中的担保人仅承担瑕疵担保。

假如债务人违约,没有逃跑或者还在世,保人是否还会继续承担责任呢?侯文昌认为"只要债务人不逃亡,无论其是否有偿债能力,保人原则上均无须代偿"③,即罗彤华、霍存福二位先生等所持的"留住保证"④说,而且侯文昌先生认为"只要债务人在,其违契不偿,就只能依靠'任掣家资'来解决,不干保人之事,这也又进一步证明了保人代偿属于留住担保无疑。"⑤

然而,对于"留住保证"这一说,童丕先生认为"担保人不仅仅

---

① [唐]长孙无忌等撰,刘俊文点校:《唐律疏议》,第474—475页。同见刘俊文:《唐律疏议笺解》,北京:中华书局:1996年,第1763页。
② [宋]窦仪等撰,吴翊如点校:《宋刑统》,第413页。
③ 侯文昌:《敦煌吐蕃文契约文书研究》,第195页。
④ 罗彤华认为债务保人不是与债务人一起承担同一义务(《唐代民间借贷之研究》,第279页)。霍存福认为,这是一种留住保证制与支付制相结合的保证责任(《论中国古代契约与国家法的关系——以唐代法律与借贷契约的关系为中心》,第48页)。
⑤ 侯文昌:《敦煌吐蕃文契约文书研究》,第196页。

在债务人逃亡后要负责，而且在债务人无法偿还的情况下，担保人也同样要负责"①。谢和耐先生在对买卖契约中的担保人进行分析后指出"唯有在当事人不在，或逃走时，才由保人承担卖主的义务"②，显然也是这个意思。徐秀玲亦认为"作保是要承担民事责任的，在负债人不能偿还债务或逃亡时要赔偿债权人的损失"③，关于这一点，敏春芳说得更具体一些："如果掣夺债务人的财产，债务人依旧不在或讨债，契约才最后要求担保人来偿还。也就是说，掣夺债务人的财产这一方法已不再使用，那么对担保人提供的担保却要求得更为严格了。换句话说，这种担保已发展成连带责任的担保。担保人不仅仅在债务人逃亡后要负责，而且在债务人无法偿还的情况下，担保人也同样要负责。"④

综合以上两种论点，笔者倾向于后者，即债务人一旦违约，不管他是逃亡，还是去世，只要无力偿还债务，则由其保人代还。因为保人的一个职责就是为了保证契约的有效性。债权方为了不让契约失效，他会想尽一切办法使得自己的利益不受损失，于是在债务人无法还债的情况下，债权人依据契据，向保人追债，保人便脱不了干系，这符合民间的惯例，"民间私契本身就是乡法，即使称作私契，他们也是合法的"。⑤

---

① [法] 童丕著，余欣、陈建伟译：《敦煌的借贷：中国中古时代的物质生活与社会》，第150页。
② [法] 谢和耐著，耿昇译：《敦煌买契与专卖制度》，载郑炳林主编《法国敦煌学精粹》Ⅰ，第22页。
③ 徐秀玲：《隋唐五代宋初雇佣契约研究——以敦煌吐鲁番出土文书为中心》，第178页。
④ 敏春芳：《敦煌契约文书中的"证人""保人"流变考释》，第105页。
⑤ 孟宪实：《国法与乡法——以吐鲁番、敦煌文书为中心》，第101页。关于乡法，陈国灿认为是本乡原有的惯例，详见陈国灿：《唐代的民间借贷——吐鲁番、敦煌等地所出唐代借贷契券初探》，第230页。

同样，吐蕃文契约中的保人也有类似于以上汉文契约文书之担保人的情况。

吐蕃占领敦煌时期的契约文书中有"保人"称呼，到了归义军时期还出现了"口承人"，如英藏文书 S.3877 号《唐天复九年（909 年）敦煌安力子卖地契》：

1 和渠地壹段两畦，共五亩。东至唐荣德，西至道、氾温子，
2 南至唐荣德及道，比（北）至子渠兼及道。又地壹段两畦，共贰
3 亩。东至吴通通，西至安力子，南至子渠及道，比至吴通通。
4 已上计地肆畦，共柒亩。曰：**天复玖年**己巳岁十一月七日，洪润乡
5 百姓安力子及男擖（kā）攃（sà）等，为缘阙少用度，遂将本户口
6 分地出卖与同乡百姓令狐进通，断作价直生绢壹疋，长肆杖（丈）。
7 其地及价当日交相分付讫，一无玄（悬）欠。自卖以后其地永任进通
8 男子孙息侄世世为主记。中间或有回换户状之次，任进通
9 抽入户内。地内所著差税河作，随地祇（支）当。**中间若亲姻兄弟**
10 **及别人诤论上件地者，一仰口承人**男擖攃兄弟祇当，不忓（干）
11 买人之事。或有恩敕流行，亦不在论理之限。两共
12 对面平章，准法不许休悔。如先悔者，罚上耕牛一头，
13 充入不悔人。恐人无信，故立私契，用为后验。

14　　　　　　　　　　　地主安力子（下缺）[1]

唐昭宗天复四年改元"天祐"，故天复九年实际上是天祐五年。文契中的"口承人"一词在敦煌出土的其他契约中亦有出现，[2]蒋礼鸿先生将"口承人"解释为"允诺，保证，承认招伏"[3]之意，实际上就是代指担保人。

如上所述，在吐蕃文契约的末尾，不仅有债务人的私印，而且还有保人的盖印。值得注意的是，吐蕃文契约的保人署名有数人，其中具有真正担保责任的是最后一位保人，这是与汉文契约不同的地方。下面列举一份常被学界引用的出自敦煌莫高窟的借纸麻契约：

1 刘六通（Livu-klu-rton）向薛珍兴借汉麻一束及和短纸十通；

2-3 双方商定，在龙年冬十二月二十日归还珍兴，不管珍兴在何处。

3 如果 [借方] 届时未能归还，[偿还] 纸张和汉麻的数量将翻倍；并且

3-5 根据这一契约制作一份委托书（第二份），不需要签订第三份契约，[双方商定] 六通的墨水瓶、手巾及 [他拥有的任何财务]，[将根据契约] 一任掣夺；[六通] 不得争讼；

---

[1] 中国社会科学院历史研究所、中国敦煌吐鲁番学会敦煌古文献编辑委员会、英国国家图书馆、伦敦大学亚非学院合编：《英藏敦煌文献（汉文佛经以外部分）》第五卷（斯三〇四八——四二二〇），成都：四川人民出版社，1992年，第191页。中国科学院历史研究所资料室编：《敦煌资料》第一辑，第309—310页。唐耕耦、陆宏基编：《敦煌社会经济文献真迹释录》第二辑，第8页。沙知录校：《敦煌契约文书辑校》，第18页。

[2]《法藏敦煌西域文献》第二十四册，上海：上海古籍出版社，2002年，第63页。中国科学院历史研究所资料室编：《敦煌资料》第一辑，第286—287页。唐耕耦、陆宏基编：《敦煌社会经济文献真迹释录》第二辑，第2页。沙知录校：《敦煌契约文书辑校》，第4页。

[3] 蒋礼鸿主编：《敦煌文献语言词典》，杭州：杭州大学出版社，1994年，第187页。

5—7［契约］双方的保人，索大力（sag stag-slebs）、殷伯力（im vbye-levu）、康蛮子（khang mang-zigs）、宋六六（song lug-lug）等在契约上盖了印，六通摁手印。

8（颠倒:) 六通无私印，摁了指印。①

从文书可知，刘六通从薛珍兴处借了汉麻一束、短纸十卷，须在龙年腊月二十之前归还，如果到期还没有归还的话，那么所借的这两样东西将会加倍赔偿，他的保人还要承担责任。至于保人，有索大力、殷伯力、康蛮子、宋六六，真正担保的便是宋六六。

需要说明的是，这份文书在《敦煌西域古藏文社会历史文献》一书中除了人名翻译等有出入外，还有"无需三个保人负责，根据旧有规矩，由最后一位保人承担责任"的字样。但是在另外一份借物契中发现最后一位保人为"宋六六"，为此推测，最后一位担保人"宋六六"才是真正担保的保人。现将这份文书摘录如下：

1 薛珍兴向刘六通借用小刀一把；

2—3 双方商定，在龙年冬十二月二十日归还六通家，不管他在否。

3—4 如果［借方］届时未能归还，将双倍［归还］；并且……

4—6 根据契约，双方写成一份委托书，［商定］珍兴的用品、手巾及其他［所有财物］，将据［委托书］一任掣夺，［珍兴］不得争讼；

6—8［契约］双方的保人，索大力、殷伯力、康蛮子、宋六六等

---

① ［日］武内绍人著，杨铭、杨公卫译，赵晓意校：《敦煌西域出土的古藏文契约文书》，第185—187页。［英］F·W·托玛斯编著，刘忠、杨铭译注：《敦煌西域古藏文社会历史文献》，第51页。

在契约上盖印，珍兴摁手印。

8—9 [刀] 的尺寸与阴塔玛（im stag-rma）的刀相同。①

这份文书与前面所举文书有些相似，借入者皆为刘六通，借出者皆为薛珍兴，归还日期为腊月二十日之前，担保不仅有人的担保，而且有财务的担保。如果到时未能归还，则刘六通的财产被一任掣夺。双方的保人有4人，最后一人是宋六六。

两份文书唯一不同的是所借的标的物不同，前者为汉麻和短纸，后者为刀。让人疑惑的是，为何借一把刀还需要写契呢，并且有保人？笔者臆测，这两份文书的时间有可能是相近的。至于契文的格式与内容相似，应该是同一人所写，司书是根据前一份契约模式照抄，只是更改了几处文字而已。由此可知，吐蕃文契约文书的格式在一定程度上取决于书写人，而司书的书写习惯又取决于当时流行的书写格式，同时，也表现了一种契约精神。

综上所述，吐蕃文契约中的担保人，与同出自敦煌的汉文契约之担保人有相近之处。吐蕃文契约之保人既有为契约一方做担保的，又有为契约双方做担保人的。保人的身份通常与债务人是亲属关系，也有僧人、官员作担保的情况。至于保人何时担保，则取决于债务人的情况，如果债务人出差或者不在，则由保人偿债；如果债务人在，但无力偿债，则保人同样具有连带责任，继续偿债。债权人是不可能仅"掣夺家资"的，他会想尽一切办法来保障自己的利益不受损失。如果债权方向多个债务人贷放债时，那么每位债务人则需要一名保人，如此

---

① [日] 武内绍人著，杨铭、杨公卫译，赵晓意校：《敦煌西域出土的古藏文契约文书》，第188—190页。

一来，债务人互相担保的情况便出现了，即在同一债权方的情况下每位债务人有可能成为其他债务人的担保人。保人不仅具有担保责任，而且在契约的末尾需要盖上自己的私印。需要注意的是，契约的末尾的最后一位保人才是真正的担保人。

第五节 回鹘文担保人之画押与印章

在回鹘文契约中，担保人通常是"paošïn"，而且被认为是借自汉语。①另有"同取人"（birlä alɣučï）"同取代保人"（tungsu taypaošïn），与债务人都有关系，起着承担债务的作用。

关于这些回鹘文契约文书中的参与者称谓，张铁山先生认为与汉文契约文书有密切的联系，指出"有些称谓是直接借自汉语的音译词，如'保人'（baošïn）'代保人'（taypaošïn）'同取人'（tungsu）等，还有一些是汉语的意译词，如'同取人'（birlä alɣučï）'时见'（yügärüki tanuq）'邻坐'（körüp oluryučï）等"。张重艳进一步指出："代保人"这一称谓始见于宋代，元代时不仅在民间契约中出现，而且在官方契约中必须出现；"同取人"最早出现在8世纪的于阗契约文书中，敦煌契约文书中也有发现，其称谓的出现，源于"同书制度"；"同取代保人"是"同取人"和"代保人"的合称，说明借贷人的亲属或宗族

---

① 拉德洛夫、李经纬、刘戈、张铁山皆持此说。分别见：W. Radloff, *Uigurische Sprachdenkmäler*, Leningrad 1928, p.290. 李经纬：《吐鲁番回鹘文社会经济文书研究》，第106、107页；刘戈：《回鹘文买卖契约译注》，第33、218页；张铁山、崔焱：《回鹘文契约文书参与者称谓考释——兼与敦煌吐鲁番汉文文书比较》，第82页。

已经开始同时具有担保人的职能。①下面是一份带有"同取""代保人"字样的契约文书：

1 羊年正月十八日我们Inch Buqa，

2 Arugh二人当Tarbish Apam在Argan时写给了这文书。

3 我们已付给了高昌太仓葡萄园

4 和城中葡萄园外几块地的卖价

5 六百锭钞中的一百锭。

6 剩下的为五百锭钞。

7 这（剩下的）钞由我们的外甥Oghul Tigin

8 在夏秋时送还。如未送还，

9 凭此文书，任何人都不得推诿，

10 都要全部交付。在交付此文书中规定的钞锭之前，

11 如我们内外发生什么，

12 那时我们买方**同取**、**代保人**我

13 Inch Buqa之弟，我Arugh之子Qara Tughma将按照惯例

14 不推诿、不争议的如数

15 付给文书中规定的

16 钞锭

17 这个花押是我Inch Buqa的。

18 这个花押是我Arugh的。

19 这个花押是我**保人**Asan的。

---

① 张重艳：《元代契约参与人的称谓——以黑城文书为中心》，《河北广播电视大学学报》2015年第2期，第92—93页。

20 这个花押是我**保人**Qara Tughma的。

21 这个花押是我证人Torchi的。

22 这个花押是我Arugh的。

23 这个花押是我证人Tolak Qaya的。

24 我Tughma按他们Inch Buqa，Arugh二人的话

25 写（此文书）。①

由上文书可知，写契人为Tughma，Qara Tughma和Asan二人是Inch Buqa和Arugh的同取、代保人，其中Qara Tughma又与Inch Buqa、Arugh二人是亲属关系，他是Inch Buqa的弟弟、Arugh的儿子。证人为二人，分别是Torchi、Tolak Qaya。第17~23行，为回鹘文契约末尾通常行用的画押，多为私人印章，几乎每人持有一枚。

据山田信夫研究，回鹘文契约末尾的见证人、保人都会使用"Tamgha""Nishan"，类似于汉文契约末尾的"印"和"花押"，而回鹘文契约中的"Tamgha"源自突厥语，"Nishan"借自波斯，但后来受到唐代的影响，回鹘印章文化更加发达，直至元代被蒙元统治者大量吸收并广泛运用于官方和民间。官方印章的材质多用铜制，少量有玉制，还有铁制、木制，印章面底为带有几何图案的正方形或椭圆形，尺寸直径为1~3cm。回鹘很多官方的文件签署使用墨，并非朱砂。②

在民间画押中，回鹘文契约借鉴了唐代契约的画符号，如简化的

---

①耿世民：《回鹘文社会经济文书研究》，第229—230页。同见李经纬：《回鹘文社会经济文书辑解》（上册），第98—101页。

②Nobuo Yamada, *The private seal and mark on the Uighur Documents, Aspects of altaic civilization,* proceeding of the fifth meeting the parmanant international altaistic conference held at Indian University, Edited by Denis Sinor, *Volume 23 of the Uralic and Altaic Series,* June 4—9, 1963, pp.253—259.

"十""〇""巾""丁"等字符。但是,回鹘文契约中的画押和印章,体现了回鹘固有的特色和传统,即在契约末尾强调文书是"我写的""我画的"事实,具体体现在以下几个方面:第一,若某人立契,则此人将其私章盖于契约末尾,如买卖奴隶文书;第二,在领养、抵押文书中,双方均要盖章,但受押方(即标的物)无须盖印;第三,在土地买卖文书中,卖方写文书且盖章,若人数增加,不论多少,皆须盖上自己的私章;第四,在租借文书中,借入者须在文末加盖自己的私章,若为多人,则每人均须盖章;第五,在遗嘱文书中,立遗嘱人和亲戚均盖上印章,遗嘱书方可生效。由此可见,回鹘文契约的画押和印章比较具有特色。

高昌回鹘王国上至统治阶级,下至普通民众、普通僧侣几乎人手一枚印章。王国有专门的掌印官(tamγaČi),负责政府部门的印章,人们将印章用于社会生活的诸多方面,促进了印章文化在西域的传播和发展。[1]

除了这份文书,在回鹘文契约文书中,究竟何人才能担保?按照今人的理解,保人需是具备一定经济实力和诚信度较高的人担当,而从回鹘文契约的内容看,保人多为契约一方(多为债务人)的家属。根据霍存福先生对20份出土于吐鲁番的回鹘文借贷文书的保人地位分析,指出13份契约有保人,6份契约没有保人,1份契约缺保人。在有保人的13份契约文书中,保人的身份有妻子、弟弟、儿子,还有"家里的人"。至于"家里的人"到底是指债务人的兄弟、妻子、儿子,还是包括了叔伯、娘舅、女婿、甥侄?笔者认为都包括,在众

---

[1] 单超成:《回鹘人印章文化研究》,《地域文化研究》2019年第3期,第112—119页。

多契约文书中，虽然保人呈现出的多是妻子、兄弟和儿女，但在浓厚的经商意识中，回鹘人不仅比较重视单个的家庭经济能力，而且"由于受到汉族同居共财习俗的影响，畏兀儿人中，有权对买卖行为提出异议的亲属，包括了兄弟、叔伯、娘舅、女婿、甥侄、儿女、妻子"①，因此，需要较多的家庭成员或者说整个家庭的成员来充当保人。

如此一来，就不得不讨论保人的数量问题。仍以霍存福先生的研究为据，他认为保人既有1人的，又有2人的。通过回鹘文契约中的保人名字看，确实有这种情况。那么，为何有的契约中保人是1人，有的契约保人却是2人以上呢？这可能是根据契约双方的意愿决定的：如果双方交易的标的物小，那么保人少一些；如果交易的标的物大，那么需要多人担保。多个保人作保，又能使得契约的保证力更强。当然，最主要是看债务人的诚信度和偿还能力。对此，霍先生有精辟的分析，如果债务人身份高贵，有良好的信誉，物质基础充分，或者债务人与债权人关系好，那么就不要需要很多的保人。②他的这一分析主要是针对回鹘文借贷契约中的保人，而在对25份回鹘文买卖契约的参与人进行分析后，他认为保人出现的情况很少，而且不是必需的，仅仅是对买方支付能力的担保。③的确，在回鹘文借贷契约文书中，我们常见保人字样，但在回鹘文买卖契约中，很少见有保人，如下面这份买卖葡萄园契约：

---

① 霍存福、章燕：《吐鲁番回鹘文借贷契约研究》，第100页。
② 霍存福、章燕：《吐鲁番回鹘文借贷契约研究》，第99页。
③ 霍存福、王宏庆：《吐鲁番回鹘文买卖契约分析》，第6—7页。

1 鼠年三月初六我 **因 *Ozmish Toghil***

2 **需要通用银子，**把我自己的葡萄园

3 完全卖给Basa Toghil。我们这样商谈了

4 卖银，定为一锭五两银子。

5 在立约的当天，

6 我Basa Toghil全部付清了。

7 我Ozmish Toghil也全部秤拿了。这葡萄园的

8 四至是：东面为Basa Toghil的葡萄园隔开，

9 南面为大路隔开，北面为Polat

10 Buqa的水渠隔开，西面为Qutaruq的

11 （属于）寺院的葡萄园隔开。这块四至的葡萄园

12 直到千年万日归Basa Toghil所有。

13 他愿意，可自己持有，不愿意，可

14 转卖他人。我Ozmish Toghil的兄弟、亲属

15 不得争议。

16 如想争议，就得用相当于这

17 葡萄园两倍的葡萄园来向Basa Toghil赎买。

18 **证人**Burxan Quli，**证人**Yrp Toghril，**证人**Waptso。这个章子是我Ozmish

19 的。我Asan Tutung让（当事人）口述书写（此文书）。[①]

[①] 耿世民：《回鹘文社会经济文书研究》，第147—148页。同见李经纬：《回鹘文社会经济文书辑解》（上册），第162—164页。

该契第一行交代了立契时间、立契原因,立契时间同吐蕃文契约一样,使用十二生肖纪年,为"鼠"年,同汉文契约一样说明了立契的原因,是因为急需银子,故不得不将自家葡萄园卖给了Basa Toghil,并对葡萄园的东、西、南、北方位做了详细说明,以免未来引起麻烦。交易完成后,声明该葡萄园任由买者Basa Toghil处置,"直到千年万日",如此一番用语竟与佉卢文契约之"其权限和生命一样,长达一千年"的相关套语如出一辙,似有一定的关联。文契第14行,强调交易后卖者"我"(Ozmish Toghil)的亲属不得有争议,若有争议,则须拿出相当于交易之葡萄园的两倍来购买,这说明亲属毁约的现象存在。契约主体双方既强调了交易后卖方的亲属不得有争议,却又不得不作出预防性的补充性声明,说明了民间契约的风险性和灵活性。契约末尾有3名证人,却丝毫未见担保人。我们在其他回鹘文买卖契约文书中也很少见有担保人。

耐人寻味的是,回鹘文契约中的保人究竟何时才能代还债务呢?众所周知,敦煌汉文契约既有物的担保,又有人的担保,而回鹘文契约主要是人的担保。敦煌汉文契约规定如果债务人无力偿还逃避或者去世,那么就由保人代还。那回鹘文契约中的担保人责任呢?杨富学先生认为是"在债务人死去的情况下才由保人代偿"[1],言外之意是如果债务人还在,即使他无力偿还或者逃避,保人仍然不需替他还债,霍存福先生亦认同此说[2]。对此,笔者仍持前述在吐蕃文契约中对保人责任的论点,即保人不仅在债务人死后代还债务,而且在债务人无

---

[1] 杨富学:《吐鲁番出土回鹘文借贷文书概述》,第83页。
[2] 霍存福、章燕:《吐鲁番回鹘文借贷契约研究》,第98页。

力偿还或者逃避的情况下，仍然负有连带责任。试想，回鹘文契约中的保人多与债务人是夫妻或者父子、兄弟关系，一旦债务人无力偿还或者逃避，其家人怎么可能脱得了干系？进一步讲，回鹘文契约文书中存有"违契不偿"后惩罚的情况，通常是作为违约纳罚的假设性内容被写进契约文书中，有"如未如期归还，将按民间惯例，连同利息一起如数归还"①之类话语，虽然文契中白纸黑字的标明加倍利息的字样，但已经无力偿还的债务人又如何能还清加息后的债务呢？唯有如下解释：一种是体现了债务人在借债签约时向债权人证明自己具有还债的能力，另一种是为了强调此契的严肃性，即一旦违约，则提醒债务人承担相应的后果。话说回来，既然有如此的明文规定，那么说明违约的现象在当时存在，如此一来，债务人一旦违约，则后果岂不是由保人来承担了吗？因此，回鹘文契约中的保人责任，与汉文契约、吐蕃文契约中的保人责任一样，"不仅仅在债务人逃亡后要负责，而且在债务人无法偿还的情况下，担保人也同样要负责"②。

综上所述，回鹘文契约之担保人，既有妻子、兄弟、儿子等家人，又有叔伯、娘舅、甥侄等亲属，表现出以家庭为单位或者以更多家庭成员充当保人的现象。虽然担保人的数量不等，但根据实际情况，如果双方交易的标的物小，那么保人就少；如果交易标的物多，那么需要多人担保，如此使得契约的保证力更强。不过，若债务人身份、地位高，且有良好的声誉，物质基础又充分，或者债务人与债权人关系较好，则契约中可能不需要很多的保人。针对担保人，多见于回鹘文

---

① 耿世民：《回鹘文社会经济文书研究》，第196页。
② [法] 童丕著，余欣、陈建伟译：《敦煌的借贷：中国中古时代的物质生活与社会》，第150页。

借贷契约文书，而在买卖契约中较少。至于保人何时才能作保代还，笔者认为不论是债务人逃跑，还是去世，只要其无力偿还，皆由担保人承担偿还债务。

第六节 西夏文契约文书之担保人

从目前公布的文书看，西夏文契约文书中很少有"保人"这个词，根据史金波先生的研究，在契约文书的末尾签字画押处，类似于"保人"意思的词语多为"状接相"（同立契人）"状接卖相"（同立契者）"卖相"（同卖者）"同知人"（担保人的一种），①等同于黑水城出土的汉文契约之"同借者"，是连带责任人。

和汉文契约、吐蕃文契约、回鹘文契约类似的是，西夏文契约也有担保人，多为同立契者，与立契者（多为债务人）的关系多为家属或者至亲，身份有妻子、兄弟、儿子等。同借人的责任和义务是在债务人无法还清债务的情况下代还债务。有的借债人同时具备保人的身份，即"互保"的情况。下面试举一份契约文书（Инв.No.5124-4［5］）做一说明：

1 同日（天庆寅年二月三日，笔者注）**立契者平尚讹山**等，自愿向**梁那征茂**、

2 **喇嘛**等出卖自属一二齿公骆驼，价二石大麦

3 一石糜等已付，价畜等并无参差。其畜有其他

---

① 史金波：《西夏经济文书研究》，第285—286页。

4 诸人、同抄子弟追争诉讼者时，不仅按《律令》

5 承罪，还依官罚交二石杂粮

6　　　　　**立契者**平尚讹山（押）

7　　　　　**同立契妻子**酪布氏母犬宝（押）

8　　　　　知人梁善盛（画指）

9　　　　　知人梁老房酉（画指）①

在这份天庆寅年（1194年）卖畜契中，立契者为平尚讹山等人，也是卖畜者，买入方为西夏文契约中频繁出现的梁那征茂、梁喇嘛，标的物是一头两岁左右的骆驼，换算成粮食是二石大麦、一石糜。文末有立契者，也有同立契者，还有知人，但是没有债权方，由此可知此契为债权方所持有。其中，同立契者为妻子，显然与立契者为夫妻关系，这种妻子为丈夫担保的情况在敦煌出土的汉文契约中是很少见的。关于这一点，史金波先生认为这"反映出西夏妇女在西夏经济生活中有较高的地位"②。

西夏文契约中还有"父债子还"的情况，其中儿子是作为父亲的担保人，如天庆寅年（1194年）二月一日梁势乐酉卖地契（Инв. No.5124-3 [6、7]）：

1 寅年二月一日立状者梁势乐酉，今向普渡寺

2 属寺粮食经手者梁那征茂及梁喇嘛等将熟生十

3 石撒处地一块，有房舍、墙等，自愿出卖，议定价二石麦、二

---

①《俄藏黑水城文献》第十四册，上海：上海古籍出版社，2011年，第20页。引文转自史金波：《西夏经济文书研究》，第624—625页。

②史金波：《西夏经济文书研究》，第237页。

石糜、

4 四石谷。价、地并无参差。若其地上有官私

5 二种转贷时，梁势乐酉管，梁征那茂等不管，不仅

6 需依原有价数一石还二石，谁改口变更时，

7 不仅依《律令》承罪，还由官府罚一两金。本心服。

8 　四至界已令明　　契约

9 　　东与嵬移江为界　南与梁宝盛及官地为界

10 　　西与梁宝盛地为界　北与恶恶吉讹地为界

11 　有税五斗，其中一斗麦　细水

12 　　　　**立契者**梁势乐酉（押）

13 　　　　同立契**妻子**恶恶氏犬母宝（画指）

14 　　　　同立契**子**寿长盛（押）

15 　　　　同立契**子**势乐宝（押）

16 　　　　知人平尚讹山（画指）

17 　　　　知人梁老房酉（画指）①

在这份文书中，同立契者不仅有妻子，还有卖主梁势乐酉的儿子。这是一份土地买卖契约，土地有详细的"四至"说明，立契者是梁势乐酉，同立契者是妻子、儿子。我们可以将同立契者理解为担保人，它既有担保的意思，也起到证人的作用。该契对违约的处罚和上一份文书一样，都是按照《天盛改旧新定律令》来执行。正如史金波先生所言，买卖契约中的担保人"往往是卖主家中的重要成员，如儿子、

---

① 《俄藏黑水城文献》第十四册，第17页。引文转自史金波：《西夏经济文书研究》，第597—599页。

妻子、兄弟等，这是为了确认出卖土地不仅是卖主个人行为，而且是与家庭重要成员共同所为"[1]。

那么，在借贷契约中，对同立契者或者同借者，《天盛改旧新定律令》有这样的规定："借债者不能还时，当催促同去借者"[2]，但是在同借者也不能还债的情况下，《天盛律令》严禁债权人强迫妇女还债，"同去借者亦不能还，则不允其二种人之妻子、媳、未嫁女等还债价，可令出力典债"[3]。显然，债权人强迫妇女还债的现象是存在的，为此西夏法典在对妇女做出保护规定的同时，又为债权人想出了灵活的一招，可以让妇女干活抵债，体现了西夏法制灵活性的一面。但是，有一种情况，债务人的家属是可以选择不还债的，即在不知情的情况下，"子、女、媳、孙、兄弟擅自借贷……时，家长同意负担则当还，不同意则可不还。借债者自当负担"。[4]这一点又是借鉴自唐宋律令。

由上述可知，西夏文契约文书中的连带责任人或担保人往往是与债务人有着亲属关系或者至近亲朋关系，其身份多为妻子、兄弟、儿子。从签字画押看，保人通常是由"同立契者""同借者"这样的人来承担。当借债者无力偿还时，则由同借者来偿还，如果同借者无力偿还，则不允许债权人强迫妇女偿还，但允许其出力抵债。如果是借债者的家属在不知情的情况下借债，一旦债务人无力偿还，其家属可以选择偿还，也可以选择不偿还。

---

[1] 史金波：《西夏经济文书研究》，第286页。
[2] 史金波、聂鸿音、白滨译注：《天盛改旧新定律令》，第189页。
[3] 史金波、聂鸿音、白滨译注：《天盛改旧新定律令》，第189页。
[4] 史金波、聂鸿音、白滨译注：《天盛改旧新定律令》，第190—191页。

附　蒙古文契约文书之担保人

我们从目前公布的14份蒙古文契约文书看，其担保人与同出自黑水城的汉文、回鹘文、西夏文契约文书有很大的相似性，即契约双方在交易活动中除了证人外，还有保人的存在，通常是以"如东西迷闪，则同取代保人……替还无辞"的语气出现，其中"代保人"就是担保人的意思。如前文所述，"代保人"与债务人有关系，起着承担债务的作用。"同取代保人"是"同取人"和"代保人"的合称，说明借贷人的亲属或宗族已经开始同时具有担保人的职能。[①]我们以F209:W69号契约文书为例：

1 猴儿年正月初五日，
2 我撒蓝伯，**为要口粮使用，**
3 问到奇**帖木儿**处借迄得行用
4 升一石八斗升小麦
5 约定同年八月还毕。
6 至将此小麦还毕，我**撒蓝伯，**
7 如东西迷闪，则**同取代保人、**
8 **我弟弟塔甘伯**一面
9 替还无辞。为此
10 立文。
11　　　此手印，我**撒蓝伯。**
12　　　此手印，我**塔甘伯。**

[①] 张重艳：《元代契约参与人的称谓——以黑城文书为中心》，《河北广播电视大学学报》2015年第2期，第92—93页。

13 　　　　　　　　知见人，我哈喇塔吾儿。

14 　　　　　　　　知见人，我阔阔①

从这份文书看，债权人为帖木儿，债务人叫撒蓝伯，同取代保人为债务人弟弟塔甘伯。文契规定，如果东西有什么闪失，则由塔甘伯替还，责无旁贷。契约的末尾画押第一人为债务人手印②，接着是同取代保人手印，最后是证人。

关于蒙古文契约文书中跟担保相关的词语"tutuȲ_laǰu"，吉田顺一、齐木德道尔吉二位先生认为是由突厥语"tutuɣ"接派生动词的词尾"-la-"与副动词"-ǰu"组合而成，即"质、担保、抵押"的意思。③关于担保人的身份、担保人与债务人的关系，以及担保人所承担的责任，和汉文契约、回鹘文契约、西夏文契约之担保人相差无几，兹不赘述。

---

① ［日］吉田顺一（YOSHIDA　Jun'ichi）、齐木德道尔吉（チメドドルジ、Chimeddorji）编：《ハラホト出土モンゴル文書の研究（*Study on the Mongolian Documents Found at Qaraqota*）》，东京：（株）雄山阁，2008年，第41—42页。

②《ハラホト出土モンゴル文書の研究（*Study on the Mongolian Documents Found at Qaraqota*）》一书的编者在注释中却写为"债权人"，经前后阅读文契，笔者以"债务人"为宜。详见该书第54页。

③ ［日］吉田顺一（YOSHIDA　Jun'ichi）、齐木德道尔吉（チメドドルジ、Chimeddorji）编：《ハラホト出土モンゴル文書の研究（*Study on the Mongolian Documents Found at Qaraqota*）》，东京：（株）雄山阁，2008年，第34页。

第七节 各民族契约担保习俗异同之比较

中国西北出土的诸民族契约文书，担保人是绕不开的重要话题。不论是佉卢文契约、吐蕃文契约、回鹘文契约、西夏文契约，还是时间跨越之久、地理跨越之广的汉文契约，契约格式末尾的担保人皆体现了丝路沿线人们的社会生活状况和契约精神，它是继违约纳罚之后，对契约进行保护的最后一道屏障。如果说证人在某种程度上能起到监督、见证的作用的话，那么担保人对于契约的有效性而言则是最直接、最可靠的保证，可以说，这一点是诸民族契约文书之担保人的共有特征。

本章尽管分别论述了诸民族契约文书之担保人，但大部分论点却揭示了它们所具有的相似之处，如担保人的身份，应该是有一定的经济能力，且有良好信誉的人来承担；担保人多数情况下是为债务人作保，很少见到担保人为债权人作保；担保人常见于借贷契约文书，而在雇佣契约、赁租契约、买卖契约比较少见。

担保人与债务人的关系，既有家人，像妻子、兄弟、儿子，又有亲属，还有近邻、同乡，甚至是僧人、当地官员，另有同借者相互担保的情况，但多数契约表现为担保人是债务人的家人，体现了"父债子还""夫债妻还""兄债弟还"的传统惯例。

担保人的数量根据契约主体人的需求而定。若交易标的物小，则保人数量较少，如果交易的标的物显得非常重要，那么保人的数量相对会增多。也有特殊的情况存在，如债务人有偿还的经济实力，或者与债权人关系熟悉，那么保人的数量也可能会少一些。

对于担保人承担的义务，学界有一种看法，即债务人如果逃亡或者去世，则由担保人替代偿还；如果债务人没有死亡，还在世却无力偿还，则担保人不承担义务。对于这一说法，笔者认为只要债务人无力偿还债务，不论他是躲避逃跑，还是去世，都一概由担保人替还债务；债权人亦不会善罢甘休，维护自己的切身利益，这也是笔者不厌其烦地多次强调的论点。

除了以上共同点外，笔者认为诸民族契约文书之担保人，还有同证人一样在现场起到见证契约双方进行交易的作用，履行监督债务人及时还债的职责。

不同之处在于，诸民族契约文书中的担保人，在名称上有些不同。佉卢文契约很少见到"保人"字样，但出现有"誓约"的现象，而且很多契约是在当地官员参与、见证的情况下签约生效，并由诸多证人做证。文契中尽管没有担保人，但是诸多契约中的这些证人，以及当地官方介入民间私契的现象，笔者认为在某种程度上起到了担保人的职能。

吐鲁番、敦煌、黑水城等地出土的汉文契约，不仅格式规范，而且内容完整，文契末尾的担保人更加成熟。早期汉文契约之担保人以"任者"相称，至吐鲁番出土的高昌国时期汉文契约文书中，见有"保人"，但人数较少。到了唐代，不论是吐鲁番，还是敦煌出土的汉文契约，"保人"一词高频率的跃然于文书之上，且成为汉文契约文书格式之一大亮点，并影响了其他民族契约文书。

敦煌出土的吐蕃文契约文书之担保人，因文书所处时代的局限性（吐蕃占领敦煌前后皆为高度发达的汉文化影响时期），受汉文契约的影响较深。保人数量为多人，且出现相互担保的现象。担保人与债务人的关系多为家属关系，不过也有同乡担保的情况，这与当时敦煌多民族共存的背景不无关系，这一点是值得注意的。

回鹘文契约担保人有"保人""同取人""代保人""同取代保人"称谓，这不仅仅是译者根据汉文契约中的担保人翻译的，更是因为回鹘文契约"保人"借自汉文契约的缘故。同时，回鹘文契约又有佉卢文契约的影子，在契约一方对标的物拥有所有权的套语上，二者有着惊人的相似性。不得不说，回鹘文契约在借鉴和吸收了汉文契约的一些元素外，还保留了佉卢文契约的一些民间惯例。尽管暂无证据表明二者之间的来龙去脉，但笔者认为回鹘文契约与佉卢文契约有不可分割的关联。

西夏文契约中的担保人称谓"同知人""同立契者"等，既与同出自黑水城的汉文契约担保人称谓相同，又与蒙古文契约文书末尾的"同取代保人"有传承影响。可以说，汉文契约末尾的担保人称谓影响了西夏文契约，后者又被蒙古文契约所继承沿用，以至于它们在担保人的称谓词上非常相近。尽管它们叫法不同，但皆具有担保人的连带义务，可见异曲同工之妙。

总而言之，西北出土的诸民族契约文书，体现了丝路沿线不同地区、不同时期的社会经济和民间交易现状。担保人的出现，不仅仅是因为预防纠纷的缘故，更是民间社会智慧的进步，如果说失信是问题的话，那么担保人便是答案，问题和答案同时产生。纵览以上不同时期、不同地区、不同文字的契约文书，我们发现丝路沿线上的担保人揭示了债权人与债务人的契约关系，勾勒出一幅幅生动的社会生活场景和交易活动画面，将中国古代的契约精神呈现在世人面前。

结 论

西北出土了大量的契约文书，以敦煌、吐鲁番、黑水城、尼雅等地出土的汉文契约、佉卢文契约、吐蕃文契约、回鹘文契约、西夏文契约为代表，就内容言，有借贷、买卖、租赁、雇佣，还有法律社会类文书，是研究古代社会生活的第一手资料。

首先，单从契约文书的格式对比后发现，它们之间既有相同或相似的地方，也有不同的地方。相同或相似的地方有以下数端：汉文契约和西夏文契约在纪年方式上采用皇帝年号、天干地支，吐蕃文契约、回鹘文契约、蒙古文契约以十二生肖纪年，佉卢文契约和粟特文契约使用王在位年号，然粟特文契约的纪年方式更特殊一些，既有粟特王年号，又有中国日历，还有粟特历。内容上除了契约双方，还有证人、保人，佉卢文契约很少有保人字样，但从誓言、誓约等内容中也能窥探到与保人性质一样的信息，即信用与契约的有效性。在土地买卖契约中，汉文契约、西夏文契约、回鹘文契约、蒙古文契约都会写有土地的"四至"，即会说明土地的东、南、西、北四个方向的地界问题，以免引起毁约后的麻烦。佉卢文契约、粟特文契约中写有交易完成后标的物由归属方任意处置的话语，诸如"可以任意支配女奴，包括打她、虐待、捆绑、作人质、出卖或赠送"之类的话。其实，像这样在格式上相似的地方还有很多，兹不赘。

不同的地方也不少，主要体现在佉卢文契约有很浓厚的官方化色彩，很多契约文书都有司书奉执政官之命书写，很多证人具有重要的身份，大多是执政官担任，而且法律的重要性很明显。粟特文契约在契首的称呼上如前所述，显得比较特殊，是丝路沿线最具有文化兼容的表现。吐蕃文契约在房屋等家产抵押上比较显眼。西夏文契约有"本心服"字样。回鹘文契约有"罚贡"现象。蒙古文契约受西夏文、回鹘文契约文书影响较深，在叙述契约原因上又与汉文、回鹘文契约有相似性，但蒙古文契约比西夏文、回鹘文、汉文契约在格式上更规范一些。

其次，不论汉文契约，还是其他民族类契约文书，借贷类文书在所有契约文书中占据大多数，其中借贷利息是饶有意思的话题，于是笔者做了深入探讨。很多契约文书的利息，既有官方的，也有民间的，二者之借贷利息有高有低，既有年息，也有月息，还有日息，除此之外，也有无息，不过有息借贷占据多数。从很多借贷类文书看，其利息在当时的生产力条件下对于债务人而言是很高的，第三章对此有详细的分析与说明，可以认为在诸多借贷类契约文书中，以回鹘文借贷利息之高为最，一方面说明当时社会的剥削有多么的残酷，但从另一方面又反映出社会的相对富有，任何事物都是相辅相成的，如果没有发达的经济基础，那么就不会有相应的高台筑垒，但是，如果这种相辅相成变成了一种反趋势、反比例，或者失衡，那么所谓的"高利贷"就使得债务人走向家破人亡的可能性变得越来越大，以至于出现各种惨不忍睹的现象。我们相信，以这种现象为例，政府是不会坐视不管的，因为这将影响到它的统治秩序的稳定与否，为此，有必要的时候政府会出台相应的政策，来制止或者管控"高利贷"现象的进一步滋生和蔓延。问题与方法像一对孪生姐妹同时产生，既然借贷一旦进行，那么就会不可避免地出现还不了债的可能，如果借贷是有息，其实这是必然的，那么一旦债务还不清，则利上加利，最后迫使债务人债台累累，要么选择卖掉自己的财产，要么选择卖掉自己的人身，或者其他。因此，不论是哪一种文字的契约文书，只要借贷一产生，那么有关利息的一系列现象皆有可能像连环画似的相继出现。这个环节是了解古代人们社会生活的必然，也是最佳的途径。

有趣的是，既然说到了借贷利息，那么就不得不思考违约，因为利息的层层递进与没有及时还清有很大的关系，假如用人们熟知的词语来表述的话，那么没有比"违约纳罚"更惟妙惟肖了。契约的签订，是双方对彼此信用的体现，而"违约纳罚"的规定更是对契约的进一步保障。众所周知，很多事情是谁也无法预见的，更何况古代的中国社会在法治方面并不像西方那样强调保护私有财产或者用法律来对信用进行保障，最多就是用刑罚来严惩，以儆效尤，值得庆幸的是，在佉卢文契约中的确出现过保护私有财产的痕迹，多少投下一丝亮光，但不能不说中国古代的法典多倾向于刑事处罚，非西方的那种权利与义务很明确的关系，也不像现代个别学者所持的"拿来主义"来解构中国的契约文书，甚至是中国的社会现象。违约纳罚的性质就是用各种办法来预防违约的发生，但问题是违约的行为时有发生，否则就不会有那么多的与之相关的说明性文字出现，而且既有原价赔偿的"温柔型"，又有双倍赔偿（比较多见），还有抵押之类的（如抵押自己的土地、房屋等财产），如果非要拿今天的法理学来理解的话，那么可以说是经济赔偿，或者是民事赔偿，但违约纳罚中还有一种惩罚是对违约方身体上的处罚，即刑事处罚，有杖刑、鞭刑，这种处罚方式想必在古代没有比中国更适合使用了，而且让中国古代的律典臻于完善，以《唐律疏议》为代表，俨然成了当时中华法系的最高境界，连《天盛改旧新定律令》《宋刑统》《元典章》都绕不过这个巅峰。我们在分析契约文书中的违约纳罚这种现象背后的实质时，或许以上言语值得几分斟酌与思考。

再次，契约文书的签订，担保人、见证人是少不了的。如果说见证人在司法纠纷中能起到一语中的的话，那么担保人具有更胜一筹的功能，因为它除了充当见证人，还直接参与到债务人违约纳罚的后果中，即债务人一旦无力偿还债权人的债务时，那么就由保人来代替偿还。而担保人为了不使自己经常处于这种被动的局面，也会不自觉地去监督、督促债务人积极努力地去还清债务，也反映了古代社会中的一种契约精神。通常情况下，担保人与债务人的关系多为家属关系，其中以夫妻、父子、兄弟居多，这也造就了古代家族共同担责的特点。中国的家族式特点有别于西方，集体利益永远大于个人利益，不单单是像签订契约的这种行为，其实在其他诸如此类的行为中，家族担责是永恒的话题。因此，"父债子还""夫债妻还""兄债弟还"一直流传到现在并充斥于人们的思想进而根深蒂固，这不是没有原因的，所谓的不成文的习惯法便是这样形成的。

最后，西北出土契约精神值得关注。"契约精神"源自西方，涉及私人与社会两大领域，或言私法与公法，具体体现为自由、平等、诚信、法治（或曰救济），其功能在于维持了社会秩序，促进了商品社会交易的发展，为法治创造了经济基础。对照西方契约精神，中国西北出土契约尽管没有如此明显，但是个中特点足以证明，诸民族契约精神在西北地区、民族间的社会生活中形成了约定俗成的习惯法。试看一份契约的签署过程：先是契约主体双方根据自己的需求，经过协商达成协议，这体现的是一种自由精神，契约主体人的意愿决定了双方签订的内容与方式，如借贷、买卖、赁租、雇佣等。然后是双方在契约中写明是本着自愿的情况下签署的，并非他人强迫，至于契约性质到底如何，姑且不论，至少在契约中是要求签约人如此强调的，尤其是在吐鲁番出土的汉文契约中，这种声明性的文字处处可见，说明契约是在双方你情我愿、且有证人见证的情况下订立的。在敦煌出土的吐蕃文契约中，不论是借贷粮食，还是牲畜，即使是借贷一把剪刀，或者杯子，都要订立契约，这充分体现了契约的信守原则，即是说，当谁也无法信任对方时，一旦订立契约，则契约的性质发生了质的变化，上升为一种彼此信任的契约精神，当这种信守契约的精神在社会中逐渐成为约定俗成的习惯法时，那么契约的价值便得到了升华。"民从私契，官不为理"，但是，当契约出现风险时，则"官为理"，"官有政法，民从私契"是指官方不扰民，尽量尊重民间惯例，顺从民意，但是一旦出现毁约情况，契约主体中的未毁约方利益受到损失，则该方必然提起诉讼，寻求官方的帮助，这就使得"民从私契"的私法转化至"官为理"的公法领域，即国家司法的介入，这在侧面上又补充了契约的法治精神，使得契约由习惯法上升至国家法，从而使未毁约方的利益得到最终的保护，进而有效的弥补了对契约的破坏，维护了契约的关系，减少了因"利"而产生的纠纷和争议。因此，这种契约精神是值得我们继承和发扬的，尽管这不符合儒家思想所倡导的"礼"，但是它却有助于社会活动的正常发展，在很多场合，我们宁可名正言顺的需求契约精神，也不能因为所谓的"面子"或者"义"而扭曲对社会的正确认识。

通过对以上契约文书的举例与说明，我们发现它们之间既有千丝万缕的联系，又有千差万别的特色，我们有理由相信每一种文明、文化，不论是古今还是中外，它的交流与互动是双向的，它既有冲突，又有融合，既有共性，又有个性，它们在历史的进程中，通过人类的传播与推动，绽放出绚丽多彩的一面，同时呈现出千姿百态，而汉文契约的高度发达，如同一条大河的主流带动了其他民族契约的支流，越流越宽，越流越长。

西北出土的契约文书形式多样，种类繁多，目前汉文契约、佉卢文契约、吐蕃文契约、回鹘文契约、西夏文契约的研究成果相对较多，尤其是汉文契约、回鹘文契约和西夏文契约，而对佉卢文契约、粟特文契约、蒙古文契约的研究相对薄弱。从语言文字上看，这也是笔者今后需要加倍努力的，因为西北出土的诸民族文书需要掌握多种语言文字的能力，才能熟练地使用第一手材料，否则拾人牙慧不可避免地会出现以讹传讹的可能。

参考文献

一、基本史料（按成书时代先后排序）

1.［汉］郑玄注,［唐］贾公彦疏,［清］阮元校刻:《周礼注疏》,《十三经注疏》,北京：中华书局影印，1980年。

2.［汉］班固撰:《汉书》,北京：中华书局，1964年。

3.［汉］许慎撰,［清］段玉裁注:《说文解字注》,上海：上海古籍出版社，1981年。

4.［东晋］法显撰,章巽校注:《法显传校注》,北京：中华书局，2008年。

5.［北魏］杨衒之撰,周祖谟校释:《洛阳伽蓝记释译》,北京：中华书局，1963年。

6.［南朝宋］范晔撰,［唐］李贤等注:《后汉书》,北京：中华书局，1965年。

7.［北齐］魏收撰:《魏书》,北京：中华书局，1974年。

8.［唐］长孙无忌等撰,刘俊文点校:《唐律疏议》,北京：中华书局，1983年。

9.［唐］李林甫等撰,陈仲夫点校:《唐六典》,北京：中华书局，1992年。

10.［唐］玄奘、辩机著,季羡林校:《大唐西域记校注》(全二册),北京：中华书局，2000年。

11. ［唐］吴兢撰，谢保成集校：《贞观政要集校》，北京：中华书局，2003年。

12. ［唐］杜佑撰：《通典》，北京：中华书局，1984年。

13. ［唐］李吉甫撰，贺次君点校：《元和郡县图志》，北京：中华书局，1983年。

14. ［后晋］刘昫等撰：《旧唐书》，北京：中华书局，1975年。

15. ［宋］欧阳修、宋祁撰：《新唐书》，北京：中华书局，1975年。

16. ［宋］王溥撰：《唐会要》，上海：上海古籍出版社，2006年。

17. ［宋］王钦若等编：《册府元龟》，北京：中华书局，1960年。

18. ［宋］窦仪等撰，吴翊如点校：《宋刑统》，北京：中华书局，1984年。

19. ［宋］司马光编著，［元］胡三省音注：《资治通鉴》，北京：中华书局，1976年。

20. ［宋］司马光撰，邓广铭、张希清点校：《涑水记闻》，北京：中华书局，1989年。

21. 史金波、聂鸿音、白滨译注：《天盛改旧新定律令》，北京：法律出版社，2000年。

22. ［元］脱脱等撰：《宋史》，北京：中华书局，1985年。

23. ［元］脱脱等撰：《辽史》，北京：中华书局，1974年。

24. ［元］脱脱等撰：《金史》，北京：中华书局，1975年。

25. ［元］陶宗仪撰：《南村辍耕录》，北京：中华书局，2004年。

26. ［元］苏天爵编：《元文类》，北京：商务印书馆，1958年。

27. 洪金富校定本：《元典章》，台北："中央研究院历史语言研究所"，2016年。

28. ［明］宋濂等撰：《元史》，北京：中华书局，1976年。

29. 天一阁博物馆、中国社会科学院历史研究所天圣令整理课题组校证：《天一阁藏明钞本天圣令校证：附唐令复原研究》，北京：中华书局，2006年。

30. [清] 柯劭忞撰，张京华、黄曙辉总校：《新元史》，上海：上海古籍出版社，2018年。

31. [清] 徐松辑：《宋会要辑稿》，北京：中华书局，1957年。

32. [清] 毕沅编著：《续资治通鉴》，北京：中华书局，1957年。

33. [清] 徐松著，朱玉麒整理：《西域水道记（外二种）》，北京：中华书局，2005年。

34. 赵尔巽等撰：《清史稿》，北京：中华书局，1977年。

35. 罗振玉、王国维撰，何立民点校：《流沙坠简》，杭州：浙江古籍出版社，2013年。

36. 甘肃省文物考古研究所、甘肃省博物馆、文化部古文献研究室、中国社会科学院历史研究所编：《居延新简》，北京：文物出版社，1990年。

37. 睡虎地秦墓竹简整理小组编：《睡虎地秦墓竹简》，北京：文物出版社，1990年。

38. 中国科学院历史研究所资料室编：《敦煌资料》第一辑，北京：中华书局，1961年。

39. 国家文物局古文献研究室、新疆维吾尔自治区博物馆、武汉大学历史系编，唐长孺主编：《吐鲁番出土文书》录文本（1—10），北京：文物出版社，1981—1991年。

40. 中国文物研究所、新疆维吾尔自治区博物馆、武汉大学历史系编，唐长孺主编：《吐鲁番出土文书》图录本（壹—肆），北京：文物出版社，1992—1996年。

41. 唐耕耦、陆宏基编：《敦煌社会经济文献真迹释录》第二辑，北京：全国图书馆文献缩微复制中心，1990年。

42. 中国社会科学院历史研究所、中国敦煌吐鲁番学会敦煌古文献编辑委员会、英国国家图书馆、伦敦大学亚非学院合编：《英藏敦煌文献（汉文佛经以外部分）》第1—14卷，成都：四川人民出版社，1990—1995年。

43. 俄罗斯科学院东方研究所圣彼得堡分所、中国社会科学院民族研究所、上海古籍出版社编，史金波、魏同贤、克恰诺夫主编：《俄藏黑水城文献》第1—17册，上海：上海古籍出版社，1992—2011年。

44. 宁夏大学西夏学研究中心、国家图书馆、甘肃五凉古籍整理研究中心编，史金波、陈育宁主编：《中国藏西夏文献》第十六册，兰州：甘肃人民出版社，2005年。

45. 上海古籍出版社、法国国家图书馆编：《法藏敦煌西域文献》第1—34册，上海：上海古籍出版社，1994—2005年。

二、研究著作（按出版日期先后排序）

1. 黄文弼：《塔里木盆地考古记》，北京：科学出版社，1958年。

2. 新疆维吾尔自治区博物馆编：《新疆出土文物》，北京：文物出版社，1975年。

3. 王尧、陈践译注：《敦煌吐蕃文献选》，成都：四川民族出版社，1983年。

4. 林梅村编：《楼兰尼雅出土文书》，北京：文物出版社，1985年。

5. 王尧、陈践编著：《吐蕃简牍综录》，北京：文物出版社，1986年。

6. 姜伯勤：《唐五代敦煌寺户制度》，北京：中华书局，1987年。

7. ［法］谢和耐著，耿昇译：《中国五—十世纪的寺院经济》，兰州：甘肃人民出版社，1987年。

8. 林梅村：《沙海古卷——中国所出佉卢文书（初集）》，北京：文物出版社，1988年。

9. 刘俊文：《敦煌吐鲁番唐代法制文书考释》，北京：中华书局，1989年。

10. 巫宝三主编，厉以平、郭小凌编译：《古代希腊、罗马经济思想资料选辑》，北京：商务印书馆，1990年。

11. 李友逸编著：《黑城出土文书（汉文文书卷）》，北京：科学出版社，1991年。

12. 吴礽骧、李永良、马建华：《敦煌汉简释文》，兰州：甘肃人民出版社，

1991 年。

13. 徐中舒主编：《汉语大字典》（缩印本），武汉：湖北辞书出版社、成都：四川辞书出版社，1992 年。

14. 陈炳应：《西夏谚语——新集锦成对谚语》，太原：山西人民出版社，1993 年。

15. 蒋礼鸿主编：《敦煌文献语言词典》，杭州：杭州大学出版社，1994 年。

16. 陈国灿：《斯坦因所获吐鲁番文书研究》，武汉：武汉大学出版社，1995 年。

17. 张传玺：《秦汉问题研究》，北京：北京大学出版社，1995 年。

18. 张传玺主编：《中国历代契约会编考释》（全二册），北京：北京大学出版社，1995 年。

19. 李经纬：《吐鲁番回鹘文社会经济文书研究》，乌鲁木齐：新疆人民出版社，1996 年。

20. 刘俊文：《唐律疏议笺解》，北京：中华书局：1996 年。

21. 郑炳林主编：《敦煌归义军史专题研究》，兰州：兰州大学出版社，1997 年。

22. 沙知录校：《敦煌契约文书辑校》，南京：江苏古籍出版社，1998 年。

23. 陈国灿：《唐代的经济社会》，台北：文津出版社，1999 年。

24. 刘戈：《回鹘文契约文书初探》，台北：五南图书出版有限公司，2000 年。

25. 陈永胜：《敦煌吐鲁番法制文书研究》，兰州：甘肃人民出版社，2000 年。

26. 王力：《古汉语字典》，北京：中华书局，2000 年。

27. ［法］童丕著，余欣、陈建伟译：《敦煌的借贷：中国中古时代的物质生活与社会》，北京：中华书局，2003 年。

28. 余太山主编：《西域通史》，郑州：中州古籍出版社，2003 年。

29. 郑炳林主编：《敦煌归义军史专题研究续编》，兰州：兰州大学出版社，2003年。

30. ［英］F·W·托玛斯编著，刘忠、杨铭译注：《敦煌西域古藏文社会历史文献》，北京：民族出版社，2003年。

31. 王启涛：《吐鲁番出土文书词语考释》，成都：巴蜀书社，2004年。

32. 荣新江、张志清编：《从撒马尔干到长安——粟特人在中国的文化遗迹》，北京：北京图书馆出版社，2004年。

33. 荣新江、华澜、张志清主编：《粟特人在中国——历史、考古、语言的新探索》，北京：中华书局，2005年。

34. 郑炳林主编：《敦煌归义军史专题研究三编》，兰州：甘肃文化出版社，2005年。

35. 耿世民：《古代突厥文碑铭研究》，北京：中央民族大学出版社，2005年。

36. 耿世民：《回鹘文社会经济文书研究》，北京：中央民族大学出版社，2006年。

37. 刘戈：《回鹘文买卖契约译注》，北京：中华书局，2006年。

38. 刘文锁：《沙海古卷释稿》，北京：中华书局，2007年。

39. ［日］池田温著，张铭心、郝轶君译：《敦煌文书的世界》，北京：中华书局，2007年。

40. 张振国、薛现林等：《中国传统契约意识研究》，北京：中国检察出版社，2007年。

41. 张传玺：《契约史买地券研究》，北京：中华书局，2008年。

42. 钟兴麒编著：《西域地名考录》，北京：国家图书馆出版社，2008年。

43. ［美］韩森著，鲁西奇译：《传统中国日常生活中的协商：中古契约研究》，南京：江苏人民出版社，2008年。

44. 王尧、陈践译注：《敦煌古藏文文献探索集》，上海：上海古籍出版社，2008年。

45. 杨铭：《吐蕃统治敦煌与吐蕃文书研究》，北京：中国藏学出版社，2008年。

46. 王斐弘：《敦煌法论》，北京：法律出版社，2008年。

47. 郑炳林主编：《敦煌归义军史专题研究四编》，西安：三秦出版社，2009年。

48. 罗彤华：《唐代民间借贷之研究》，北京：北京大学出版社，2009年。

49. 黄文弼：《罗布淖尔考古记》，北京：线装书局，2009年。

50. 乜小红：《俄藏敦煌契约文书研究》，上海：上海古籍出版社，2009年。

51. 杜建录、史金波：《西夏社会文书研究》，上海：上海古籍出版社，2010年。

52. 孟凡人：《新疆考古论集》，兰州：兰州大学出版社，2010年。

53. 王炳华：《西域考古文存》，兰州：兰州大学出版社，2010年。

54. 刘文锁：《丝绸之路：内陆欧亚考古与历史》，兰州：兰州大学出版社，2010年。

55. 吴天墀：《西夏史稿》，北京：商务印书馆，2010年。

56. 陆离：《吐蕃统治河陇西域时期制度研究：以敦煌新疆出土文献为中心》，北京：中华书局，2011年。

57. 毕波：《中古中国的粟特胡人——以长安为中心》，北京：中国人民大学出版社，2011年。

58. 耿世民：《西域文史论稿》，兰州：兰州大学出版社，2012年。

59. 李经纬：《回鹘文社会经济文书辑解》（全二册），兰州：甘肃民族出版社，2012年。

60. ［美］白桂思著，付建河译：《吐蕃在中亚：中古早期吐蕃、突厥、大食、唐朝争夺史》，乌鲁木齐：新疆人民出版社，2012年。

61. 陈国灿：《陈国灿吐鲁番敦煌出土文献史事论集》，上海：上海古籍出版社，2012年。

62. 杨铭：《唐代吐蕃与西北民族关系史研究》，兰州：兰州大学出版社，2012年。

63. 卓新平、杨富学主编：《中国西北宗教文献》，兰州：甘肃民族出版社，2012年。

64. 郑显文：《出土文献与唐代法律史研究》，北京：中国社会科学出版社，2012年。

65. 荣新江：《黄文弼所获西域文献论集》，北京：科学出版社，2013年。

66. 段晴、张志清编：《中国国家图书馆藏西域文书：梵文、佉卢文卷》上海：中西书局，2013年。

67. 冯培红：《敦煌的归义军时代》，兰州：甘肃教育出版社，2013年。

68. 罗彤华：《唐代官方放贷之研究》，桂林：广西师范大学出版，2013年。

69. 乜小红：《中国中古契券关系研究》，北京：中华书局，2013年。

70. 郑炳林、黄维忠主编：《敦煌吐蕃文献选辑·经济社会卷》，北京：民族出版社，2013年。

71. 陆离：《敦煌的吐蕃时代》，兰州：甘肃教育出版社，2013年。

72. 汤开建：《党项西夏史探微》，北京：商务印书馆，2013年。

73. 汤开建：《唐宋元间西北史地丛稿》，北京：商务印书馆，2013年。

74. 荣新江、朱丽双：《于阗与敦煌》，兰州：甘肃教育出版社，2013年。

75. 荣新江：《中古中国与粟特文明》，北京：三联书店，2014年。

76. 荣新江：《中古中国与外来文明》，北京：三联书店，2014年。

77. 张传玺主编：《中国历代契约粹编》（全三册），北京：北京大学出版社，2014年。

78. 杨铭：《吐蕃统治敦煌西域研究》，北京：商务印书馆，2014年。

79. 冯卓慧：《唐代民事法律制度研究——帛书、敦煌文献及律令所见》，北京：商务印书馆，2014年。

80. 韩伟：《唐代买卖制度研究》，北京：社会科学文献出版社，2014年。

81.陈晓露:《楼兰考古》,兰州:兰州大学出版社,2014年。

82.冯承钧:《冯承钧学术论文集》(全二册),上海:上海古籍出版社,2015年。

83.黄文弼:《西域史地考古论集》,北京:商务印书馆,2015年。

84.向达:《唐代长安与西域文明》,北京:商务印书馆,2015年。

85.荣新江;《归义军史研究——唐宋时代敦煌历史考察》,上海:上海古籍出版社,2015年。

86.侯文昌:《敦煌吐蕃文契约文书研究》,北京:法律出版社,2015年。

87.武航宇:《古中国与古罗马契约观念及实践的比较研究》,北京:法律出版社,2015年。

88.[日]武内绍人著,杨铭、杨公卫译,赵晓意校:《敦煌西域出土的古藏文契约文书》,乌鲁木齐:新疆人民出版社,2016年。

89.荣新江、罗丰主编:《粟特人在中国:考古发现与出土文献的新印证》,北京:科学出版社,2016年。

90.段晴、才洛太:《青海藏医药博物馆藏佉卢文尺牍》,上海:中西书局,2016年。

91.刘戈:《回鹘文契约断代研究——昆山识玉》,北京:中华书局,2016年。

92.孟凡人:《尼雅遗址与于阗史研究》,北京:商务印书馆,2017年。

93.史金波:《西夏经济文书研究》,北京:社会科学文献出版社,2017年。

94.冯培红:《敦煌学与五凉史论稿》,杭州:浙江大学出版社,2017年。

95.乜小红:《中国古代契约发展简史》,北京:中华书局,2017年。

96.徐秀玲:《隋唐五代宋初雇佣契约研究——以敦煌吐鲁番出土文书为中心》,北京:中国社会科学出版社,2017年。

97.《中亚文明史》(全六卷),北京:中译出版社,2017年。

98.蓝琪主编:《中亚史》(全六卷),北京:商务印书馆,2018年。

99. 余太山：《早期丝绸之路文献研究》，北京：商务印书馆，2018 年。

100. 毕波、［英］辛维廉：《中国人民大学博物馆藏和田出土粟特语文书》，北京：中国社会科学出版社，2018 年。

101. 王新春：《西域考古时代的终结——西北科学考察团古学史》，兰州：甘肃文化出版社，2018 年。

102. 侯灿：《西域历史与考古研究》，上海：中西书局，2019 年。

103. 乜小红、陈国灿主编：《丝绸之路出土各族契约文献研究论集》，北京：中华书局，2019 年。

104. 王启涛：《吐鲁番文献合集 契约卷》（全四册），成都：巴蜀书社，2019 年。

105. 郑显文主编：《丝绸之路沿线新发现的汉唐时期法律文书研究》，北京：中国法制出版社，2019 年。

106. 马雍：《西域史地文物丛考》，北京：商务印书馆，2020 年。

107. ［英］斯坦因著，向达译：《西域考古记》，北京：商务印书馆，2020 年。

108. 张丽香：《中国人民大学博物馆藏于阗文书》，上海：中西书局，2020 年。

109. 吴玉贵：《西暨流沙：隋唐突厥、西域历史研究》，上海：上海古籍出版社，2020 年。

110. 刘戈：《回鹘文契约文字结构与年代研究——于阗采花》，北京：中华书局，2020 年。

111. 华涛：《西域历史研究（八至十世纪）》，北京：商务印书馆，2020 年。

112. 李天石：《中国中古社会经济史论稿》，南京：江苏人民出版社，2021 年。

113. 刘安志主编：《吐鲁番出土文书新探》第二编，武汉：武汉大学出版社，2021 年。

114. 张广达、荣新江：《于阗史丛考》（增订新版），上海：上海书店出版社，2021年。

115. 张云：《唐代吐蕃史与西北民族史研究》，南京：江苏人民出版社，2021年。

116. [伊朗] 图拉吉·达利遥义（Touraj Daryaee）著，吴贇培译：《萨珊波斯：帝国的崛起与衰落》，北京：北京大学出版社，2021年。

117. 王斐弘：《敦煌契约文书研究》，北京：商务印书馆，2021年。

118. 李功国：《敦煌古代法律制度略论》，北京：中国社会科学出版社，2021年。

119. 李功国：《敦煌法学文稿》，北京：中国社会科学出版社，2021年。

120. 王小甫：《唐、吐蕃、大食政治关系史》，北京：三联书店，2022年。

121. 陈晓露：《罗布泊考古研究》，上海：上海古籍出版社，2022年。

122. 齐小艳：《从马其顿到马拉坎达：粟特地区的希腊化研究》，北京：中国社会科学出版社，2022年。

123. 刘文锁译注：《新疆出土佉卢文书译文集》，北京：商务印书馆，2023年。

三、研究论文（按期刊日期先后排序）

1. 新疆维吾尔自治区博物馆：《吐鲁番县阿斯塔那——哈拉和卓古墓群清理简报》，《文物》1972年第1期。

2. 陈祚龙：《古代敦煌及其他地区流行之公私印章图记文字录》，陈祚龙《敦煌学要龠》，台北：新文丰出版公司，1982年。

3. 马雍：《佉卢文》，原载于《中国民族古文字》（专题资料汇编），1982年。

4. 陈国灿：《唐代的民间借贷——吐鲁番敦煌等地所出唐代借贷契券初探》，载唐长孺主编《敦煌吐鲁番文书初探》，武汉：武汉大学出版社，1983年。

5. 姜伯勤：《突地考》，《敦煌学辑刊》1984年第1期。

6. [俄] 克恰诺夫著，霍升平译，杨秀琴校：《黑城出土的西夏文典押借贷文书》，《宁夏社会科学通讯》1984年第2期。

7.［英］克力勃著，姚朔民编译：《和田汉佉二体钱》，《中国钱币》1987年第2期。

8.殷晴：《一件新发现的于阗语文书——兼析古代塔里木南端的社会经济情况》，《民族研究》1987年第6期。

9.王广智译：《新疆出土佉卢文残卷译文集》，载韩翔、王炳华、张临华主编《尼雅考古资料》（内部刊物），乌鲁木齐：新疆社会科学院，1988年。

10.杨富学：《吐鲁番出土回鹘文借贷文书概述》，《敦煌研究》1990年第1期。

11.杨富学、牛汝极：《从一份摩尼文文献谈高昌回鹘的几个问题》，《喀什师范学院学报》1990年第4期。

12.高潮、刘斌：《敦煌所出买卖契约研究》，《中国法学》1991年第3期。

13.［匈］乌瑞著，王湘云译：《干支纪年法在吐蕃的应用》，载中国敦煌吐鲁番学会主编《国外敦煌吐蕃文书研究选译》，兰州：甘肃人民出版社，1992年。

14.杨富学：《回鹘文书所见高昌回鹘王国的纸钞与铸币》，《中国社会经济史研究》1992年第1期。

15.土登班玛：《鄯善佉卢文书所见王号考——兼论所谓"侍中"》，《中国边疆史地研究》1992年第3期。

16.林梅村：《粟特文买婢契与丝绸之路上的女奴贸易》，《文物》1992年第4期。

17.齐陈骏：《敦煌、吐鲁番文书中有关法律文化资料简介》，《敦煌学辑刊》1993年第1期。

18.［日］吉田丰、森安孝夫，新疆博物馆合著，柳洪亮译：《麴氏高昌王国时代粟特文买卖女奴隶文书》，《新疆文物》1993年第4期。

19.胡留元：《从几件敦煌法制文书看唐代的法律形式——格》，《法律科学》1993 年第 5 期。

20. 杨富学：《佉卢文书所见鄯善国之货币——兼论其与回鹘货币之关系》,《敦煌学辑刊》1995 年第 2 期。

21. 段晴、王炳华：《新疆新出于阗文木牍文书研究》, 载《敦煌吐鲁番研究》第二卷, 北京：北京大学出版社, 1997 年。

22. 李祝环：《中国传统民事契约中的中人现象》,《法学研究》1997 年第 6 期。

23. 林梅村：《佉卢文时代鄯善王朝的世系研究》,《西域研究》1999 年第 1 期。

24. ［俄］丘古耶夫斯基著, 魏迎春译：《俄藏敦煌汉文写卷中的官印及寺院印章》,《敦煌学辑刊》1999 年第 1 期。

25. 杨森：《敦煌社邑文书画押符号及其相关问题》,《敦煌学辑刊》1999 年第 1 期。

26. 杜建录：《西夏高利贷初探》,《民族研究》1999 年第 2 期。

27. 姜洪源：《敦煌契约文书的签押手续》,《浙江档案》1999 年第 5 期。

28. 霍存福、李声炜、罗海山：《唐五代敦煌、吐鲁番买卖契约的法律与经济分析》,《法制与社会发展》, 1999 年第 6 期。

29. 陈永胜：《敦煌买卖契约法律制度探析》,《敦煌研究》2000 年第 4 期。

30. 刘玉堂、陈绍辉：《略论唐代瑕疵担保制度》,《武汉大学学报》2002 年第 1 期。

31. 杨惠玲：《敦煌契约文书中的保人、见人、口承人、同便人、同取人》,《敦煌研究》2002 年第 6 期。

32. 刘文锁：《佉卢文契约文书之特征》,《西域研究》2003 年第 3 期。

33. 霍存福、王宏庆：《吐鲁番回鹘文买卖契约分析》,《当代法学》2004 年第 1 期。

34. 敏春芳：《敦煌契约文书中的"证人""保人"流变考释》,《敦煌学辑刊》2004 年第 2 期。

35. 刘戈:《回鹘文契约证人套语研究》,《民族研究》2004 年第 5 期。

36. 霍存福、章燕:《吐鲁番回鹘文借贷契约研究》,《吉林大学社会科学学报》2004 年第 6 期。

37. 霍存福:《吐鲁番回鹘文借贷契约研究》,《吉林大学社会科学学报》2004 年第 6 期。

38. 霍存福:《论中国古代契约与国家法的关系——以唐代法律与借贷契约的关系为中心》,《当代法学》2005 年第 1 期。

39. 孟宪实:《国法与乡法——以吐鲁番、敦煌文书为中心》,《新疆师范大学学报》2006 年第 1 期。

40. 霍存福:《再论中国古代契约与国家法的关系——以唐代田宅、奴婢卖买契约为中心》,《法制与社会发展》2006 年第 6 期。

41. 钟莉:《中国传统社会契约与秩序之间的关系》,《中山大学学报论丛》2006 年第 12 期。

42. 霍存福:《敦煌吐鲁番借贷契约的抵赦条款与国家对民间债务的赦免——唐宋时期民间高利贷与国家控制的博弈》,《甘肃政法学院学报》2007 年第 2 期。

43. 赵彦龙:《西夏契约研究》,《青海民族研究》2007 年第 4 期。

44. 赵贞:《归义军曹氏时期的鸟形押研究》,《敦煌学辑刊》2008 年第 2 期。

45. 张广达、荣新江:《敦煌文书 P.3510(于阗文)〈从德太子发愿文(拟)及其年代〉》,张广达、荣新江《于阗史丛考》,北京:中人民大学出版社,2008 年。

46. 乜小红:《从粟特文券契看高昌王国奴婢买卖之官文契》,《西域研究》2009 年第 4 期。

47. 高学强:《试论中国古代契约中的担保制度》,《大连理工大学学报》2009 年第 4 期。

48. 董永强:《论唐代的担保文化——以吐鲁番契约为例》,《理论导刊》

2009 年第 6 期。

49. 罗桑开珠：《吐蕃佛教的社会地位研究》，《中南民族大学学报》2010 年第 2 期。

50. 张可辉：《从敦煌吐鲁番文书看中人与地权交易契约关系》，《西域研究》2011 年第 2 期。

51. 罗海山：《回鹘文契约"官罚"内容研究》，《贵州社会科学》2011 年第 9 期。

52. [法]艾丽白（Danielle Eliasberg）著，耿昇译：《敦煌汉文写本中的鸟形押》，载郑炳林主编《法国敦煌学精粹》Ⅱ，兰州：甘肃人民出版社，2011 年。

53. [法]谢和耐著，耿昇译：《敦煌买契与专卖制度》，载郑炳林主编《法国敦煌学精粹》Ⅰ，兰州：甘肃人民出版社，2011 年。

54. 段晴：《中国国家图书馆藏 BH5—31 佉卢文买卖土地契约》，载朱玉麒主编《西域文史》第六辑，北京：科学出版社，2011 年。

55. 史金波：《黑水城出土西夏文卖地契研究》，《历史研究》2012 年第 2 期。

56. 毛永俊：《古代契约"中人"现象的法文化背景——以清代土地买卖契约为例》，《社会科学家》2012 年第 9 期。

57. 段晴：《元孟八年土地买卖楔印契约》，段晴、张志清主编《中国国家图书馆藏西域文书：梵文、佉卢文卷》，上海：中西书局，2013 年。

58. 汤君：《敦煌、黑水城、龙泉驿文献中的土地买卖契约研究》，载杜建录主编《西夏学》第十辑，上海：上海古籍出版社，2013 年。

59. [印]阿格华尔著，徐烨、文俊红译，杨富学校：《新疆出土佉卢文简牍所见妇女的处境》，载达力扎布主编《中国边疆民族研究》第八辑，北京：中央民族大学出版社，2014 年。

60. [日]武内绍人著，杨铭、杨公卫译：《敦煌西域古藏文契约文书中的印章》，载武汉大学中国三至九世纪研究所编《魏晋南北朝隋唐史资料》第三十辑，上海：上海古籍出版社，2014年。

61. 杨富学、李志鹏：《北宋"钱荒"之西夏因素考析》，《西夏研究》2014年第1期。

62. 于光建：《〈天盛改旧新定律令〉典当借贷条文整理研究》，宁夏大学博士学位论文，2014年5月。

63. 张重艳：《元代契约参与人的称谓——以黑城文书为中心》，《河北广播电视大学学报》2015年第2期。

64. 文俊红、杨富学：《佉卢文书所见鄯善国妇女土地问题辨析》，《石河子大学学报》2015年第2期。

65. 高启安：《傅介子刺楼兰事迹综理》，《石河子大学学报》2016年第2期。

66. 王帅一：《明清时代的"中人"与契约秩序》，《政法论坛》2016年第2期。

67. 乜小红：《试论回鹘文契约的前后期之分》，《西域研究》2016年第3期。

68. ［哥伦比亚］王臣邑（Diego Loukota）：《和田博物馆藏源于龟兹国的一件佉卢文木牍》，《西域研究》2016年第3期。

69. 段晴：《公元三世纪末鄯善王国的职官变革》，段晴、才洛太《青海藏医药文化博物馆藏佉卢文尺牍》，上海：中西书局，2016年。

70. 段晴、侯世新、李达：《于阗语大案牍——新疆维吾尔自治区博物馆藏初唐案牍研究》，载《唐研究》第二十二卷，北京：北京大学出版社，2016年。

71. ［日］武内绍人著，杨铭、杨公卫译，赵晓意校：《敦煌西域出土的古藏文契约文书》，乌鲁木齐：新疆人民出版社，2016年。

72. 赵贞：《归义军曹氏时期的鸟形押补遗》，载中国敦煌吐鲁番学会等主编《敦煌吐鲁番研究》第十六卷，上海：上海古籍出版社，2016年。

73. ［日］松井太著，白玉冬译：《黑城出土蒙古语契约文书与吐鲁番出土回鹘语契约文书——黑城出土蒙古语文书 F61:W6 再读》，载《北方文化研究》第七卷，韩国龙仁：檀国大学校附设北方文化研究所，2016 年。

74. 陈丽萍：《敦煌契约文书整理所得与展望》，《文汇报》2016 年 11 月 4 日第 W11 版本。

75. 崔博：《元代回鹘违约纳罚入官现象考析》，西北民族大学硕士学位论文，2016 年 5 月。

76. 乜小红、陈国灿：《对丝绸之路上佉卢文买卖契约的探讨》，《西域研究》2017 年第 2 期。

77. 张铁山、崔焱：《回鹘文契约文书参与者称谓考释——兼与敦煌吐鲁番汉文文书比较》，《西域研究》2017 年第 2 期。

78. 赵天英：《黑水城出土西夏文草书借贷契长卷（7741 号）研究》，《中国经济史研究》2017 年第 2 期。

79. 何志文：《吐蕃统治敦煌西域时期的雇佣问题探析——兼与陷蕃之前及归义军统治时期雇佣比较》，《中国农史》2017 年第 5 期。

80. 段晴：《精绝、鄯善古史钩沉》，载余太山、李锦绣主编《欧亚学刊》第七辑，北京：商务印书馆，2018 年。

81. 韩树伟：《黑水城出土西夏文契约文书之习惯法研究》，《青海民族研究》2018 年第 1 期。

82. 罗将：《黑水城出土西夏文卖地契中的违约条款探析——兼与敦煌契约比较》，《青海民族研究》2018 年第 1 期。

83. 韩树伟：《吐蕃契约文书之习惯法研究——以敦煌出土文书为中心》，《西藏大学学报》2018 年第 2 期。

84. 韩树伟：《丝路沿线出土佉卢文书研究述要》，《青海民族大学学报》2018 年第 2 期。

85. 韩树伟：《吐鲁番、敦煌出土回鹘文契约文书研究述要》，载周伟洲主编《西北民族论丛》第十九辑，北京：社会科学文献出版社，2019 年。

86. 侯文昌：《中古西域民族文契约之立契时间程式研究》，《陇东学院学报》2019 年第 1 期。

87. 杨际平：《4—13 世纪汉文、吐蕃文、西夏文买卖、博换牛马驼驴契比较研究》，《敦煌学辑刊》2019 年第 1 期。

88. 韩树伟：《丝路沿线出土诸民族契约文书格式比较研究》，《敦煌学辑刊》2019 年第 2 期。

89. 单超成：《回鹘人印章文化研究》，《地域文化研究》2019 年第 3 期。

90. 李潇：《帕提亚"众王之王"钱币的起源、发展及影响》，《西域研究》2019 年第 3 期。

91. 杨际平：《我国古代契约史研究中的几个问题》，《中国史研究》2019 年第 3 期。

92. 韩树伟：《西夏契约文书研究述要》，《宁夏大学学报》2019 年第 5 期。

93. 韩树伟：《丝路沿线出土粟特文文书研究述要》，《中国农史》2019 年第 6 期。

四、外文论著

1. ［俄］W. Radloff, *Uigurische Sprachdenkmäler*, Leningrad, 1928.

2. ［英］T. Burrow, *The Language of the Kharoṣṭhī Documents from Chinese Turkestan*, Cambridge at the University Press, 1937.

3. ［英］T. Burrow, *A Translation of the Kharoṣṭhī Documents from Chinese Turkestan*, London: The Royal Asiatic Society, 1940.

4. ［日］玉井是博：《支那西陲出土の契》，《京城帝国大学創立十周年紀念論文集（史学篇）》，1936 年。收入玉井是博《支那社會經濟史研究》，东京：岩波书店，1942 年。

5. ［日］藤枝晃：《印章》，《亞洲歷史史集典》卷一，东京：平凡社，1959 年。

6. ［日］仁井田陞：《中國法制史研究》，东京：东京大学东洋文化研究所，1960 年。

7. ［匈牙利］L. Ligeti, *Sur quelques transcriptions sino-ouigoures des Yuan*, Ural–Altaische Jahrb ü cher Bd. 33, 1961.

8. ［日］Nobuo Yamada, *The private seal and mark on the Uighur Documents, Aspects of altaic civilization*, proceeding of the fifth meeting the parmanant international altaistic conference held at Indian University. Edited by Denis Sinor, *Volume 23 of the Uralic and Altaic Series,* June 4–9, 1963.

9. ［美］Talat Tekin, *A Grammar of Orkhon Turkic, Indian University Publication,* Mouton and Co, 1968.

10. ［英］G. Clauson, *An Etymological Dictionary of Pre-Thirteenth Century Turkish,* Oxford, 1972.

11. ［日］山田信夫:《ウイグル文奴婢文書及び養子文書》,《大阪大學文學部紀要》XVI，1972 年。

12. ［日］堀敏一:《唐宋間消費貸借文書私見》,《鈴木俊先生古稀紀念東洋史論叢》，1975 年。

13. ［日］梅村坦:《違約納罰官文言のをゐウィグル文書——とくにその作成地域と年代の決定について》,《东洋学报》58 卷，1977 年。

14. ［日］梅村坦:《13 世紀ウイグリスタンの公權力》,《东洋学报》第 59 卷，1977 年。

15. ［德］R. E. Emmerick, *A new Khotanese document from China, Studia Iranica*, Tome xiii, 1984.

16. ［日］山本达郎、池田温编:《敦煌吐魯番社會經濟史文獻Ⅲ——契券篇》，东京:东洋文库，1986 年。

17. ［日］吉田豊、森安孝夫、新疆ウイグル自治区博物馆:《麴氏高昌國時代ソグド文女奴隷売買文書》,《内陆アジア言语の研究》IV，1989 年。

18. ［日］山田信夫著，小田寿典、P.Zieme、梅村坦、森安孝夫编《回鹘文契约文书集成》第 1—3 卷，大阪:大阪大学出版社，1993 年。

19.［日］吉崎伸：《ニヤ遺跡における尺度について》，载中日日中共同ニヤ遺迹学术考察队编著《中日日中共同尼雅遺跡學術調查報告書》第二卷，京都：中村印刷株式会社，1999年。

20.［澳大利亚］Lewis Mayo, *Birds and the hand of power: A political geography of avian life in the Gansu corridor, ninth to tenth centuries, Geremie R Bamé, East Asian History,* November 24, December 2002.

21.［英］Nicholas Sims-Williams, *Ancient Afghanistan and its invaders: Linguistic evidence from the Bactrian documents and inscripions, Proceedings of the British Academy,* 116, The British Academy 2002.

22.［日］三宅俊彦：《中國の埋められた錢貨》，东京：同城社，2005年。

23.［英］M.A. Stein, Kalhana's Rajatarangini.*A Chronicle of the Kings of Kashmir, Delhi: Gulshan Books,* 2007.

24.［日］吉田顺一、チメドドルジ编：《ハラホト出土モンゴル文書の研究》，东京：雄山阁，2008年。

后　记

"余躬耕于古襄武邑，深知穷山恶水之苦，故以读书作为改变人生之佳径。幸有没落门阀士族之遗韵，才得以树立宏愿，历千难万险，匍匐至今。自西元一九九六年入庠序受复式教学，至二零零一载进入中学，'书山有路勤为径，学海无涯苦作舟'。丁亥猪年，吾随陇右兵鏖战西域都护府之疏勒城，渡吐曼河，瞻仰班超之盘橐城、乾隆之香妃园，参观艾提尕尔清真寺，浏览徕宁城、西域博物馆，领略古人风采，汲取经验教训，又因自身地理学优势，引兵踏遍北庭都护府。四年后，受领西海道大总管：初攻西平，二年入京兆府，三年复夺伏俟城，庆捷于虎台。甲午年，南征北战，失北平、败鹭屿，不得不饮马于漳水之畔。乙未年，因身在曹营心在汉，故再次领兵突围，东讨奉元路、北伐金城郡、南征锦官城，总算大捷，移治金城汤池，临巩昌之府，迄今已有五年矣！"

值此拙作付梓之际，撷取博士论文后记遗段附于开头，一则可表求学经历，二则说明拙作与博士论文的关系即前者是在后者的基础上增改而成。

首先，全书的写作思路是明晰的，主打西北出土的诸民族契约文书，用习惯法的视角切入，穿插跨学科比较的方法，如历史学、法学、经济学、民族学等。主旨思想是演绎契约文书中的习惯法，展现西北出土的诸民族契约文书错综复杂而又习惯行用的书写规律，这既是一种借鉴，又是一种传承。尽管个中契约标新立异，但依旧摆脱不了与高度发达的汉文化的熏陶与糅合，最终都汇聚成中华契约文化发展史。选题并没有全面展开，而是挑选诸民族契约中具有代表性、可行性的契约种类进行比较研究，这样做的目的是，既可以扬长避短、发挥自己的专业特长，又可以抛砖引玉、吸引更多学者加入契约文书的比较研究中。为了深刻领会契约的精神，提挈契约的要领，笔者在契约的资料搜集和整理方面，花费了大量的时间，可以说占博士论文写作的三分之一，目的就是为了学懂弄通跟西北出土契约相关的学者及其研究成果，最起码在学术前沿和学术动态方面做一名合格的掌握者。拙作的第一章便是在此背景下的产物，相关成果在《西夏研究》《吐鲁番学研究》《青海民族大学学报》《西北民族论丛》《中国农史》先后发表。值得一提的是，曾熬夜整理的佉卢文材料，竟成了工作后申请国家社科基金项目的来源。本书的第二章，在博士论文中位于末尾，当时是为了符合盲审专家的要求，其实这并不符合我的研究思路，故现将其扩充完善后改回作为第二章，理由是当我们在看一份契约文书时，首先映入眼帘的是文契的样貌，非常直观，因此顺着这个思路进行了格式方面的比较研究。这章的原型，是最先发表在《敦煌学辑刊》2019年第2期上的《丝路沿线出土诸民族契约文书格式比较研究》，后来被人大复印资料《魏晋南北朝隋唐史》转载，承蒙栏目专家荣新江先生不弃。第三、四、五章，是围绕契约的主要内容展开，分别是利息、违约纳罚、担保人。其中，在《青海民族研究》《西藏大学学报》上发表了两篇习作《黑水城出土西夏文契约文书之习惯法研究》《吐蕃契约文书之习惯法研究》，在此感谢张科、蔡秀清、阿贵等专家学者。

其次，在博士论文开题时，笔者已了解到乜小红先生承担有国家社会科学基金重大项目"丝绸之路出土各族契约文献整理及其与汉文契约的比较研究"，还熟知各领域的知名学者，如回鹘文专家张铁山教授、古藏文专家杨铭教授、西夏文专家史金波教授、吐鲁番汉文献整理者王启涛教授等，为此深感压力巨大，加上读博不到一学期，博导冯培红教授调往浙江大学，笔者顿时如临深渊、如履薄冰。但开弓没有回头箭，只能花时间去摸索，硬着头皮往下写，为此走了很多弯路。好在过程中得到了冯培红、史金波、周伟洲、林梅村、杨铭、刘戈、杨富学、刘文锁、白玉冬、张小贵等先生的帮助，其中有的人连我长什么样都不知道，却无私地给我分享了学术资料和相关信息，令人感动、给人鼓舞；杨富学老师，他虽不是我直接博导但胜似博导，他办公室的书基本上被我倒腾过，笔者博士论文也是在向杨老师不断地请教和交流下完成的，在此对他们表示衷心的感谢。近几年，与西北出土契约文书有关的研究成果相继出版、发表，为笔者深入研究提供了学术方便，同时也激励和鞭策着我。我深知，在契约文书的汪洋大海里，自己的研究成果仅仅是一滴水，还有诸多的问题与不足。就拿本书来说，选题过于宏大，没有做到面面俱到，加上自己的学术能力有限，难免存在很多漏洞，甚至是错误。因此，诚恳地希望方家批评指正。

再次，感谢那些和我有缘结识的人、帮助过我的人、对我影响深远的人，特别是在我未知的情况下赠我玫瑰的人。李彦彪、骆科强、甘桂琴、魏道明、田澍、陈廷湘、张世明、杜文玉、郝春文、孟宪实、陈大为、游自勇、赵贞、史睿、霍巍、李功国、刘安志、孙伯君、杜建录、段玉泉、郑显文、汤君、萧世洪、卢华语、伏俊琏、董华锋、陈玺、于逢春、陈玉柱、汪洪亮、王川、侯文昌、罗将、吐送江·依明、沙武田、张多勇、陈丽萍、夏炎、罗玮、黄维忠、央宗、周学军、雷金凤、党措、包红梅、张玉海、杨浣、罗丰、黎镜明、巍坚、陈晓露、贾小军、梁霞、于光建、周峰、魏淑霞、许伟伟、保宏彪、霍海珊、孙广文、马淑婷、刘军君、陈爱峰、武海龙、李亚栋、陈霞、王文洲、李文博、丁得天、寇甲、李梓睿、于启立、盛洁、巨虹、齐小艳、屈玉丽、袁炜、单超成、刘源、米小强、村井恭子、夏欢、董黎鹏、史志林、张泽宁、魏军刚、宋翔、朱艳桐、王蕾、殷盼盼、张丽娜、赵丑丑、杨增贵。因版面有限，恕不一一列出，请见谅，感谢你们！感谢现单位的同事们，能与你们一起工作，是我的荣幸！感谢兰州大学敦煌学研究所，感谢郑炳林老师的包容和提携。

最后，将本书献给我的家人，因为你们是我一直走到今天的坚强后盾，也希望一家人永远健康、幸福、快乐！

甘竹石人
癸卯年冬月初二于金城卫星楼鸿翾阁